D1747481

Nah dran, weit weg. Geschichte des Kantons Basel-Landschaft

Nah dran, weit weg. Geschichte des Kantons Basel-Landschaft

Band eins Zeit und Räume. Von der Urgeschichte zum Mittelalter

IMPRESSUM

Dieses Werk erscheint als Nr. 73.1 der Reihe Quellen und Forschungen
zur Geschichte und Landeskunde des Kantons Basel-Landschaft.

Autorinnen und Autoren
Jürg Ewald, Dr. phil.
Paul Gutzwiller, Dr. phil.
Reto Marti, Dr. phil.
Albert Schnyder, Dr. phil.
Jürg Sedlmeier, Dr. phil.
Maria Wittmer-Butsch, Dr. phil.

Aufsichtskommission
René Salathé, Dr. phil., Präsident
Roger Blum, Prof. Dr. phil. (bis 1996)
Markus Christ, Pfr.
Jürg Ewald, Dr. phil. (ab 1988)
Beatrice Geier-Bischoff, Landrätin (ab 1996)
Jacqueline Guggenbühl-Hertner, lic. iur., MAES
Bruno Gutzwiller, Dr. iur.
Matthias Manz, Dr. phil.
Guy Marchal, Prof. Dr. phil. (bis 1993)
Martin Schaffner, Prof. Dr. phil.
Jürg Tauber, Dr. phil. (bis 1988)
Achatz von Müller, Prof. Dr. phil. (ab 1993)
Regina Wecker Mötteli, Prof. Dr. phil.
Dominik Wunderlin, lic. phil.

Auftraggeber
Regierungsrat des Kantons Basel-Landschaft

Verlag
Verlag des Kantons Basel-Landschaft

Redaktion
Reto Marti, Dr. phil.

Lektorat
Elisabeth Balscheit, Dr. phil.

Gestaltung
Anne Hoffmann Graphic Design, Basel

Satz: Anne Hoffmann Graphic Design, Basel, und Schwabe & Co. AG, Muttenz.
Herstellung: Schwabe & Co. AG, Muttenz. Buchbinderei: Grollimund AG, Reinach.

Diese Publikation wurde mit Mitteln aus dem Lotteriefonds ermöglicht.
ISBN 3-85673-263-2 (Gesamtausgabe). ISBN 3-85673-264-0 (Band 1 und 2)
© Liestal, 2001. Autorinnen, Autoren und der Verlag des Kantons Basel-Landschaft

LOTTERIEFONDS BASEL-LANDSCHAFT   VERLAG des Kantons Basel-Landschaft

Alle Rechte vorbehalten

Die Zukunft erschliesst die Vergangenheit

Wo scheint der Bücherschrank unter der ihm zugemuteten Belastung zu ächzen? Offensichtlich an jener Stelle, wo sich die 17 veröffentlichten Monographien der Baselbieter Geschichtsforschungsstelle befinden, nunmehr rechtzeitig und plangemäss auf das Jubiläumsjahr 2001 ergänzt durch das sechsbändige Werk «Geschichte des Kantons Basel-Landschaft». Nicht nur die sehr schöne Ausstattung der Bücher, sondern in hohem Ausmass der bedeutungsvolle Inhalt verleihen der Gesamtheit des neuen Geschichtswerkes Gewicht. Nun legen die Historikerinnen und Historiker der Forschungsstelle Baselbieter Geschichte mit der Kantonsgeschichte die Abrundung ihrer jahrelangen Arbeit vor. Jeder Abschluss einer Forschungsarbeit hat etwas Willkürliches, denn jede sorgfältige Forschungsarbeit beantwortet nicht nur Fragen, sondern wirft gleichzeitig eine Fülle neuer Fragen auf.

Die grosse, weite Welt nahm in der Vergangenheit und nimmt in der Gegenwart nur äusserst selten Kenntnis von den politischen Taten und Unterlassungen, von den Ereignissen und dem gesellschaftlichen Leben im Baselbiet. Und dennoch bringt uns der Inhalt der sechs Bände zum Staunen: Was da alles gedacht, geplant, gehofft, befürchtet, ausgeführt und unterlassen wurde. Weitsichtige Planung und kurzsichtige Entscheide, Erfolge und Misserfolge, Integration und Ausgrenzung liegen nahe beieinander und sind Teile der gleichen Wirklichkeit. Auf verhältnismässig kleinem Raum geschah unglaublich viel, oftmals beeinflusst von Ereignissen einer grösseren und weiteren Welt.

Mit dem von Landrat Fritz Epple aus Liestal im Jahre 1983 in verdankenswerter Weise eingereichten Postulat verbanden sich nach meiner Wahrnehmung die unterschiedlichsten Erwartungen. Wer mit wachem und lebendigem Interesse in der Gegenwart lebt, den beschleicht fast schon von selbst eine gewisse Neugierde über das Leben und Wirken früherer Generationen. Interesse an Geschichte braucht weder lange Begründung noch ausführliche Rechtfertigung. Seit Ende des 19. Jahrhunderts veränderten sich das Leben der Menschen im Baselbiet und die gesellschaftlichen Bedingungen gewaltig. Der Kanton Basel-Landschaft entwickelte sich von einem landwirtschaftlich geprägten, armen zu einem teilweise intensiv industrialisierten, wohlhabenden und staatlich gut ausgestatteten Gebilde innerhalb der Schweiz.

Nach einer sehr lebendigen, nicht immer durchschaubaren Entwicklung besteht der Wunsch, die Vergangenheit zu ordnen. Die Suche nach den Gesetzmässigkeiten, nach den grossen Linien, die unsere Geschichte durchdringen, setzt ein. Sehr oft stösst eine vertiefte Betrachtungsweise jedoch einzig auf eine Fülle von kleinen Linien; bei der Suche nach den übergreifenden Gesetzmässigkeiten lassen sich nicht selten nur viele Brüche finden. Wer sich von unserer neuen Geschichte gar einen Beitrag zur Eigenständigkeit und eine Bestätigung der Unabhängigkeit erhofft, stösst beim genauen Hinsehen auf eine grosse Zahl von Abhängigkeiten. Auf den ersten Blick hin mag es widersprüchlich klingen: Die logisch geordnete Forschungsarbeit der Historikerinnen und Historiker fördert nicht einfach eine in sich abgeschlossene und harmonisierte Geschichte des Baselbiets zutage, sondern berichtet über Widersprüche, Wechselwirkungen und reichlich komplexe Zusammenhänge. Geschichte kann nicht einfacher sein als das Leben an und für sich. Deshalb ist Geschichte auch so spannend.

«Ich weiss aus Erfahrung, dass man die Gegenwart nicht ohne Kenntnis der Geschichte begreifen kann», sagte Günter Grass vor einigen Jahren an einer Lesung in Basel. Viele teilen spontan die Erfahrung des Schriftstellers und würden jederzeit behaupten, dass Geschichte hilft, die Gegenwart zu verstehen. Es taucht die alte Frage auf, was sich allenfalls aus der Geschichte lernen liesse. Ich frage mich, ob nicht auch das Gegenteil wahr sein könnte und gerade das Umgekehrte spannend wäre: «Ich weiss aus der Gegenwart, dass man die Vergangenheit nicht ohne Blick in die Zukunft begreifen kann.» Was meine ich damit?

In ihren Texten bringen die Historikerinnen und Historiker zum Ausdruck, dass die Darstellung von Geschichte immer auch von der Person der Schreibenden abhängt. Die Forscher und Forscherinnen verfügen über eine mehr oder weniger deutliche Vorstellung der Zukunft, sie spüren zumindest, welche Gesichtspunkte für die Zukunft wichtig sind. Da spielen beispielsweise die Gleichstellung und die Geschlechterdifferenzierung eine Rolle, da wird die Welt der Kinder als eigenständige Grösse wahrgenommen, da werden bedeutungsvolle Veränderungen in der Arbeitswelt vorausgesehen und die Machtlosigkeit nicht weniger Menschen gegenüber der so genannten Globalisierung registriert. Solche Zukunftsprobleme beeinflussen die Fragestellungen an die Geschichte nachhaltig. Wie haben Frauen und Männer, Mädchen und Knaben, unterschieden nach Zugehörigkeit zu einer gesellschaftlichen Schicht, eine bestimmte Epoche der Vergangenheit erlebt? Wie gingen frühere Generationen mit ihren Ohnmachtsgefühlen oder aber ihren Allmachtsphantasien um? Der Blick in die Zukunft lässt uns wieder mit neuen Perspektiven den Blick in die Vergangenheit schärfen.

Die Leserinnen und Leser werden ohnehin mit ihren ganz persönlichen Fragen in die Lektüre der Geschichte des Kantons Basel-Landschaft eintauchen und sich dabei von den unterschiedlichsten Interessen leiten lassen. Nichts wünsche ich unserer neuen Kantonsgeschichte mehr als viele interessierte Leserinnen und Leser.

Im Namen des Regierungsrates des Kantons Basel-Landschaft danke ich der Aufsichtskommission unter dem Präsidium von Dr. René Salathé verbindlich für ihre umsichtige Arbeit. Es war für die Erziehungs- und Kulturdirektion ein ganz besonderes und gutes Erlebnis, während vieler Jahre eine Geschichtsforschungsstelle in den eigenen Reihen zu haben. Als früherem Mitglied des Landrates und heutigem Direktionsvorsteher bot sich mir die einmalige Gelegenheit, dieses anspruchsvolle Projekt vom Anfang bis hin zur Veröffentlichung begleiten zu dürfen. Ich danke allen Beteiligten, der Gestalterin Anne Hoffmann, Max Zoller und dem Kantonsverlag, Ruedi Bienz und der Druckerei Schwabe sowie der Kommission Quellen und Forschungen und ihrem Präsidenten, Dr. Hans Utz. Ganz besonders danke ich den Mitarbeiterinnen und Mitarbeitern der Forschungsstelle Baselbieter Geschichte für ihre eindrückliche Arbeit.

Regierungsrat Peter Schmid
Vorsteher der Erziehungs- und Kulturdirektion Baselland

Inhaltsverzeichnis

Vorwort und Dank   Seite 10
- Vorwort der Aufsichtskommission
- Vorwort der Forschungsstelle
- Dank
- Vorwort zum ersten Band

Kapitel 1   Jürg Sedlmeier   Seite 27
Die Steinzeiten – Der lange Weg zur Sesshaftigkeit
- Der längste Abschnitt in der Geschichte der Menschheit; Jagen und Sammeln bestimmten das Leben; Der reine «Höhlenbewohner» hat ausgedient; Kulturpflanzen halten Einzug; Sesshafte Viehzüchter und Bauern; Das älteste Werkzeug der Schweiz; Alte Technik in neuem Umfeld; Das Mittelpaläolithikum – Abschläge aus Silex und Quarzit; Das Jungpaläolithikum – Silexklingen werden bevorzugt; Geweih- und Knochenspäne – Ausgangsmaterial für Werkzeuge und Waffenspitzen; Mythisch-religiöse Botschaften aus fernen Zeiten; Das Spätpaläolithikum – Steinartefakte vom Ende der Eiszeit; Das Mesolithikum – Die grosse Zeit der Mikrolithen; Das Neolithikum – Neue Gebrauchsgegenstände halten Einzug; Die steinzeitliche Besiedlung des Kantons Basel-Landschaft
- Es begann in einer Höhle bei Genf; Die Eisenbahn brachte es an den Tag; Die Birstalregion – gezielte Forschungen seit Beginn des 20. Jahrhunderts; Die Forschung wird institutionalisiert; Der Tafeljura – ein Sonderfall; Schmuckanhänger geben wichtige Informationen; Das Rätsel der bemalten Gerölle; Das mesolithische Grab in der Birsmatten-Basisgrotte; Neolithisches Bestattungsbrauchtum im Wandel der Zeit

Kapitel 2   Paul Gutzwiller   Seite 51
Bronze- und Eisenzeit – Neue Materialien bestimmen die Welt
- Kupfer, Bronze, Eisen – Neue Werkstoffe auf dem mitteleuropäischen Markt; Sammler, Heimatforscher und Archäologen – Vom Sonntagsspaziergang zur Wissenschaft; Bauern, Handwerker, Händler; Scherben, Metall, Knochen, Holzkohle ... – Hinweise aus dem Boden; Haus, Hof, Dorf, Stadt: Siedlungsformen der Bronze- und Eisenzeit; Landarbeit, Handwerk und Hauswerk – Harte Arbeit Tag für Tag; Ton, Wasser und Feuer – Vom Hausbetrieb zur Grosstöpferei; Ausstattung fürs Jenseits – Spiegel des Diesseits: Tod und Bestattungsbrauchtum; Ein Kommen und Gehen – Das metallzeitliche Siedlungsbild im Baselbiet
- Giessverfahren in der Bronzezeit; Die Griechen nannten sie Kelten ...; Formen und Dekors; Münzmetall und Prägestock; Ein kleiner Urnenfriedhof in Reinach; Werkplatz der Lebenden und Ruhestätte der Toten; Eine Höhensiedlung der Hallstattzeit; Erde, Stein und Holz – ein Murus Gallicus

Kapitel 3   Jürg Ewald   Seite 85
Die Römerzeit – Augusta Raurica und sein Hinterland
- Es steht geschrieben; Die Archäologie von Augusta Raurica und seinem Hinterland; Bevor die Römer kamen; «Basel» wird römisch; Die ersten römischen Funde; Augusta Raurica – Stadtgeschichte als Epochengeschichte; Das Hinterland von Augusta Raurica; Was ist eine «Villa»?; Wieviel bewirtschaftet eine Villa?; Die typische Villa in Gallien; Die Ausbau-Standards widerspiegeln soziale Unterschiede; Römische Volkswirtschaft – Handwerk, Handel und Markt im Spannungsfeld Stadt-Hinterland; Die «letzten» römischen Funde

• Wer die Römerforscher waren;
Das längste römische Bauwerk
der Schweiz; Schotter und Geleise;
Transporte; Römischer Tourismus?;
Römische Produktionsweise;
Ein Soldatenziegel vom Dietisberg;
Theodor Strübin entdeckt Munzach;
Der Schatz im Schneematsch;
Wie wird man römisch?;
Die Leute – Ihre Namen, ihre Kleidung;
Die Produkte aus der Villa;
Speisezettel einer reichen Küche;
Tod und Begräbnis

Thema Albert Schnyder Seite 125
Natur und Umwelt
• Erdgeschichte: Geschichte in
Jahrmillionen oder in Millimetern pro Jahr;
Das Baselbiet in der Südsee;
Die Landschaftsräume des Baselbiets;
Die Eiszeiten: Geschichte in
Jahrzehntausenden und Jahrtausenden;
Der Boden;
Baselbieter Landschaft in historischer
Zeit, oder: Eigentlich leben wir im Wald;
Der Himmel über dem Baselbiet;
Geschichte von Klima und Witterung seit
1525;
Die Allmend von heute
• Mit einem künstlerischen Beitrag
von Cécile Wick und Mireille Gros

Kapitel 4 Reto Marti Seite 147
Geschichte des 1. Jahrtausends – Eine Frage der Quellen
• Gesprochenes statt geschriebenes Wort;
Sprachzeugen aus alter Zeit:
Orts- und Flurnamen;
Ein stummes Archiv im Boden
• Ammianus Marcellinus;
Ein Blick auf die Welt der Heiligen;
Ein «Reichsheiliger»

Kapitel 5 Reto Marti Seite 155
An der Schwelle zum Mittelalter – Die Verwandlung der galloromischen Welt
• Das «Ende» des Römischen Reiches;
Alamannische Eroberer?;
Das Baselbiet unter burgundischen
Königen?;
Die ersten Franken;
Neue Zeiten, neue Grenzen;
Die Herzogtümer Alamannien und Elsass;
Der neue Glaube fasst Fuss
• Der Silberschatz von Kaiseraugst –
Zeugnis einer Katastrophe;
«Burgi» am Rhein;
So könnte es gewesen sein …;
Neue Namen: «Alamannen», «Franken»,
«Burgunder» …;
Ein «fränkischer» Grabfund;
Steuerflucht;
Ein neues Kloster;
Das «Kilchli» in Reigoldswil,
ein rätselhafter Ort

Kapitel 6 Reto Marti Seite 177
Land und Leute im Frühmittelalter
• Harte Zeiten;
Die Landwirtschaft verändert sich;
Römisch-frühmittelalterliche
Siedlungskontinuität;
Kaiseraugst – Der Niedergang einer Stadt;
Lausen-Bettenach – Ein frühmittelalterliches Königsgut?;
Ein normales Dorf: Reinach;
Alte und neue Bindungen:
Zwischen Elsass und Burgund;
Die Bevölkerung nimmt zu;
Alamannische Siedler;
Die Anfänge der Grundherrschaft;
Noble Familien
• Von Gold und Kleingeld;
Bemerkenswertes aus nassem Boden;
Alte Strassen;
Steinbau – eine teure Sache;
Geschichte aus Abfall;
Hand- und Hauswerk;
Frühe Kirchen: Grablegen und
Eigenkirchen

Kapitel 7 Maria Wittmer-Butsch Seite 205
Herrschaftsbildung und früher Adel
• Die Wiedererrichtung des Bistums Basel;
Die Region als Durchgangsland;
Basel und sein Hinterland im
Spannungsfeld der Mächte;
Basel und die Angliederung Burgunds
ans Reich;
Der Herzog und Gegenkönig:
Rudolf von Rheinfelden;
Die Homberger als Inhaber
der Grafschaft Sisgau;
Die Neu-Homberger und die Teilung der
Grafschaft
• Die etichonischen Beronen –
Frühe Grafen des Aaregaus;
Die Rudolfinger, Könige von Burgund;
Die Liutfride, Herren im Elsass;
Die Grafen von Rheinfelden;
Die Grafen von Homberg;
Frühe Burgen

Anhang
Glossar	Seite 238
Literatur	Seite 240
Personenregister	Seite 246
Ortsregister	Seite 247
Sachregister	Seite 250
Chronologie	Seite 254

Die Geburt der neuen Kantonsgeschichte: Ein landrätliches Postulat

Rechtzeitig zum Jubiläum des Eintritts Basels in den Bund liegt die lange erwartete neue Baselbieter Kantonsgeschichte vor: durch und durch eigenwillig, von ihrer Entstehung her, über ihren Inhalt bis zum sprechenden Titel. Die zweite Baselbieter Kantonsgeschichte beschreitet neue Wege. Sie lädt deshalb zur Darstellung ihrer eigenen Geschichte ein, gewissermassen zur Geschichte der Geschichte. Es begann am 21. April 1983 – ein Jahr nach der Jubiläumsfeier «150 Jahre Kanton Basel-Landschaft» – mit einem von 41 Mitunterzeichnerinnen und Mitunterzeichnern unterstützten Postulat von Landrat Fritz Epple: Darin wurden vier Gründe aufgeführt, «die es heute geboten erscheinen lassen, eine neue Gesamtdarstellung der basellandschaftlichen Geschichte in Angriff zu nehmen: Erstens das Interesse der Leute dafür, woher wir kommen und wie es eigentlich gewesen ist; zweitens der im Vergleich zu 1932 erweiterte Erkenntnisstand der Historiker; drittens die Chance, ein solches Werk im Zeitraum von 18 Jahren zu erarbeiten und auf das Jubiläumsjahr 2001 vorlegen zu können; viertens schliesslich die schöne Summe, die sich im Jubiläumsfonds angehäuft hat und die nicht nur für kleine Subventionen hier und dort, sondern auch für ein grosses Unternehmen verwendet werden sollte.» Der Landrat liess sich überzeugen: Am 5. September 1983 überwies er das Postulat mit grossem Mehr gegen eine Stimme.

Landrätliche Postulate, die quer durch alle Parteien Unterstützung finden und die Hürde der Abstimmung beinahe ohne Abstriche bewältigen, haben Seltenheitswert. Woran lag es, dass der Vorstoss für eine neue Kantonsgeschichte zu einem Volltreffer wurde? In der Begründung des Postulates liegt eine Teilbeantwortung der gestellten Frage.

«Wichtig wäre es», heisst es da, «dass die künftige ‹Baselbieter Geschichte› von der Urzeit bis zur Gegenwart reicht, kritisch erarbeitet, verständlich geschrieben, reich illustriert und hilfreich mit Dokumenten, Karten, Grafiken und Tabellen angereichert ist; dass sie dem Laien und dem Fachmann etwas gibt und dass sie nicht nur den Männern, sondern auch den Frauen von damals nachspürt und dass sie nicht bloss eine Geschichte der Feldherren, Bischöfe, Bürgermeister, Revolutionsführer, Regierungsräte, Pioniere, Unternehmer, Dichter, Denker und Wohltäter, sondern auch eine Geschichte der Bauern, Tauner, Handwerker, Posamenter, Angestellten und Arbeiter, der Armengenössigen und Auswanderer, der Zugezogenen und Pendler ist.»

Wer fühlte sich angesichts einer solchen identitätsstiftenden Begründung nicht angesprochen und wer erinnerte sich dabei nicht auch an seine Schulzeit, wo weit öfters nicht der Alltag der kleinen Leute zu reden gegeben hatte, sondern die grossen Staatsumwälzungen, die Kriege und Schlachten? Die angesprochenen Volksvertreterinnen und Volksvertreter liessen sich aber nicht nur persönlich von der in Aussicht gestellten neuartigen, das Leben und Wirken des einfachen Menschen fokussierenden Geschichtsschreibung berühren – auf der Identitätssuche war auch der Kanton als Ganzes, dessen Bevölkerung sich nach aufwühlenden Wiedervereinigungs-Diskussionen im Dezember 1969 zur Selbstständigkeit bekannt hatte.

Zur politischen Situation traten die demographischen Verhältnisse der sechziger, siebziger und achtziger Jahre. Seit dem Ende des Zweiten Weltkrieges war die Bevölkerung des Baselbietes von 107 549 Einwohnerinnen und Einwohnern bis 1983 auf 224 850 angewachsen, und im gleichen Zeitraum hatten sich acht der damals 74 Gemeinden statistisch gesehen zu Städten mit mehr als 10 000 Einwohnerinnen und Einwohnern gewandelt. Eine gewaltige, landschaftsverändernde Baueuphorie war die Folge dieser auch gesamtschweizerisch einzigartigen Entwicklung. Das Baselbiet stand im Zeichen des Aufbruchs in eine neue Zeit und sein Leitmotiv hiess: Ausbau und Wachstumsbewältigung. 1983 war der Zenit dieser stürmischen Entwicklung bereits überschritten – die Spitäler, Schulen, Schnellstrassen, Einkaufszentren waren gebaut, jetzt folgte die Zeit der Selbstbesinnung und Konsolidierung.

Das Ja des Landrates zur neuen Kantonsgeschichte kann in diesem Sinn als ein Ja für ein gestärktes kantonales Selbstwertgefühl, mithin als Zustimmung für die Suche nach einer neuen Kantonsidentität interpretiert werden. Der Landrat hatte mit seinem Bekenntnis zur Geschichte ohne lange Diskussion anerkannt, dass das Gespräch mit der Historie kein Luxus ist, sondern dazu befähigt, tiefer gehende und grundsätzliche Einsichten in das Leben einer Gemeinschaft zu vermitteln, und dem Menschen in einer Zeit wachsender Orientierungslosigkeit zur Sinngebung in Gegenwart und Zukunft verhilft.

Die Ausarbeitung des Konzeptes einer neuen Kantonsgeschichte
Nach der Überweisung des Postulates wählte der Regierungsrat eine Konzeptkommission, deren Aufgabe es war, die Modalitäten der neuen Geschichtsschreibung festzulegen: Inhalt, Darstellungsmethode, Aufbau und Umfang, Autorenkriterien, Terminplanung, Finanzrahmen etc. Bevor das Ergebnis dieser Kommissionsarbeit dem Regierungsrat im Juni 1985 vorgelegt wurde, hatte es in einem breit angelegten Vernehmlassungsverfahren, in das 72 Persönlichkeiten eingebunden worden waren, eine erste Feuertaufe zu bestehen. Die Vernehmlassungsteilnehmerinnen und -teilnehmer rekrutierten sich sowohl aus dem Kreis der Fachhistorie als auch aus verwandten Wissenschaftsdisziplinen. Zusätzlich war das Konzept historisch besonders interessierten Bürgerinnen, Bürgern, Politikerinnen und Politikern vorgelegt worden. Das überwiegend positive Echo schlug sich in zahlreichen Wünschen und Anregungen nieder, die auf diesem Weg Eingang in die Arbeit der Projektgruppe fanden. Unbestritten war dabei, dass die neue Kantonsgeschichte einerseits in ihrem zeitlichen Rahmen bis in die Ur- und Frühgeschichte zurückreichen müsse, andererseits über die Kantonsgrenze hinaus auch regionale Aspekte zu berücksichtigen habe.

Die Konzeptkommission sprach sich im Grundsatz für eine thematisch orientierte, in sich aber chronologisch geführte Geschichte aus. Sie gab zu bedenken, dass Epocheneinteilungen immer willkürlich sind, da «es nicht die Ereignisse oder Vorgänge aus der Vergangenheit selbst sind, die ihre Grenzen bestimmen, sondern unsere Sicht der Vergangenheit und forschungspraktische Überlegungen». Es gelte darum zu vermeiden, dass durch eine allzu starke Heraushebung einzelner Ereignisse der Eindruck des Geschichtsflusses verloren gehe.

Erklärte Absicht der Konzeptkommission war es ferner, mit der neuen Kantonsgeschichte zur Überwindung eines männerzentrierten Geschichtsbildes beizutragen. Bei der Erforschung der relevanten historischen Ereignisse sowie bei der Analyse von Entwicklungen, Strukturen und Machtverhältnissen müsse immer auch die Frage nach den Lebenszusammenhängen von Frauen und nach ihren Handlungs- und Erfahrungsräumen gestellt werden.

Der Konzeptkommission war von allem Anfang an klar, dass es ein Ziel der neuen Kantonsgeschichte sein müsse, trotz wissenschaftlicher Strenge und Objektivität eine gute Lesbarkeit zu erreichen. In diesem Sinn trat sie für eine Zweiteilung der künftigen Publikationsarbeit ein: Die Ergebnisse der Forschungsarbeit sollten laufend mit wissenschaftlichem Apparat in der Reihe Quellen und Forschungen zur Geschichte und Landeskunde von Baselland veröffentlicht werden, während die Endfassung der Kantonsgeschichte trotz Wissenschaftlichkeit so zu schreiben sei, dass der Text auch einer Nichthistorikerin und einem Nichthistoriker bekömmlich sei. Im Übrigen empfahl die Kommission der Forschungsstelle, durch Vorträge, Zeitungsartikel und Sonderveranstaltungen im Laufe der Projektarbeit eine wachsende Transparenz des Unternehmens «Geschichte 2001» zu erreichen.

Die Ziele der neuen Kantonsgeschichte waren hoch gesteckt: Neben einer angemessenen Berücksichtigung der historischen Ereignisse wurde ihr aufgetragen, gleichzeitig Politik-, Kultur-, Ideen-, Rechts-, Sozial- und Wirtschaftsgeschichte zu integrieren. Im Sinne des landrätlichen Postulates sollte sie ferner die Wechselwirkung zwischen den von politischen, wirtschaftlichen und kulturellen Eliten getroffenen und durchgesetzten Entscheidungen und der Alltagserfahrung der betroffenen Frauen und Männer aufzeigen.

Als Grundlage und zugleich Ausgangspunkt dieser Betrachtungsweise hatte dabei die in der Landschaft Basel im Mittelpunkt stehende dörfliche Gemeinschaft zu dienen. Soweit das Dorf in der neuesten Geschichte an Bedeutung zu Gunsten der Regionen, der Bezirke oder auch des Kantons verloren hatte, müsse aber neben die «Geschichte der Dorfgesellschaft», so die Forderung der Konzeptkommission, auch die eigentliche «Kantonsgeschichte» treten und aufgezeigt werden, wie sich «aus mehreren topographisch, verkehrsgeographisch, wirtschaftlich sowie kulturell-konfessionell doch recht verschiedenen Einzelregionen im Widerstreit der zentripetalen und zentrifugalen Kräfte» mit der Zeit ein eigen- und selbstständiges Gemeinwesen entwickelt hatte. Schliesslich gelte es auch, sich um eine ausgewogene Darstellung der Geschichte des oberen und unteren Kantonsteils zu bemühen und die teilweise anders verlaufene Entwicklung des fürstbischöflichen Birsecks herauszuheben.

Die Konzeptkommission gab sich indessen nicht damit zufrieden, nur allgemeine Grundsätze der neuen Kantonsgeschichte zu entwickeln; sie äusserte sich sehr differenziert zu ihren inhaltlichen Aspekten und legte eine Übersicht aller zu bearbeitenden Themen vor. An dieser Stelle sei nur gerade auf eine Prämisse der zukünftigen kantonalen Geschichtsschreibung hingewiesen, nämlich auf den richtungsweisenden Konzept-Imperativ: «Die jüngste Vergangenheit verdient im neuen Geschichtswerk eine ausführliche, gründliche Darstellung.» Der Rat wurde beherzigt: Rund ein Drittel der vorliegenden Geschichte ist dem 19. und dem 20. Jahrhundert gewidmet!

Abschliessend ist festzuhalten, dass die Konzeptkommission mit ihren Vorstellungen und Forschungsansätzen auf kantonaler Ebene eine Geschichtsschreibung zu initiieren versuchte, die in modernen Untersuchungen anderer Länder – in Deutschland, Österreich und Frankreich – in den achtziger Jahren längst der Normalität entsprach, von der Schweizer Öffentlichkeit aber erst sehr viel später, beispielsweise in der ab 1982 erschienenen dreibändigen «Geschichte der Schweiz und der Schweizer», wahrgenommen wurde.

Die neue Kantonsgeschichte und ihr Verhältnis zur Geschichte der Stadt Basel

Die Konzeptkommission erörterte auch die Frage nach dem Verhältnis der neuen Baselbieter Kantonsgeschichte zu jener von Basel-Stadt. Diese politisch-kulturelle Frage wurde auch in zahlreichen Vernehmlassungen berührt: Sie monierten, dass es angesichts der vielen historischen Gemeinsamkeiten zwischen den beiden Halbkantonen eigentlich angezeigt wäre, in praktischer Anwendung der viel zitierten Partnerschaft ein wissenschaftliches Gemeinschaftswerk schreiben zu lassen. Gemeinsam für Stadt und Land wäre dann, so eine dieser Vernehmlassungen, der Verlauf der Geschichte von der Frühzeit bis 1832 zu schreiben. Getrennt wäre hingegen die Darstellung der Geschichte von Basel-Stadt und jene Basellands seit 1832 zu schreiben, Erstere als Stadt-, Letztere als Land- (Dorf-) Geschichte.

Bei allem Wohlwollen für das Idealziel einer gemeinsam erforschten und geschriebenen Geschichte beider Basel übersah die Konzeptkommission nicht, dass in Basel angesichts einer in der Vergangenheit sehr viel weiter getriebenen Forschung kaum ein Bedürfnis nach Überarbeitung der Stadtgeschichte bestand. Um das Baselbieter Projekt nicht durch allzu langes Warten auf einen gleich lautenden Basler Vorstoss zu gefährden, entschied sich deshalb die Konzeptkommission für den Alleingang. Sie schrieb in ihrer Empfehlung: «Um aber der historischen Tatsache der engen Verbundenheit von Basel-Stadt und -Land gerecht zu werden, wird es für die Baselbieter Historiographen und Historiographinnen unabdingbar sein, die Geschichte des Landkantons stets vor der Folie der städtischen

Geschichte und ihrer Auswirkungen auf ihr ländliches Umfeld zu schreiben. Die Baselbieter Geschichte erlaubt keine Ausklammerung der Basler Geschichte! Eine Baselbieter Geschichte, die auf dem oben skizzierten Weg ein Stück weit auch zur Geschichte der Stadt Basel wird, darf für sich in Anspruch nehmen, der einmaligen Sonderstellung der beiden Basler Halbkantone in echt partnerschaftlichem Verständnis begegnet zu sein.»

Die Konzeptkommission sollte mit ihrem Entscheid, die neue Kantonsgeschichte unter der alleinigen Ägide des Kantons Basel-Landschaft schreiben zu lassen, Recht bekommen: Am 21. Juni 1992 entschied sich der Basler Souverän in einer Volksabstimmung mit grossem Mehr gegen den Beschluss des Grossen Rates und der Regierung, eine Basler Jubiläumsgeschichte in Auftrag zu geben.

Die Idee der Forschungsstelle

Wer könnte mit der Ausarbeitung der neuen Kantonsgeschichte betraut werden? Die Kommission sprach sich einhellig für eine von professionellen Historikerinnen und Historikern besetzte Forschungsstelle aus, die von ihrer Fachrichtung aus Archäologie, Mediävistik und Neuzeit abzudecken hätten. Obwohl keines der Mitglieder der vorbereitenden Kommission den im Baselbiet bisher geleisteten grossen Einsatz von Archäologen, Volkskundlern und Historikern – stellvertretend seien etwa genannt: Pfarrer Karl Gauss, Theodor Strubin, Dr. Paul Suter und Dr. h.c. Eduard Strübin – gering schätzte, waren sich doch alle einig, dass ein derart komplexes und auf mehrere Jahre angelegtes Forschungsprojekt nur dann zu realisieren sei, wenn eine entsprechende professionelle, organisatorische und finanzielle Infrastruktur geschaffen werde.

Der finanzielle Ansatz

Was sollte, was durfte die neue Kantonsgeschichte kosten? Darüber gingen die Meinungen auseinander. Während die Konzeptkommission für zwölf Millionen plädierte, bewilligte der Regierungsrat schliesslich neun Millionen.

In der Begründung des Antrags an den Landrat unterstrich die Regierung, dass dem Kanton trotz zahlreicher Einzeluntersuchungen eine neuere zusammenfassende und systematische Aufarbeitung der eigenen Geschichte fehle. Sie betonte ferner, deren Erforschung und Darstellung sei zugleich ein Beitrag an die Erhellung der Basler Vergangenheit, mithin eine Gegenleistung für das kulturelle Angebot der Stadt Basel. Eine von einem neuen Forschungsansatz ausgehende Baselbieter Geschichte entspreche schliesslich der Rolle Basellands als «Pionierkanton».

Am 31. März 1987 stimmte der Landrat diesen Erwägungen zu und bejahte den verlangten Kredit von neun Millionen; da innert der gesetzten Frist das fakultative Referendum nicht ergriffen wurde, erhielt der Beschluss Ende April Rechtskraft.

Am 31. Oktober 1994 erfolgte aus politischem Anlass eine Aufstockung des Neunmillionenkredits: Nach dem Übertritt des Laufentals zum Kanton

Basel-Landschaft stimmte der Landrat einem Zusatzkredit von Fr. 300 000.– zu und setzte damit ein bedeutendes Zeichen für den Willen des Baselbiets, den neuen, fünften Bezirk in den Kanton zu integrieren.

Die Aufsichtskommission
Der nächste Akt lag wieder bei der Regierung: Sie hatte eine die Forschungsarbeit begleitende, sowohl aus interessierten Laien wie auch Fachhistorikerinnen und Fachhistorikern zusammengesetzte Aufsichtskommission zu wählen, die auch in der Lage sei, den Bezug zur Universität herzustellen. In der Kommission sollten ferner die evangelisch-reformierte und die römisch-katholische Landeskirche vertreten sein wie auch die der Geschichte verwandten Wissenschaftsbereiche der Archäologie und Volkskunde.

Die Aufsichtskommission für die Forschungsstelle Baselbieter Geschichte – über ihre personelle Zusammensetzung orientiert das Impressum – hat ihre Aufgabe seit 1987 in mehr als 50 Sitzungen wahrgenommen. Sie arbeitete all die Jahre hindurch mit bemerkenswerter personeller Konstanz, in grosser Einmütigkeit und mit starkem Einsatz. Dabei liess sie sich immer vom Grundsatz leiten, die Forschungsstelle nicht zu bevormunden und ihr im Rahmen des von der Regierung genehmigten Konzeptes grösstmögliche Autonomie zuzubilligen.

Eine ihrer zentralen Aufgaben bestand darin, die Leitung der Forschungsstelle und deren Mitarbeiterinnen und Mitarbeiter zu ernennen. Ferner hatte sie die Wahl der verschiedenen Projektbearbeiter und -bearbeiterinnen durch den Regierungsrat vorzubereiten, und die Aufträge für die Gestaltung, das Lektorat und die Redaktion von Band eins zu vergeben.

Die übrige Tätigkeit der Aufsichtskommission lässt sich in folgende Kurzformel einbinden: sie beurteilt die Aktivitäten der Forschungsstelle kritisch, überwacht die Termine und den finanziellen Rahmen, liest und qualifiziert die von der Forschungsstelle publizierten Texte, berät bei der Gestaltung und heisst das Konzept der Öffentlichkeitsarbeit gut.

Würdigung und Dank
Paragraph 98 der 1987 in Kraft getretenen neuen Kantonsverfassung widmet sich der Kulturpflege und hält im Absatz 1 fest: «Kanton und Gemeinden fördern das kulturelle, künstlerische und wissenschaftliche Schaffen.» Die vorliegende Kantonsgeschichte ist auf dem Gebiet der Wissenschaft – ganz abgesehen vom Universitätsvertrag – ein Musterbeispiel dieser Kulturpflege, um das man das Baselbiet nicht nur in der Schweiz, sondern auch im nahen Ausland beneidet. Ganz zufällig ist es natürlich nicht, dass gerade der Kanton Basel-Landschaft das Projekt einer neuen Geschichte lancierte, so wenig es Zufall ist, dass eines der in Auftrag gegebenen Themen «Wachstum und Wachstumsbewältigung im Kanton Basel-Landschaft» lautet. Geht es in der Projektstudie im Wesentlichen um die «Baustelle Baselland», so geht es in der neuen Kantonsgeschichte letztlich um die Identität in einem vom Wachstum überrannten und auch geprägten Kanton.

Aufsichtskommission und Forschungsstelle Baselbieter Geschichte wissen um diese identitätsstiftende Kraft der Geschichte. Deshalb vertrauen sie darauf, dass wir Baselbieterinnen und Baselbieter in einer sich sowohl technisch als auch kulturell immer schneller verändernden globalisierten Welt aufgrund einer gestärkten Identität selbstsicherer in den Dialog mit der Zukunft eintreten können.

Das Geleitwort der Aufsichtskommission darf sich nicht nur darauf beschränken, die Geschichte der Geschichte wieder aufleben zu lassen; es bietet auch Gelegenheit, eine grosse Dankesschuld abzutragen. Dank gebührt an vorderster Stelle dem Regierungsrat und dem Landrat, die mit der Gutheissung des Projektes Geschichte 2001 und der Gewährung des Millionenkredits grünes Licht für dieses ausserordentliche Vorhaben gaben. In diesen Dank einzuschliessen sind auch die Mitglieder der Konzeptkommission: Sie haben es verstanden, mit ihrer weitblickenden, inhaltlichen Vorgabe der neuen Baselbieter Kantonsgeschichte ein Profil zu geben, das dem neuesten Stand der zeitgenössischen Geschichtsschreibung entspricht.

Doch was wäre die Theorie ohne die Praxis! Ohne den unermüdlichen Einsatz der Forschungsstellenleitung und ihrer Mitarbeiterinnen und Mitarbeiter wäre der Wille des Regierungs- und Landrates ohne Echo verhallt. Die Forschungsstelle hat es mit Bravour verstanden, die vielen Klippen, die sich einem solchen Werk entgegenstellen, mit Geschick und Ausdauer zu meistern: den gordischen Knoten der inhaltlichen Komplexität zu lösen, die termingerechte Fertigstellung der Forschungsaufträge und der verschiedenen Manuskripte logistisch zu überwachen und dazu die Gestaltung sowie den Druck des Werkes zu begleiten und zu fördern.

Ein Wort des Dankes gebührt schliesslich den zahlreichen Projektbearbeiterinnen und Projektbearbeitern, die vor der endgültigen Niederschrift der Kantonsgeschichte einzelne, besonders relevante, aber bisher noch kaum bearbeitete Aspekte thematisierten. Ihre Veröffentlichungen – es sind nicht weniger als 17 – zeugen neben der nunmehr sechsbändigen Kantonsgeschichte von einer reichen historiographischen Ernte, die für all jene Geschichtsbeflissenen von Wichtigkeit ist, die ihr Interesse nicht nur dem Ganzen, sondern auch der vertiefenden Einzelforschung entgegenbringen.

Die Aufsichtskommission wünscht der neuen Kantonsgeschichte eine grosse Leserschaft. Sie ist überzeugt, dass auch im schnelllebigen Zeitalter des Fernsehens und des Internets die stille Lese-Beschäftigung mit regionaler Geschichte ihre über den Tag hinausreichende Bedeutung und Berechtigung hat.

Liestal, Reinach im Mai 2001
René Salathé
Präsident der Aufsichtskommission

Vom Schreiben und Lesen der Geschichte.
Anmerkungen der Forschungsstelle Baselbieter Geschichte

Was in der geplanten Geschichte des Kantons Basel-Landschaft zu lesen sein sollte, wurde 1985 von der Konzeptkommission in den Grundzügen bestimmt. Festgelegt wurden die Ziele, gesteckt die Termine, bereitgestellt die Mittel, formuliert die inhaltlichen Leitlinien. «Neu» sollte sie sein, die zu schreibende Geschichte, und «für Alle verständlich»: Wie löste die Forschungsstelle Baselbieter Geschichte diese Ansprüche ein?

Blickrichtungen und Darstellungsmuster

Die Geschichte des Kantons Basel-Landschaft und der Landschaft Basel von 1932 war stark geprägt von den damaligen Geschichtsbildern und Wissenschaftsmethoden. Im Zentrum standen die Ereignisse, die handelnden Männer, der Aufbau der kantonalen Verwaltung – nicht zur Sprache kamen die Frauen, die Realität des Lebens in kleinen Gemeinden, die langfristige Veränderung wirtschaftlicher und sozialer Rahmenbedingungen. Deshalb sollte die neue Kantonsgeschichte, so stand es in der Vorlage an den Landrat 1986, «auch die Alltagserfahrungen der Frauen und Männer zu schildern versuchen», welche von den Handlungen der politischen und wirtschaftlichen Elite betroffen wurden. Ausgangspunkt der Betrachtung müsse «die dörfliche Gemeinschaft sein, die in der Landschaft Basel im Brennpunkt des historischen Geschehens steht». Geschichte «von unten» also, Geschichte der Menschen in den Dörfern – und Geschichte der Frauen. 1985 hatte man noch von «Frauengeschichte» gesprochen; in der Forschung setzte sich dann aber in den Folgejahren das Konzept der «Gender History» durch. Der englische Begriff «Gender» meint das Geschlecht im sozialen, nicht im biologischen Sinn. «Gender History» beschreibt die unterschiedlichen historischen Erfahrungswelten von Frauen und Männern.

Diese drei Blickrichtungen bestimmten von Anfang an die Forschungsarbeit. Noch ungelöst war zu Beginn die Frage, nach welchem Muster die Vergangenheit dargestellt, in welcher Form sie beschrieben werden sollte. In der Kantonsgeschichte von 1932 dominierte die traditionelle Nacherzählung politischer Ereignisse. Dahinter steckte die Vorstellung, «Geschichte» sei vor allem eine Abfolge von bedeutenden diplomatischen oder militärischen Taten. Die moderne Geschichtsschreibung betont demgegenüber stärker den Einfluss langfristiger Entwicklungen. Französische Historiker im Umkreis der Zeitschrift Annales rückten die Handlungsbereiche der «Economie» (Wirtschaft), der «Société» (Gesellschaft) und der «Civilisations» (Mentalitäten, Kultur) in den Vordergrund. Sie beschrieben nicht mehr kurzlebige politische Ereignisketten, sondern langsamere, aber ebenso bedeutende Veränderungen wie etwa das Auf und Ab der Getreidepreise oder neue Einstellungen zur Sexualität. Die Forschungsstelle Baselbieter Geschichte übernahm dieses Annales-Schema, ergänzte es aber um die Dimension des Politischen: um die Beziehung zwischen Herrschenden und Beherrschten.

Zusammen bildeten die drei Blickrichtungen – Geschichte von unten, Gemeinde, Gender – und die vier Handlungsbereiche – Wirtschaft, Gesellschaft, Mentalitäten, Politik – das Grundgerüst für die vorliegende Geschichte des Baselbiets. So werden in allen behandelten Epochen wirtschaftliche, gesellschaftliche, politische und kulturelle Beziehungen thematisiert, je nach Kapitel mit unterschiedlichem Gewicht. Das Kapitel zur Industrialisierung im 19. Jahrhundert zum Beispiel beschreibt vorwiegend ökonomische Entwicklungen, macht jedoch auch deren politischen Hintergrund, deren soziale und kulturelle Auswirkungen sichtbar. Die drei Blickrichtungen durchziehen alle Kapitel und Themenbereiche: Es gibt kein Sonderkapitel zur «Geschichte der Frau» oder zur «Geschichte der Gemeinde».

Geschrieben wurde die neue Geschichte des Kantons Basel-Landschaft von insgesamt 15 verschiedenen Historikerinnen und Historikern. Das oben beschriebene Grundkonzept entwickelte die Forschungsstelle Baselbieter Geschichte gemeinsam und es gilt für sämtliche Bände. Im Detail allerdings, in der stilistischen Eigenart und in der Art des Erzählens, unterscheiden sich die Kapitel je nach Verfasserin oder Verfasser. Eine Lektorin gewährleistete die inhaltliche und formale Übereinstimmung, glättete Differenzen in Sprache und Textaufbau jedoch bewusst nicht. So wird beim Lesen nachvollziehbar, dass die Darstellung von Geschichte immer auch von der Person der Schreibenden abhängt, von unzähligen individuellen, aber rationalen Entscheiden.

Nah dran, weit weg
Der Titel der Geschichte des Kantons Basel-Landschaft bringt gleich verschiedene Merkmale dieser sechs Bände auf den Punkt. Nah bei der Stadt liegt das Baselbiet, doch zuweilen wünschte man sich in der Vergangenheit weit weg voneinander. Nah dran bei den Akteuren der Geschichte, den Kindern, Frauen, Männern früherer Jahrhunderte, versuchen die Texte zu sein. Doch deren Autoren und Autorinnen stehen aller methodologischen Raffinesse zum Trotz immer noch in unüberwindbarer Distanz zu den Erfahrungen und Empfindungen der Menschen von gestern. Mit einem poetischen Bild umschreibt der Titel so eine grundlegende Aufgabe der Geschichtsschreibung: Mit der Annäherung an das historische Subjekt wächst die Genauigkeit und Vielfalt der Wahrnehmung, doch zugleich hat der ferne Horizont der strukturellen Veränderungen im Blickfeld zu bleiben.

Nah dran, weit weg: Das gilt auch für die Vorstellung, hier sei nun «die ganze Geschichte» nachzulesen – was keine Geschichtsschreibung je leisten kann. 14 Jahre hat die Arbeit der Forschungsstelle Baselbieter Geschichte gedauert, über neun Millionen kosteten Forschung und Herstellung, über 20 Historikerinnen und Historiker waren in Forschungsprojekten engagiert, sechs Bände mit insgesamt 1500 Seiten wurden gedruckt – ein für die Schweiz bisher einmaliges Unternehmen, was Ressourcen und Anspruch betrifft. Schon bei den Anfängen der Konzeptdiskussion war aber klar, dass vieles nicht berücksichtigt werden konnte. In vielen Einzelbereichen war und ist nach wie vor zu wenig Wissen vorhanden. Die vorbereitende Projektgruppe BL-Kantonsgeschichte listete 1985 in ihrer Konzeptstudie über zehn Seiten möglicher Themen auf: von der Untersuchung steinzeitlicher Mobilitätsformen über die Veränderung ländlicher Kultur nach der Reformation bis zur Entwicklung der politischen Rechte der Frauen. Realisiert werden konnten schliesslich etwas über 20 Forschungsprojekte – immerhin. Dennoch: Forschen hiess während 14 Jahren immer auch verzichten. Dazu kamen praktische Beschränkungen beim Schreiben: 250 Seiten standen beispielsweise in Band fünf für die Darstellung des 19. Jahrhunderts zur Verfügung, wovon ein Drittel für Bilder reserviert war. Für den Bereich «wirtschaftliche Entwicklung» in dieser Epoche blieben somit vielleicht noch 40 Seiten übrig – 40 Seiten für sämtliche industriellen Sparten, Verkehr, Banken, Arbeitersiedlungen über den Zeitraum von 100 Jahren hinweg …

Trotz ihres Titels ist die Geschichte des Kantons Basel-Landschaft keine auf den Kanton beschränkte Darstellung. Spezifische Kapitel zur Entwicklung der Stadt finden sich zwar nicht. Doch wenn vom Land die Rede ist, wird die Stadt laufend mitgedacht. Wie sonst wollte man das Verhältnis von (städtischer) Obrigkeit und (ländlichen) Untertanen in der frühen Neuzeit beschreiben? Wie die Entstehung eines ländlichen Bildungsbürgertums, welches seine Werte und Erfahrungen aus der Stadt bezog? Die Beziehung zwischen Zentrum und Peripherie ist in allen Bänden und Kapiteln Thema. Auch oder erst recht nach der Kantonstrennung 1832/33: Die Industrialisierung der Landschaft kann nicht beschrieben werden, ohne die Rolle der städtischen Fabrikherren und Investoren zu erwähnen. Und im 20. Jahrhundert wirkt sich die Frage der Wiedervereinigung beider Basel nachhaltig auf regionale wie kantonale Infrastrukturplanungen aus. Die neue Baselbieter Geschichte verfolgt einen regionalgeschichtlichen Ansatz. Erforscht werden soll – ungeachtet der gegenwärtigen Kantonsgrenzen –, welche gesellschaftlichen, wirtschaftlichen, kulturellen und herrschaftlichen Räume sich die Menschen in den letzten Jahrtausenden schufen. So erscheint die Bedeutung der Gemeinde als zugleich geschlossener wie offener Handlungsraum in einem neuen Licht; und neben der Stadt Basel rücken andere Zentren ins Blickfeld: Klöster und Kleinstädte zum Beispiel.

Nah dran, weit weg: Eine «Kantonsgeschichte» steht immer auch in Konkurrenz zur ganzen Palette lokalhistorischer Geschichtsschreibung: angefangen bei den Heimatkunden von 1863 bis zu den Beiträgen in den Baselbieter Heimatblättern seit 1936 und den Ortsgeschichten des ausgehenden 20. Jahrhunderts. Im Forschungsalltag erwies sich allerdings die vermeintliche Kluft zwischen akademischem Ansatz und lokalem Interesse oft als überbrückbar. Die Geschichte des Kantons Basel-Landschaft kann und will kein Ersatz sein, sie behauptet auch keinen höheren Wahrheitsanspruch. Im Gegenteil: Sie versucht, die unzähligen «Geschichten» in den Kontext der «Geschichte» zu stellen, Erfahrungszusammenhänge zu zeigen, Entwicklungen auf kantonaler und regionaler Ebene mit jenen vor Ort, in der Gemeinde, zu vergleichen.

Wie weit «das Baselbiet» reicht

Die Geschichte des Kantons Basel-Landschaft umfasst einen geografisch und politisch pulsierenden Raum. Der «Kanton» existiert erst seit 1832/33 und bildet seither nicht einmal eine konstante räumliche Grösse. Heute zählt er fünf Bezirke, noch 1993 – vor dem Beitritt des Bezirks Laufen – waren es erst vier. Vor 1815 gehörten die meisten Gemeinden des gegenwärtigen Bezirks Arlesheim zum Ausland, zum Fürstbistum Basel. Je weiter man in die Vergangenheit zurückblickt, desto ungeeigneter erweisen sich die Grenzen des heutigen Kantonsgebietes für die Bezeichnung früherer Lebens- und Herrschaftsräume. Die römischen Provinzen lagen quer zu aktuellen Kantons- und Landesgrenzen; steinzeitliche Nomaden bewegten sich in wechselnden Jagd- und Siedlungsgebieten. Wer im Mittelalter im Hinterland von Basel lebte, schuldete womöglich einem Herrn Gehorsam und Tribut, welcher seinen Herrschaftssitz ganz woanders hatte. Erst vor wenigen Jahrhunderten begann sich jener moderne Territorialstaat mit klar abgegrenzten, unverrückbaren Rechtsräumen zu bilden, der heute als «Kanton» besteht.

Das Untersuchungsgebiet der Geschichte des Kantons Basel-Landschaft deckt ungefähr die Region zwischen Jura und Rhein ab. In historischer Sicht bildet der Raum, den man heute als Kanton Basel-Landschaft kennt, darin nur eine Etappe. Auch soll der Titel nicht eine zwangsläufige Entwicklung von einem territorialen Flickenteppich hin zu einer festen Einheit, eben dem Kanton, andeuten. Der Blick in die Vergangenheit zeigt vielmehr ein Gebilde, welches gerade in den letzten Jahrhunderten um sein inneres Gleichgewicht rang. Das ehemals fürstbischöfliche Birseck wurde 1815 zum Kanton Basel geschlagen und schlug sich 1832/33 zu Basel-Landschaft – es sollte aber bis zum Ende des 19. Jahrhunderts dauern, bis die Bewohner des Birsecks auf dem Papier jenen des alten Baselbiets gleichgestellt waren. Und der konfessionelle Unterschied sorgte noch bis ins 20. Jahrhundert hinein für eine mentale Abgrenzung zwischen «neuem» und «altem» Kantonsteil. Umgekehrt steht gerade im beginnenden 21. Jahrhundert der Kanton Basel-Landschaft selbst zur Debatte. Stimmen mehren sich, welche die bisherige kantonale Kleinräumigkeit durch grosse Regionen ersetzen wollen. Gedacht wird dabei an einen «Kanton Nordwestschweiz», bestehend aus den heutigen Gebieten Basel-Stadt, Basel-Landschaft, dem aargauischen Fricktal und dem solothurnischen Schwarzbubenland.

In den vorliegenden sechs Bänden trägt deshalb das Untersuchungsgebiet unterschiedliche Namen. Die «Landschaft Basel» oder «das Baselbiet», das waren bis ins 18. Jahrhundert die der Stadt Basel untergeordneten Vogteien Farnsburg, Waldenburg, Homburg und Liestal sowie Riehen und Kleinhüningen. Das «Birseck», genauer die fürstbischöfliche Vogtei Birseck, umfasste bis 1792 neun Gemeinden im unteren Baselbiet, ab 1815 als baslerische und später basellandschaftliche Verwaltungseinheit zusätzlich zwei der vier Gemeinden aus der ehemaligen Vogtei Pfeffingen. Vor 1994 meint die Bezeichnung «Kanton Basel-Landschaft» das Gebiet ohne den Bezirk Laufen, welcher jeweils extra genannt wird.

Lesehilfen

Wo soll man zu lesen beginnen? Die Geschichte des Kantons Basel-Landschaft ist als Ganzes chronologisch aufgebaut. Wer sich über bestimmte Entwicklungen im 19. Jahrhundert informieren will, braucht aber nicht den gesamten fünften Band zu bewältigen. Jeder der sechs Bände ist thematisch gegliedert, so dass jedes Kapitel für sich allein gelesen werden kann. Der Einstieg in die Bücher ist überall möglich. Auch die einzelnen Kapitel sind nach dem Prinzip eines Mosaiks organisiert, bestehend aus einer oberen Seitenhälfte, der Randspalte und der unteren Ebene mit dem «Buch im Buch». Diese Dreiteilung ermöglicht es, oben oder unten anzufangen, je nach Interesse kürzere oder längere Passagen zu lesen, eher überblicksartige Erklärungen oder eher Biographien und Ereignisse zu studieren. Nicht zu übersehen ist die vierte Informationsebene: jene der Bilder. So wird jedes Kapitel mit einem Grossbild zur Thematik eröffnet. Bilder sind in der neuen Kantonsgeschichte mehr als gefällige Illustrationen, Auflockerungen. Sie besitzen eine eigene Geschichte, sind historische Quellen, die über das Abgebildete hinaus einen Eindruck von der jeweiligen Weltsicht vermitteln. Zusammen bilden diese vier Leseebenen oder «Mosaiksteine» ein detailreiches und zugleich Überblick verschaffendes Gesamtbild. Das gestalterische Konzept, welches der Geschichte des Kantons Basel-Landschaft zugrunde liegt, stammt vom Grafikbüro Anne Hoffmann Graphic Design aus Basel. Vom Beginn der Redaktionsphase an arbeitete Anne Hoffmann mit der Forschungsstelle zusammen und entwickelte Lösungen, um den komplexen Inhalt in eine konsequente und ansprechende Form zu bringen.

Eine Besonderheit bilden die so genannten Thema-Kapitel in Band eins, drei und sechs. Sie verfolgen eine bestimmte Thematik durch die Jahrhunderte hindurch und machen so historische Veränderungen, Kontinuitäten wie Brüche, deutlich. Die behandelten Themen – Landschaftswandel, Arbeit und Musse, Umweltwahrnehmung – werden in ihrer Komplexität als zugleich gesellschaftliche, kulturelle wie wirtschaftliche Phänomene geschildert. In diesen drei Kapiteln stehen auch die Bilder quer zum Text. Vier zeitgenössische Kunstschaffende präsentieren ihre Sichtweise des jeweiligen Themas: Thomas Kneubühler bei «Arbeit und Musse», Mireille Gros und Cécile Wick bei «Landschaftswandel» und Annette Fischer bei «Umweltvorstellungen».

Für wen ist die neue Baselbieter Geschichte geschrieben? Der Auftrag lautete klar: für alle. Verständlich soll sie sein, Forschungserkenntnisse in lesbarer Form vermitteln. Was an wissenschaftlicher Arbeit darin steckt, soll inhaltlich, aber nicht in der sprachlichen Ausgestaltung zum Ausdruck kommen. Auf gängige wissenschaftliche Schreib-Eigenheiten wie ausführliche Fussnoten und einführende Quellenkritik wurde deshalb weitgehend verzichtet. Wer mehr wissen will, als im Text steht, findet am Ende jeden Kapitels auf einer «Service-Seite» die nötigen Angaben wie Quellenbelege oder den Standortnachweis der Bilder. Die wichtigsten Untersuchungen zum Themenbereich, welche Fachleute und interessierte Laien weiterführen, werden in den Lesetipps speziell erwähnt. Zur raschen Orientierung dient das ausführliche Inhaltsverzeichnis. Weitere Lesehilfen finden sich im Anhang am Ende jedes Bandes. Dort ist immer ein Personen-, Orts- und Sachregister zu finden. Eine tabellarische Chronologie gibt einen Überblick über die wichtigsten Ereignisse. Und das Literaturverzeichnis listet sämtliche in den Anmerkungen abgekürzt zitierten Werke auf. Für die Zeit vor 1800 ist zudem in den Bänden eins bis vier jeweils ein Glossar mit den verwendeten Fachbegriffen und in den Bänden drei und vier eine Beschreibung des historischen Mass-Systems angefügt.

Von Aufmachung und Untertiteln her sind immer zwei Bände als zusammengehörig erkennbar. Auch überschreiten einzelne Kapitel immer wieder die Epochengrenzen, vorwärts wie rückwärts. Jeder Band kann jedoch für sich allein gelesen werden. Für die sechs Bände zeichnen folgende Redaktorinnen und Redaktoren verantwortlich: Reto Marti für Band eins, Anna C. Fridrich für Band zwei, Albert Schnyder für Band drei, Daniel Hagmann für Band vier, Anna C. Fridrich und Daniel Hagmann gemeinsam für Band fünf, Ruedi Epple für Band sechs.

Geschrieben, redigiert und gestaltet wurden die Bände nicht alle gleichzeitig und auch nicht in der zeitlichen Abfolge der behandelten Epochen. Die Texte für den zuerst produzierten Band fünf, 19. und 20. Jahrhundert, widerspiegeln den Wissensstand von Herbst 1998, jene des zuletzt in die Druckerei gegebenen Bandes vier, 16. bis 18. Jahrhundert, wurden im Winter 1999/2000 verfasst. Aktuelle Literatur konnte deshalb nur bis zu diesem Zeitpunkt berücksichtigt werden.

Anlass zum Fragen

«Selbst wenn die Geschichte zu nichts anderem zu gebrauchen wäre, eines muss man ihr sicher zugute halten: Sie ist unterhaltsam», schrieb der französische Historiker Marc Bloch. In der Tat: Historische Entwicklungen haben keinen Zweck, keinen Nutzen und sie lassen sich auch nicht auf einen einzigen Nenner bringen. Doch erzählte Geschichte kann unterhalten, das heisst Interesse wecken, Gespräche anregen, das Reden über Vergangenes und Gegenwärtiges in Bewegung setzen. Mit ihrem Forschungs- und Darstellungskonzept hat die Forschungsstelle Baselbieter Geschichte versucht, dieser Herausforderung gerecht zu werden. Die vorliegenden sechs Bände widerspiegeln aktuelle gesellschaftliche Bedürfnisse und wissenschaftliche Entwicklungen. Der methodische Wandel und die Veränderung der Interessen werden zwangsläufig neue Fragen hervorrufen. Die Geschichte des Kantons Basel-Landschaft wird mit der Zeit selbst ein Teil der Geschichte – und spätestens dann Anlass zum Fragen.

Liestal, im Mai 2001
Die Forschungsstelle Baselbieter Geschichte

Dank

Ein Werk wie die Geschichte des Kantons Basel-Landschaft entsteht nur mit Unterstützung zahlreicher Personen und Institutionen, die Auskünfte geben, Texte schreiben und lesen, Bilder zur Verfügung stellen oder sonst mit Rat und Tat zur Seite stehen.

Die Forschungsstelle Baselbieter Geschichte dankt folgenden Personen und Einrichtungen:

Archäologie und Kantonsmuseum Baselland, Liestal
Archiv des Klosters Mariastein
Archives de l'Ancien Evêché de Bâle, Porrentruy
Aufsichtskommission der Forschungsstelle Baselbieter Geschichte
Dichter- und Stadtmuseum, Liestal
Historisches Museum Basel
Kantonale Denkmalpflege, Liestal
Kantonsarchäologie Aargau, Brugg
Kantonsbibliothek, Liestal
Laufentaler Museum, Laufen
Mikrofilmstelle des Kantons Basel-Landschaft, Liestal
Museum der Kulturen, Basel
Öffentliche Kunstsammlung, Kupferstichkabinett, Basel
Römerstadt Augusta Raurica, Augst
Schweizerische Landesbibliothek, Bern
Staatsarchiv des Kantons Basel-Landschaft, Liestal
Staatsarchiv des Kantons Basel-Stadt, Basel
Staatsarchiv des Kantons Bern
Universitätsbibliothek, Basel
Wirtschaftswissenschaftliches Zentrum, Basel

Erich Anklin
Stephan Appenzeller
Elisabeth Balscheit
Thomas Bauer
Hans Berner
Ruedi Bienz
Kaspar Birkhäuser
Jean-Daniel Blanc
Roger Blum
Florian Blumer
Nicole Boillat
Ruedi Brassel-Moser
Sabine Braunschweig
Susanna Burghartz
Dorothea A. Christ
Markus Christ
Katharina Eder Matt
Franz Egger
Ernst Epple
Fritz Epple
Lena Epple
Jürg Ewald
Annette Fischer
Silvana Fischer
Brigitte Frei-Heitz
Martin Furter
Hildegard Gantner-Schlee
Beatrice Geier-Bischoff
Hans-Jörg Gilomen
Elsanne Gilomen-Schenkel
Erich Grädel
Roland Grieder
Mireille Gros
Franz Gschwind
Jacqueline Guggenbühl-Hertner
Pierre Gürtler
Bruno Gutzwiller
Paul Gutzwiller
Gisela Gysin
Felix Gysin
Christa Gysin-Scholer
Ruth Haener
Yolanda Hecht
Eva Herzog
Franziska Heuss
Anna Carolina Hirzel-Strasky
Anne Hoffmann
Bettina Hunger
Stefanie Jacomet
Paul Jenni
Lilo Killer
Thomas Kneubühler
Sabine Kubli Fürst
Fridolin Kurmann
Niklaus Landolt
Andrea Leisinger
Patrizia Leuchtmann
Martin Leuenberger
Matthias Manz
Guy Marchal
Reto Marti
Markus Mattmüller
Martin Meier
Franco Meneghetti
Paul Menz
Beat Meyer
Pascale Meyer
Werner Meyer
Amélie Montfort
Christoph Oberer
Mireille Othenin-Girard
Sandra Rau
Vreni Rebmann
Margret Ribbert
Dorothee Rippmann
Sibylle Rudin-Bühlmann
Annamarie Ryter
René Salathé
Michèle M. Salmony Di Stefano
Eva Schär
Beatrice Schärli
Martin Schaffner
Therese Schaltenbrand
Peter Schmid
Daniel Schmutz
Jitka Schmutz
Willi Schoch
Beatrice Schumacher
Jürg Sedlmeier
Claudius Sieber-Lehmann
Christian Simon
Kuno Steiner
Peter Stöcklin
Eduard Strübin †
Paul Suter †
Peter Suter
Karl Martin Tanner
Jürg Tauber
Hans Utz
Achatz von Müller
Regina Wecker Mötteli
Dorothea Weishaupt
Cécile Wick
Béatrice Wiggenhauser
Claudia Wirthlin
Maria Wittmer-Butsch
Dominik Wunderlin
Andreas Zimmermann
Max Zoller

Zeit und Räume – Vorwort zum ersten Band

Der erste Band der neuen Baselbieter Geschichte nennt, was die Leserin, der Leser bei dessen Lektüre stets vor Augen haben sollte: die ungeheure Zeitspanne von tausenden von Jahren, die ein einzelner Mensch kaum erfassen kann, und räumliche Dimensionen, die noch rein gar nichts mit einem späteren Kanton Baselland zu tun haben – Naturräume, die in einer Kaltphase der Altsteinzeit völlig anders bestimmt sind als in der Zeit der Eroberung Galliens durch Julius Caesar – Kulturräume, die der beginnende Fernhandel in der Bronzezeit anders umschreibt als die mediterran orientierte Römerzeit oder die Eingliederung ins Reich um das Jahr 1000 – jenseitig-religiöse Geistesräume, die von urtümlichem Schamanismus über keltisch-römischen Vielgötterkult hin zu christlicher Denkweise führen.

Es ist klar, dass ein derart weites Feld im gegebenen Rahmen nicht in seiner ganzen Breite und Tiefe beackert werden kann. Es gilt, Schwerpunkte zu setzen. Der erste Band dieser Baselbieter Geschichte beruht grösstenteils auf Erkenntnissen der Archäologie. Da liegt es nahe, vor allem Themen aufzugreifen, die durch Bodenfunde erhellt werden können: Besiedlung, ländlicher Alltag, materielle Lebenskultur. Eine strikte Beschränkung auf heutiges Kantonsgebiet macht dabei kaum Sinn. Es ist vielmehr nötig, jeweils die grösseren kulturräumlichen Zusammenhänge aufzuzeigen, die sich in jeder Epoche ändern können. Je weiter wir uns dabei von der Urgeschichte entfernen, je tiefer wir in geschichtliche Dimensionen eindringen, desto wichtiger wird dieser Blick in gesamteuropäische Zusammenhänge.

Dies alles auf knappstem Raum wiederzugeben – darin bestand die grösste Herausforderung für die Autoren des vorliegenden Bandes. In vielen Fällen half, dass es verschiedene aktuelle und umfassendere Arbeiten gibt, auf die zurückgegriffen und auch immer wieder verwiesen werden konnte. Mehr noch als in den folgenden Bänden gilt deshalb, dass, wer zusätzliche Informationen sucht, die Anmerkungen und Lesetipps im Anschluss an die einzelnen Kapitel beherzigen sollte.

Die Grundkonzeption des Bandes geht auf Dorothee Rippmann zurück. Die Kapitel sind nach Möglichkeit chronologisch geordnet; ein detailliertes Inhaltsverzeichnis und knappe Register im Anhang erleichtern den gezielten Einstieg. Eine selbstverständlich nicht massstäbliche Zeittabelle ebendort gibt einen Überblick über die behandelten Zeiträume. Anders als in dieser Tabelle dargestellt, ist das Ende von Band eins jedoch nicht mit einer Jahreszahl zu beziffern: für vieles liegt sie um das Jahr 1000, anderes – namentlich Geschichtliches zu einzelnen Herrscherfamilien – führt weit darüber hinaus.

Reto Marti

Die Steinzeiten – Der lange Weg zur Sesshaftigkeit

Bild zum Kapitelanfang
Rettungsgrabung bei Laufen
Beim Bau einer Garage in Laufen kam im Frühjahr 2000 ein grosser Kalkstein zum Vorschein, der sich kurz darauf als Teil eines endneolithischen Dolmengrabes entpuppte. Von der Kantonsarchäologie wurde sofort und unter schwierigen Bedingungen eine Rettungsgrabung durchgeführt. Der ausgegrabene Befund lässt vermuten, dass die Grabanlage schon in römischer Zeit gestört und grösstenteils abgetragen worden war. Die Funde und Befunde versprechen dennoch vielseitige neue Erkenntnisse. In der Nordwestschweiz überwiegen nämlich die neolithischen Lesefunde, so dass die Ergebnisse aus solchen Grabungen für die Forschung besonders wertvoll sind. Ganz in der Nähe von diesem bedeutenden Bodendenkmal wurde bereits 1946 ein ähnliches Dolmengrab entdeckt.

Der längste Abschnitt in der Geschichte der Menschheit

Die Steinzeit umfasst den grössten Zeitraum in der Geschichte der Menschheit. Begriffsbildend waren die im Fundmaterial vorherrschenden Steinartefakte,[1] die von den urgeschichtlichen Menschen in grossen Mengen hergestellt wurden. Das zahlenmässige Überwiegen der Steinartefakte ist jedoch vorwiegend auf ihre gute Erhaltungsfähigkeit zurückzuführen. Die idealen Erhaltungsbedingungen in vielen neolithischen Seeufer- und Moorsiedlungen, aber auch in einzelnen paläolithischen und mesolithischen Fundstellen zeigen deutlich, dass im Leben der urgeschichtlichen Menschen auch Objekte aus anderen Materialien – etwa Holz – eine wichtige Rolle gespielt haben. Paläolithische Holzartefakte sind allerdings nur in den seltensten Fällen erhalten geblieben.[2] Die bisherigen Forschungsergebnisse weisen jedoch darauf hin, dass im Paläolithikum und im Mesolithikum neben dem Rohstoff Holz in nicht geringem Masse auch Leder, Felle, Vogelfedern, Pflanzenfasern, Tiersehnen usw. zu Gebrauchsgegenständen, Kleidungsstücken, Behausungsteilen und anderen Objekten verarbeitet wurden.[3]

Die älteste und zugleich längste steinzeitliche Epoche ist die Altsteinzeit, das Paläolithikum, das in ein Ur-, Alt-, Mittel-, Jung- und Spätpaläolithikum unterteilt wird. Das Paläolithikum begann vor mehr als zwei Millionen Jahren mit der Herausbildung der ersten Menschen auf dem afrikanischen Kontinent und endete in unseren Breitengraden um 9250 Jahre vor Christi Geburt. Zur dieser Zeit erfolgte der Übergang vom Paläolithikum zum Mesolithikum beziehungsweise vom Eiszeitalter zur Nacheiszeit. Das Paläolithikum verlief zeitlich parallel mit dem Eiszeitalter, das sich grob in mehrere Kaltzeiten (Glaziale) und dazwischen liegende Warmzeiten (Interglaziale) unterteilen lässt. Die heute noch andauernde Nacheiszeit repräsentiert einen warmen Klimaabschnitt. Auch während der Kaltzeiten fand ein steter Wechsel von wärmeren und kälteren Abschnitten statt, was von der Forschung besonders für die letzte Kaltzeit – die so genannte Würm-Eiszeit – gezeigt wird.[4]

Es begann in einer Höhle bei Genf

Die Anfänge der Steinzeit-Forschung in der Nordwestschweiz reichen bis in die zweite Hälfte des 19. Jahrhunderts zurück. F. Mayor untersuchte jedoch bereits 1833 eine auf französischem Gebiet liegende Höhle bei Veyrier GE, die schon damals bemerkenswerte Funde aus dem spätjungpaläolithischen Magdalénien lieferte. Diese Entdeckung markiert den Anfang der Paläolithforschung in Europa; sie fand sogar vier Jahre vor den Epoche machenden Silexartefakt- und Knochenfunden von J. Boucher de Perthes in Frankreich statt, welche erst nach zwei Jahrzehnten – im Jahr 1858 – als Hinterlassenschaften des fossilen Menschen internationale Anerkennung fanden. Drei Jahre später wurden die paläolithischen Funde durch E. Lartet erstmals zeitlich geordnet.[1] Die französischen Forschungsergebnisse führten daraufhin auch in Mitteleuropa zu einer intensiven Beschäftigung mit diesem Thema.

Die Eisenbahn brachte es an den Tag

Im Jahr 1873 stand K. Merk mit seinen archäologischen Untersuchungen in der Höhle Kesslerloch bei Thayngen SH am Beginn der schweizerischen Paläolithforschung. Fast zur selben Zeit – im Jahr 1874 oder kurz vorher – kamen im Bereich des Birstals die ersten Magdalénien-Funde

Eiszeitliche Wildbeuter
Das rekonstruierte Lebensbild zeigt eine mit Speeren und Speerschleudern bewaffnete Jägergruppe des Spätmagdalénien, die gegen Ende der letzten Eiszeit – vor etwa 12 300 bis 12 400 Jahren – Jagd auf Rentiere macht. Die Szene spielt im September in einer teilweise mit Birken bewaldeten Landschaft im unteren Birstal. Die Zelte auf dem Hügel im Hintergrund markieren den Freilandlagerplatz Rütihard bei Muttenz.

Der Wandel des Klimas veränderte jeweils auch die Pflanzen- und Tierwelt. Diese Veränderungen hatten auch unmittelbare Auswirkungen auf den paläolithischen und mesolithischen Menschen, für dessen Ernährung die pflanzlichen und tierischen Ressourcen eine zentrale Rolle spielten. Die klimabedingten Folgen beschränkten sich jedoch nicht allein auf die Veränderung der Nahrungsgrundlagen. Das periodische Vordringen und Zurückweichen der kontinentalen Gletscher in Europa beeinflusste auch den Lebensraum des urgeschichtlichen Menschen. Die Gebiete, die während der Vereisungsphasen nicht oder nur sporadisch aufgesucht werden konnten, bildeten in den wärmeren Phasen des Eiszeitalters zusätzlichen Lebensraum für Menschen, Tiere und Pflanzen. In der Schweiz führten die damit zusammenhängenden geologischen Ereignisse wohl auch zur Zerstörung von paläolithischen Funden und Befunden. Dies gilt in besonderem Masse für das schweizerische Mittelland, wo die vorauszusetzenden alt- und mittelpaläo-

Fritz und Paul Sarasin
Die Vettern Fritz Sarasin (1859–1942; sitzend) und Paul Sarasin (1856–1929) während einer Forschungsreise auf der Insel Ceylon. Die weitgereisten und erfahrenen Gelehrten gaben zu Beginn des 20. Jahrhunderts der nordwestschweizerischen Steinzeitforschung neue und wichtige Impulse. Ihre urgeschichtlichen Forschungen in der Birstalregion wurden stark von ihren Eindrücken auf der Insel Celebes beeinflusst, wo ihr Interesse an der Prähistorik durch den Kontakt mit der dort noch lebenden Urbevölkerung erwacht ist.

DIE STEINZEITEN – DER LANGE WEG ZUR SESSHAFTIGKEIT

Datierung mit der ¹⁴C-Methode
Für die absolute Datierung steinzeitlicher Funde ist die ¹⁴C-Methode unentbehrlich. Mit ihr können bis zu 50 000 Jahre alte Objekte – etwa Knochen und Holzkohle – datiert werden. Die ¹⁴C-Daten sind jedoch nur als Modellalter zu verstehen, die von den tatsächlichen Alterswerten erheblich abweichen können. Reale Alter lassen sich nur für die letzten 11 640 Jahre ermitteln. Für diese Zeitspanne können die ursprünglich unkalibrierten ¹⁴C-Werte mittels Vergleichen an jahrgenau datierten Hölzern in reale Sonnenjahre umgerechnet beziehungsweise kalibriert werden. An der Grenze vom Spätpaläolithikum zum Mesolithikum ist demnach das kalibrierte ¹⁴C-Alter etwa 1250 Jahre älter als das unkalibrierte. Damit erklären sich für diesen Zeitbereich auch die Daten-Überschneidungen im vorliegenden Text, wo für das Mesolithikum und das Neolithikum kalibrierte reale Alter vor Christi Geburt angegeben sind, während für das Paläolithikum unkalibrierte Modellalter verwendet werden.

Carl Lüdin
Der Amateurforscher Carl Lüdin (1900–1986) vor der Birsmatten-Basisgrotte bei Nenzlingen im Jahre 1944. Der gelernte Tapezierer war seit seiner Kindheit den Naturwissenschaften zugetan. Er verfügte schon in jungen Jahren über ein umfassendes, autodidaktisch angeeignetes, botanisches, zoologisches, geologisches, paläontologisches und archäologisches Wissen.

lithischen Lagerplätze im freien Feld wahrscheinlich durch die erneut vorrückenden Gletscher und deren Schmelzwässer weitgehend zerstört wurden.

Jagen und Sammeln bestimmten das Leben

Während des Paläolithikums, aber auch während des grössten Teils des darauf folgenden Mesolithikums, war die Lebensweise der Menschen rein wildbeuterisch. Sie beschafften sich ihre Nahrung durch das Jagen von Wildtieren und das Sammeln von Wildpflanzen. Ihre Lebensweise wurde von ihrer natürlichen Umwelt und den darin zur Verfügung stehenden Nahrungsressourcen bestimmt. In den kaltzeitlichen Abschnitten waren grosse Säugetiere – etwa Wildpferd und Rentier – das Hauptjagdwild des Menschen. Die Jagd auf diese weiträumig umherziehenden Grosssäuger setzte bei den paläolithischen Jägern und Sammlern einen hohen Grad an Mobilität und eine optimale Anpassung an ihre Umwelt voraus. Für eine erfolgreiche Jagd brauchte es zudem geeignete Strategien und wirksame Jagdwaffen. Im Alt- und Mittelpaläolithikum waren dies hölzerne Stosslanzen und Wurfspeere; in der zweiten Hälfte des Jungpaläolithikums bediente man sich hingegen des Speers und der Speerschleuder.[5] Seit dem Spätpaläolithikum – möglicherweise auch schon früher – trat mit Pfeil und Bogen eine neue Jagdwaffe in Erscheinung, die auch während des Mesolithikums für das Erlegen von standorttreuen Tierarten verwendet wurde.

Der reine «Höhlenbewohner» hat ausgedient

Die Rastplätze der paläolithischen und mesolithischen Jäger und Sammler fanden sich in Höhlen, unter überhängenden Felswänden (Abris) und als Freilandstationen im offenen Gelände. Die Freilandstationen sind zu gewissen Zeiten und in bestimmten Gebieten – beispielsweise während des Jungpaläolithikums im Baselbieter Tafeljura – zahlenmässig stark untervertreten. Die Ursache für diese Diskrepanz ist nach neueren Erkenntnissen wohl weniger im Verhalten des urgeschichtlichen Menschen selbst, als in der grösseren

zum Vorschein. Die Steinartefakte und Tierknochen fanden sich zufällig während des Eisenbahn- und Strassenbaus in einer Höhle bei Liesberg und auf dem Bruderholz bei Basel.[2] Nach diesen Zufallsfunden begann in der Nordwestschweiz die gezielte Suche nach paläolithischen Höhlenstationen. Diese wurde allerdings erst 1883 von Erfolg gekrönt, als J. B. Thiessing in der Höhle Heidenküche im Kaltbrunnental der Nachweis einer Magdalénien-Fundschicht gelang.[3] Das bewusste Aufspüren von steinzeitlichen Fundstellen konzentrierte sich also – wie in anderen Regionen auch – von Anfang an auf die gut erkennbaren Höhlen. Dass in dieser initialen Phase der Forschung mit der Fundstelle Bruderholz gleichzeitig eine der seltenen Magdalénien-Freilandstationen entdeckt wurde, darf als glücklicher Zufall bezeichnet werden.

Die Birstalregion – gezielte Forschungen seit Beginn des 20. Jahrhunderts

In der Zeit von 1905 bis 1922 lag die Forschung in den Händen der Vettern F. und P. Sarasin. Ihre Untersuchungen in zahlreichen Höhlen und Abris der Birstalregion beruhten zum Teil auf modern anmutenden Fragestellungen. Besonders erfolgreich waren ihre Grabungen in der Höhle Birseck-Ermitage bei Arlesheim und im

DIE STEINZEITEN – DER LANGE WEG ZUR SESSHAFTIGKEIT   31

Sesshafte Ackerbauern und Viehzüchter
Das rekonstruierte Lebensbild zeigt eine bandkeramische Siedlung in der zweiten Hälfte des 6. Jahrtausends v. Chr., wie sie südlich von Reinach bestanden haben könnte. Die Rodungsfläche ist mit mehreren Langhäusern überbaut, in deren Nähe Getreidefelder angelegt sind. Diese werden zur Zeit – im Juli/August – mit Silex-Sicheln geerntet. Vorne sind vier geschneitelte Eschen sichtbar, deren Blätter als Viehfutter Verwendung finden. Im Hintergrund ist abseits der Siedlung eine natürliche Waldlichtung zu erkennen, die als Weide für Rinder, Ziegen und Schafe dient.

Abri Büttenloch bei Ettingen. Durch die Arbeiten von F. und P. Sarasin erweiterten sich die Kenntnisse über das Paläolithikum in unserer Region ganz erheblich.[4] Ihre Grabung im Abri Hohlefels bei Arlesheim im Jahre 1905, sowie diejenige von F. Speiser im Abri Angenstein bei Pfeffingen im Jahre 1908, förderten auch mesolithische Funde zu Tage. Nach dem damaligen Forschungsstand konnten diese Funde jedoch zeitlich und kulturell nicht näher eingeordnet werden. Die Vettern Sarasin stellten sich zusammen mit dem Paläontologen H. G. Stehlin auch in den Dienst anderer Forschungsvorhaben, zum Beispiel bei der Ausgrabung der Schalberghöhle bei Pfeffingen in den Jahren 1925 bis 1926. In dieser Höhle stiess E. Vogt auf eine mittelpaläolithische Fundschicht, nachdem bereits 1919 im Unteren Steinbruch bei Münchenstein Steinartefakte und Tierreste aus der Zeit des Neandertalers gefunden worden waren.

Zwischen 1934 und 1957 wurde die Forschung vor allem von C. Lüdin aus Basel geprägt. Seine Untersuchungen konzentrierten sich wiederum auf das Birstal und seine Seitentäler, wo von ihm und weiteren Personen mehrere paläolithische und mesolithische Höhlen- und Abrifundstellen entdeckt und ausgegraben wurden. Besonders zu erwähnen sind die Ausgra-

Zerstörungsanfälligkeit und im schwierigen Auffinden der Freilandstationen zu suchen. Die auch heute noch weit verbreitete Vorstellung der vorwiegend in Höhlen hausenden «Höhlenmenschen» ist jedenfalls nicht zutreffend.

Kulturpflanzen halten Einzug

Gegen Ende des Mesolithikums erfolgte in der Schweiz mit der erstmaligen Nutzung von Kulturpflanzen eine bedeutende wirtschaftliche Neuerung, die – zumindest auf lokaler Ebene – die bisher rein wildbeuterische Lebensweise des urgeschichtlichen Menschen veränderte. Näheren Aufschluss über diese Vorgänge geben die neuesten Forschungen im schweizerischen Mittelland. Dort zeigt sich, dass die spätmesolithischen Jäger und Sammler bereits um 6500 v. Chr. den Anbau von Getreide und anderen Kulturpflanzen kannten.[6] Mit der Aneignung dieser neolithischen Wirtschaftselemente standen sie offenbar am Anfang eines langdauernden Akkulturationsprozesses, der sich in ähnlicher Form auch im Spätmesolithikum der Nordwestschweiz abgespielt haben könnte. Um für unsere Region genauere Aussagen machen zu können, muss allerdings noch weiter geforscht werden. Mit dem Auftreten der neuen Wirtschaftsformen stehen wir an der Schwelle zum Neolithikum, das in der Folge mit seiner vorwiegend produzierenden Wirtschaftsweise und der damit verbundenen Sesshaftigkeit des Menschen einen neuen Abschnitt in dessen Geschichte einleitete.

Sesshafte Viehzüchter und Bauern

Das Neolithikum, die Jungsteinzeit, wird in ein Früh-, Mittel-, Jung-, Spät- und Endneolithikum unterteilt. Die ältesten neolithischen Spuren in unserer Gegend können der bandkeramischen Kultur zugewiesen werden; sie stammen aus der zweiten Hälfte des 6. Jahrtausends v. Chr. Die neolithischen Bauern errichteten feste Häuser und siedelten für längere Zeit am gleichen Ort. Im Bereich der Siedlungen wurden Kulturpflanzen angebaut und Haustiere gehalten. Das hierzu benötigte Land musste dem Wald durch Roden

Franz Leuthardt
Der Gelehrte Franz Leuthardt (1861–1934) in seinem Studierzimmer in Liestal. Der vielseitig interessierte Naturwissenschafter widmete sich vor allem der Erforschung seiner engeren Heimat. Neben seiner Haupttätigkeit als Lehrer an der Bezirksschule in Liestal verfasste er zahlreiche Arbeiten über die Geologie, Paläontologie, Zoologie und Archäologie des Baselbietes.

bungen in der Kohlerhöhle im Kaltbrunnental (1934 bis 1938), im Abri Wachtfels bei Grellingen (1938 bis 1941) und in der Brügglihöhle bei Nenzlingen (1940/1943). Die bedeutendste Entdeckung gelang C. Lüdin mit der Birsmatten-Basisgrotte bei Nenzlingen, in der zwischen 1940 und 1946 ausser einer reich gegliederten mesolithischen Schichtenfolge auch eine mesolithische Bestattung mit einem vollständig erhaltenen weiblichen Skelett zum Vorschein kam.[5] In den Jahren 1955 und 1956 fanden unter der Leitung von H.-G. Bandi zwei abschliessende Grabungskampagnen statt. Deren Ergebnisse wurden 1963 in Form einer umfangreichen Monographie herausgegeben, die für die schweizerische, ja sogar europäische Mesolithikum-Forschung wegleitend werden sollte.[6]

Die Forschung wird institutionalisiert

Mit dem interdisziplinären Forschungsunternehmen Birsmatten-Basisgrotte wurde endgültig klar, dass künftige Untersuchungen in paläolithischen und mesolithischen Höhlen- und Abristationen nur noch von Fachinstitutionen durchgeführt werden konnten. Die technisch anspruchsvollen und auf komplexen Fragestellungen beruhenden Grabungen und Auswertungen waren von Einzelpersonen – wie dies

abgerungen werden. Besonders bei Ernährungsengpässen, beispielsweise beim Ausfall von Getreideernten, rückten die Jagd mit Pfeil und Bogen – vor allem auf den Rothirsch – und das Sammeln von Wildpflanzen erneut in den Vordergrund.[7] Seit dem 3. Jahrtausend v. Chr. verlor die wildbeuterische Komponente allerdings entscheidend an Bedeutung. Mit der sesshaften und vorwiegend produzierenden Lebens- und Wirtschaftsweise veränderten sich wohl auch die gesellschaftlichen Strukturen. Die vielfältigen Tätigkeiten innerhalb der einzelnen Bauerngemeinschaften erforderten eine erhöhte Arbeitsteilung und eine feste Organisation. Durch den Besitz von Gütern und Wissen entwickelten sich vermutlich auch unterschiedliche Machtverhältnisse. Möglicherweise hat sich sogar für gewisse handwerkliche Tätigkeiten – etwa für die Kupferverarbeitung und die bergmännische Gewinnung von Silexrohmaterial – ein Spezialistentum herausgebildet. Mit der endneolithischen Glockenbecherkultur ging schliesslich um 2200 v. Chr. in unserer Region das Neolithikum zu Ende. Zu dieser Zeit kündigte sich bereits die Umwandlung zur nachfolgenden Bronzezeit an.[8] Das für die Steinzeit namengebende Rohmaterial blieb allerdings bis heute in Gebrauch. Erinnert sei nur an die Silex-Flintensteine für Steinschlosswaffen, die in England und in Frankreich bis zum Beginn des 20. Jahrhunderts in grosser Zahl von Hand gefertigt wurden.

Das älteste Werkzeug der Schweiz

Der aus Silex gearbeitete Faustkeil von Pratteln ist nach wie vor das älteste Werkzeug auf schweizerischem Boden. Er wurde 1974 von Christoph Hauser in einem Hohlweg südlich von Pratteln gefunden. Der als Lesefund einzustufende Faustkeil kann aufgrund seiner typologischen und technologischen Merkmale in das altpaläolithische Acheuléen eingeordnet werden. Das absolute Alter dieses bemerkenswerten Fundes ist jedoch nicht genau bestimmbar. Er dürfte ein Mindestalter von 120 000 bis 300 000 Jahren aufweisen.

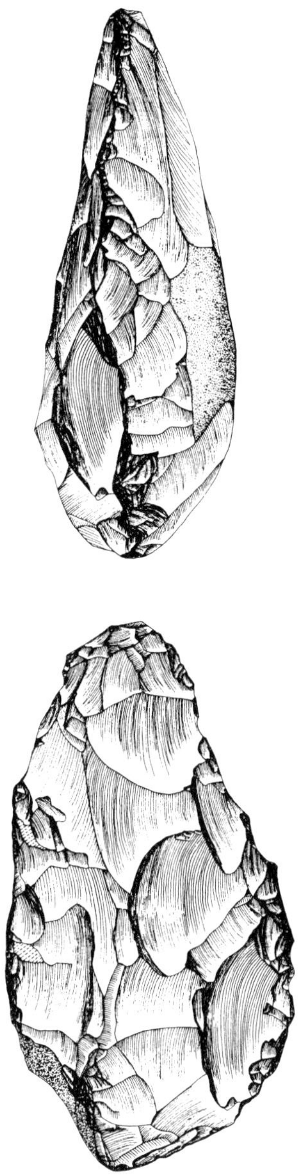

früher oft der Fall war – nicht mehr zu bewältigen. Moderne Grabungen werden deshalb entweder von der Kantonsarchäologie oder mit deren Zustimmung von den Universitätsinstituten in Bern und Basel vorgenommen, so zum Beispiel im Abri Neumühle (1965 bis 1966) und im Abri Ritzigrund (1983 bis 1984) bei Roggenburg sowie im Abri Chesselgraben bei Erschwil SO (1985) und im Schachletetal bei Dittingen (1996).[7]

Der Tafeljura – ein Sonderfall

Im Baselbieter Tafeljura nahm die Steinzeit-Forschung einen anderen Verlauf als im benachbarten Birstal, weil wegen der geomorphologischen Verhältnisse Höhlen und Abris selten sind. Paläolithische Freilandstationen sind zudem schwer aufzufinden, was im Tafeljura zu einer weitaus geringeren Forschungstätigkeit als im Birstal und seinen Seitentälern führte. Es überrascht deshalb nicht, wenn im östlichen Teil des Kantons Basel-Landschaft bisher lediglich eine Magdalénien-Freilandstation ausgegraben werden konnte. Diese kam 1910 im Ergolztal bei Lausen zufällig zum Vorschein. Die in einer Lehmgrube bei der ehemaligen Verblendsteinfabrik liegende Fundstelle wurde von F. Leuthardt wissenschaftlich betreut. Nach neuesten Erkenntnissen müssen wir je-

Der altpaläolithische Faustkeil von Pratteln

Der aus Silex gefertigte Faustkeil wurde vor kurzem neu untersucht. Dabei stellte sich heraus, dass das verwendete Rohmaterial von einem natürlichen Silexvorkommen bei Lausen stammt. Auf den Oberflächen des 18,4 Zentimeter langen Faustkeils konnten unter dem Mikroskop zudem so genannte Prellmarken und weitere Bestossungsspuren festgestellt werden, die auf den Transport des Stückes in einem Schotterkörper hinweisen. Der Faustkeil ist deshalb kaum an seinem ursprünglichen Ablagerungsort gefunden worden.

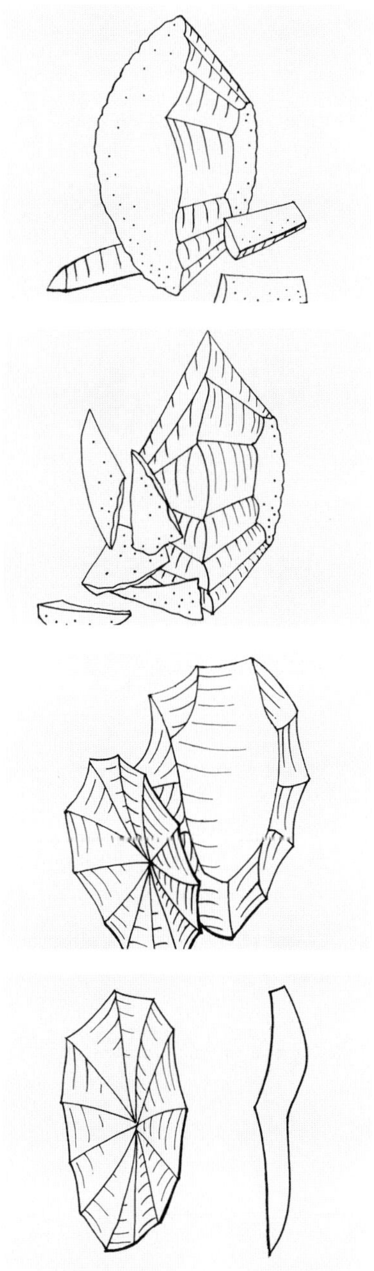

Der ober- und unterseitig flächig bearbeitete Faustkeil war ein Universalwerkzeug mit einem mehr oder weniger spitz zulaufenden Arbeitsende und zwei seitlichen Arbeitskanten. Das multifunktionelle Werkzeug wurde von den altpaläolithischen Jägern und Sammlern – etwa dem *Homo erectus* – mit Vorliebe beim Zerlegen ihrer Jagdbeute gebraucht. Etwas anders geformte Stücke standen zeitweise auch während des nachfolgenden Mittelpaläolithikums in Gebrauch. Die Faustkeile wurden in der Regel aus einem grösseren Rohstück – in unserem Falle einem Silexknollen von Lausen – herausgearbeitet. Sie bilden den übrig gebliebenen Kern des verwendeten Rohstückes, weshalb sie in der Fachsprache auch als Kerngeräte bezeichnet werden.

Alte Technik in neuem Umfeld

Das Vorkommen von Kerngeräten beschränkt sich nicht nur auf das Alt- und Mittelpaläolithikum. Ein gutes Beispiel dafür ist die technisch ähnlich konzipierte Silexbeilklinge vom Typ Glis/Weisweil.[9] Dieses in seiner Gestalt und seinem Verwendungszweck vom Faustkeil abweichende Kerngerät wurde in unserer Region während des Jungneolithikums, um 4000 v. Chr., in grossen Mengen hergestellt; eine während des Alt- und Mittelpaläolithikums angewandte Technik wurde somit gegen Ende der Steinzeit in einem völlig anders gearteten wirtschaftlichen Umfeld wieder aufgegriffen.

Das Mittelpaläolithikum – Abschläge aus Silex und Quarzit

Nachdem bereits im Altpaläolithikum neben den Faustkeilen zahlreiche Abschläge angefertigt und für verschiedene Arbeiten benützt wurden, gewinnt diese Grundform im nachfolgenden Mittelpaläolithikum immer mehr an Bedeutung. Auch in den mittelpaläolithischen Fundinventaren der Nordwestschweiz bilden die Abschläge die am häufigsten vorkommende Grundform. Sie wurden zum Teil mit einfachen Techniken von unpräparierten Rohstücken oder Abschlagkernen aus Silex und Quarzit gewonnen. Eine

Die Levallois-Technik
Schematische Darstellung der wichtigsten Arbeitsschritte, die zur Gewinnung eines Levallois-Abschlages führen.
1. Randliches Präparieren eines Silexknollens mit einem Schlagstein oder Geweihschlägel gegen die Unterseite hin.
2. Präparieren einer gewölbten Oberseite, der so genannten Abbaufläche.
3. Aufsicht auf die Oberseite mit einem abgetrennten Levallois-Abschlag.
4. Der Levallois-Abschlag in Aufsicht und im Schnitt.

doch davon ausgehen, dass besonders am Fusse der Talhänge und in den Talauen weitere paläolithische, mesolithische und neolithische Freilandfundstellen verborgen liegen, die es in Zukunft mittels gezielter Prospektionen und Bauüberwachungen zu erfassen und zu erforschen gilt.

Die systematische Suche nach steinzeitlichen Freilandstationen setzte im Tafeljura erst zu Beginn der dreissiger Jahre ein. Angeregt durch entsprechende Funde in der Region Olten konzentrierte man sich dabei auf das Sammeln von Oberflächenfunden im Bereich von jungneolithischen Siedlungen. Im Kanton Basel-Landschaft konnten auf diese Weise mehr als 90 000 Steinartefakte von etwa 70 Fundorten geborgen werden. In einigen der vorwiegend von ehrenamtlichen Mitarbeiterinnen und Mitarbeitern der Kantonsarchäologie betreuten jungneolithischen Landsiedlungen kamen auch mesolithische Silexartefakte zum Vorschein, beispielsweise bei Pratteln-Blözen und Giebenach-Birch1. Zusammen mit den Einzelfunden und den hochgelegenen Siedlungsstellen Zig bei Oltingen, Wirbligen bei Läufelingen und Challhöchi bei Eptingen ist nun auch östlich der Birstalregion das Mesolithikum relativ gut belegt.

Diese kurz gefasste Forschungsgeschichte zeigt deutlich, dass in den verschiede-

zentrale Rolle spielten jedoch die Levallois-Abschläge, die mit der aufwendigen und technisch anspruchsvollen Levallois-Technik von speziell präparierten Kernen abgetrennt wurden.

Die scharfen Kanten dieser systematisch produzierten Abschläge wurden zum Teil ohne weitere Nachbearbeitung direkt für verschiedene Tätigkeiten benützt. Die Abschläge wurden aber auch zu speziellen Werkzeugen umgearbeitet, indem man eine oder mehrere Kanten mit einem Schlaggerät aus Stein, Knochen, Geweih oder Holz gezielt retuschierte. In den mittelpaläolithischen Fundinventaren der Nordwestschweiz sind als Werkzeuge vor allem Schaber nachgewiesen. Nach den bisherigen Erkenntnissen wurden diese zum Schneiden, Sägen und Schaben von Holz, Haut und Knochen verwendet. Einige dieser Stücke dürften ursprünglich sogar geschäftet gewesen sein.

Das Jungpaläolithikum – Silexklingen werden bevorzugt

Im benachbarten Mitteleuropa kann das Jungpaläolithikum in einen frühen, mittleren und späten Abschnitt gegliedert werden. Diese Zeitstufen werden Aurignacien, Gravettien und Magdalénien genannt. Das Aurignacien und das Gravettien sind in der Schweiz jedoch nicht nachgewiesen. Auch die älteren Abschnitte des Magdalénien sind gesamtschweizerisch nur sehr spärlich vertreten. Aus dem jüngsten Abschnitt des Magdalénien sind hingegen reichhaltige Inventare aus zahlreichen Fundstellen überliefert. Bei der folgenden Beschreibung des regionalen jungpaläolithischen Fundstoffes stützen wir uns deshalb auf das gut dokumentierte Spätmagdalénien, in dem als Grundform vor allem gleichmässige, langschmale Silexklingen hergestellt wurden. Dabei bediente man sich einer entwickelten Klingentechnik.

Nachdem schon im Mittelpaläolithikum sporadisch eine nicht auf der Levallois-Technik beruhende Klingentechnik angewandt wurde, entfaltete sich die Klingentechnik im Jungpaläolithikum voll. Die erfolgreiche Anwendung dieser Technik setzte ein grosses Können und die genaue Kenntnis der

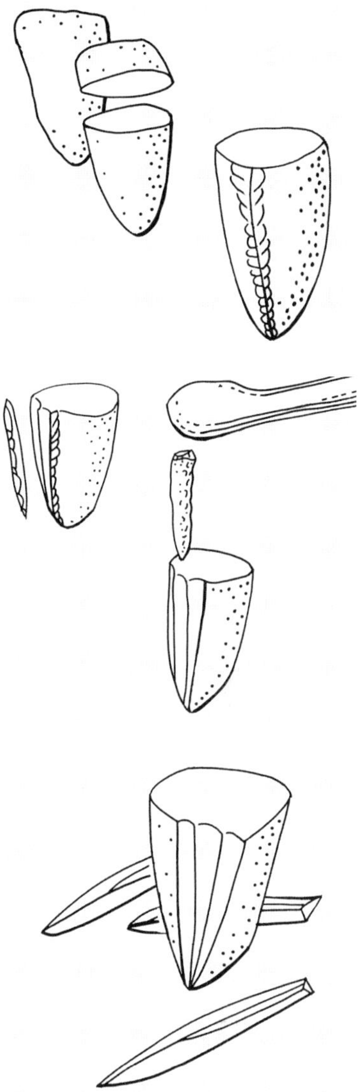

Spätmagdalénien-Klingen-Technik
Schematische Darstellung der wichtigsten Arbeitsschritte zur Gewinnung von Silexklingen.
1. Silexknollen mit abgeschlagenem Knollenende. Rechts ist der präparierte Leitgrat für die erste Klinge zu erkennen.
2. Kontrolliertes Abschlagen von Klingen mit einem Schlägel und einem Zwischenstück aus Geweih. Der Gebrauch des Zwischenstückes erlaubt das punktgenaue Abtrennen einer Klinge.
3. Die abgeschlagenen Klingen und der Silexkern, dessen vollständige Ausnutzung nur durch das wiederholte Nachpräparieren der Schlag- und Abbauflächen erreicht wird.

nen Regionen der Nordwestschweiz die heutige Quellenlage in nicht geringem Masse von den landschaftlichen Gegebenheiten und den daraus resultierenden Forschungsvorhaben beeinflusst wurde und deshalb für gewisse Gebiete und Epochen auch mit Forschungslücken zu rechnen ist.

Schmuckanhänger geben wichtige Informationen

Von mehreren nordwestschweizerischen Spätmagdalénien-Fundorten sind auch Schmuckanhänger aus abgeschnittenen Rentierschneidezähnen, durchlochten Tierzähnen und Molluskenschalen überliefert. Ihre Verwendung ist durch gut erhaltene Funde in Gräbern ausserhalb der Schweiz nachgewiesen. Die Schmuckelemente dienten demnach zur Herstellung von Armbändern und Halsketten, sie wurden aber auch als Besätze für Kleidungsstücke verwendet. Aus ihrer Fundlage in den Gräbern kann sogar auf die ehemalige Bekleidung der Toten geschlossen werden. Diese dürfte aus einer parkaähnlichen Jacke und einer Hose aus Leder bestanden haben. Witterungsbeständiges Schuhwerk muss ebenfalls vorausgesetzt werden. Schmuckfunde im Kopfbereich der Bestatteten lassen zudem das Tragen von verzierten Mützen oder Stirnbändern vermuten, wenn sie nicht Reste von Haartrachten darstellen.

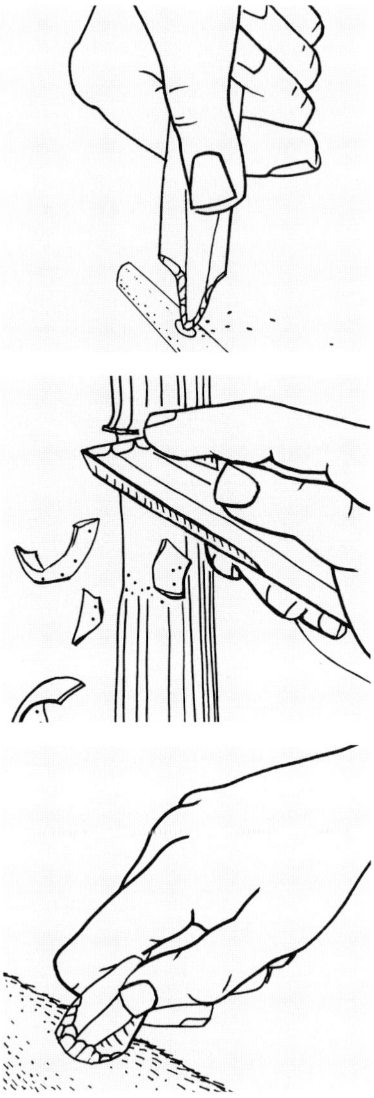

zu bearbeitenden Silexrohstücke voraus. Letztere wurden in der Regel zuerst sorgfältig präpariert und zu Vollkernen geformt. Von diesen wurden in weiteren Arbeitsgängen möglichst viele Klingen kontrolliert abgebaut. Grundvoraussetzung für die systematische Klingenerzeugung war der Leitgrat, der nicht selten durch einen speziellen Präparationsvorgang künstlich erzeugt werden musste.

Einen guten Eindruck von der Klingentechnik des Spätmagdalénien gibt das Fundinventar aus dem Silexschlagplatz bei Lausen, wo verschiedene Kerne, Klingen und Präparationsabschläge die einzelnen Phasen der Klingenherstellung dokumentieren. Viele Klingen befinden sich dort noch in ihrem Rohzustand, während sie in den Siedlungen durch den intensiven Gebrauch meistens zerstückelt und abgenützt sind oder zu Werkzeugen weiterverarbeitet wurden. Typische Werkzeuge des Spätmagdalénien sind aus Klingen gefertigte Kratzer, Bohrer, Stichel, Rückenmesser und Spitzen.

Die Silexklingen und die aus ihnen hergestellten Werkzeuge wurden zum Schaben, Schnitzen, Schneiden und Bohren von Holz, Knochen, Geweih, Fell und dergleichen benützt. Während die Kratzer, Bohrer und Stichel wohl mehrheitlich direkt von Hand geführt wurden, gebrauchte man die Spitzen und die Rückenmesser als Einsätze in Geräte und Waffenspitzen aus organischen Materialien. Die Rückenmesser dienten beispielsweise als seitliche Schneiden von Speerspitzen aus Rentiergeweih, indem man sie mit ihren steil retuschierten Rücken reihenweise in eine speziell dafür eingetiefte Längsrille einsetzte. Als Klebematerial kommt eine handwarm gut zu verarbeitende Mischung aus Kiefernharz und Bienenwachs in Frage.[10] Mit den Geweihspitzen wurden hölzerne Jagdspeere bewehrt, die zusammen mit der Speerschleuder ein wirksames Waffensystem bildeten. Die mit der Hand gehaltene Speerschleuder verlängerte den menschlichen Arm um etwa 40 bis 60 Zentimeter. Dadurch erhöhte sich die Durchschlagskraft und die Reichweite des geworfenen Speeres, was sich bei der Jagd auf Wildtiere günstig auswirkte.

Arbeiten mit Silexwerkzeugen
1. Bohren eines Öhrs an einer Knochennadel-Rohform mit einem Bohrer.
2. Hobelartige Bearbeitung eines Holzstabes – etwa eines Speeres – mit einem Stichel.
3. Schaben eines Fells mit einem halbrund zuretuschierten Kratzer.

Die zu Schmuckanhängern verarbeiteten Molluskenschalen liefern zudem interessante Informationen über die damaligen Fernverbindungen und damit auch zum überregionalen Beziehungsnetz der Wildbeuter im Spätmagdalénien. Die weiteste Distanz zu einem natürlichen Rohschalen-Vorkommen reicht über mehr als 500 Kilometer bis an die Mittelmeerküste. Weitere Herkunftsorte sind das Pariser und das Mainzer Becken sowie das Gebiet der Oberen Donau. Es ist anzunehmen, dass die Molluskenschalen aus dem weit entfernten Mittelmeerraum und aus dem Pariser Becken über mehrere Etappen, beispielsweise durch Tauschhandel, bis in die Nordwestschweiz gelangt sind. Die Schalen aus den näher gelegenen Vorkommen im Mainzer Becken und im Oberen Donaugebiet könnten auch durch gezielte Expeditionen oder im Verlaufe von Jagdzügen beschafft worden sein. Während aus dem Spätpaläolithikum keine Schmuckanhänger aus Molluskenschalen bekannt sind, treten diese im Mesolithikum erneut auf. Die wenigen mesolithischen Exemplare aus der Nordwestschweiz belegen wiederum sehr weite Verbindungen bis an die Mittelmeerküste und ins Pariser Becken.

Geweih- und Knochenspäne – Ausgangsmaterial für Werkzeuge und Waffenspitzen

In den Höhlen- und Abrifundstellen des Spätmagdalénien sind auch gut erhaltene Artefakte aus organischen Materialien zum Vorschein gekommen. Besonders charakteristisch sind die bereits erwähnten Speerspitzen mit beidseitig abgeschrägter Basis und die ebenfalls aus Rentiergeweih geschnitzten Harpunen, die auch als Widerhakenspitzen bezeichnet werden. Ein weiterer typischer Gegenstand ist die Knochennadel mit Öhr.

Die bis zu 25 Zentimeter langen Speerspitzen bestehen aus schmalen Geweihspänen, die mit der so genannten Spantechnik angefertigt wurden. Mit einem Silexwerkzeug wurden zuerst zwei parallele Rillen in einem Abstand von etwa 15 bis 20 Millimetern in die feste Aussenschale eines Rentiergeweihs eingetieft. Der auf diese Weise freigelegte Geweihspan wurde anschliessend vollständig aus dem Geweihstück herausgetrennt, im Wasser eingeweicht, begradigt und mit Silexwerkzeugen zu einer Speer- oder Widerhakenspitze zugeschnitten. Mit der gleichen Technik fertigte man auch Knochenspäne an, die beispielsweise als Rohformen für die bis zu acht Zentimeter langen Nadeln dienten. Die Jäger und Sammler des Spätmagdalénien verfügten also mit der Klingentechnik und mit der Spantechnik über zwei ausgereifte technische Verfahren, die eine optimale Nutzung der verschiedensten Rohmaterialien ermöglichten.

Mythisch-religiöse Botschaften aus fernen Zeiten

Von den künstlerischen Äusserungen des späteiszeitlichen *Homo sapiens sapiens* besitzen wir im Kanton Basel-Landschaft leider keine eindeutigen Nachweise. Aus anderen Regionen der Schweiz sind jedoch im Spätmagdalénien geschaffene Kleinkunstwerke mit Tierdarstellungen sowie aus fossilem Holz geschnitzte Anhänger in Form von stilisierten Frauenstatuetten bekannt.[11] Der nächstgelegene Fundort eines Kleinkunstwerkes ist die Rislisberghöhle bei Oensingen SO. Dort kam das Bruchstück eines

Acheuléen, Magdalénien …
Die international gebräuchlichen Bezeichnungen für paläolithische Kulturen und Techniken sind früher hauptsächlich von französischen Fundorten abgeleitet worden. Das im Text mehrfach erwähnte Magdalénien wird somit nach dem Abri La Madeleine, das Gravettien nach dem Abri La Gravette und das Aurignacien nach der Höhle Aurignac in Südwest-Frankreich benannt. Das Acheuléen erhielt seinen Namen nach dem Fundort Saint-Acheul bei Amiens an der Somme und die Levallois-Technik wird nach der Fundstelle Levallois-Perret bei Paris bezeichnet. Die deutschsprachigen Bezeichnungen für die neolithischen Kulturen der Bandkeramik, der Schnurkeramik und der Glockenbecher beruhen hingegen auf den speziellen Verzierungsarten beziehungsweise auf den charakteristischen Formen von Keramikgefässen. Die neolithische Horgener Kultur wird nach einem Fundort am Ufer des Zürichsees benannt.

Hoch hinaus …
Die auf etwa 850 Meter über Meer liegende Freilandstation Challhöchi bei Eptingen zeigt, dass die mesolithischen Wildbeuter auch hochliegende Gegenden im Jura – hier in der Nähe eines Passüberganges – aufsuchten.

38 DIE STEINZEITEN – DER LANGE WEG ZUR SESSHAFTIGKEIT

Mittelpaläolithikum

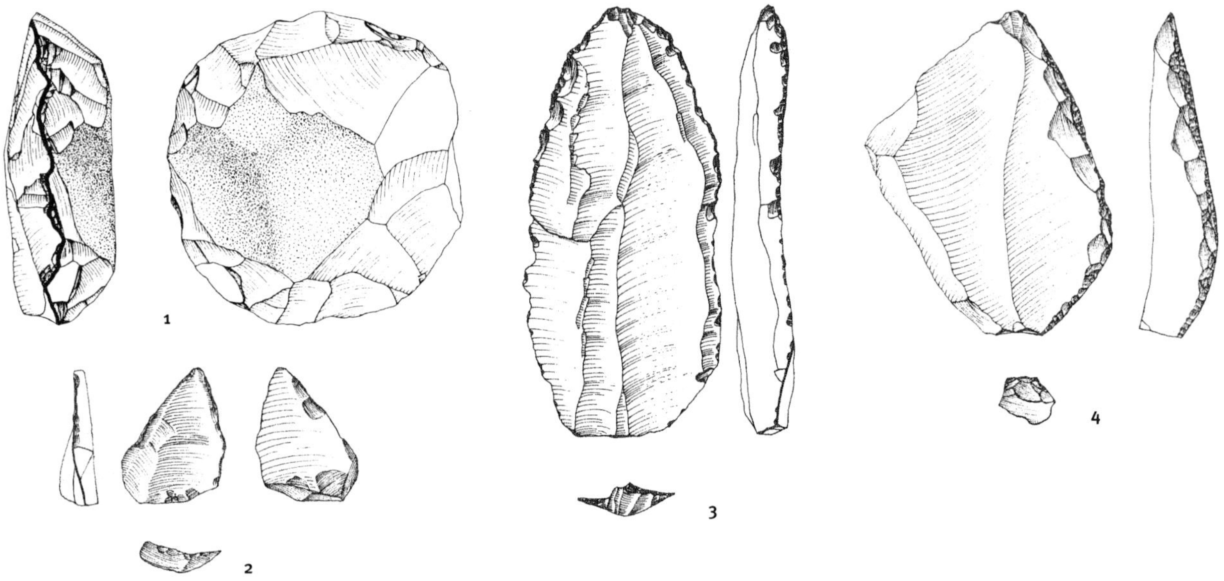

Jungpaläolithikum

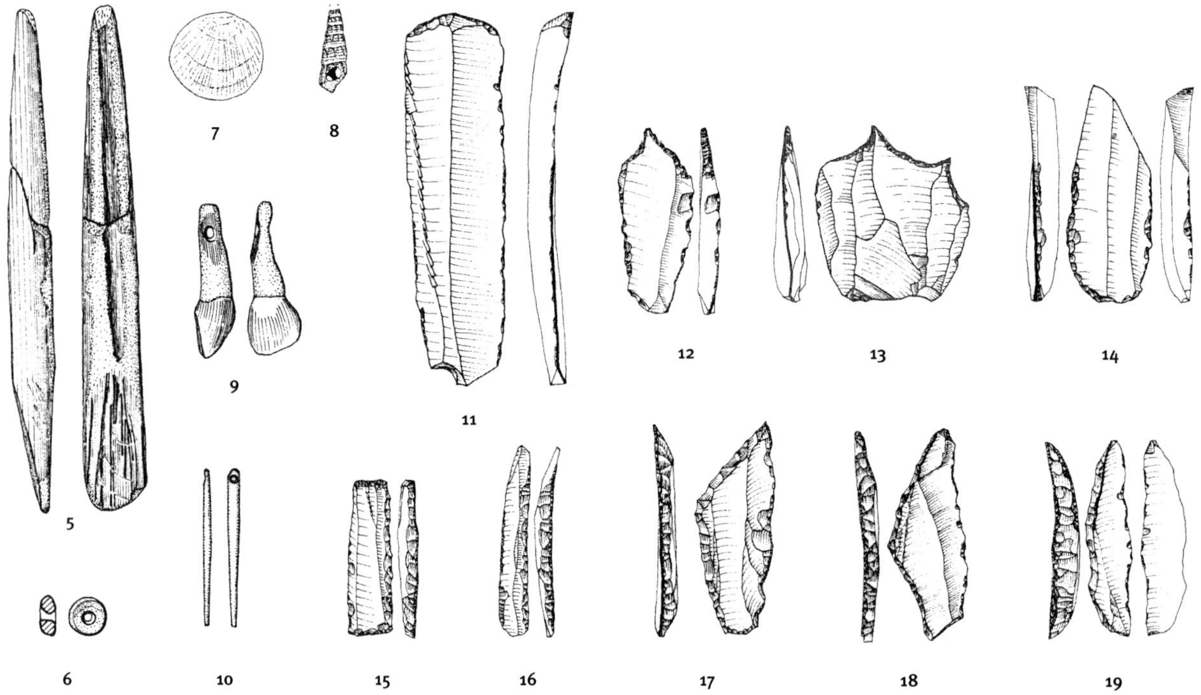

Spätpaläolithikum

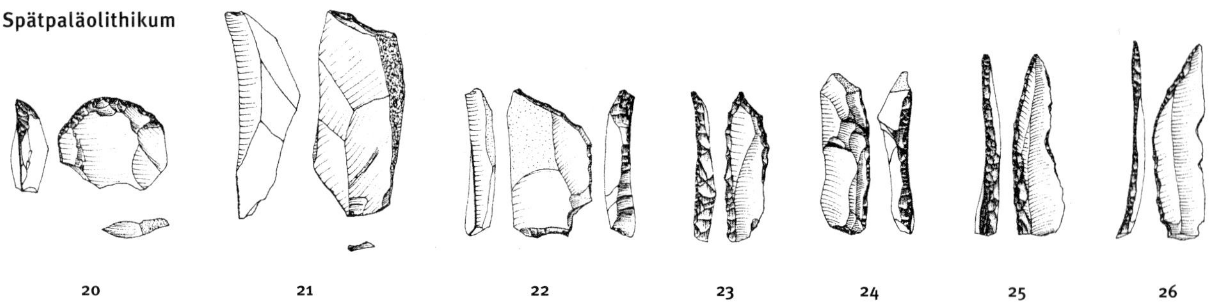

Steinbock-Schulterblattes zum Vorschein, auf dem mit einem Silexwerkzeug der gehörnte Kopf eines Steinbockes graviert ist. Von mehreren Fundorten in den Regionen Genf und Schaffhausen sind weitere naturgetreue Darstellungen von Rentieren, Wildpferden und anderen damals lebenden Wildtieren überliefert. Die kulturellen Hintergründe dieser künstlerischen Äusserungen sind aus heutiger Sicht nur schwer zu ermitteln. Es darf jedoch angenommen werden, dass sie – wie die imposanten Wandmalereien in den west- und südwesteuropäischen Höhlen – Ausdruck eines mythisch-religiösen Denkens sind, das in jener Zeit das Weltbild prägte und zur besseren Bewältigung der Lebensumstände beitrug.

Das Spätpaläolithikum – Steinartefakte vom Ende der Eiszeit

Die Silexartefakte aus der letzten paläolithischen Phase, dem Spätpaläolithikum, stehen noch in der Tradition des vorangegangenen Spätmagdalénien. Nach wie vor werden Kratzer, Bohrer, Stichel, Rückenmesser, Rückenspitzen und weitere schon im Spätmagdalénien bekannte Werkzeuge hergestellt und gebraucht. Die Formen und Abmessungen der Silexwerkzeuge weisen allerdings einige Abweichungen auf. Zu erwähnen ist vor allem das Auftreten von kurzen, aus Abschlägen gefertigten Kratzern sowie das häufige Vorkommen von zum Teil sehr kleinen Sticheln an Endretusche. Bei den Spitzen fällt auf, dass Kerbspitzen fehlen, beziehungsweise konvexe Rückenspitzen vorherrschen. In Bezug auf die Grundformproduktion sind ebenfalls Unterschiede zum Spätmagdalénien festzustellen: Die ausgeprägte Klingentechnik verliert zunehmend an Bedeutung. Auffallend ist zudem das Vorkommen von gravierten oder bemalten Geröllen sowie das Fehlen von Artefakten aus Knochen, Geweih und anderen organischen Materialien. Letzteres ist möglicherweise auf die vermehrte Verwendung von Geräten aus Holz zurückzuführen.

Mittelpaläolithikum

Typische Silexartefakte von verschiedenen Fundstellen.
1. Levallois-Kern von der Rütihard bei Muttenz;
2. kleine Levallois-Spitze aus dem Bärenloch bei Tecknau/Wenslingen;
3. Levallois-Abschlag aus der Unteren Fundschicht der Kohlerhöhle bei Brislach;
4. einfacher Schaber aus dem Unteren Steinbruch bei Münchenstein.

Jungpaläolithikum (Spätmagdalénien)

Typische Artefakte aus der Oberen Fundschicht der Kohlerhöhle bei Brislach.
5. Speerspitze aus Rentiergeweih mit beidseitig abgeschrägter Basis und Längsrille;
6. Perle aus fossilem Holz;
7.–8. Schmuckanhänger aus fossilen Molluskenschalen;
9. Schmuckanhänger aus einem Wildrindzahn;
10. Knochennadel mit Öhr (Spitze abgebrochen);
11. Kratzer;
12. Bohrer;
13. Zwillingsbohrer;
14. Stichel;
15. Rechteckmesser;
16. einfaches Rückenmesser;
17. geknickte Rückenspitze;
18. Kerbspitze;
19. konvexe Rückenspitze.
Die Artefakte 11.–19. sind aus Silex gefertigt.

Spätpaläolithikum

Typische Silexartefakte aus der Unteren Fundschicht des Abri Wachtfels bei Grellingen.
20. Kurzer Kratzer;
21. Stichel an Endretusche;
22. Doppelstichel an Endretusche;
23. Bohrer;
24. einfaches Rückenmesser;
25–26. konvexe Rückenspitzen.
1. Massstab 1:2; übrige Massstab 2:3.

Das Rätsel der bemalten Gerölle

Die spektakulärsten spätpaläolithischen Objekte sind zweifellos die bemalten Gerölle aus der Oberen Fundschicht der Höhle Birseck-Ermitage bei Arlesheim. Es handelt sich um mehr als 270 Bruchstücke von wurstförmigen oder flachen Kalkgeröllen, die zum Teil mit rotem Farbstoff streifenartig bemalt sind. Die bemalten Gerölle stiessen schon kurz nach ihrer Entdeckung im Jahr 1910 auf grosses Interesse und machten die Höhle Birseck-Ermitage in Fachkreisen weit über unsere Landesgrenzen hinaus bekannt. Schon damals wurde ihr möglicher Verwendungszweck intensiv diskutiert. Mit Hilfe von völkerkundlichen Parallelen suchte man bisher vor allem nach Erklärungen aus dem kultisch-religiösen Bereich. Der Ausgräber F. Sarasin verglich sie beispielsweise mit den so genannten «Seelensteinen», die beim Ahnenkult der australischen Ureinwohner eine wichtige Rolle spielten. Neuere Forschungen haben zudem bestätigt, dass die Gerölle von Arlesheim nach dem Bemalen absichtlich zerschlagen wurden. Deren zielgerichtete und systematische Zerstörung kann – um an die früheren Deutungsversuche anzuknüpfen – durchaus in einem mythisch-religiösen Zusammenhang gestanden haben. Eine endgültige Entschlüsselung dieses Phänomens

Mesolithikum
Typische Artefakte aus der Birsmatten-Basisgrotte bei Nenzlingen.
Mikrolithen des Frühmesolithikums:
1.–5. Mikrospitzen;
6.–7. Dreiecke;
8.–9. Segmente;
10. Mikrorückenmesser;
11.–12. langschmale Trapeze.
Mikrolithen und sonstige Artefakte des Spätmesolithikums:
13.–15. Trapeze;
16.–17. Trapezspitzen;
18. flächenretuschierte Spitze;
19.–20. Montbani-Klingen;
21. Widerhakenspitze aus Hirschgeweih.
Die Artefakte 1.–20. sind aus Silex gefertigt. Massstab 2:3.

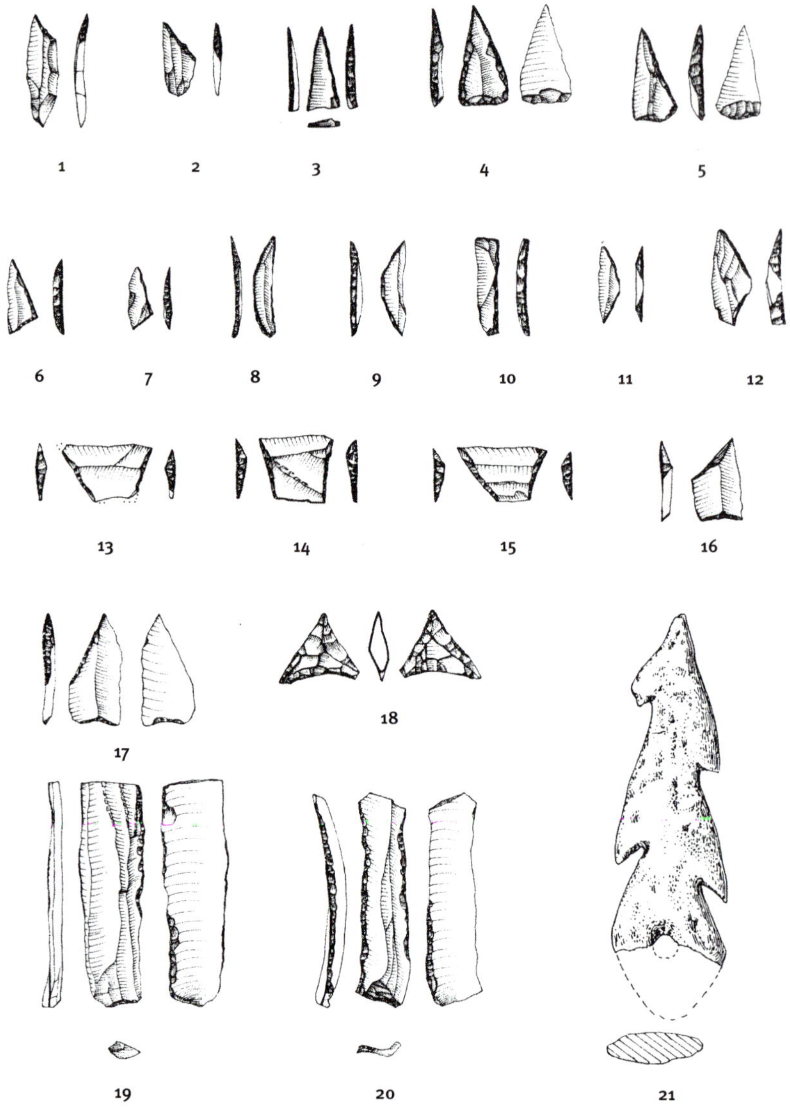

Rot bemalte Gerölle
Einige Kalkgerölle aus der Oberen Fundschicht der Höhle Birseck-Ermitage, wie sie von F. Sarasin in seiner Publikation im Jahre 1918 abgebildet wurden. Das aus zwei Bruchstücken zusammengesetzte Exemplar links hat eine Länge von 9,6 Zentimetern.

ist jedoch – wenn überhaupt – erst durch modern gegrabene und gut dokumentierte archäologische Befunde möglich.

Das mesolithische Grab in der Birsmatten-Basisgrotte
Am 21. Mai 1944 fand C. Lüdin im zentralen Teil der Birsmatten-Basisgrotte eine mesolithische Grabstätte, die bisher für die Schweiz einmalig ist. Das Grab war rechtwinklig zum Höhleneingang orientiert und lag genau in nord-südlicher Richtung. Die Füsse des zum Vorschein gekommenen Skelettes stiessen im Höhleninneren an die Front einer damals noch sichtbaren Felsstufe, während der Kopf dem Höhleneingang zugewandt war. Nach den neuesten anthropologischen Untersuchungen handelt es sich um das Grab einer Frau, die in gestreckter Rückenlage beigesetzt wurde. Die zu Lebzeiten etwa 1,60 Meter grosse Frau erreichte ein Alter von 40 bis 45 Jahren, was für die damalige Zeit als relativ hoch zu bezeichnen ist. Ausser verschiedenen Krankheiten war sie auch Gewalt ausgesetzt, die aber nicht zu ihrem Tode führte. Dies wird durch zwei Verletzungen auf dem Schädel nachgewiesen, die wahrscheinlich durch kräftige Schläge mit einem harten Gegenstand erzeugt wurden.

Das Mesolithikum – Die grosse Zeit der Mikrolithen

Kleine Silexgeräte, so genannte Mikrolithen, sind für das Mesolithikum ebenso charakteristisch wie deren Herstellung mittels der Kerbtechnik. Ihr häufiges Auftreten ist zudem ein wichtiges Abgrenzungsmerkmal gegenüber dem vorangegangenen Spätpaläolithikum. Nach einigen ausgezeichnet erhaltenen Holzfunden in nordeuropäischen Mooren zu schliessen, dienten die Mikrolithen als Bewehrungen von hölzernen Pfeilschäften. Die Formen der Mikrolithen waren im Laufe der Zeit auch gewissen Veränderungen unterworfen, so dass durch das Vorkommen von bestimmten Typen sogar chronologische Aussagen möglich sind. Typische Mikrolithen des Spätmesolithikums sind zum Beispiel die Trapeze und Trapezspitzen, während zuvor im Frühmesolithikum mehr dreieckige Formen und langschmale Trapeze hergestellt und verwendet wurden.

Im Verlaufe des Mesolithikums fanden auch Veränderungen in der Grundformproduktion statt. Im Frühmesolithikum fertigte man eher unregelmässige Klingen an, im darauf folgenden Spätmesolithikum hingegen gleichmässig geformte, die nicht selten mit seitlichen Einkerbungen versehen wurden. Diese gleichmässigen Klingen werden nach einem französischen Fundort als Montbani-Klingen bezeichnet. Ebenfalls typisch für das nordwestschweizerische Spätmesolithikum sind die aus Hirschgeweih geschnitzten Widerhakenspitzen, die wohl vorwiegend als Speerspitzen – zum Beispiel beim Fischfang – gebraucht wurden.

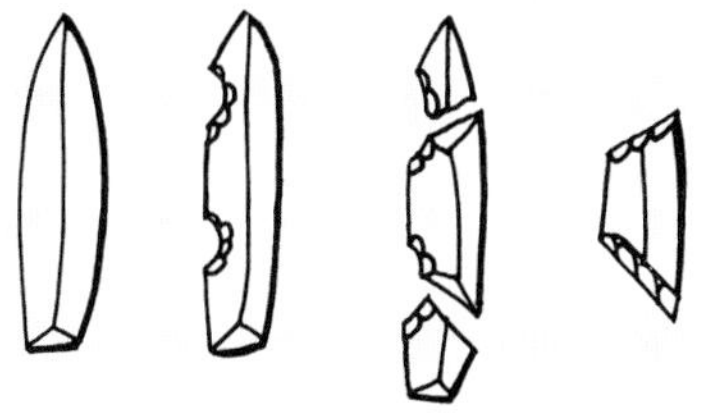

Die mesolithische Kerbtechnik
Bei der Herstellung eines Mikrolithen wird zuerst eine Silexklinge seitlich gekerbt und anschliessend bei den Kerben gebrochen oder durchgeschlagen. Dabei entstehen oben und unten Abfallprodukte, die so genannten Kerbreste. Das mittlere Klingenstück wird dann zu einem Mikrolithen – hier einem Trapez – zuretuschiert.

Das Neolithikum – Neue Gebrauchsgegenstände halten Einzug

Die veränderte Wirtschafts- und Lebensweise des Neolithikums schlägt sich auch in den überlieferten Gebrauchsgegenständen nieder. Allen voran sind die vollständig von Hand, das heisst ohne Töpferscheibe geformten Keramikgefässe zu nennen, die von nun an für das Anrichten, Kochen, Essen und Aufbewahren von Flüssigkeiten und festen Speisen gute Dienste leisteten.[12] Die leichte Formbarkeit des Tones ermöglichte stets auch differenzierte

Neolithisches Bestattungsbrauchtum im Wandel der Zeit

Im Gegensatz zu den vorangegangenen steinzeitlichen Epochen verfügen wir im Neolithikum über mehrere Grabstätten, die einen Einblick in das regionale Bestattungsbrauchtum erlauben. Viele neolithische Gräber dürften sich jedoch nicht erhalten haben. Diese Feststellung betrifft vor allem das Jungneolithikum, aus dem bisher keine solchen bekannt sind, obwohl in unserer Region die meisten neolithischen Siedlungsspuren aus dieser Zeit stammen. Die erhaltenen Bestattungsplätze datieren in das Früh-, Spät- und Endneolithikum, wobei bisher in keinem Fall die zugehörige Siedlung lokalisiert werden konnte.

Die frühneolithische Einzelbestattung in der Höhle Birseck-Ermitage bei Arlesheim ist zugleich das älteste neolithische Grab in der Schweiz. An diesem Ort wurde in der zweiten Hälfte des 6. Jahrtausends v. Chr. ein etwa 30- bis 40-jähriger Mann auf dem Rücken liegend, mit angezogenen Extremitäten – in einer so genannten Hockerstellung – beigesetzt. In der Nähe des Skelettes kamen zwei Steinsetzungen zum Vorschein, die als Reste einer Grabeinfassung zu deuten sind. Beigaben konnten keine beobachtet werden. Zwei weitere Höhlengräber fanden sich etwa 200 Meter

**Frühneolithikum
(Bandkeramische Kultur)**
Typische Beilklingen aus Felsgestein mit D-förmigem Querschnitt von verschiedenen Fundstellen.
1. Flachhacke von Allschwil, Spitzwald?;
2. Flachhacke von Reinach, Bielstrasse;
3. Schuhleistenkeil von Bottmingen, Bäumliackerstrasse;
4. Schuhleistenkeil von Allschwil, Steinbühlallee/Im Langenhag.
Massstab 1:2.

Jungneolithikum
Typische Artefakte von verschiedenen Fundstellen.
5. Beilklinge aus Felsgestein von Arisdorf, Birch 1;
6. Beilklinge aus Felsgestein von Reinach, Rütenen;
7. Silex-Beilklinge vom Typ Glis/Weisweil von Füllinsdorf, Birch;
8. Silex-Pfeilspitze von Reinach, Rütenen;
9. Silex-Pfeilspitze von Arisdorf, Birch 1;
10.–12. Silex-Bohrer vom Typ Dickenbännlispitze von Giebenach, Birch 1.
5.–7. Massstab 1:2; 8.–12. Massstab 2:3.

Ausgestaltungen, was sich schliesslich in einer Vielzahl von verschiedenen Gefässformen und Verzierungen ausdrückt. Die sich in Zeit und Raum verändernden Formen und Verzierungen sind dem Archäologen wichtige Hilfsmittel für die kulturelle und chronologische Einordnung von neolithischen Fundinventaren. Weitere Gegenstände wie Webgewichte und Spinnwirtel aus Keramik für die Herstellung von Textilien, Mahl- und Reibsteine für die Getreideverarbeitung, geschliffene Steinbeilklingen für das Fällen von Bäumen und für die Bearbeitung von Holz sowie zahlreiche weitere neuartige Gebrauchsgegenstände aus Holz, Geweih, Knochen, Stein und Keramik gehören ebenfalls zum Inventar eines neolithischen Haushaltes. Hinzu kommt die Kenntnis des Kupfers, das in Form von Beilklingen, Dolchen und anderem seit dem 4. Jahrtausend v. Chr. in Gebrauch ist.

In unserer Region sind neolithische Keramikfunde relativ selten, was wohl vorwiegend auf die ungünstigen Erhaltungsbedingungen zurückzuführen ist. Besonders auffallend ist das Fehlen von Keramik in den zahlreichen jungneolithischen Landsiedlungen, deren kulturelle Zugehörigkeit aus diesem Grunde nicht näher bestimmt werden kann.[13] Die jungneolithischen Steinartefakt-Inventare werden vor allem durch die Silexbeilklingen vom Typ Glis/Weisweil und die vorwiegend aus Abschlägen gefertigten Bohrer vom Typ Dickenbännlispitze charakterisiert. Viele dieser Silexartefakte stehen wegen ihres Rohmateriales in direktem Zusammenhang mit der Silexlagerstätte Stalzler bei Lampenberg, wo im Jungneolithikum die begehrten Silexknollen nicht nur gewonnen, sondern auch in grosser Zahl zu Abschlägen und Beilklingen verarbeitet wurden.[14]

Weil wir im Kanton Basel-Landschaft zudem über keine gesicherten mittelneolithischen Funde verfügen, reduziert sich das Vorkommen der wenigen Keramikreste auf das Früh-, Spät- und Endneolithikum. Aus dem Frühneolithikum sind neben vereinzelten bandkeramischen Silexartefakten und Beilklingen auch einige Gefässbruchstücke überliefert, die zu kugeligen Töpfen ergänzt werden können. Die nächst jüngeren Gefässfragmente sind

nördlich davon am Hohlefels. Dort benützten die Ackerbauern und Viehzüchter der spätneolithischen Horgener Kultur zwei kleine Höhlen – die Dachsenhöhle und die Kleine Höhle – als natürliche Grabkammern. Sie dienten jeweils mehreren Kindern als letzte Ruhestätte. Den Toten wurden in der Kleinen Höhle ein Keramikgefäss und in der Dachsenhöhle fünf Silexpfeilspitzen ins Grab mitgegeben.
Während des Endneolithikums wurden andere Grabformen bevorzugt. Ausser drei glockenbecherzeitlichen Einzelbestattungen bei Allschwil sind zwei Kollektivgräber bei Laufen und eines bei Aesch nachgewiesen.[8] Die viereckigen Kammern dieser Dolmengräber wurden aus grossen Steinplatten gefertigt, die man vermutlich mit einem Erdhügel teilweise oder vollständig überdeckte. Die frei bleibenden Frontplatten waren wohl mit runden Öffnungen – den so genannten Seelenlöchern – ausgestattet, die den Zugang in die Grabkammern für Nachbestattungen gewährleisteten. Im Dolmengrab von Aesch wurden mindestens 33 Erwachsene und 14 Kinder bestattet. Als Beigaben sind lediglich einige Silexartefakte, Zahnanhänger und Keramikscherben überliefert. Die spärlichen Knochen- und Zahnfunde inner- und ausserhalb des 1946 entdeckten Dolmengrabes von Laufen stammen von 24 Erwach-

DIE STEINZEITEN – DER LANGE WEG ZUR SESSHAFTIGKEIT 43

Frühneolithikum

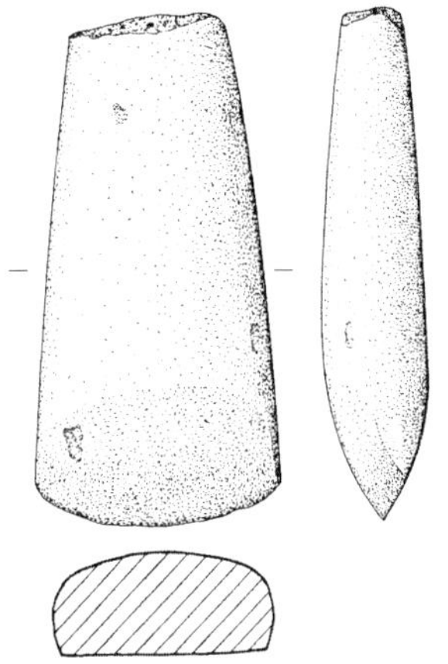

1 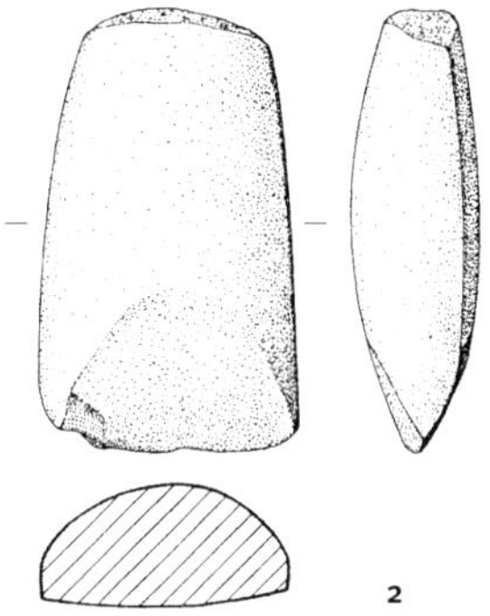 2 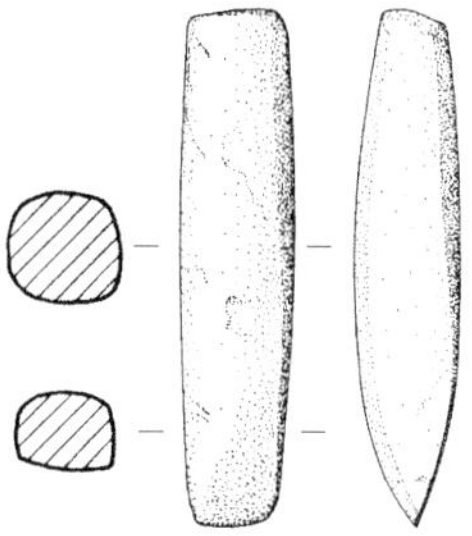 3 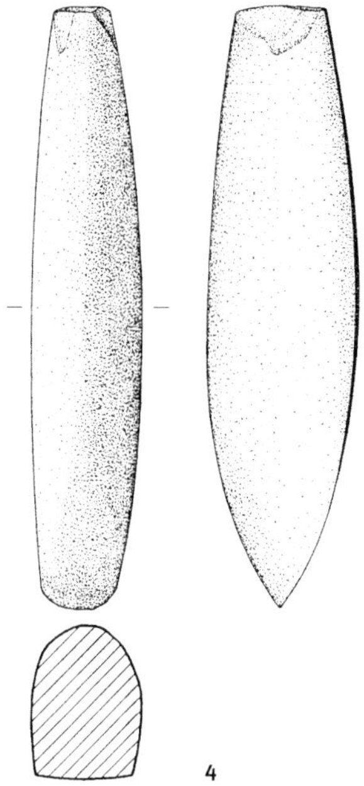 4

Jungneolithikum

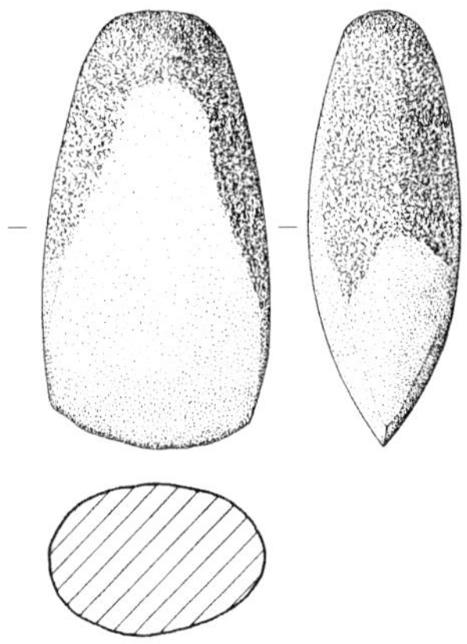

5 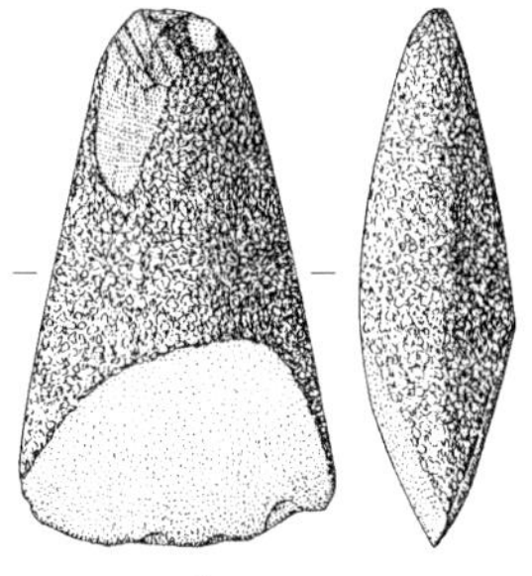 6 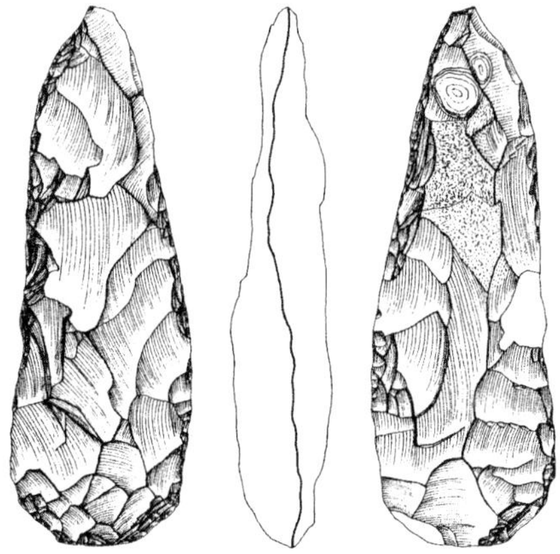 7

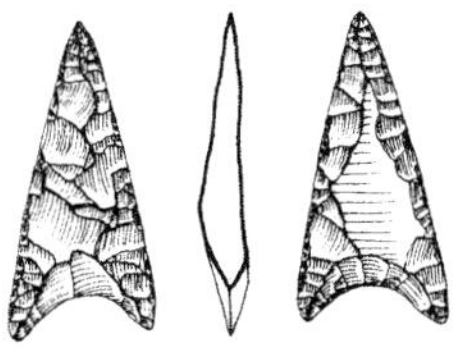

8 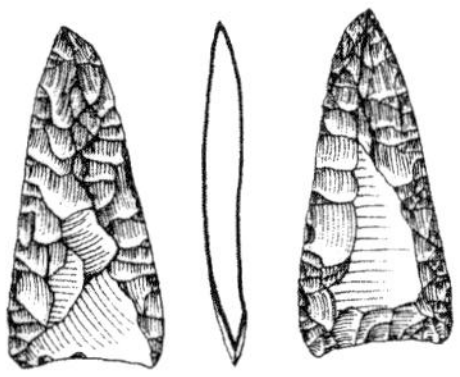 9 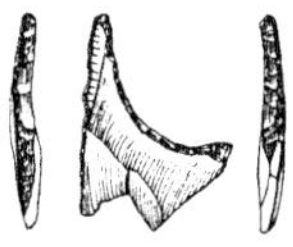 10 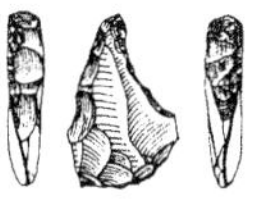 11 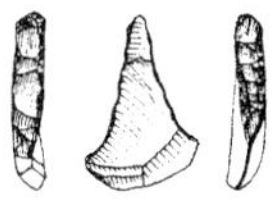 12

Band eins / Kapitel 1

Eine seltene Dolchklinge
Die 20 Zentimeter lange Silexdolchklinge vom Sternenfeld bei Birsfelden kam 1938 bei Baggerarbeiten zum Vorschein. Der Einzelfund stammt vermutlich aus einem nicht erkannten endneolithischen Grab. Das verwendete Rohmaterial stammt entgegen einer früheren Annahme von einem lokalen Silexvorkommen, das sich etwa sieben Kilometer nördlich vom Fundort der Dolchklinge befindet. Typologische Vergleiche mit ähnlichen Stücken lassen kulturelle Beziehungen nach Norden vermuten.

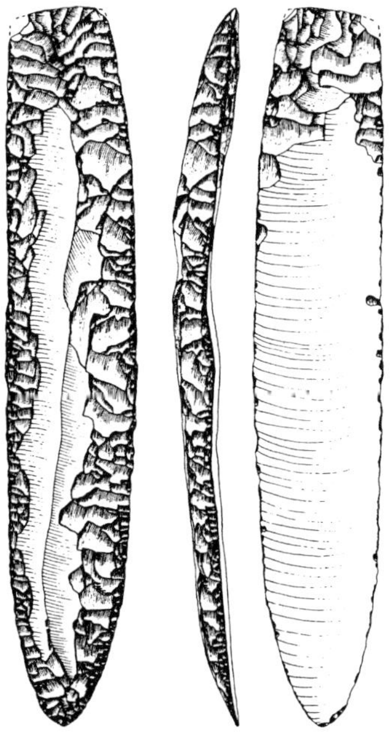

gemäss der oben geschilderten Fundsituation erst wieder aus der spätneolithischen Horgener Kultur erhalten. Sie stammen von grossen Töpfen, die an ihren Rändern mit Kannelüren und Lochreihen ausgestattet sind. Das spärliche Fundgut der Schnurkeramischen Kultur konnte in den letzten Jahren durch einige Steinäxte und Randscherben von schnurverzierten Bechern bereichert werden. Ausserdem sind einige schnurkeramische Topfbruchstücke vorhanden, die mit Wellen- oder Fingertupfenleisten verziert sind. Typisch für die endneolithische Glockenbecherkultur sind schliesslich mehrere verzierte Glockenbecher und ein dekorloses Henkelgefäss. Die gut erhaltenen Gefässe aus diesem letzten Abschnitt des Neolithikums stammen wohl alle aus Gräbern, während die bestimmbaren Keramikfunde aus den vorangegangenen neolithischen Kulturen vorwiegend als Siedlungsreste zu interpretieren sind.

Die steinzeitliche Besiedlung des Kantons Basel-Landschaft
Alt- und Mittelpaläolithikum

In der Schweiz gibt es nur wenige altpaläolithische Einzelfunde, die zudem nicht genau datierbar sind. Der älteste Fund ist der Faustkeil von Pratteln. Er belegt in unserer Region die Anwesenheit des Menschen vor mindestens 120 000 bis 300 000 Jahren. Weitere Aussagen über die regionale Tätigkeit der altpaläolithischen Wildbeuter sind aufgrund dieses Einzelobjektes nicht möglich. Etwas besser unterrichtet sind wir über die mittelpaläolithischen Neandertaler, die sich während der letzten Kaltzeit vor etwa 35 000 bis 120 000 Jahren sporadisch in unserer geomorphologisch vielseitig gegliederten Landschaft aufhielten.

Im Kanton Basel-Landschaft und in den angrenzenden Gebieten wurden fünf mittelpaläolithische Höhlenstationen, neun Freilandstationen und sieben Einzelfunde lokalisiert. Sie liegen vor allem im Birstal und seinen Seitentälern sowie im Rheintalabschnitt zwischen Basel und Säckingen. Eine Freilandstation befindet sich in erhöhter Lage im Tafeljura auf 710 Metern

Das älteste neolithische Grab der Schweiz
Die frühneolithische Einzelbestattung in der Höhle Birseck-Ermitage wurde schon im Jahre 1910 entdeckt und ausgegraben. Es handelt sich um das Grab eines 30- bis 40-jährigen Mannes, der in einer so genannten Hockerstellung beigesetzt wurde.

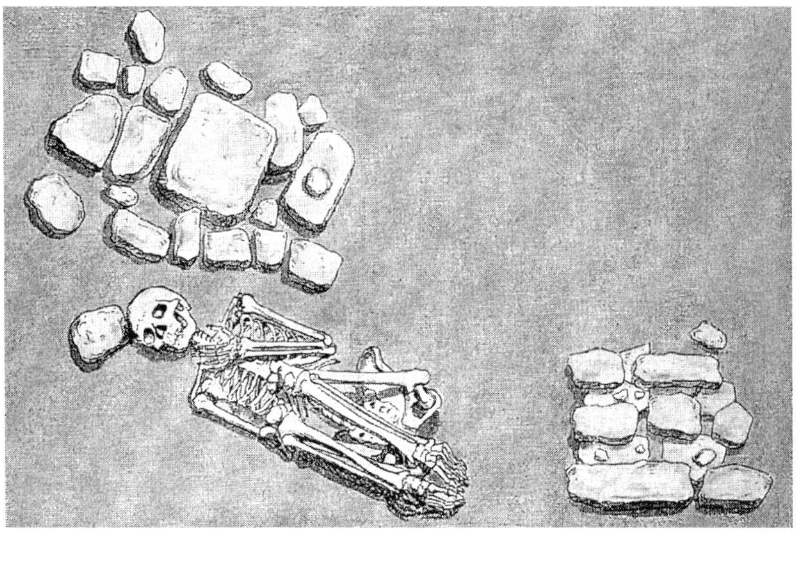

über Meer.¹⁵ Die meisten Stationen sind als kurzfristige Aufenthaltsorte zu deuten, die von den Neandertalern während Jagdzügen aufgesucht wurden. Nach den Überresten ihrer Mahlzeiten zu schliessen, machten sie mit Vorliebe Jagd auf grosse Säugetiere wie Mammut, Wollhaarnashorn, Riesenhirsch, Rothirsch, Wildpferd und Rentier. Bei den Freilandstationen Mühle bei Roggenburg und Löwenburg-Neumühlefeld III bei Pleigne JU wurde zudem das natürlich vorkommende Silexrohmaterial gewonnen und mit der Levallois-Technik systematisch verarbeitet.

Jungpaläolithikum und Spätpaläolithikum
Auf das Mittelpaläolithikum folgt in der Schweiz ein längerer Abschnitt ohne steinzeitliche Fundnachweise. Sein Ende wird durch das Inventar aus der Mittleren Fundschicht der Kastelhöhle Nord bei Himmelried SO markiert, wo sich nach neuesten Erkenntnissen vor mehr als 19000 Jahren jungpaläolithische Wildbeuter aufhielten. Nach einigen nicht gesicherten Funden folgt schliesslich das gut dokumentierte Spätmagdalénien. Die Jäger und Sammler dieser Epoche durchstreiften die Schweiz vor etwa 11 500 bis 13 000 Jahren. Damals waren die eiszeitlichen Gletscher schon weit in die Alpentäler zurückgewichen. Fast gleichzeitig mit dem Spätmagdalénien erfolgte die späteiszeitliche Wiederbewaldung.

In unserer Region sind aus dieser Zeit neun sichere Höhlenstationen sowie zwei Abri- und fünf Freilandstationen bekannt, die sich wiederum vorwiegend im Birstal und seinen Seitentälern sowie im Rheintalabschnitt zwischen Basel und Säckingen befinden. Lediglich eine Fundstelle wurde im Ergolztal lokalisiert; acht weitere Fundplätze kamen in der benachbarten Region Olten zum Vorschein. Neben mehreren kurzfristig belegten Jagdstationen sind auch intensiver besiedelte Lokalitäten wie die Kohlerhöhle im Kaltbrunnental vorhanden. Mit der Freilandfundstelle bei Lausen im Ergolztal konnte zudem ein Silexschlagplatz erfasst werden. Viele Tätigkeiten des *Homo sapiens sapiens* im Magdalénien standen in Zusammenhang mit der

Das Kupferbeil auf der Passhöhe
In der ersten Hälfte des 4. Jahrtausends v. Chr. trat in der Schweiz erstmals das Kupfer als neuer Werkstoff für Geräte, Waffen und Schmuckgegenstände in Erscheinung. In das 4. Jahrtausend v. Chr. dürfte auch der einzige neolithische Kupferfund im Kanton Basel-Landschaft zu datieren sein. Es handelt sich um eine flache, neun Zentimeter lange Beilklinge mit schwach ausgeprägten Randleisten, die 1873 in Langenbruck beim Bau des inzwischen wieder abgebrochenen Kurhauses gefunden wurde. Über die näheren Fundumstände ist leider nichts mehr in Erfahrung zu bringen. Der Fundort befindet sich mitten auf der Passhöhe des Oberen Hauensteins, zirka 730 Meter über Meer, an einem Juraübergang, der den direkten Zugang vom Ergolztal ins Mittelland ermöglicht.

senen und acht Kindern. Beigaben wurden dort keine gefunden. Das zweite Laufener Dolmengrab wurde im Frühjahr 2000 entdeckt und ausgegraben. Die Anzahl der Bestatteten kann in diesem Fall nicht ermittelt werden, weil die Grabanlage vermutlich in römischer Zeit grösstenteils abgetragen worden war.
Die drei endneolithischen Einzelbestattungen in Allschwil lagen jeweils etwa vier bis fünf Meter auseinander, sodass die ehemalige Existenz eines Friedhofes anzunehmen ist. Die Toten – ein Kind und zwei Frauen – wurden in sitzender oder liegender Hockerstellung in bis zu 1,60 Meter tiefen Gruben beigesetzt. Das Kind erhielt als Grabbeigabe zwei Glockenbecher, den beiden weiblichen Bestatteten wurden ein Glockenbecher beziehungsweise ein Silexartefakt und – vielleicht als Speise für das Jenseits gedacht – mehrere Tierreste ins Grab mitgegeben. Ausser diesen gesicherten Gräbern sind drei endneolithische Einzelfunde vorhanden, die vermutlich aus drei unerkannt zerstörten Einzelgräbern stammen. Es handelt sich um einen Glockenbecher von Allschwil-Sandweg/Spitzwaldstrasse, ein Henkelgefäss von Muttenz-Wachtelweg/Reichensteinerstrasse und um eine Silexdolchklinge vom Sternenfeld bei Birsfelden.⁹

Altpaläolithikum und Mittelpaläolithikum

Das Altpaläolithikum ist in unserer Region durch den Faustkeil von Pratteln belegt.

Die mittelpaläolithischen Fundstellen liegen vor allem im Birstal und seinen Seitentälern sowie im Rheintal zwischen Basel und Säckingen. Vereinzelt sind auch Funde im Tafeljura nachgewiesen.

- ■ *Einzelfund Altpaläolithikum*
- ● *Höhle Mittelpaläolithikum*
- ▲ *Freilandfundstelle Mittelpaläolithikum*
- ■ *Einzelfund Mittelpaläolithikum*

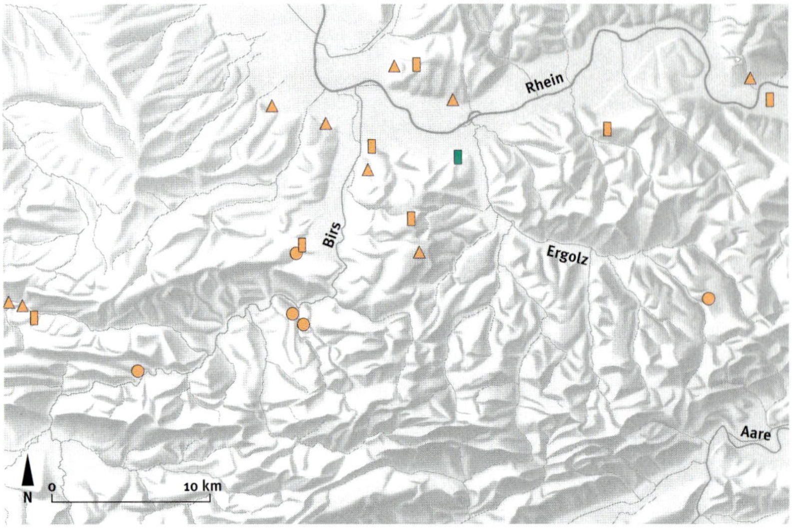

Jungpaläolithikum und Spätpaläolithikum

Die jungpaläolithischen Fundstellen des Spätmagdalénien finden sich vor allem in der höhlenreichen Birstalregion. Einzelne Fundorte konnten auch im Rheintal und im Ergolztal lokalisiert werden. Rechts unten ist die Fundstellen-Konzentration im Aaretal bei Olten eingetragen. Das Spätpaläolithikum ist nur spärlich vertreten. Die drei Fundstellen am linken Kartenrand stehen in Zusammenhang mit der Gewinnung und Verarbeitung von Silexrohmaterial.

- ● *Höhle Jungpaläolithikum*
- ▲ *Freilandfundstelle Jungpaläolithikum*
- ■ *Abri Jungpaläolithikum*
- ● *Höhle Spätpaläolithikum*
- ▲ *Freilandfundstelle Spätpaläolithikum*
- ■ *Abri Spätpaläolithikum*

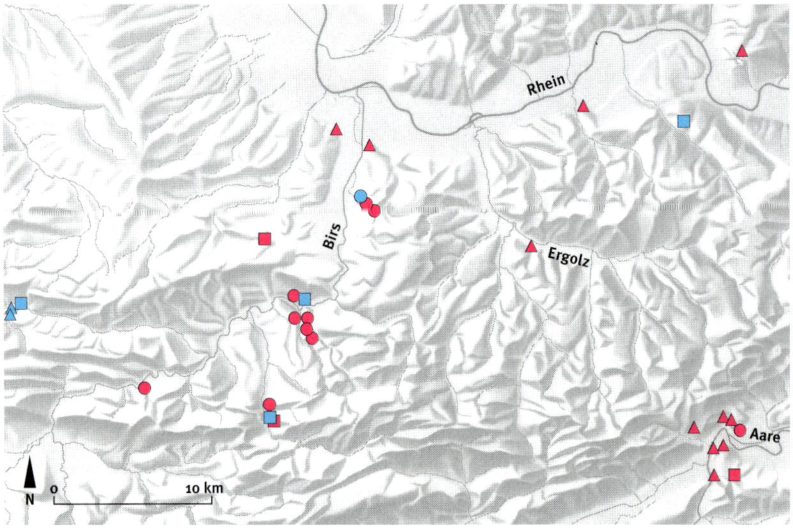

Mesolithikum, Frühneolithikum

Die Verbreitung der mesolithischen Fundstellen erstreckt sich beinahe flächendeckend auf das gesamte Kantonsgebiet vom Faltenjura im Westen bis zum Tafeljura im Osten.

Die frühneolithischen Fundorte liegen ganz am Südrand des westlichen bandkeramischen Verbreitungsgebietes.

- ● *Höhle Mesolithikum*
- ▲ *Freilandfundstelle Mesolithikum*
- ■ *Abri Mesolithikum*
- ✛ *Grab Mesolithikum*
- ▲ *Freilandfundstelle Frühneolithikum*
- ✚ *Grab Frühneolithikum*
- ■ *Einzelfund Frühneolithikum*

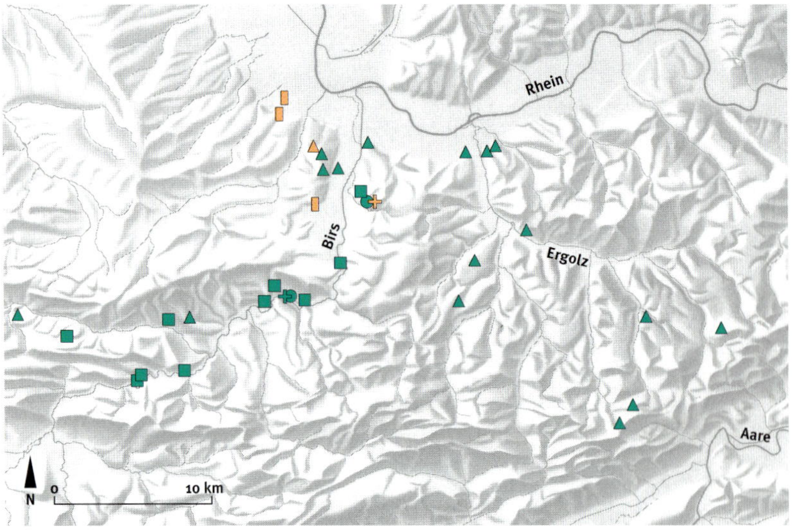

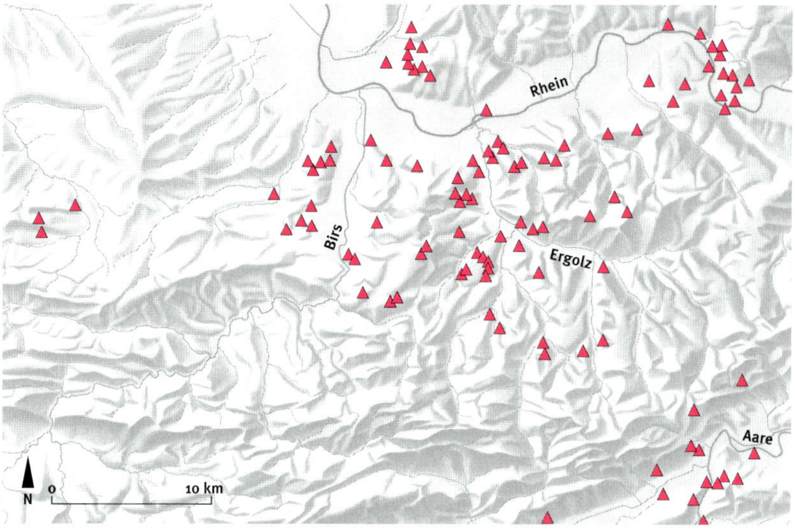

DIE STEINZEITEN – DER LANGE WEG ZUR SESSHAFTIGKEIT   47

Jungneolithikum

Im Jungneolithikum nimmt die Fundstellendichte in einem bisher nicht gekannten Ausmass zu. Die zahlreichen Fundstellen gruppieren sich um den in der linken unteren Kartenhälfte erkennbaren Faltenjura. Offensichtlich wurde der Faltenjura von den jungneolithischen Ackerbauern und Viehzüchtern als Siedlungsraum gemieden.

▲ *Freilandfundstelle Jungneolithikum*

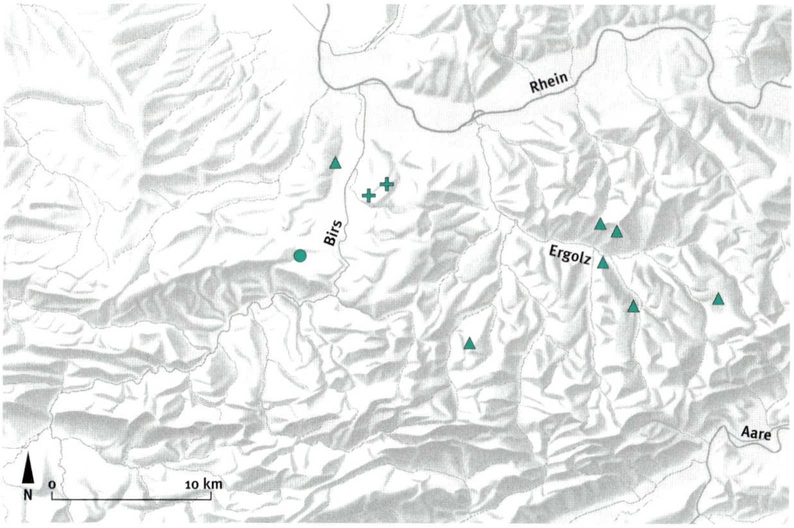

Spätneolithikum

Im Kanton Basel-Landschaft sind nur wenige Fundstellen der spätneolithischen Horgener Kultur vorhanden. Neue Ergebnisse lassen vermuten, dass Siedlungen vermehrt auch in Talauen angelegt wurden. Funde der Horgener Kultur stammen zudem aus einer Höhle bei Pfeffingen sowie von mehreren Anhöhen im Tafeljura. Bei Arlesheim wurden zwei kleine Höhlen als Grabstätten benützt.

● *Höhle Spätneolithikum*
▲ *Freilandfundstelle Spätneolithikum*
✚ *Grab Spätneolithikum*

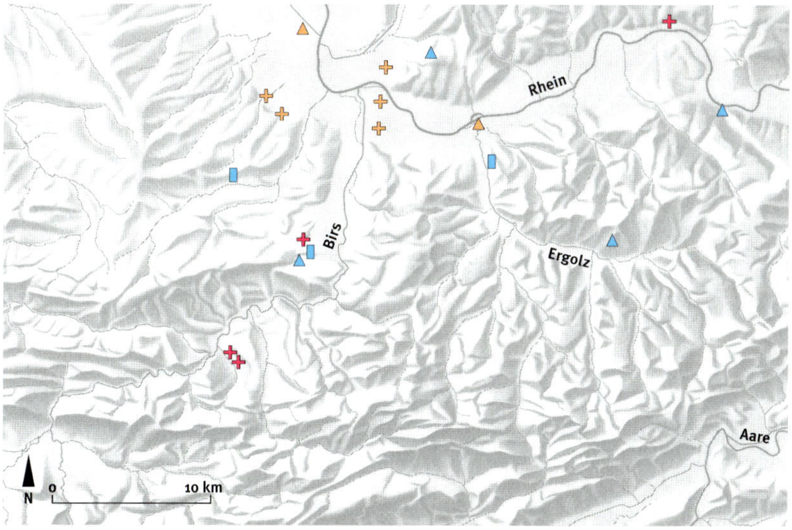

Endneolithikum

Die endneolithischen Funde der Schnurkeramischen Kultur und der Glockenbecherkultur sind in unserer Region selten. Die Glockenbecherkultur ist fast ausschliesslich durch Grabfunde vertreten. Bemerkenswert sind die vier endneolithischen Dolmengräber bei Laufen, Aesch und Schwörstadt.

▲ *Freilandfundstelle Schnurkeramik*
■ *Einzelfund Schnurkeramik*
▲ *Freilandfundstelle Glockenbecherkultur*
✚ *Grab Glockenbecherkultur*
✚ *Dolmengrab Endneolithikum*

BAND EINS / KAPITEL 1

48 DIE STEINZEITEN – DER LANGE WEG ZUR SESSHAFTIGKEIT

Jagd und der Nutzung der Beute. Als solche waren vor allem das Rentier und das Wildpferd von grosser ökonomischer Bedeutung. Durch die weitere Entwicklung der späteiszeitlichen Wälder wanderten diese Tiere jedoch nach Norden oder Nordosten ab. Dies hatte zur Folge, dass im Spätpaläolithikum (zirka 11 500 bis 10 000 vor heute) vermehrt Rothirsche und Rehe auf dem Speisezettel standen. Nachweise für die Jagd sind in unserer Region allerdings selten. Die spärlichen spätpaläolithischen Begehungen der Nordwestschweiz dienten wohl auch der Beschaffung des Silexrohmaterials, das in der Gegend von Roggenburg und Pleigne JU gewonnen und verarbeitet wurde.

Mesolithikum und Frühneolithikum
Das Mesolithikum, das etwa von 9250 bis 5850 v. Chr. dauerte, ist im Kanton Basel-Landschaft mit 28 Fundstellen vertreten. Die früh- und spätmesolithischen Fundstellen verteilen sich beinahe flächendeckend vom Faltenjura im Westen bis zum Tafeljura im Osten. Während sich entlang der Birs und ihrer Seitentäler vorwiegend Höhlen- und Abristationen aufreihen, sind im Tafeljura ausschliesslich Freilandstationen bekannt. Viele dieser Aufenthaltsorte sind als Jagdstationen zu interpretieren, die im Laufe des Mesolithikums wiederholt aufgesucht wurden. Die mesolithischen Wildbeuter machten in den nacheiszeitlichen Laubwäldern mit Vorliebe Jagd auf Rothirsche und Wildschweine. Bei einigen hoch gelegenen Jurastationen könnte zudem die saisonale Jagd auf Gemsen eine Rolle gespielt haben.

Es ist damit zu rechnen, dass sich die Menschen gegen Ende des Mesolithikums auch in unserem Gebiet neolithische Wirtschaftselemente aneigneten. Die ersten lokalen Spuren von sesshaften neolithischen Ackerbauern und Viehzüchtern datieren jedenfalls in die Zeit zwischen etwa 5500 und 5000 v. Chr. Es waren Angehörige der frühneolithischen Kultur der Bandkeramik, welche südlich des Rheinknies bis auf die Linie Reinach–Arlesheim vordrangen. Die nordwestschweizerischen Fundorte liegen somit am Südrand des bandkeramischen Verbreitungsgebietes. Nach einigen Funden in

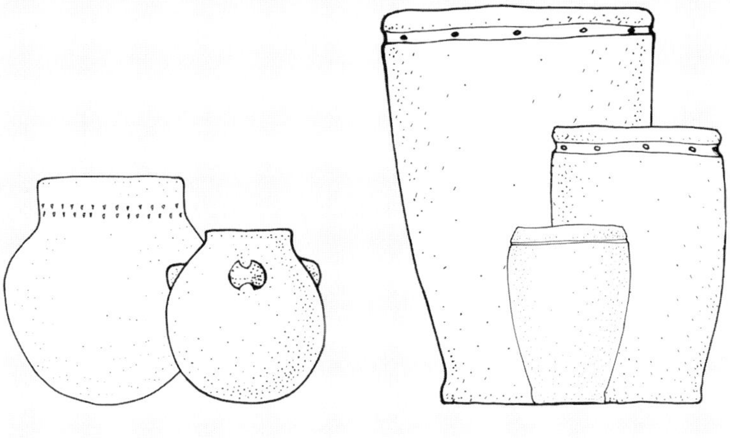

Typische Keramikgefässe des Früh- und Spätneolithikums
Links sind zwei rekonstruierte kugelförmige Töpfe der Bandkeramischen Kultur abgebildet. Der grössere, etwa 20 Zentimeter hohe Topf ist mit einer Einstichreihe verziert, während das kleinere Exemplar mit vertikal durchlochten Knubben ausgestattet ist. Bruchstücke von solchen frühneolithischen Töpfen wurden bei Allschwil, Binningerstrasse und Bottmingen, Bäumliackerstrasse gefunden. Daneben sind drei rekonstruierte spätneolithische Gefässe der Horgener Kultur angeordnet. Die steilwandigen Gefässe wurden im Randbereich mit Kannelüren und Lochreihen ausgestattet. Mehrere solcher Randscherben kamen beispielsweise beim Langrüttiweg in Reinach und auf der Chastelenflue bei Arboldswil zum Vorschein. Das grösste Gefäss hat eine Höhe von etwa 36 Zentimetern.

den Lössgebieten von Allschwil, Bottmingen und Reinach könnten dort sogar Siedlungen mit Langhäusern bestanden haben, wie sie in der elsässischen und süddeutschen Nachbarschaft mehrfach belegt sind. Für das Mittelneolithikum, das auf die Bandkeramische Kultur folgt, können in unserer Region keine sicheren Spuren nachgewiesen werden.

Jung-, Spät- und Endneolithikum
Während des Jungneolithikums verstärkten sich die Siedlungsaktivitäten in einem bisher nicht gekannten Ausmass. Im Kanton Basel-Landschaft und seinen angrenzenden Regionen sind bis zum Jahr 1997 122 jungneolithische Fundstellen nachgewiesen worden, die sich hufeisenförmig um den Faltenjura gruppieren, der offenbar als Siedlungsraum gemieden wurde. Die grob in das ausgehende 5. und in das beginnende 4. Jahrtausend v. Chr. zu datierenden Landsiedlungen liegen auf den Anhöhen entlang von Flussläufen sowie auf den Hochflächen des Tafeljuras. Die jungneolithischen Ackerbauern und Viehzüchter haben sich zudem auf Flussterrassen und am Fusse von Talhängen niedergelassen. Eine solche Siedlungslage ist am Langrüttiweg bei Reinach auch für das darauf folgende Spätneolithikum nachgewiesen worden. Gesicherte Funde der spätneolithischen Horgener Kultur kamen ausserdem auf vier markanten Anhöhen bei Arboldswil und in der Umgebung von Sissach sowie in der Schalberghöhle bei Pfeffingen zum Vorschein. Einige dieser Fundorte müssen allerdings auf ihre Siedlungsfunktion überprüft werden. Die regionale Horgener Kultur kann in das letzte Viertel des 4. Jahrtausends v. Chr. datiert werden. Gegen Ende des Neolithikums bleiben die Siedlungsfunde im Kanton Basel-Landschaft fast völlig aus. Während für die Schnurkeramische Kultur – etwa 2750 bis 2450 v. Chr. – mit dem Schalberg bei Pfeffingen und dem Bischofstein bei Sissach wenigstens zwei endneolithische Siedlungsorte zur Diskussion stehen, kennen wir für die Glockenbecherkultur, die von rund 2450 bis 2200 v. Chr. dauerte, keine sicheren Siedlungsnachweise.

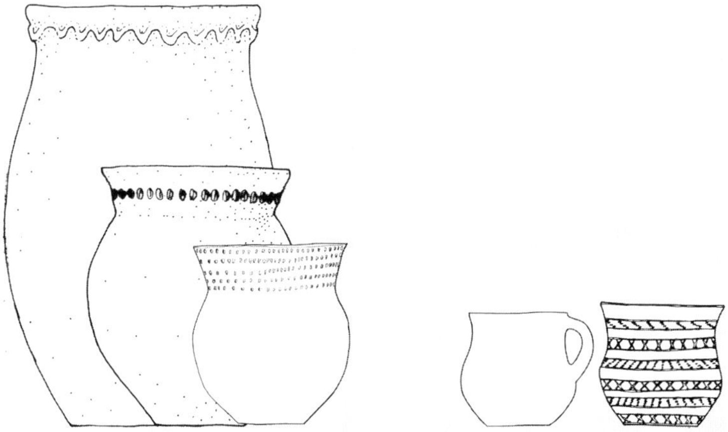

Typische Keramikgefässe des Endneolithikums
In der linken Bildhälfte sind drei rekonstruierte Töpfe der Schnurkeramischen Kultur dargestellt. Der grösste, etwa 37 Zentimeter hohe Topf ist unter dem Rand mit einer Wellenleiste verziert. Das daneben stehende Gefäss besitzt eine Fingertupfenverzierung. Rechts davon ist ein etwa 16 Zentimeter hoher schnurverzierter Becher abgebildet. Den drei schnurkeramischen Töpfen sind zwei vollständig erhaltene Gefässe der Glockenbecherkultur – ein Henkelgefäss und ein reich verzierter, etwa 11 Zentimeter hoher Glockenbecher – gegenüber gestellt. Der Glockenbecher kam in einem Grab bei Allschwil zum Vorschein, das Henkelgefäss wurde in Muttenz gefunden.

Lesetipps

Zur Vertiefung der hier in stark gerraffter Form dargestellten Themen eignen sich einige Werke, die vor kurzem erschienen sind und ausführliche Literaturverzeichnisse aufweisen.

Zur Vegetations- und Klimageschichte geben Burga/Perret (1998) und Jacomet/Kreuz (1999) den aktuellen Stand. Letztere erläutern zudem umfassende Methoden und Resultate verschiedener Datierungen.

J. Schibler, H. Hüster-Plogmann, S. Jacomet (und andere) bieten in: J. Schibler (1997), einen Überblick zur Ökonomie und Ökologie im Neolithikum und in der Bronzezeit im archäologisch gut erforschten Zürichseegebiet.

J. Sedlmeier (1998c, 1998d) behandelt den Zeitraum vom Paläolithikum bis zum Neolithikum speziell in der Nordwestschweiz.
Die Bände 1 und 2 der Reihe «Die Schweiz vom Paläolithikum bis zum frühen Mittelalter» (SPM I und SPM II) weiten dasselbe Thema auf das Gebiet der ganzen Schweiz aus.

Abbildungen

Kantonsarchäologie Baselland: S. 27.
Andrea Leisinger, Zug: S. 29 oben, 31, 34, 35, 36, 41, 48 und S. 49.
Museum der Kulturen, Basel: S. 29 unten.
Sedlmeier 1990, Abb. 32: S. 30.
Leuthard 1984, S. 74: S. 32.
Jürg Sedlmeier, Himmelried: S. 33, 37, 38, 40 oben, 43 und S. 44 oben.
Sarasin 1918, Taf. III (Auswahl): S. 40 unten.
Sarasin 1918, Fig. 8: S. 44 unten.
Kantonsarchäologie Baselland, Marcel Eckling: S. 45.
Anne Hoffmann Graphic Design: S. 46 und S. 47; Quelle Sedlmeier 1998c und 1998d, ergänzt.

Anmerkungen

1 Thomsen 1837, S. 58f.
2 Z.B. Thieme 1996.
3 Z.B. Schibler/Sedlmeier 1993.
4 Zur Klima- und Vegetationsgeschichte siehe Ammann 1993; Burga/Perret 1998; vgl. das Thema von Albert Schnyder.
5 Stodiek/Paulsen 1996.
6 Erny-Rodmann u.a. 1997.
7 Zur Ökonomie und Ökologie im Neolithikum siehe Schibler u.a. 1997. Stefanie Jacomet und Jörg Schibler, Abteilung Archäobiologie des Seminars für Ur- und Frühgeschichte der Universität Basel, danken wir für die fachliche Beratung bei der Gestaltung der beiden Lebensbilder auf S. 29 und S. 31.
8 Vgl. Kap. 2.
9 Dazu siehe unten S. 42.
10 Stodiek 1993, S. 170.
11 Bosinski 1982.
12 Zur Keramikherstellung vgl. Kap. 2.
13 Eine kurz vor Redaktionsschluss in Angriff genommene Ausgrabung auf dem Ötschberg bei Bennwil verspricht diesbezüglich neue Ergebnisse.
14 Sedlmeier 1998b.
15 Sedlmeier 1999.

1 Lartet 1861.
2 Greppin 1875.
3 Thiessing 1886.
4 Sarasin 1918.
5 Sedlmeier 1998a.
6 Bandi 1963.
7 Rentzel u.a. 1999.
8 Die kulturelle Zugehörigkeit der Dolmengräber (Schnurkeramik? Glockenbecherkultur?) kann noch nicht genau festgelegt werden.
9 Sedlmeier 1998e.

Bronze- und Eisenzeit – Neue Materialien bestimmen die Welt

Bild zum Kapitelanfang
Winter im bronzezeitlichen Dorf
Schnee legt sich über das bronzezeitliche Dorf – sehr zur Freude der Kinder, denn sie können sich damit herrlich vergnügen. Die Erwachsenen müssen jedoch ihren alltäglichen Arbeiten nachgehen. Die Frauen sind daran, die Mahlzeiten vorzubereiten, was sie im Sommer wohl eher im Freien vor den Häusern auszuüben pflegen. Die Lebensmittelrationen müssen sorgfältig eingeteilt werden, damit die ganze Wohngemeinschaft den Winter unversehrt überstehen kann. Auch die Haustiere suchen zwischen Schnee und Morast nach etwas Fressbarem. Die Männer sind mit Reparaturarbeiten an den Häusern beschäftigt, müssen aber besonders auf die Wildtiere achten, die sich, um einige Leckerbissen zu ergattern, mit knurrenden Mägen bis ins Dorf heranwagen.

Kupfer, Bronze, Eisen – Neue Werkstoffe auf dem mitteleuropäischen Markt

Bronze- und Eisenzeit verdanken ihre Namen den in Mitteleuropa neu auftretenden Metallen und Technologien. Ein grosser Vorteil der Metalle gegenüber dem steinzeitlichen Werkstoff Silex lag in ihrer beinahe beliebigen Verformbarkeit und in der Möglichkeit des «Recyclings». Die Anfänge der Metallgewinnung reichen in Mitteleuropa bis ins vierte Jahrtausend v. Chr. zurück, wie einzelne Kupferobjekte und Giessereizubehör aus Seeufersiedlungen bezeugen.[1] Aus jener Zeit stammt beispielsweise auch die kupferne Beilklinge, die 1873 in Langenbruck beim Bau des Kurhauses zum Vorschein kam. Vom ersten Auftauchen des Werkstoffes «Kupfer» bis zur Herstellung von Bronze – einer Legierung aus ungefähr neun Teilen Kupfer und einem Teil Zinn – vergingen in unserem Gebiet aber noch volle zwei Jahrtausende. Eng damit verbunden waren auch die zur Gewinnung und Verarbeitung erforderlichen technologischen Kenntnisse. Bronze liess sich deutlich besser als reines Kupfer giessen und durch Schmieden härten. Das benötigte Kupfererz konnte in den Vogesen, im Schwarzwald und in den Alpen abgebaut werden. Die Beschaffung des Zinns hingegen erforderte grössere Anstrengungen, denn Zinnerze kommen weitaus seltener vor. Die geografisch nächsten Abbaugebiete befanden sich im Erzgebirge (Tschechien), im westlichen Mittelmeerraum (Sardinien, Iberische Halbinsel) und im atlantischen Raum (Bretagne, Cornwall). Wie der Rohstoff im Einzelnen beschafft wurde, lässt sich derzeit noch nicht klar durchschauen.

Seit dem elften vorchristlichen Jahrhundert – noch während der Spätbronzezeit – trat erstmals Eisen in Form kleiner Zierelemente an Bronzeobjekten in Erscheinung.[2] In der Hallstattzeit gewann schliesslich die Eisentechnologie rasch an Bedeutung. Eisen eignete sich besonders für Waffen und eine Vielzahl von Werkzeugen: Schwerter, Dolche, Lanzenspitzen, Äxte, Bohrer, Raspeln, Zangen, Hämmer, Meissel, Messer, Scheren, Schaufeln, Spaten, Hacken, Sensen, Sicheln, Pflugschare. Die Werkzeuge waren

Giessverfahren in der Bronzezeit
Aus anfänglich einfachen Verfahren, in Gussformen aus Stein oder gar in feuchtem Sand ausgeführt, entstanden Gussrohlinge, etwa von Ringen, Dolchklingen oder Nadeln, die weiterverarbeitet und vor allem ausgeschmiedet werden mussten. Daneben waren zweiteilige Gussformen für Objekte wie Sicheln in Gebrauch, deren eine Schale flach war. Kompliziertere Gegenstände wie Schmuckstücke oder Schwertgriffe wurden «in der verlorenen Form» hergestellt. Dabei modellierte man den gewünschten Gegenstand aus Wachs oder Talg und umgab ihn mit einem Tonmantel. Danach wurde das Wachs ausgeschmolzen und die Metallschmelze in den Hohlraum eingefüllt. Um das gegossene Objekt vom Tonmantel zu befreien, musste dieser zerschlagen werden. Häufig wurde auch der Zweischalenguss verwendet, bei dem beide Schalennegative – durch Stifte verbunden – deckungsgleich aufeinander passten. Um beim Einfüllen der Schmelze Blasen zu vermeiden, wurden verdrängte Luft und Gase durch kleine Kanäle, so genannte Windpfeifen, abgeleitet. Die an den Stossfugen der beiden Schalen gebildeten Gussnähte und die überflüssige Bronze am Eingusstrichter (Gusszapfen) wurden schliesslich entfernt. Perfektionierte Weiterentwicklungen des Zweischalengusses

Ein Töpferofen im Brühl bei Sissach
Die beiden Grabungsleiter Max Frey (mit Zigarette) und Fritz Pümpin (mit Tabakpfeife) sowie Emil Vogt (sitzend) posieren hinter einem Töpferofen, der für den Abtransport ins Schweizerische Landesmuseum nach Zürich bestimmt ist.

bei Handwerkern und Bauern als grosse Hilfen geschätzt. Der Nutzen des neuen Metalls lag generell darin, dass es zu Stahl geschmiedet werden konnte und so um vieles härter, zugleich aber auch elastischer war. Seit dem vierten Jahrhundert wurden auch Trachtbestandteile – zum Beispiel Fibeln – aus Eisen hergestellt. Die Bronze hingegen fand wegen ihrer guten Giessbarkeit hauptsächlich in der Schmuckherstellung Verwendung.

stellten der Kern- und der Überfangguss dar. Der Kernguss ermöglichte die Herstellung von Gegenständen mit Hohlräumen wie etwa Tüllen von Lanzenspitzen, indem ein Ton- oder Metallkern mit Hilfe eines Stiftes in der Gussform aufgehängt wurde. Mit der Technik des Überfanggusses konnten Zusätze wie Griffe auf Schwerter, auf Halbfabrikate oder Fertigprodukte aufgegossen werden.

Bronzeverarbeitungsplätze mit Schmelzöfen sind aus unserer Gegend keine bekannt. Das Handwerk des Bronzegiessers oder Bronzeschmiedes lässt sich aber indirekt über Gusszapfen in einem mittelbronzezeitlichen Depot aus der Aktienziegelei in Allschwil[1] und anhand von Rohkupferklumpen in einem etwas jüngeren Depot vom Kännelacker in Aesch[2] fassen. Ob die Bronzeobjekte als Altmetallvorräte von Giessern oder Händlern oder als wertvolle Opfergaben an eine Gottheit in den Boden kamen, kann letztlich nicht mehr entschieden werden. Im Weiteren ist das Bronzehandwerk durch Guss- oder Roherzklümpchen auf dem Wartenberg bei Muttenz und durch ein kleines Fragment einer steinernen Gussform auf dem Schalberg bei Pfeffingen nachgewiesen.

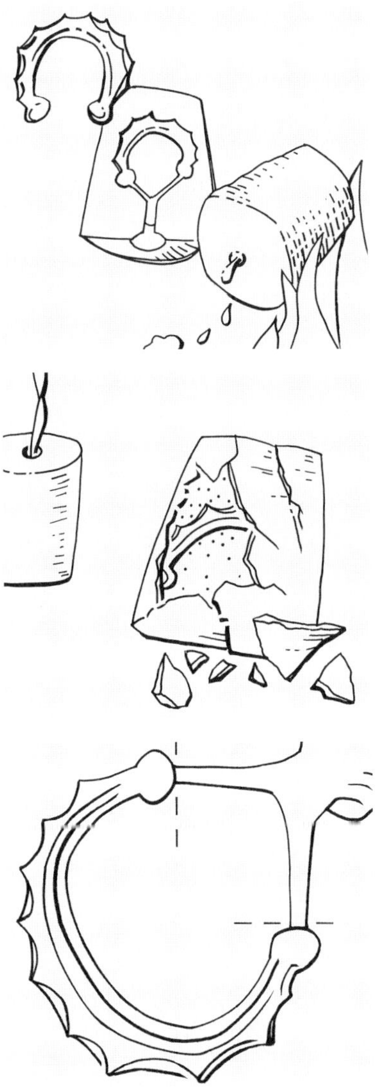

Von besonderer Bedeutung für unsere Region waren zweifellos die Eisenerze, die im Jura recht häufig und in guter Qualität vorkommen, so zum Beispiel im Hinterland des Chienberges bei Böckten, in der Lausener und der Waldenburger Gegend, im nahen Solothurner Gebiet um Hofstetten und Balsthal sowie im Delsberger Becken. Von prähistorischer Eisenverarbeitung zeugen meist nur unansehnliche Schlackenstücke, die sowohl bei der Verhüttung als auch beim Schmieden als Abfall anfielen. Am Dürrain und beim Mühlehof in Muttenz wurden Fliessschlacken mit hallstattzeitlicher Keramik zusammen gefunden. Die Schlackenfunde vom Burgenrain bei Sissach weisen hingegen eher auf eine Dorfschmiede hin. Am Lindenweg in Muttenz belegen Schlacken eine Eisenproduktion aus der Frühlatènezeit, während Schlacken und Holzkohlestücke von der Flur «Bünten» in Lausen auf einen Verhüttungsplatz der Spätlatènezeit hindeuten. 1996 kamen in Hofstetten SO – erstmals in der Nordwestschweiz – Reste von Eisenverhüttungsöfen der Frühlatènezeit zum Vorschein.[3] Erhalten waren unter einer Schlackenschicht noch die kreisrunden, dunkel verfärbten und stellenweise verglasten Brandflächen von zwei vollständig aus Lehm aufgebauten Öfen. Das gereinigte und zerkleinerte Eisenerz wurde darin bei über 700 Grad zum «Eisenschwamm», einem stark verunreinigten Eisen, umgewandelt. Holzkohle war dabei zugleich Brennstoff und Reduktionsmittel, das den sauerstoffhaltigen Eisenverbindungen im Ofen den Sauerstoff zu entreissen vermochte, was schliesslich zu metallischem Eisen führte. Der Eisenschwamm wurde anschliessend durch Ausglühen und Schmieden gereinigt und zu Barren geformt.

Sammler, Heimatforscher und Archäologen – Vom Sonntagsspaziergang zur Wissenschaft

Wer kennt nicht die berühmten Entdeckungen des 19. Jahrhunderts, wie etwa die der beiden sagenumwobenen Städte Troja und Mykene durch Heinrich Schliemann? Seit jeher vermochten Sensationsmeldungen über vergangene

Bronzeguss in der verlorenen Form
Der Giesser umhüllt das Wachsmodell einer Armspange mit einem Lehmmantel. Er schmilzt das Wachs über dem Feuer heraus und füllt den Hohlraum mit der Metallschmelze. Nach dem Erstarren der Bronze zerbricht er den Lehmkörper – daher die Bezeichnung «verlorene Form» – und die Armspange liegt im Rohguss vor. Nach Entfernen des Gusszapfens erhält das Schmuckstück durch Gravieren und Polieren sein gewünschtes Aussehen.

Die Griechen nannten sie Kelten ...,
... die Römer Gallier. An der ethnischen Kontinuität zwischen der Bronze- und der Eisenzeit werden heutzutage kaum mehr Bedenken geäussert. Die Herausbildung neuer Kunststile, Formen und Ziertechniken – etwa im Bereich der Keramik und des Metallhandwerkes – dürfen zweifelsfrei als Ergebnisse immer enger geknüpfter Kontakte mit den Kulturen des Mittelmeerraumes erklärt werden. Die Kelten sind seit der Hallstattzeit allgemein als Träger der Kultur anerkannt. Von der eigentlichen keltischen Kultur sprechen wir jedoch erst mit dem Beginn der Latènezeit im fünften vorchristlichen Jahrhundert.[3] Zu jener Zeit begannen sich anfangs griechische, später auch römische Historiker und Geografen für die Kultur der Kelten zu interessieren.[4] Den Anstoss gaben, wie so oft, kriegerische Ereignisse. Denn im vierten Jahrhundert stiessen ganze Gemeinschaften der Kelten aus ihrem Kernland über die Alpen nach Italien, in die Interessensphären der Mittelmeerländer vor. Die Gründe für diese Expansion sind kaum mehr erkennbar, wohl aber in wirtschaftlichen, sozialen und politischen Überlegungen zu suchen. Mit dem Sturm auf Rom und der Belagerung des Kapitols im Jahr 387 v. Chr., dem Angriff auf das Apolloheiligtum in Delphi 279 und der Eroberung Pergamons in Klein-

Kulturen – insbesondere wertvolle Schatzfunde – die Aufmerksamkeit von Sammlern und Heimatforschern zu wecken. 1841 hat der Basler Professor W. Vischer-Bilfinger drei hallstattzeitliche Grabhügel in der Hard vorbildlich untersucht, dokumentiert und die Ergebnisse publiziert. Damit läutete er eine neue Epoche der «ganzheitlichen» Altertumsforschung ein. Trotzdem stand bis weit ins 20. Jahrhundert vorwiegend das Sammeln archäologischer Objekte im Vordergrund, angeheizt durch Museen und Sammlungen in aller Welt, die an Pretiosen interessiert und bereit waren, dafür zu bezahlen. In der zweiten Hälfte des 19. Jahrhunderts löste die Meldung von jungpaläolithischen Funden im Kesslerloch bei Thayngen SH eine regelrechte Welle der Altsteinzeitforschung in der Schweiz aus. Im Basler und damaligen Berner Jura galt das Interesse vor allem dem Birstal und seinen Nebentälern.[4] Bei diesen Forschungen wurden nicht nur die jüngeren Schichten, sondern auch jüngere Funde oft nur nebensächlich behandelt. Quasi als Nebenprodukte der Steinzeitforschung liegen heute dank der Vettern P. und F. Sarasin sowie F. Sartorius-Preiswerk und C. Lüdin auch metallzeitliche Funde aus Höhlen und Abris des Birstals vor. Die meisten Höhensiedlungen im Kanton Baselland kamen ebenfalls ganz zufällig zum Vorschein, als die Aufmerksamkeit einiger historisch interessierter Personen den Ruinen mittelalterlicher Burgen galt (Bischofstein, Madeln, Schalberg, Wartenberg). Nicht eine einzige Siedlung wurde damals archäologischen Bedürfnissen entsprechend ausgegraben. Wir verdanken einen beachtlichen Teil des heutigen kantonalen Fundstellen-Inventars dem unermüdlichen Forscherdrang einzelner Freizeitarchäologen und Heimatforscher, die noch vor der Zeit der Kantonsarchäologie Objekte von Bedeutung – wenn auch auf ihre Weise – ausgegraben hatten und deren Funde schliesslich ans Kantonsmuseum überführt oder andernorts der Forschung zugänglich gemacht wurden. Namentlich erwähnt seien M. Frey, Primarlehrer, und J. Horand, Gemeindeverwalter, beide aus Sissach, F. Pümpin, Kunstmaler aus Gelterkinden, sowie J. Eglin, Schatzungsbaumeister, und E. Kull, beide aus Muttenz.

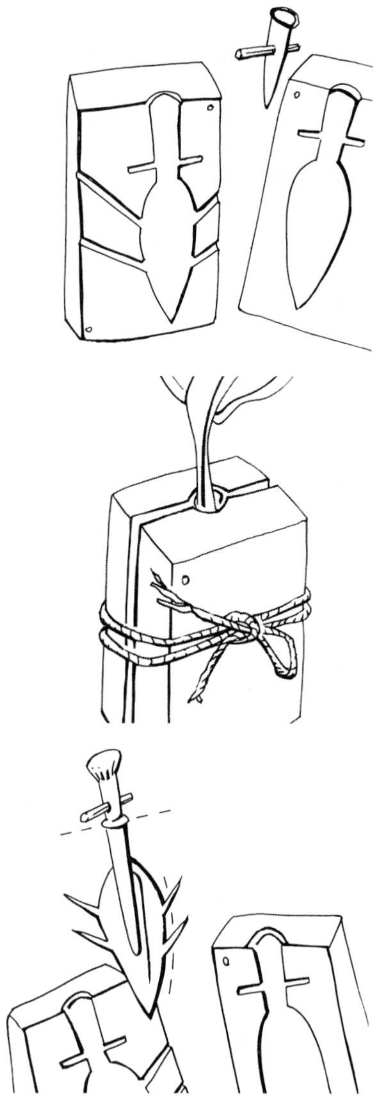

Der Zweischalen- und Kernguss
Nachdem die beiden Schalen der Gussform einer Lanzenspitze sorgfältig zusammengefügt sind, füllt der Giesser die flüssige Bronze in den Eingusstrichter. Zum Formen einer Tülle dient ein Metallkern. Am Schluss werden Gussnähte und der Gusszapfen entfernt.

asien 277 – dort als Galater bezeichnet[5] – betraten die Kelten endgültig die Bühne der Weltgeschichte. Ausserdem kämpften keltische Söldner 218 im Zweiten Punischen Krieg in der Schlacht an der Trebbia in Oberitalien auf der Seite Hannibals erfolgreich gegen die Römer.

Den früheren Autoren ist hauptsächlich zu entnehmen, dass zu ihrer Zeit keltische Stämme im Gebiet zwischen der Donau und Spanien wohnten. Erst der griechische Philosoph und Geschichtsschreiber Poseidonios schilderte, nachdem er Forschungsreisen rund ums Mittelmeer unternommen hatte, in seinem mehrbändigen Werk ein sehr lebendiges Bild von den Kelten des letzten vorchristlichen Jahrhunderts. Die Überlieferung seiner heute verlorenen Schriften verdanken wir den beiden Griechen Diodoros und Strabon, welche die Keltenbeschreibung wörtlich in ihre Geschichtsbücher übernommen haben. Am ausführlichsten äusserte sich aber der römische Feldherr und Schriftsteller Gaius Julius Caesar im Bericht über den gallischen Krieg (58 bis 51 v. Chr.) über die Gallier, ihre Sitten und Gewohnheiten.

Erst seit der späten Latènezeit kennen wir die genauere Lage von Siedlungsgebieten einzelner, namentlich bekannter keltischer «Völker» oder «Stämme». Die Umgebung der Colonia Raurica (Augst) und bestimmt

Nachdem 1921 die «Verordnung betreffend die Erhaltung von Altertümern» erlassen worden war, konnten die archäologischen Arbeiten endlich etwas koordiniert werden. Die 1920er und 1930er Jahre waren geprägt von Grossgrabungen mit jungen Arbeitslosen, die als so genannte «Arbeitslager» organisiert waren, zum Beispiel um Sissach auf der Fluh, dem Bischofstein und dem Burgenrain. Seit 1950 kümmerte sich der Liestaler Lehrer Theodor Strübin, der zugleich Mitglied der Altertümerkommission war, als offizieller kantonaler Grabungsleiter um die Funde des Kantons. 1968 wurde die Abteilung «Kantonsmuseum und Altertumsschutz» gegründet. Unter ihrem vollamtlichen Leiter Jürg Ewald entstand eine Kantonsarchäologie, die fortan systematisch Erdbewegungen im Kantonsgebiet überwachte und schwergewichtig baubedingte Rettungsgrabungen durchführte. Auf der Gerstelfluh bei Waldenburg (1974 zusammen mit dem Institut für Ur- und Frühgeschichte der Universität Basel),[5] in Aesch-Fluhstrasse (1977), Muttenz-Im Lutzert (1981), Pratteln-Meierhofweg (1983), Muttenz-Stettbrunnen (1984), Sissach-Burgenrainweg (1986), Reinach-Alte Brauerei (1989), Muttenz-Lindenweg und in Therwil-Baumgartenweg (1990), Reinach-Brunngasse (1992), Reinach-Langrüttiweg (1993 bis 1998) und Reinach-Schönenbachstrasse (1996) konnten in der Folge wichtige Befunde der metallzeitlichen Epochen erfasst werden. Die Entdeckung mehrerer der genannten Fundstellen verdankt der Kanton freiwilligen Mitarbeitern, die regelmässig die Baustellen in ihrem Wohngebiet kontrollieren.[6] 1998 erschien im Band «Tatort Vergangenheit» eine Bilanz über die bisherige und die neue archäologische Tätigkeit im Kanton Baselland als Gemeinschaftswerk mehrerer Mitarbeiter.

Wo steht die archäologische Siedlungsforschung heute? Im unteren Kantonsteil lassen sich bereits mehrere Ergebnisse Mosaiksteinchen gleich zu einem möglichen Siedlungsbild zusammensetzen. Der momentane Forschungsstand erlaubt aber bei weitem noch nicht, eine verbindliche Siedlungsgeschichte zu schreiben, zumal die Fundstellendichte hauptsächlich den modernen Bebauungsgrad widerspiegeln dürfte. Wie so manche Wis-

auch das gesamte Baselbiet gehörten zweifellos zum Raurikergebiet, das von bekannten Schriftstellern in dieser Gegend lokalisiert wurde.[6] Die genaue Ausdehnung des Raurikergebietes kann hingegen weder mit archäologischen noch historischen Quellen zufriedenstellend ermittelt werden. Laut Caesar zogen im Jahre 58 v. Chr. mehrere tausend Rauriker[7] mit den Helvetiern – unter der Oberleitung des Divico – aus ihren Gebieten aus. Als sie schliesslich in der berühmten Schlacht bei Bibracte auf der Seite der Verlierer standen, war die Eingliederung ihres Gebietes ins Römische Reich nicht mehr aufzuhalten.

Formen und Dekors
An der Schwelle von der Früh- zur Mittelbronzezeit ist das Formenspektrum der Geschirrkeramik schon sehr vielfältig. Im Allgemeinen herrschen eher weiche, elegant geschwungene Formen vor. Die Knickkalottenschale mit und ohne Henkel ist letztlich noch frühbronzezeitlich, ebenso einige Dekors wie ausgesparte Zickzackbänder und Doppelhalbkreisstempel. Die weichen Formen der groben Töpfe und Schüsseln verschwinden während der Mittelbronzezeit allmählich; die Ränder werden wulstiger ausgebildet und öfters flach abgestrichen. Anstelle der mehrfachen, teils verzweigten Zierleisten wird ein einfa-

senschaft wird sich auch die Archäologie immer wieder neuen Herausforderungen stellen müssen. Die Baselbieter Kantonsarchäologie wird bestimmt auch in Zukunft primär von der Bauwirtschaft in Trab gehalten werden. Neue Chancen werden sich ausserdem bei unumgänglichen Erweiterungsprojekten im Bereich des privaten und öffentlichen Verkehrs sowie bei der Energieversorgung auftun.

Bauern, Handwerker, Händler

Schon im Neolithikum wurden Silex, Felsgesteine, Bernstein oder Muscheln zum Herstellen von Schmuck und Werkzeugen oft von weither bezogen. Um die Versorgung von Rohstoffen und Halbfabrikaten einer Gemeinschaft oder Region zu gewährleisten, bedurfte es bereits einer gewissen Organisation und Kontrolle. Dadurch eröffneten sich für einzelne Personen neben der traditionellen Landwirtschaft schon damals Möglichkeiten, zu überdurchschnittlichem materiellem Reichtum und innerhalb der Gemeinschaft zu einem gewissen Ansehen zu gelangen.

Während der Bronzezeit waren es vermutlich kleine, auf die Metallbranchen spezialisierte Personenkreise, einzelne Familien oder Sippen, die in der Dorfgemeinschaft Prestige genossen: Prospektoren, die sich durch gekonntes Aufspüren von Erzadern hervortaten, Bergbauexperten, Giesser, Schmiede und im Warentausch versierte Leute. Durch den wachsenden Bedarf nach neuen Gütern wie Erzen, Rohmetallen, Halb- und Fertigprodukten oder auch Salz zum Einpökeln von Fleisch und zum Gerben von Fellen, wurde der Gedanken- und Güteraustausch zunehmend anspruchsvoller und ein immer weiter gesponnenes und dichteres Kommunikationsnetz entstand. Anfänglich spielte sich der Handel kaum auf festen Wegen ab, sondern beruhte eher auf Kontakten von Region zu Region, da sozial und politisch stabile Verhältnisse über grössere Räume kaum gegeben waren. Die Gewässer boten als «Naturstrassen» gute Voraussetzungen für den Warentransport. Schliesslich aber erforderte die zunehmende Nutzung von Pferd

Keramikformen der Früh- und Mittelbronzezeit

Töpfe und Schüsseln mit Leistenzier herrschen vor. In der Mittelbronzezeit werden an den Rändern Grifflappen ausgebildet und die Gefässunterteile mit Tonschlicker beworfen. Dieser wird oft zu vertikalen oder schrägen Fingerbahnen verstrichen. In geringerer Zahl sind Becher mit flächig verzierten Körpern vorhanden. Sie sind mit Ritzmustern, Eindrücken aller Art – Fingertupfen, Fingernagelkerben oder Eindrücken von Hölzchen – und am Ende der Mittelbronzezeit mit herausgeschnittenen Kerbmustern verziert. Sowohl die Schüsseln als auch die Bechertypen können mit Bandhenkeln versehen sein. Der grösste Topf ist 35 Zentimeter hoch.

und Wagen fest ausgebaute Wege – der Wagen ist anhand einzelner Räder seit dem 4. Jahrtausend v. Chr. auf Schweizer Gebiet nachgewiesen.

Das Bedürfnis nach immer mehr Fachleuten zeitigte nicht nur im wirtschaftlichen Bereich, sondern auch im sozialen Gefüge allmählich beträchtliche Folgen. Lebten beispielsweise die bisherigen Bauernfamilien weitgehend als Selbstversorger, so wurde ihnen jetzt, um die Lebensgrundlage der Gemeinschaft sicherzustellen, eine Überproduktion an Lebensmitteln abverlangt. Dass sich in der Bronzezeit einzelne Personen oder Familien allmählich auch sozial und politisch absetzten, zeigen vielleicht die natürlich geschützten oder durch Wallanlagen befestigten Höhensiedlungen, die durch überdurchschnittlich reiches Fundgut auffallen. Zudem verweisen beinahe alle Gräber, die heute als archäologische Quelle zur Verfügung stehen, wohl ebenfalls auf Angehörige einer wohlhabenden Bevölkerungsschicht hin. Denn die Bestattungen der ärmeren oder besitzlosen Bevölkerung, die – wenn überhaupt – nur eine spärliche Ausstattung enthielten, dürften im Boden kaum Spuren hinterlassen haben.

Die privilegierte Schicht bevorzugte zur Überwachung des Güteraustauschs für die Wahl ihrer Siedlungen zudem verkehrsgünstige Lagen an den Handelsrouten. So betrachtet, könnte sich ein derartiger «Handels- und Kontrollposten» bereits um 1600 v. Chr. auf dem spornartig in die Rheinebene hineingreifenden Wartenberg bei Muttenz befunden haben. Seine frühe Gründung verdankte er bestimmt der hervorragenden Lage im Schnittpunkt der Verbindungsrouten zwischen den frühbronzezeitlichen Kulturgruppen im Bodenseeraum, am Mittel- und Oberrhein sowie in Ostfrankreich und der Westschweiz. Von dort konnte der Handel über das Kulturen verbindende Rheintal zu Wasser und zu Lande gut kontrolliert werden. Seine Bedeutung scheint sich trotz intensivem Landausbau und Erschliessung der grösseren Flusstäler bis zu Beginn der Spätbronzezeit unbestritten gehalten zu haben. Für diese Zeit belegen mehrere Gräber mit Waffen und reichem Schmuck – inklusive Gold- und Bernstein – wie auch das Depot eines Bron-

Keramikformen der Spätbronzezeit

Die Töpfe und Schüsseln tragen nun mehrheitlich Schrägränder, die anfangs noch auf zylindrisch gebildeten Halsteilen ansetzen. Lang gezogene Dreiecke, herausgedrückte oder aufgesetzte Buckel und feine vertikale Riefen stellen eher frühe Merkmale dar. Die oft mit feinen Kammeindrücken oder Ritzlinien verzierten konischen Schalen und so genannten Schulterbecher sind typisch für die fortgeschrittene Spätbronzezeit. Am Ende des Zeitabschnitts ist die feine Horizontalriefung verbreitet, und es taucht erstmals Gefässbemalung auf. Der grösste Topf ist 35 Zentimeter hoch.

BRONZE- UND EISENZEIT – NEUE MATERIALIEN BESTIMMEN DIE WELT 59

Der Töpferbezirk im Brühl bei Sissach
Ein Lebensbild in Pastell vom Kunstmaler Fritz Pümpin. Er verstand es vorzüglich, alle Arbeitsgänge des Keramikbrennens darzustellen: Vor der Silhouette der Sissacher Fluh wird im spätlatènezeitlichen Töpferdorf fleissig gearbeitet. Im Vordergrund sehen wir drei mit einer Lehmkuppel versehene Keramikbrennöfen. Der Rauch, der aus zwei Ofenschloten steigt, zeigt an, dass darin gerade gebrannt wird. Einem dritten Ofen, der abgekühlt ist, wird die gebrannte Keramik entnommen. Im Weiteren wird neue, zum Brennen bestimmte Töpferware herbeigebracht, während gebranntes Geschirr aussortiert und abtransportiert wird.

zegiessers aus Aesch die Präsenz angesehener Familien in der Basler Gegend.[7] Die zugehörigen Siedlungen sind bisher aber nur in den wenigsten Fällen bekannt. Über die Wohnstätten der einfachen Bauern – und mit ihnen der Mehrheit der Bevölkerung – wissen wir praktisch nichts. Sie lebten vermutlich seit jeher in einzelnen Gehöften oder kleineren Dörfern nahe den fruchtbaren Äckern auf den Hochebenen und im Tal.

Es ist anzunehmen, dass seit der Hallstattzeit eine privilegierte Schicht, die sich auf die Gewinnung und Verarbeitung des neuen Metalls spezialisiert hatte, die reichen Eisenerzvorkommen im Jura ausbeutete. Die Organisation und Kontrolle der Verhüttung und Vermarktung erfolgte vermutlich wieder von befestigten Höhensiedlungen aus – im Baselbiet etwa von der Siedlung auf dem Burgenrain bei Sissach –, die entlang der alten Handelsrouten neu erbaut wurden. Die materielle und soziale Kluft zwischen den reichen «Eisenherren» und der Lebensmittel produzierenden Bevölkerung im Tal dürfte dabei immer grösser geworden sein. Mit einer

cher Leistendekor mit Kerben oder Fingertupfen auf der Gefässschulter angebracht. Die Gefässkörper der Grobkeramik sind meist durch Schlickbewurf aufgeraut; analog dazu sind die der feinkeramischen Gefässe flächendeckend mit Fingertupfen, Kerben, Eindrücken aller Art oder Linien verziert. Die Aufrauung verhindert beim Tragen der Gefässe ein ungewolltes Entgleiten.

Während der fortgeschrittenen Mittelbronzezeit tritt erstmals der Kerbschnittdekor auf, bei dem ähnlich der Holzschnitzerei mit einem Messer Kerben aus dem Ton herausgeschnitten wurden. Allmählich bildet sich der für die Spätbronzezeit typische Schrägrandtopf heraus. Daneben erscheint das Zylinderhalsgefäss, bei dem ein Halsfeld deutlich vom Schrägrand und vom Gefässkörper abgesetzt ist. Bei den anfänglich noch weichen, eher kugeligen Schalentypen entwickelt sich der mehr oder weniger ausgeprägte Wandknick. Als typische, in Siedlungen jedoch äusserst selten auftretende Dekors gelten Buckelmuster, die mit Riefen oder Rillen sowie mit lang gezogenen, hängenden Dreiecken kombiniert sind. Allmählich erscheinen zwei weitere typische Formen der Spätbronzezeit, die konische Schale, deren Verzierung immer auf der Innenseite sitzt, und der so genannte Schulterbecher, ein

wohl bedeutenden Höhensiedlung in der Späthallstattzeit muss auch wieder auf dem Wartenberg bei Muttenz gerechnet werden, in dessen Nähe relativ gut dotierte Grabhügel entdeckt wurden.

Die Bodenfunde sprechen allgemein dafür, dass das wirtschaftliche, politische und kulturelle Leben während der Hallstattzeit in unserer Gegend eher kleinräumig organisiert war. Am Ende der Hallstattzeit und zu Beginn der Latènezeit tritt in Südwestdeutschland, in Ostfrankreich sowie in der West- und Ostschweiz eine standesmässig gegliederte Gesellschaft in Erscheinung, was aus behelfsmässig als «Adels-» oder «Fürstensitze» bezeichneten Siedlungen mit pompös ausgestatteten Gräbern zu erkennen ist. In unserer Region fehlen bisher entsprechende Nachweise. Voraussetzung für derartige Machtzentren waren vor allem die Gründung der griechischen Kolonie Massalia (Marseille) im Rhonedelta im ausgehenden 7. Jahrhundert und anderer Koloniestädte im Mittelmeerraum sowie die im 6. Jahrhundert entstandenen etruskischen Städte in der Poebene. Diese Städte waren weitgehend selbstversorgend und verfolgten keine Territorialpolitik, sondern waren an einem guten Einvernehmen mit dem Hinterland interessiert. Sie bedienten sich der benachbarten Völkerschaften als Zulieferer und Abnehmer von Waren und landwirtschaftlichen Produkten. Gleichzeitig übten sie aber auch eine grosse Faszination auf ihre nördlichen Nachbarn, die Kelten, aus. Ihr Lebensstil wurde zum Vorbild jener, die sich entsprechende Organisationen und Waren leisten konnten. Im 6. Jahrhundert führte dies wohl zu einer Konzentration von Macht in den Händen weniger Familien, welche den Südhandel über die Alpenpässe als auch über Rhonetal und Mittelland oder die Burgunderpforte bis an die obere Donau vollständig kontrollierten. Sie konnten sich wie ihre Handelspartner südländischen Luxus leisten: feines Geschirr, Bronzegefässe, Weine und dergleichen. Es ist anzunehmen, dass die umliegenden Gebiete – damit wohl auch das Basler Hinterland – in einem Abhängigkeitsverhältnis zu ihnen standen. Der Kontakt mit den Mittelmeerländern hat den frü-

Keramikformen der Hallstattzeit

Die Töpfe und Schüsseln besitzen immer noch mehrheitlich Schrägränder, die aber meist kürzer ausgeprägt sind und durch versetzte Fingertupfen und Kerben eine wellenartig abgeschlossene Mündung erhalten. Beliebt sind zudem Leisten- und Kerbreihendekor im Randumbruch. Die Bemalung tritt auf der feineren Ware immer häufiger auf. Besonders die neu entwickelte Schüsselform mit kegelförmigem Hals, verschiedene Schalen und kleine Töpfchen sind vorzugsweise mehrfarbig bemalt. Häufig kommen auch Kleingefässe vor, das «Gfätterligschirr» der Kinder.
Der grösste Topf ist 32 Zentimeter hoch.

keltischen Kulturen nicht nur neue Techniken gebracht, sondern auch massgeblich mit zur Ausprägung des keltischen Stils beigetragen. Die Einführung der Töpferscheibe und des Eisenpfluges brachten wesentliche Neuerungen in Wirtschaft und Technik.

Seit dem dritten vorchristlichen Jahrhundert entwickelte sich nach griechischem und römischem Vorbild das keltische Münzwesen, wodurch der uralte Tauschhandel beträchtlich entlastet wurde. Genaueres über die Abwicklung der Geschäfte ist jedoch nicht bekannt. Neue wirtschaftliche Verhältnisse führten seit dem zweiten Jahrhundert zu den ersten stadtähnlichen Siedlungsformen, wie sie Gaius Julius Caesar beschrieb. Genannt seien das Töpferdorf im Brühl bei Sissach und die offene Siedlung bei der alten Gasfabrik in Basel. Sie waren eigentliche Zentren des Handwerks und des Handels, wie Scherben von Amphoren aus dem Mittelmeerraum, den Transportbehältern der begehrten Südweine, und von feinem, südländischem Geschirr unterstreichen. Im späteren 1. Jahrhundert entstand zudem das Oppidum auf dem Münsterhügel in Basel. Als Oppida bezeichnete Caesar auch befestigte Städte und Fliehburgen auf Hügeln, die nicht unbedingt ständig bewohnt waren. In der Sissacher Gegend zeichnet sich mit dem vorerst hypothetischen Oppidum auf der Fluh und dem Töpferdorf im Brühl das Zentrum eines eigenständigen und – wie die archäologische Hinterlassenschaft ebenfalls andeutet – von den Basler Siedlungen weitgehend unabhängigen Wirtschafts- und Siedlungsraumes ab.

Den Berichten Caesars entnehmen wir schliesslich, dass im letzten vorchristlichen Jahrhundert innerhalb der keltischen Gesellschaft eine stark differenzierte Sozialstruktur herrschte. Tonangebend war anscheinend eine dünne Oberschicht. Daneben gab es ein Volk von freien, landbesitzenden Bauern und Handwerkern. Die Masse der Bevölkerung stellten aber die unfreien, weitgehend recht- und besitzlosen Bauern, Mägde und Sklaven.

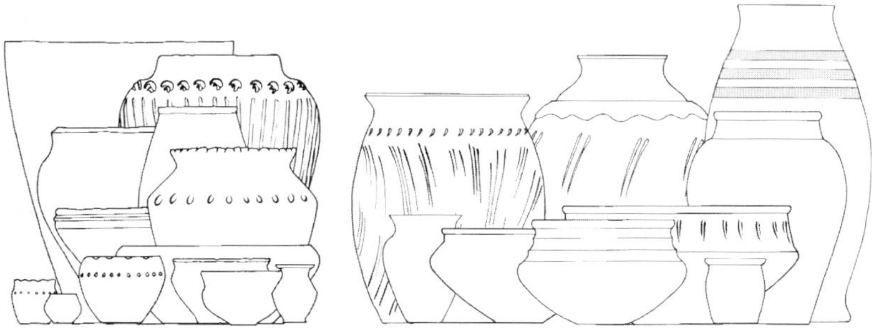

Keramikformen der Latènezeit
*Die allmähliche Einführung der Töpferscheibe setzt in der Keramikherstellung neue Massstäbe. Es scheinen – etwa in Sissach – eigentliche «Produktionszentren» für Keramik entstanden zu sein. Neben den anfänglich noch oft handgeformten Gefässen können nun dünnwandige Schüsseln, Tonnen, Flaschen und Becher mit prachtvoll profilierten Standringen hergestellt werden. Sie sind nicht selten mit Hilfe neuer Farbtechniken zonenartig bemalt. Lediglich die Kochtöpfe pflegt man weiterhin von Hand aufzubauen. Ihre Oberteile und Ränder werden dann aber meist auf der Scheibe nachgedreht, damit sich die Deckel sauber anpassen.
Der grösste Topf ist 31 Zentimeter hoch.*

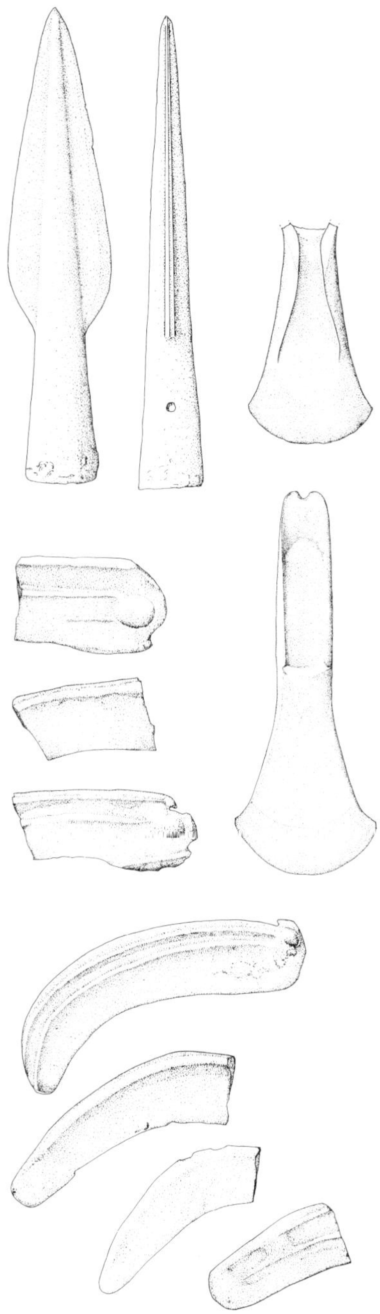

Scherben, Metall, Knochen, Holzkohle ... –
Hinweise aus dem Boden

Über die Besiedlung während der Metallzeiten geben uns nur archäologische Funde und Befunde Auskunft. Bei gut zwei Dritteln der rund 170 in diese Auswertung einbezogenen Fundmeldungen handelt es sich um verschieden grosse Materialgruppen, die oftmals ohne Beobachtung der für die Interpretation äusserst wichtigen Schichtverhältnisse dem Boden entrissen wurden.[8] Die chronologische Zuweisung der Fundstellen stützt sich in unserem Gebiet vorwiegend auf typologische Kriterien: Die Archäologinnen und Archäologen datieren die Objekte – Keramik, Metallgegenstände etc. – anhand ihrer Formen, Herstellungs- und Verzierungstechniken. Da die für einen bestimmten Zeitabschnitt typischen Metallfunde meist nur aus Gräbern oder als Einzelstücke vorliegen, basiert die gesamte Chronologie der Siedlungen fast ausschliesslich auf der Interpretation der Keramikinventare.

Zum Zeitvergleich stehen uns, vor allem für die Spätbronzezeit, die gut datierten Keramikensembles aus Ufersiedlungen entlang der Seen im Mittelland zur Verfügung. Denn dort haben die naturwissenschaftlichen Datierungsmethoden in den letzten Jahrzehnten eine bisher nie da gewesene Präzision erreicht. Dies verdanken sie vor allem dem immer feuchten Boden, in dem Massen von organischen Substanzen gut überdauern konnten, darunter die für die Jahrringdatierung (Dendrochronologie) wichtigen Bauhölzer. Lediglich am verkohlten Inhalt je einer Vorratsgrube der Frühlatènezeit in Gelterkinden und in Therwil wurde das radioaktive Kohlenstoffisotop ^{14}C gemessen (Radiokarbondatierung). Bevor die Quellenlage der einzelnen metallzeitlichen Zeitabschnitte vorgestellt wird, sei grundlegend vorausgeschickt, dass alle Fundstellen mit Keramik, die nicht eindeutig einer Bestattung zugewiesen werden können, als mögliche Siedlungsreste betrachtet werden.

• Früh- und Mittelbronzezeit: Im Baselbiet besteht die Hauptquelle für die Früh- und Mittelbronzezeit (17. bis 14. Jahrhundert v. Chr.) fast ausschliess-

Ein mittelbronzezeitlicher Hortfund aus Allschwil ...

*Beim Aushub für ein neues Sumpfhaus der Aktienziegelei fand der Baggerführer in einer kaum metertiefen Grube eine Beilklinge, eine Lanzenspitze, eine Sichel sowie ein Beilfragment und sechs Sichelfragmente, die ursprünglich wohl in einem organischen Behältnis versorgt waren. Bei einer späteren Nachgrabung traten noch Gusszapfen zu Tage.
Die Beilklinge misst 17,6 Zentimeter.*

meist dünnwandiger Becher mit einem vom Schrägrand und Gefässkörper deutlich abgesetztem Halsfeld. Das Halsfeld und die Gefässschulter tragen oft reiche, mit einem feinzinkigen Gerät angebrachte «Kammstrichmuster» oder Ritzdekors. Aus den Schrägrandtöpfen entstehen durch zunehmende Längung der Ränder im Laufe der Spätbronzezeit Trichterrandtöpfe, und die Verzierung mit feinen Riefenbändern tritt häufiger auf. In derselben Zeitspanne wird aus den Schulterbechern durch Rundung der Profile die Form der Kugelbecher entwickelt, die auch zu Beginn der Hallstattzeit noch vereinzelt vorkommt.

Das Formenspektrum der hallstattzeitlichen Keramik entstand grösstenteils durch die Weiterentwicklung der spätbronzezeitlichen Gefässe: Die Schrägränder der Töpfe wurden nach und nach kürzer und steiler. Die Ränder sind nicht selten konisch nach innen gerichtet und meist nur noch schwach ausgebildet. Beliebt ist neben Leisten in der Randumbruch-Zone auch die Verzierung der Randlippe durch wellenartig angebrachte Fingertupfen oder Kerben. Typisch ist nun das ebenfalls aus Vorgängerformen der Spätbronzezeit entwickelte, feine Kegelhalsgefäss. Kurz nach 900 v. Chr. – noch in der Spätbronzezeit – taucht bei uns erstmals die in der Hallstattzeit öfters

lich aus dem keramischen Fundmaterial von Höhen- und Talsiedlungen. Eigentliche Baustrukturen wie Feuerstellen oder Pfostenlöcher sind erwartungsgemäss nur in wenigen Fällen vorhanden. Vollständig rekonstruierbare Hausgrundrisse oder gar Dorfanlagen kennen wir aus der ganzen Bronzezeit keine.[9] Die bisher aussagekräftigsten Siedlungsspuren stammen aus der Fluhstrasse in Aesch, wo 1977 beim Bau der Schnellstrasse J18 die Unterkonstruktion eines mittelbronzezeitlichen Hausteiles in Form einer beinahe quadratischen Steinhäufung von 2,7 mal 3,1 Meter zum Vorschein kam. Sie war mit aufgestellten Kieselsteinen begrenzt und enthielt viele Keramikstücke. Daneben befand sich eine kreisrunde, von Kieselwacken umrandete Feuerstelle mit einer stark holzkohlehaltigen Brandfläche und mit Bruchstücken von Kieseln, die als so genannte Hitzesteine zum Erwärmen des Wassers dienten.[10] Gräber sind auf dem Baselbieter Kantonsgebiet noch nicht eindeutig nachgewiesen. Als weitere Informationsträger stehen uns einige Einzelfunde von Metallobjekten sowie ein Bronzedepot aus der Aktienziegelei in Allschwil zur Verfügung.

• Spätbronzezeit: Siedlungsplätze aus dem frühen Abschnitt der Spätbronzezeit begegnen uns ebenfalls eher spärlich. Dafür sind im unteren Baselbiet mehrere Fundstellen von Einzelgräbern bekannt. An der Stelle der alten Brauerei in Reinach bot sich 1989 zudem erstmals die Gelegenheit, eine Gruppe von drei unterschiedlich gut erhaltenen Urnengräbern genauer unter die Lupe zu nehmen. Neben einigen Einzelobjekten ist ausserdem das Metalldepot eines Giessers aus dem Kännelacker in Aesch nachgewiesen.[11] Die fortgeschrittene Spätbronzezeit – auch Urnenfelderzeit genannt – zeichnet sich nicht zuletzt durch eine Zunahme der Siedlungstätigkeit aus, die auf dem damals vorherrschenden milden Klima beruhte, das der Landwirtschaft reiche Ernten bescherte. Eindeutige Siedlungsspuren liegen jedoch nur aus Reinach-Langrüttiweg vor, wo 1993 im Vorfeld einer Grossüberbauung mehrere Abfall- und Werkgruben sowie ein leider nicht besonders gut erhaltenes, mit Steinen abgedecktes Urnengrab freigelegt werden konnten.[12]

angewandte Gefässbemalung auf. Wohl durch südländische Kontakte angeregt, haben die Töpfer gelernt, dass durch das Auftragen eines feinen Tonschlickers, der aus eisenhaltiger Erde gewonnen wird, bei oxydierendem oder reduzierendem Brand rote oder schwarze Farben zustande kommen. Mit Graphit wurde zuweilen eine metallisch glänzende Gefässoberfläche erzeugt. Im Gegensatz zu den bänderartig umlaufenden, einfachen geometrischen Verzierungen der Spätbronzezeit wird nun der Felderstil bevorzugt, der meistens eine breite Zierzone über Gefässschulter und -körper bedeckt. Die konische Schale wird allmählich durch gerundete und ge-schweifte Formen verdrängt. In Siedlungen finden sich vermehrt Kleingefässe, das «Gfätterligschirr» der Kinder.

An der Schwelle zur Latènezeit treten als Schüsseln und Töpfchen erste, auf der Scheibe geformte Gefässe auf. In der Spätlatènezeit werden schliesslich beinahe alle Gefässe auf der Töpferscheibe hergestellt. Eine Ausnahme machen Töpfe und Näpfe, die auch zum Kochen verwendet werden. Doch auch die Gefässoberteile der Kochtöpfe werden manchmal auf der Scheibe nachbehandelt. Beliebte Verzierungen der Kochtöpfe sind nun der Kamm- und der Besenstrichdekor – oft in Kombination mit auf der Schulterzone angebrachten Grüb-

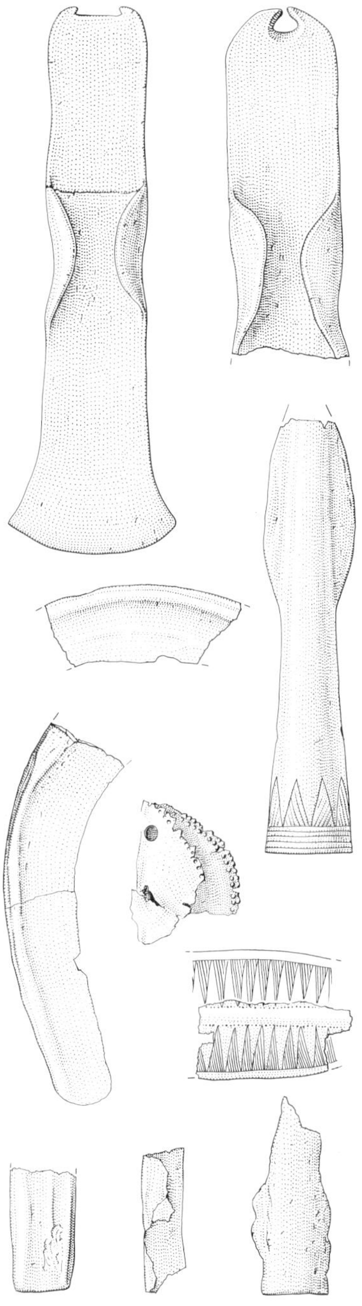

... und ein spätbronzezeitliches Metalldepot aus Aesch

Beim Einrichten eines Baugespanns im Kännelacker kamen mehrere Kupferbarren, Beilfragmente, Fragmente von Lanzenspitzen, Sicheln und Blechen zum Vorschein. Unter den Blechen befand sich das Stück einer so genannten Beinberge: ein Frauenschmuckstück in Form eines reich verzierten Blechbandes mit Spiralenden. Die Länge des intakten Bronzebeils beträgt 19,2 Zentimeter.

Ein Urnengrab am Langrüttiweg in Reinach
Das Grab war mit Steinen abgedeckt. Es enthielt einen Schulterbecher (unten rechts) und einen Schweineknochen, den Rest einer Speisebeigabe.

Obwohl die Auswertung dieser vielschichtigen Befunde noch nicht abgeschlossen ist, lässt sich schon sagen, dass dieser Ort zwischen dem elften und dem neunten vorchristlichen Jahrhundert mehrmals und zu verschiedenen Zwecken aufgesucht wurde. In einer langrechteckigen Grube fand sich beispielsweise eine Brandstelle, die auf eine näher nicht festgestellte, gewerbliche Funktion hinweist. In einer ovalen Vertiefung, die vor allem durch eine grosse Menge Keramik auffiel, wird eine Töpfergrube vermutet. In Form von Bodenverfärbungen, Balken- und Pfostengruben zeichneten sich zudem eindeutige Reste einer Bebauung ab. Ausserdem sind in Muttenz und Reinach noch einige Einzelbestattungen und ein schon im Frühmittelalter zerstörtes Gräberfeld nachgewiesen.

• Hallstattzeit: Obwohl es um die Materialbasis im Vergleich zur Bronzezeit schlechter bestellt ist, können der Hallstattzeit eine beachtliche Zahl möglicher Höhen- und Talsiedlungen zugewiesen werden. Am besten erforscht ist die befestigte Höhensiedlung auf dem Burgenrain bei Sissach, die unten ausführlicher vorgestellt wird. Im unteren Kantonsteil liegen zudem mehrere untersuchte Grabhügel.

• Latènezeit: Die Siedlungen der Frühlatènezeit belegen im Baselbiet bedeutende Befunde wie der komplette Grundriss eines in die Erde eingelassenen Ökonomiegebäudes in Gelterkinden, Vorratsgruben aus Gelterkinden und Therwil, eine Brenngrube in Sissach sowie eine grössere Anzahl von Flachgräbern, die nicht selten bemerkenswerte Metallbeigaben enthielten. Aus der Spätlatènezeit, dem 2. und 1. Jahrhundert v. Chr., liegen eher bescheidene Baustrukturen vor. Dafür sind mehrere Töpferöfen – in Sissach-Brühl sogar ein eigentliches Töpferdorf – nachgewiesen. Gräber aus der Spätlatènezeit fehlen im Baselbiet weitgehend. Für die Region von zentraler Bedeutung sind aber die keltische Siedlung Basel-Gasfabrik mit zugehörigem Friedhof und das Oppidum auf dem Basler Münsterhügel.

Sissach von der Fluh aus betrachtet
Links von der Bildmitte erhebt sich der bewaldete Burgenrain mit seiner befestigten Hallstattsiedlung. Am rechten Bildrand im Tal lag die Fundstelle des Töpferdorfes im Brühl.

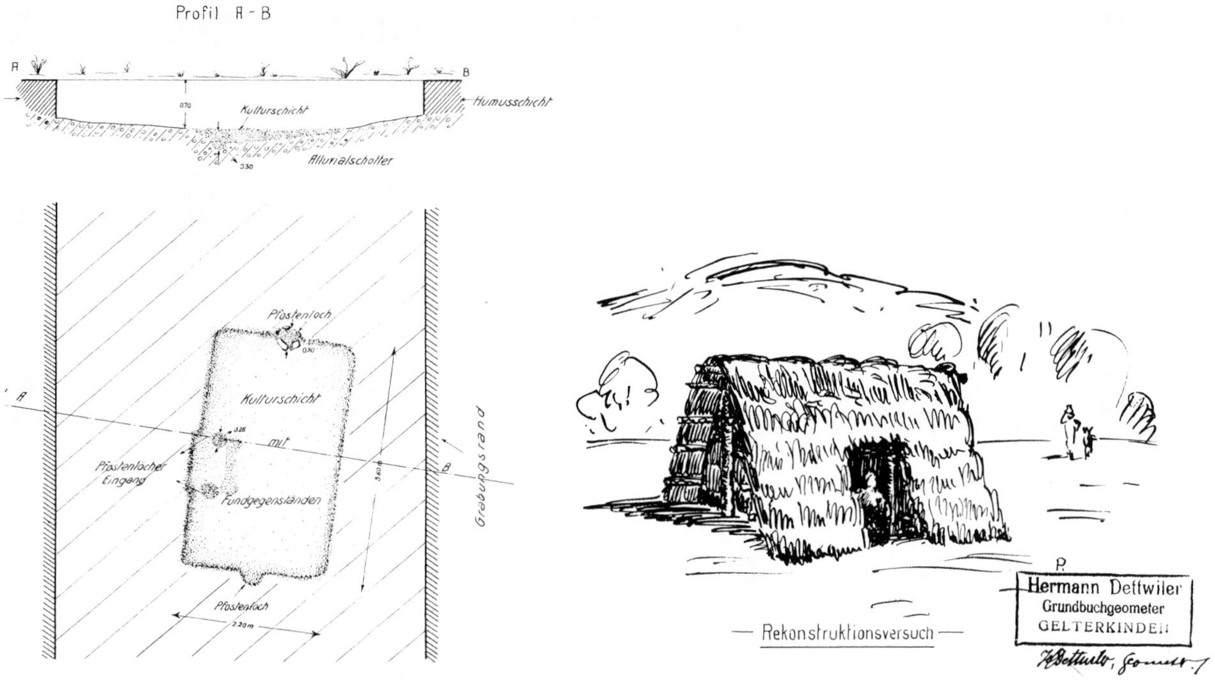

Haus, Hof, Dorf, Stadt: Siedlungsformen der Bronze- und Eisenzeit

Im Baselbiet lassen sich zwei Hauptsiedlungsformen erkennen: Höhen- und Talsiedlungen. Siedlungen auf Anhöhen nutzten in der Regel geschützte Spornlagen aus. Bei einer kleineren Zahl hat sich eine zusätzliche Befestigung in Form künstlich angelegter Wall-Graben-Systeme erhalten. Die Höhensiedlungen lagen zudem meist an topographisch exponierten Orten, häufig über Talengen, Talein- und Talausgängen. In krassem Gegensatz zu den Höhensiedlungen standen die Tal- oder Freilandsiedlungen. Sie waren meist unbefestigt. Vielleicht mit einem Zaun umgeben, werden sie auch als offene Landsiedlungen bezeichnet. Ihre Lage auf den fruchtbaren chengürteln. Auf der Töpferscheibe entstehen zudem neue, dünnwandige Gefässe wie Flaschen, Tonnen, Schüsseln und Becher mit kunstvoll profilierten Standringen.

Münzmetall und Prägestock

Über den Beginn der keltischen Münzprägung sind wir insofern informiert, als für die meisten Münzen griechische und römische Vorbilder gewählt wurden. Deshalb darf davon ausgegangen werden, dass die Kelten im Laufe des 3. vorchristlichen Jahrhunderts mit der eigenen Münzprägung begonnen haben. In der Mitte des 2. Jahrhunderts bildete anscheinend bereits ein komplex ausgebautes Münzsystem die Grundlage der wirtschaftlichen Organisation. Wie stark die Geldwirtschaft den lokalen und regionalen Tauschhandel veränderte oder sogar verdrängte – betroffen war vermutlich hauptsächlich der Fernhandel – wissen wir nicht. Eine wichtige Rolle spielte das keltische Geld bestimmt aber als Lohn für Söldner.

Beliebt waren die Nachbildungen der Goldstatere und Tetradrachmen (Silbermünzen) Philipps II. (359 bis 336) und Alexanders des Grossen von Makedonien (336 bis 323). Die keltischen Stempelschneider griffen ausserdem die Bildmotive der Münzen griechischer Kolonien und Städte – etwa Emporion (Spanien) und Massalia

Ein Grubenhaus bei Gelterkinden
Rekonstruktionszeichnung des frühlatènezeitlichen Grubenhauses in Gelterkinden von Hermann Dettwiler. Links ein Schnitt durch die Grube und die Aufsicht. Auf den beiden Schmalseiten sind die Löcher der beiden Pfosten, die das Dach trugen, und auf der Westseite zwei Pfostenstellungen der Eingangskonstruktion erkennbar.

Ackerböden zeigt, dass es sich hauptsächlich um landwirtschaftlich ausgerichtete Einzelgehöfte oder – wie etwa in Hochdorf D nachgewiesen – vielleicht auch um kleinere Dörfer handelte. Erwähnt seien als dritte mögliche Siedlungsform – obwohl bei uns nicht vorhanden – die Seeufersiedlungen. Dank des immer feuchten Bodens existieren dort ausgezeichnete Bedingungen für die Konservierung organischer Substanzen. Erhaltenen Bauhölzern verdanken wir so eine Fülle von Informationen zur Hauskonstruktion und Dorforganisation.

Der Hausbau hat sich seit dem Neolithikum nicht mehr wesentlich verändert. Ausschlaggebend für die jeweiligen Konstruktionsweisen waren die greifbaren Baumaterialien und die Beschaffenheit des Untergrundes. An den Seeufern standen die Häuser meist auf Pfosten, die in Pfahlschuhe eingelassen waren, um ein Einsinken zu verhindern. Nachgewiesen sind sowohl Ständerbauten mit lehmverstrichenen Flechtwänden als auch Bohlen- und Blockbauten. Die Dächer waren mit Stroh oder Schindeln gedeckt. Wohnhäuser, in deren nächster Umgebung ein Grossteil der täglichen Arbeiten verrichtet wurde, zeichnen sich durch Feuerstellen aus. Sie standen in Reihen, bildeten Gassen und freistehende Plätze, die wohl als Versammlungsorte dienten. Die einheitliche Ausrichtung und teils übereinstimmenden Abmessungen belegen zudem eine straffe Planung und Organisation des Dorfes. Einzelne, durch Grösse oder Konstruktion abweichende Gebäude konnten anhand spezieller Funde als Werkstätten, Speicher und Ställe gedeutet werden. In unserem Gebiet fehlen bekanntlich solche gut erhaltene Feuchtbodenbefunde von Dörfern oder einzelnen Gehöften, die bestimmt ähnlich aussahen. Befunde in Frankreich und Süddeutschland geben aber eine Vorstellung, wie die Siedlungen bei uns angelegt worden sein könnten. Es waren wohl umzäunte kleine Dörfer von 10 bis 20 Häusern, die aus Holz und Lehm konstruiert waren. Hierarchische Strukturen innerhalb der Dörfer – wie etwa zentrale Grossbauten – lassen sich in der Regel nicht nachweisen, wohl aber kleine Nebengebäude, die vermutlich der Vorratshaltung dienten.

Keltisches Geld

Oben nach unten: Vorder- und Rückseiten eines Goldstaters aus der Birs bei Basel, einer Potinmünze des Typs Sequaner und einer Silbermünze, die beiden letzteren aus Sissach-Brühl. Die Silbermünze wird nach der Inschrift Quinar des Kaletedou genannt. Die Münzen sind in natürlicher Grösse abgebildet.

(Marseille) – und römisch-republikanischer Denarmünzen auf. Daneben zirkulierten aber auch ebenso viele eigenständige Gepräge, die keine Vorbilder erkennen lassen und als Neuschöpfungen keltischer Stempelschneider angesprochen werden. Die Keltisierung der Münzvorbilder erfolgte einerseits durch die freie Umgestaltung und andrerseits durch Hinzufügen von charakteristischen keltischen Objekten wie die Lyra, den Torques – den typisch keltischen Halsring – sowie von Tieren wie den Vogel, den Eber, den stossenden Stier, den Widder oder das sich aufbäumende Pferd. Da nicht überliefert ist, wie die Kelten selbst ihr Geld nannten, werden ihre Münzen nach Möglichkeit nach den Nominalen der griechischen und römischen Vorbilder bezeichnet: «Goldstater», «Tetradrachme» und ihre Teilstücke – Halb-, Viertel- und Achtelstater – beziehungsweise «Quinar». Die übrigen Münzen werden in Gross- und Kleinbronzen sowie gegossene Potin-Münzen, die meist aus einer stark zinnhaltigen Legierung bestanden, unterschieden. Nach ihrer Legende benannt waren die silbernen Kaletedou-Quinare, die häufig im ostfranzösischen Raum der Lingonen, aber auch bei uns auftraten und römische Vorbilder imitierten. Ein solcher Quinar fand sich neben sieben so genannten Sequaner Potins und einem Leuker

Im ersten vorchristlichen Jahrhundert entstanden die bei Gaius Julius Caesar erwähnten Dörfer und befestigten, stadtähnlichen Siedlungen, die so genannten Oppida. Sie lagen an wichtigen Verkehrsachsen und waren die politischen und wirtschaftlichen Mittelpunkte eines Stammesgebietes. Wie grossflächige Untersuchungen im Oppidum von Manching in Bayern zeigen, standen hofartig umzäunte Areale, die auf bestimmte Lebensbereiche spezialisiert waren, in lockerem Verband entlang des rechtwinkligen Wegnetzes. Festgestellt wurden Handwerker- und Händlerareale sowie Landwirtschaftsbetriebe. Neben Wohnhäusern sind lange Magazinbauten, Ställe, Speicher und – meist in zentraler Lage – Tempel und heilige Bezirke nachgewiesen. Die Häuser selbst waren Pfostenkonstruktionen, deren Wände aus Flechtwerk und Lehm, ähnlich neuzeitlicher Fachwerkbauten, hochgezogen wurden. Sowohl der Bau und der Unterhalt einer solchen Siedlung als auch das Zusammenleben der vielschichtigen Bevölkerung sind ohne straffe Organisation kaum vorstellbar. Die Spielregeln dieses Zusammenlebens kennen wir aber nicht.

Landarbeit, Handwerk und Hauswerk – Harte Arbeit Tag für Tag

Die Menschen der Metallzeiten mussten – im Unterschied zu uns – bedeutend mehr zur Sicherung ihres meist nur allzu kurzen Lebens, für die Nahrungsbeschaffung und für Arbeiten im und ums Haus leisten. Im Laufe der zwei vorchristlichen Jahrtausende ermöglichten manch neue Werkzeuge und Geräte – Sicheln, Sensen, Pflug, Äxte und Beile aus Metall oder die Töpferscheibe – und die ständige Verfeinerung der Techniken zwar auf mehreren Gebieten eine Produktionssteigerung, der Werktag der Bevölkerung änderte sich aber nie wesentlich.

Die Bauern pflegten spätestens seit der Spätbronzezeit eine dreigeteilte Bewirtschaftung von Acker, Wald und Wiese: Der Wald diente an erster Stelle als Holzlieferant. Abertausende von Bauhölzern wurden benötigt, um ein Dorf aufzubauen und in Stand zu halten. Holz war ausserdem als Werk-

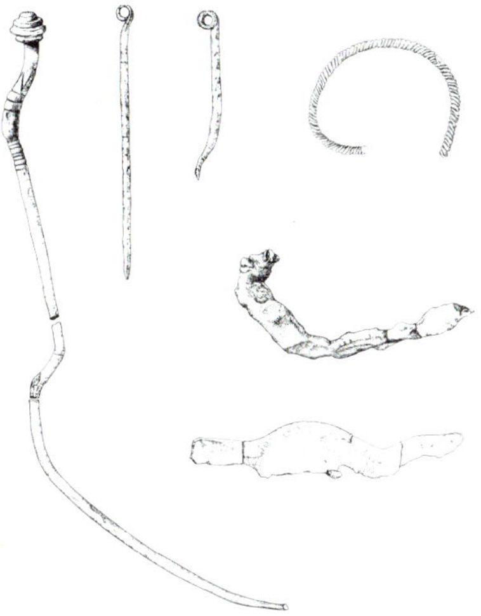

Ein besonderes Urnengrab in Reinach
Bei der Alten Brauerei, im heutigen Zentrum von Reinach, kam das Grab eines Geschwisterpaares zum Vorschein. Es enthielt eine Urne und drei Schalen (oben) sowie als Beigaben drei Nadeln, zwei Armringe und ein Messer aus Bronze (unten). Vier zugehörige Bernsteinperlen sind nicht abgebildet. Die grosse Nadel ist 25 Zentimeter lang, die Urne 44 Zentimeter hoch.

Potin beispielsweise im Töpferdorf von Sissach-Brühl. In Nunningen enthielt ein kleiner Münzschatz, der aus uns unbekannten Gründen um 100 v. Chr. dem Boden anvertraut wurde, etwa 50 Kaletedou-Quinare. Über den Wert der Münzen schweigen die Quellen. Ebenso wenig wissen wir über die Personen, die befugt waren, Münzen zu prägen. Auf gallischen Münzen erscheinen oft Namen von Königen, Fürsten und Adeligen, die in Caesars Bericht über den gallischen Krieg überliefert sind. Wir glauben, dass diese Personen die Prägungen mindestens veranlasst haben.

In unserem Gebiet ist Münzherstellung, die sich hauptsächlich durch Funde von Prägestempeln, Gussformen oder so genannten Tüpfelplatten nachweisen lässt, bisher nicht belegt. Als Tüpfelplatten werden Tonplatten mit gleichmässigen, muldenförmigen Vertiefungen bezeichnet, die den Münzschrötlingen beim Giessen eine einheitliche Form verleihen. Eine derartige Tüpfelplatte ist indes aus der Siedlung Breisach-Hochstetten (D) bekannt. Um Risse am Rand zu vermeiden, wurde der Schrötling vermutlich noch in warmem Zustand geprägt. Dazu benötigte man einen beweglichen Oberstempel für die Rückseite der Münze und einen in einem Block eingelassenen Unterstempel mit dem Negativ der Vorderseite. Der Schrötling wur-

**Eine ländliche Siedlung
der Urnenfelderzeit**

Ausschnitt aus einem Bauerndorf mit locker gestreuten Gehöften, rekonstruiert nach einem Grabungsbefund von Riesbürg-Pflaumloch in Baden-Württemberg. Neben grösseren Wohnhäusern stehen vereinzelt kleinere Gebäude, die als Ställe und Vorratshäuser benutzt werden. Alle Gebäude sind bodenebene Ständer- und Schwellbalkenkonstruktionen, deren Dächer mit Schindeln oder Stroh gedeckt sind. Dazwischen liegen zum Teil eingezäunte Gärten, Äcker und freie Plätze, auf denen verschiedene Arbeiten erledigt werden können.

de nun zwischen die beiden Stempel gelegt und mit einem kräftigen Hammerschlag auf den Oberstempel geprägt. Bronzemünzen wurden aber nicht nur geprägt, sondern zu einem grossen Teil auch – mit starkem Zinnzusatz – gegossen (Potin). Da meist mehrere Münzen gleichzeitig gegossen wurden und durch Gusskanäle miteinander verbunden waren, musste jede einzelne Münze am Schluss aus dem Geflecht herausgebrochen werden.

Die Münzen zirkulierten in sehr weiten Räumen, sodass sie kaum mit einem bestimmten Stammesnamen und -gebiet in Verbindung gebracht werden können. Als Beispiele seien die häufig in unserem Gebiet auftretenden Potin-Münzen der Sequaner, Leuker, Remer oder Helvetier genannt.

Ein kleiner Urnenfriedhof in Reinach

An der Stelle der alten Brauerei bot sich 1989 erstmals die Gelegenheit, eine Gruppe von drei unterschiedlich gut erhaltenen Urnengräbern genauer unter die Lupe zu nehmen. Hier sei das am besten konservierte Grab, die Doppelbestattung eines etwa neun und eines zwölf Jahre alten Kindes, kurz vorgestellt.

Das Grab wurde im Feld als Block geborgen und im Labor Schritt für Schritt wissenschaftlich untersucht. Beide Kinder

stoff für Werkzeuge und Geräte, für verschiedene Handwerke, als Brennstoff im häuslichen Herd und generell als einziger Energielieferant unersetzlich. Unmengen von Holz erforderten beispielsweise die Metallverarbeitung und die Töpferei. Der Wald lieferte Beeren, Äpfel, Kräuter und Pilze zu Nahrungs-, Heil-, Würz- und Färbezwecken. Schweine und Kleinvieh weideten im Wald, während Rinder, Kühe und Pferde eher offene Wiesen bevorzugten. Wiesen mussten regelmässig gemäht werden, durch das Abweiden wurden sie zugleich natürlich gedüngt. Eine Vielzahl von Getreidesorten und Kulturpflanzen, die auch heute noch für die Versorgung der Bevölkerung von Bedeutung sind, kannte man schon damals. Der Dinkel beispielsweise erlebt als Brotgetreide heute eine Renaissance. Lange Zeit war er das wichtigste Brotgetreide. Er warf meist gute Erträge ab, wurde aber allmählich vom Saatweizen, einem nahe verwandten Getreide, verdrängt. Der Grund lag wohl darin, dass die Weizenkörner schon beim Dreschen leicht von den Spelzen getrennt werden konnten. Der Dinkel musste hingegen mit einer Mühle entspelzt werden. Dinkelkörner waren aber in den Spelzen beim Lagern resistenter gegen Fäulnis, Schimmel und Schädlinge. Im Weiteren wurden Emmer, Gerste, Hafer, Hirse und Einkorn sowie Bohnen, Erbsen, Linsen und Flachs kultiviert.

Einen bisher einmaligen Glücksfall für die Erforschung der regionalen Landwirtschaft stellt eine Vorratsgrube aus der Zeit um 400 v. Chr. in Therwil dar, die mit verbrannten Getreidekörnern gefüllt war. Archäobotanikerinnen stellten in einer Stichprobe beim Inhalt über 90 Prozent Saatweizen, etwa 6 Prozent Dinkel und mit weniger als 1 Prozent Einkorn, Emmer, Hafer und Gerste fest. Zudem verrieten Unkrautreste, die bei der Ernte ins Getreide gelangt waren, dass es sich beim eingelagerten Vorrat um eine Wintersaat handelte. Die Menschen der jüngeren Eisenzeit kannten nämlich bereits die Vorteile des Fruchtwechsels. Dinkel wuchs als Wintergetreide, Gerste als Sommergetreide. Wahrscheinlich kannten sie auch bereits die Brachäcker, deren Boden sich erholen konnte, bevor er wieder für die Wintersaat umge-

Eine keltische Getreidemühle
Rekonstruktionsversuch einer spätlatènezeitlichen Getreidemühle aus der Siedlung Basel-Gasfabrik. Das Getreide wird auf die Läufermulde geschüttet und rinnt beim Drehen durch zwei Löcher auf die Mahlfläche. Das Mehl rieselt ringsum über den Bodenstein auf die Sammelfläche.

liessen sich wegen ihrer auffällig schaufelförmig ausgebildeten Zähne als nahe Verwandte, wahrscheinlich sogar als ein Geschwisterpaar erkennen. Aufgrund der Nadelbeigabe handelte es sich zudem bei mindestens einem Kind um ein Mädchen. Die Hinterbliebenen kremierten die beiden Leichname in ihren Kleidern auf dem Scheiterhaufen. Nadeln hielten ihre Kleider zusammen, an einem Arm trugen sie je einen Ring und am Gurt eines Kindes hing ein Messer. Bei Opferhandlungen gelangten zudem Speisebeigaben als Wegzehrung fürs Jenseits ins Feuer: in diesem Fall ein Vogel und ein nicht näher bestimmbares Kleintier, vielleicht ein Hase. Nach dem Erlöschen des Feuers und dem Abkühlen des Brandschuttes wurden die menschlichen Überreste sorgfältig ausgelesen, gewaschen und zuunterst in der Urne – einem gewöhnlichen Vorratsgefäss, wie es auch in Siedlungen Verwendung fand – deponiert. Darüber wurden zwei Schüsseln und eine Schale und in diese wohl als Talisman eine Kette aus baltischem Bernstein sowie die Bronzeobjekte gelegt. Letztere wurden vorher, um sie einer Wiederverwendung zu entziehen, durch Verformung und Zerbrechen bewusst unbrauchbar gemacht. Mit einer Steinplatte zugedeckt, setzte man die Urne schliesslich in einer knapp bemessenen Erdgrube bei.[8]

Ein keltischer Keller
Im Güllenacker bei Gelterkinden fanden die Archäologen eine Kellergrube mit Resten von Schinken, Hühnern, Eiern und verschiedenen, einst wohl mit Lebensmitteln gefüllten Vorratsgefässen. Bei den Knochen und Eiern des Haushuhns handelt es sich bis heute um einen der wenigen frühen Nachweise nördlich der Alpen. Die Vorratsgrube wurde im Kantonsmuseum Baselland rekonstruiert.

pflügt wurde. Im Unterschied zur mittelalterlichen Dreifelderwirtschaft, wo die Abfolge genau vorgeschrieben war, wissen wir nicht, wie viele Jahre hintereinander Winter- und Sommergetreide angebaut wurden und wie lange die Brache dauerte. Während bisher Hakenpflüge verwendet wurden, welche die Erde nur aufrissen, erfanden wohl schon die Kelten einen Eisenpflug, der die Scholle wendete. Dadurch konnte der Boden intensiver bearbeitet werden. Bei der Ernte wurden ausserdem eiserne Sicheln eingesetzt, welche die Landarbeit erheblich erleichterten.

Von harter Frauenarbeit zeugen neben dem Kochgeschirr auch Reste von Handmühlen,[13] die aus einer ebenen Steinplatte – der Mahlplatte – und einem Reibstein oder Läufer bestanden, zwischen denen die Getreidekörner in mühsamer Arbeit zu Mehl zerrieben wurden. Erst seit der Latènezeit sind mehrteilige Handmühlen nachgewiesen, die durch Drehen bequemer zu bedienen waren. Aus Mehl wurden schliesslich Brote gebacken und Breie zubereitet. Die gängigsten Haustiere waren Rinder, Schafe, Ziegen, Schweine, Pferde und Hunde. In einer Vorratsgrube bei Gelterkinden aus der Früh-

Werkplatz der Lebenden und Ruhestätte der Toten
Auf dem heutigen Novartis-Areal bei der alten Gasfabrik in Basel breitete sich im 2. und 1. Jahrhundert v. Chr. eine bedeutende keltische Siedlung aus. Ihre Grösse betrug etwa zwölf Hektar. Bis heute kamen weit über 300 Gruben zum Vorschein, die – soweit archäologische und naturwissenschaftliche Untersuchungen Klarheit verschaffen konnten – hauptsächlich als Brunnen, Getreidesilos, Vorratsgruben, gewerbliche Einrichtungen und schliesslich – nach Aufgabe der Erstverwendung – noch als Abfallgruben und zum Bestatten der Toten Verwendung fanden.

Neuerdings konnten Reste zweier Töpferöfen freigelegt werden. Zudem zeugen mehrere Pfostenlöcher von einer intensiven Bebauung. Sie lassen sich aber nur in Ausnahmefällen zu Hausgrundrissen ergänzen. Ein derartiger Hausbefund ergab einen mehrräumigen Pfostenbau von etwa acht Metern Länge, dessen Wände teilweise aus Flechtwerk errichtet waren. Der kleine Wohnraum liess sich durch eine Feuerstelle lokalisieren, während eine Tenne mit abgehobenem Speicherboden und ein separater Stall – durch gewagte Interpretation der Pfostengruben – vermutet werden. Daneben kennen wir auch Pfostenstellungen kleiner Häuser, deren

latènezeit gelang zudem anhand von Eierschalen der älteste Nachweis des Haushuhnes im Baselbiet.[14] Den Frauen- und Kinderhänden überlassen – sie mussten natürlich auch bei der Landarbeit kräftig zupacken – war sicher ein Grossteil der Hausarbeiten, etwa die Textilverarbeitung. Neben Leder und Pelzen waren gewobene Stoffe das Grundmaterial für die Kleider.

Die Textilherstellung begann bereits mit dem Sammeln oder Anpflanzen der Faserpflanzen – etwa Baste von Eichen, Linden und Weiden, Lein (Flachs), seit der Hallstattzeit Hanf – beziehungsweise mit dem Scheren der Schafe. Von der Rohwolle bis zu den verwendbaren Fasern waren wiederum mehrere Arbeitsgänge erforderlich. Spinnwirtel aus Stein, mehrheitlich aber aus Ton, die als kleine Schwungrädchen an die Spindeln gesteckt wurden, weisen auf den nächsten Arbeitsgang hin, bei dem durch Verdrehen der einzelnen Fasern ein Faden gesponnen wurde. Spinnwirtel gehören zu den gängigsten Siedlungsfunden der Bronze- und Eisenzeit.[15] Aus den feinen Fäden wurden Stoffe gewoben. Die gröberen Fäden eigneten sich für Stricke und Seile. Bei den damals gebräuchlichen Webstühlen trug ein Holzrahmen den Web- oder Kettbaum. Daran waren die Kettfäden befestigt, die frei herunterhingen und mit Tongewichten gespannt wurden. Beim Weben wurde durch die hängenden Kettfäden ein horizontaler Faden, der Schuss, hindurchgezogen. So entstand durch die Verkreuzung der Längs- und Querfäden ein Gewebe. Webgewichte aus Ton sind bei uns seltener nachgewiesen, wohl weil sie ihre Funktion als Gewichte auch in ungebranntem Zustand erfüllen konnten und daher schnell verfielen. Sie blieben nur erhalten, wenn sie ganz zufällig, etwa bei einem Hausbrand durch Feuer gehärtet wurden. Webgewichte sind nur von den Höhensiedlungen Sissach-Bischofstein und Burgenrain bekannt. – Die in aufwendiger Webarbeit erhaltenen Stoffe wurden schliesslich zu Kleidungsstücken genäht. Zierliche Fragmente von knöchernen Nähnadeln mit Öhr liegen vom Schalberg bei Pfeffingen vor. Zum Komplex der Textilarbeiten zählen aber auch all die Techniken des Flechtens und Knüpfens zum Herstellen von Netzen und Körben.

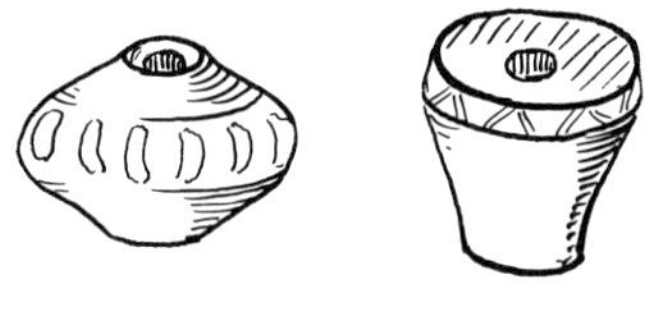

Das Schwungrad der Spindel
Tönerne Spinnwirtel, wie die beiden Exemplare aus der hallstattzeitlichen Höhensiedlung auf dem Burgenrain bei Sissach (unten), zeugen von der Kunst des Spinnens. Spinnwirtel werden als Schwungrädchen an die Spindeln gesteckt. Durch die schwungvolle Drehung der Spindel entsteht aus den Textilfasern ein fester Faden, der zu Geweben weiterverarbeitet werden kann.

Funktionen aber nicht geklärt sind. Da die Siedlung Basel-Gasfabrik an einer wichtigen Handelsroute liegt, wo mehrere regionale Wege zusammentreffen, könnte sie als Warenumschlagplatz und Marktort nicht nur für Güter aus der Region, die für den Export bestimmt waren, sondern auch für Importwaren zur Versorgung des Hinterlandes eine wichtige Rolle gespielt haben. Dafür spricht auch eine grosse Menge Fundmünzen. Zudem war sie ein Zentrum des Handwerks. Hierher gelangten neben südländischen Weinen, die in Amphoren transportiert wurden, und feinem Geschirr auch Kochtöpfe aus dem Donautal oder dem Salzburger Becken. Sie fallen durch ihren glänzenden Ton auf, dem Graphitstaub beigemischt worden war. Wir wissen aber nicht, ob die Töpfe selbst oder – wie bei den Weinamphoren – ihr Inhalt begehrt waren.

Einmalig in der Region ist der nördlich der Siedlung gelegene Friedhof, auf dem weit über 100 Verstorbene bestattet wurden. Die Körper der Toten wurden in der Regel in gestreckter Rückenlage und mit seitlich angelegten Armen, manchmal mit in den Schoss gelegten Händen, beigesetzt. Steinerne Einbauten oder Holzsärge konnten zwar nicht nachgewiesen werden. Es muss aber damit gerechnet werden, dass letztere vergangen sein könnten. Drei Gruben

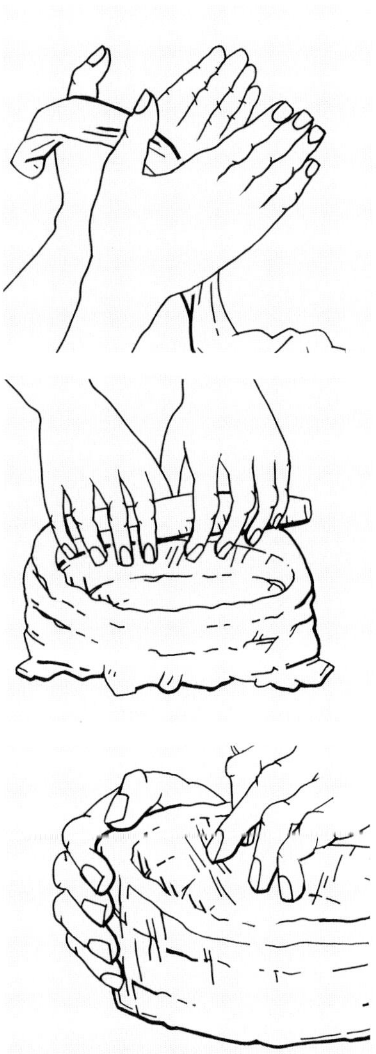

Ton, Wasser und Feuer – Vom Hausbetrieb zur Grosstöpferei

Seit der Entdeckung, dass der frei modellierbare Ton durch Feuer für immer wasserfest und feuerresistent wird, stellte man Geschirr aus Ton her. Scherben von Tongefässen machen unter dem archäologischen Fundmaterial der Metallzeiten den weitaus grössten Teil aus. Sie sind für die Mehrzahl der Fundstellen überhaupt die einzige auswertbare Quelle. Scherben oder ganze Tongefässe geben nicht nur über technische Entwicklungen des Töpferhandwerks Auskunft, sondern ermöglichen anhand typologischer Kriterien meist auch eine Datierung der Fundstelle. Tonaufbereitung, Formgebung, parallel dazu Zierstil und Ziertechnik, wurden im Laufe der Zeit ebenso verfeinert und den neuen Bedürfnissen angepasst wie die Brenntechnik.

Vom Neolithikum bis zur ausgehenden Hallstattzeit wurde sämtliche Keramik in unserem Gebiet vollständig von Hand, mit Hilfe der Wulsttechnik aufgebaut. In den fetten Ton wurde zerkleinertes Steinmaterial oder Sand als Magerungsmittel eingeknetet, um beim Brennen Spannungsrisse zu vermeiden. Nachdem die Gefässe gut angetrocknet waren, wurden sie in offenen Gruben bei etwa 700 Grad Celsius gebrannt. Je nach Lage innerhalb der Grube herrschten reduzierende oder oxydierende Brandbedingungen: Es kam zu einem sauerstoffreichen Brand mit überwiegenden Rot- und Brauntönen oder zu einem sauerstoffarmen Brand mit vorwiegender Grau- bis Schwarzfärbung. Grössere und gröber gearbeitete Gefässe wie Kochgeschirr und Vorratsgefässe waren generell eher schlicht, mit Fingertupfen- oder Kerbreihen respektive getupften oder gekerbten Leisten verziert. Die Oberfläche des feineren Geschirrs war meist aufwändig geglättet oder poliert und mit mannigfaltigem Dekor versehen.

Eine technologische Neuerung, die Töpferscheibe, hielt bei uns am Ende der Hallstattzeit Einzug. Seit der Spätlatènezeit waren erstmals Töpferöfen in Betrieb, in denen das Brennklima – Sauerstoffzufuhr und Temperatur – im Gegensatz zum Grubenbrand reguliert werden konnte. Dem überkuppelten Ofen vorgelagert waren auf einer Seite eine oder zwei einan-

Ein Gefäss entsteht
Von der Jungsteinzeit bis in die späte Hallstattzeit wurden sämtliche Gefässe mit Hilfe der Wulsttechnik hergestellt. Der zwischen den beiden Händen gerollte Tonwulst wird auf einer Bodenplatte aus Ton ringsum bis zur gewünschten Höhe hochgezogen. Danach werden die horizontalen Wulstlagen innen und aussen durch senkrechtes Verstreichen zu einer festen Gefässwand verbunden.

enthielten Doppelbestattungen je eines Erwachsenen und eines Jugendlichen, deren Geschlecht nicht bekannt ist. In bloss etwa der Hälfte der Gräber fanden sich Beigaben. Becher, Töpfe, Flaschen und Krüge – kleiner als die entsprechenden Formen der Siedlung – waren meist an den Kopfenden deponiert. Ein Kind erhielt beispielsweise ein kleines Krüglein und trug einen punzverzierten Armring. Zudem fällt die beachtliche Zahl von ring- und radförmigen Amuletten auf, die meist an einer Schnur um den Hals getragen wurden. Daneben fanden sich Armringe aus Bronze und Glas sowie Fibeln, mit denen die Kleider zusammengehalten wurden.

Einzelne herumliegende Scherben gehörten wahrscheinlich zu Gefässen, die bei Trankopfern während der Bestattungsfeierlichkeiten in Brüche gegangen beziehungsweise absichtlich zerschlagen worden waren.

Da nur wenige Skelettreste geborgen und aufbewahrt wurden, konnte das Geschlecht der Toten kaum bestimmt werden: Männergräber sind keine mit Sicherheit nachgewiesen. Die Armringe und Fibeln scheinen Beigaben für Frauen gewesen zu sein, wie eine anthropologische Bestimmung nahelegt. Dasselbe gilt für die Gräber mit Anhängern. 19 Kindergräber, die an der Skelett- und Grabgruben-

der gegenüberliegende Bedienungsgruben mit einem Feuerungsschacht, von wo der Ofen beheizt werden konnte. Heizkanäle zuunterst im Ofen sorgten dafür, dass die Hitze im darüber liegenden Brennraum gleichmässig verteilt wurde. Auf Sockeln ruhte die Lochtenne mit dem darauf gestapelten Brenngut. Töpfereibetriebe sind mit einer Brenngrube am Burgenrainweg in Sissach und mehreren Brennöfen an der Therwilerstrasse in Oberwil, bei Stettbrunnen in Muttenz und im Brühl bei Sissach sowie in der Siedlung Basel-Gasfabrik nachgewiesen.

Bis in die Hallstattzeit wurde noch ein Grossteil der Gebrauchskeramik in jedem Haushalt selbst und – ethnologischen Beispielen zufolge – wohl hauptsächlich von Frauen und Kindern hergestellt. Die Produktion der besonders feinen und dünnwandigen Gefässe lag hingegen bestimmt nur in den Händen weniger Spezialistinnen oder Spezialisten, die sich mit der Zeit die nötigen technischen Kenntnisse angeeignet hatten. Sie produzierten daher über den Bedarf ihres Haushalts hinaus wohl auch für einen weiteren Personenkreis. Man geht davon aus, dass es aber erst nach der Einführung der Töpferscheibe richtige Handwerksbetriebe gab.

Im Brühl bei Sissach ist anhand spärlich erhaltener Fundamentgräbchen und Steinsetzungen ein Dorf nachgewiesen, in dem um 100 v. Chr. eine Grosstöpferei mit mindestens einem Dutzend Töpferöfen betrieben wurde. Für eine gewisse Bedeutung der Siedlung spricht allein schon ihre ausgezeichnete geografische Lage am kürzesten Weg zwischen dem Rheinknie und dem Mittelland. Zudem fällt aber auch ihre – vorerst nur auf Schätzungen beruhende – Grösse von gegen drei Hektar auf. Die nur noch im Boden erhaltenen Reste der Brennöfen gaben zwei verschiedene Ofenkonstruktionen zu erkennen: Bei der einen ruhte die Lochtenne – der Zwischenboden, der das Brenngut vom Heizsystem trennte – auf einem kreuzförmigen Sockel. Bei der anderen Konstruktion waren zwei Heizkanäle parallel angeordnet. Nach Aussage der zahlreichen Keramikscherben – darunter viele Fehlbrände – wurden in den Öfen hauptsächlich dünnwandige, auf der

grösse erkannt wurden, waren häufig ohne Beigaben und traten im Südteil des Gräberfeldes auf.

Ausserdem zeigten nicht nur Berechnungen der Bevölkerungszahl deutlich, dass Verstorbene aus der Siedlung wohl noch anderweitig bestattet wurden, sondern auch 17 ganze Skelette mit eindeutigen Beigaben sowie Einzelknochen, die in Gruben der Siedlung und über die Siedlungsfläche zerstreut zum Vorschein kamen. In einer Grube waren zwei erwachsene Personen, eine schwangere Frau und fünf Kinder sogar gleichzeitig beigesetzt worden.

Eine Höhensiedlung der Hallstattzeit
Auf einem abgeplatteten Felsrücken am nördlichen Ende des Hügelzuges, der sich zwischen dem Diegter- und dem Homburgertal gegen die Ergolz hin vorschiebt, liegt die Höhensiedlung Sissach-Burgenrain. Sie wurde 1914 entdeckt, als der Sissacher Lehrer Max Frey beim Versetzen von Grenzsteinen im Aushubmaterial Scherben aus der Eisenzeit fand. Erste Ausgrabungen erfolgten 1933/34 im Auftrag der Sissacher Museumskommission. Sie galten hauptsächlich dem Plateaurand, wo sich durch auffällige Erderhebungen eine Befestigung abzeichnete. Im damals üblichen Grabungsstil wurden Sondierschnitte

Schmuck als Grabbeigabe
Der Wandel des Trachtenschmuckes in eisenzeitlichen Frauengräbern (von oben nach unten):
1. Grabhügel in Muttenz-Bitzeneschlag, Grab 10, Ende 7./Anfang 6. Jahrhundert: Aus einem Zentralgrab, das geplündert wurde, stammen ein Gagatringlein, eine Fibel und zwei Lignitarmringe.
2. Grabhügel in Muttenz-Hardhäuslischlag, Grab 1, Ende 6. Jahrhundert: Südlich der Hügelmitte war eine Tote mit zwei Armringen, einer Fibel auf der Brust, Fragmenten weiterer Fibeln und zwei Fussringen bestattet.
3. Grabhügel in Pratteln-Neueinschlag, Grab 5 der beginnenden Latènezeit, Anfang 5. Jahrhundert: Das Skelett war stark lädiert und mit zwei Fibeln, einem Halsring, fünf weiteren Ringen, einer Armspange, einer Glasperlenkette mit Bronzeringlein sowie mit einer Tonrassel ausgestattet.
4. Flachgrab in Muttenz-Margelacker, Grab 2, 4. Jahrhundert: Hier lag die Tote in einer flachen Erdgrube. Der Unterkiefer mit wenig abgenutzten Zähnen war noch vollständig erhalten und erlaubte die Bestimmung des Sterbealters zwischen 18 und 20 Jahren. Sie trug einen Scheibenhalsring – wohl ein Statussymbol – mit Ein- und Auflagen aus Glas, vier gerippte Hohlblechringe paarweise an den Fussgelenken sowie sieben Fibeln.

Töpferscheibe geformte Gefässe gebrannt. Dabei ging ein grosser Teil des Brenngutes, das den Temperaturen nicht standhielt, in Brüche. Scherben bemalter Gefässe, wie sie in jener Zeit oft hergestellt wurden, fanden sich hingegen kaum, vielleicht weil die Erhaltungsbedingungen im Boden ungeeignet waren. Einige Fragmente von südländischem Tafelgeschirr und von Amphoren, in denen der begehrte Wein aus Italien importiert wurde, unterstreichen den Reichtum einiger Bewohner. Im Weiteren kamen Fibeln, Fragmente von Glasarmringen sowie mehrere Münzen zum Vorschein.[16] Wie mineralogische Untersuchungen an der Keramik zeigten, gelangte die Sissacher Töpferware kaum auf den Basler Markt. Oberes und unteres Baselbiet scheinen demnach wirtschaftlich nicht sehr eng miteinander verbunden gewesen zu sein. Die Frage nach dem wirklichen Absatzgebiet der Sissacher Keramik kann derzeit aber nicht beantwortet werden.

Ausstattung fürs Jenseits – Spiegel des Diesseits: Tod und Bestattungsbrauchtum

Dank der in Jenseitsvorstellungen begründeten Sitte, den Verstorbenen Dinge aus ihrem persönlichen Besitz wie Schmuck und Waffen, Gefässe mit Speis und Trank ins Grab mitzugeben, können wir uns heute ein relativ gutes Bild von der materiellen Kultur und ihren Veränderungen machen. Wir erfahren auch einiges über die gesellschaftlichen Strukturen und nicht zuletzt über Handelsbeziehungen. Dabei muss man sich aber immer bewusst sein, dass es sich bei den Gräbern, die uns heute als archäologische Quelle zur Verfügung stehen, vor allem um diejenigen einer wohlhabenden Bevölkerungsschicht handelt. Wie steht es aber mit den ärmeren und besitzlosen Bevölkerungsschichten – den Bauern, Mägden, Knechten, die zweifellos die Mehrheit bildeten? Ihnen wurden – wenn überhaupt – wohl nur unauffällige oder vergängliche Beigaben ins Grab mitgegeben, sodass ihre Gräber kaum mehr zu lokalisieren sind. Wir kennen schliesslich auch die Regeln nicht, die festlegten, wer was ins Grab erhalten musste oder durfte.

quer zur Hangkante angelegt. 1935 leitete Emil Vogt im Auftrag der Schweizerischen Gesellschaft für Urgeschichte und des Kantons eine Grabungskampagne mit arbeitslosen Jugendlichen. Die Grabungstechnik war dieselbe! Nur wenige Sondierschnitte wurden zu kleinen Flächen ausgeweitet und das Interesse galt ebenfalls vor allem dem an der Oberfläche erkennbaren Erdwall. Die von der Wallanlage mit vorgelagertem Graben umschlossene Fläche beträgt etwa 2,7 Hektar. Auf drei Seiten boten steile Abhänge natürlichen Schutz. Nur von Südwesten her war die Siedlung über einen Sattel leichter zugänglich. An dieser Stelle befand sich in der Wallanlage ein einfacher Durchlass mit einem Tor. Pfostenstellungen, die in regelmässigen Abständen nur auf der Wallinnenseite nachgewiesen wurden, ergänzte E. Vogt – wohl stark inspiriert vom keltischen Murus Gallicus – zu einer Mauer mit Holzrahmenkonstruktion.

Ein ungefähr fünf Meter breiter Streifen einer dunklen Kulturschicht mit reichlich Fundmaterial kam auf der Westseite direkt hinter dem Wall zu Tage. Zudem wurden dort anhand von Pfostengruben, Lehmböden und Feuerstellen die Standorte einiger Wohnhäuser erfasst, deren Wände zumindest nach Aussage einiger zufällig erhaltener Wandstücke aus Lehm (Hüttenlehm),

BRONZE- UND EISENZEIT – NEUE MATERIALIEN BESTIMMEN DIE WELT   75

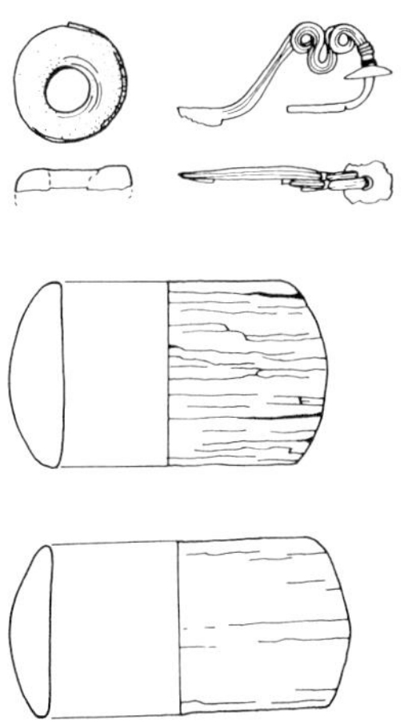

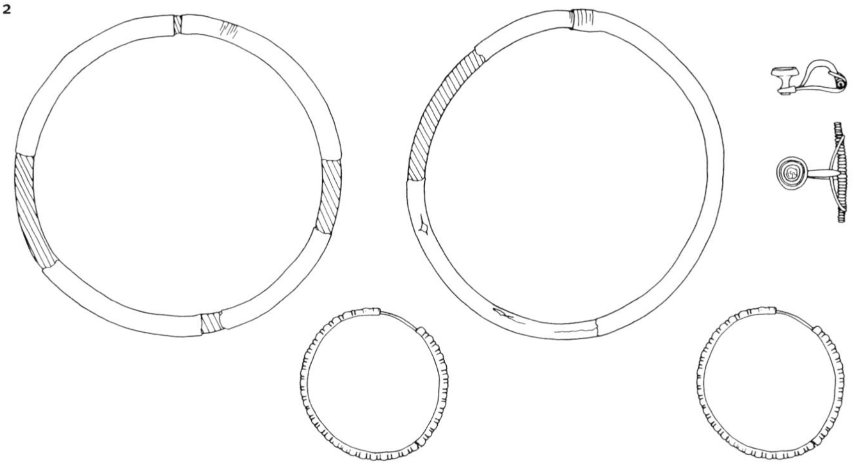

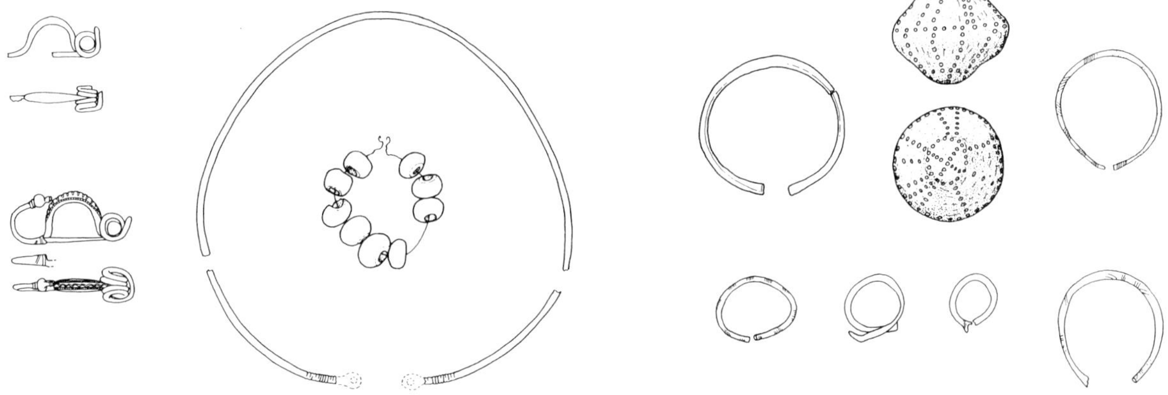

BAND EINS / KAPITEL 2

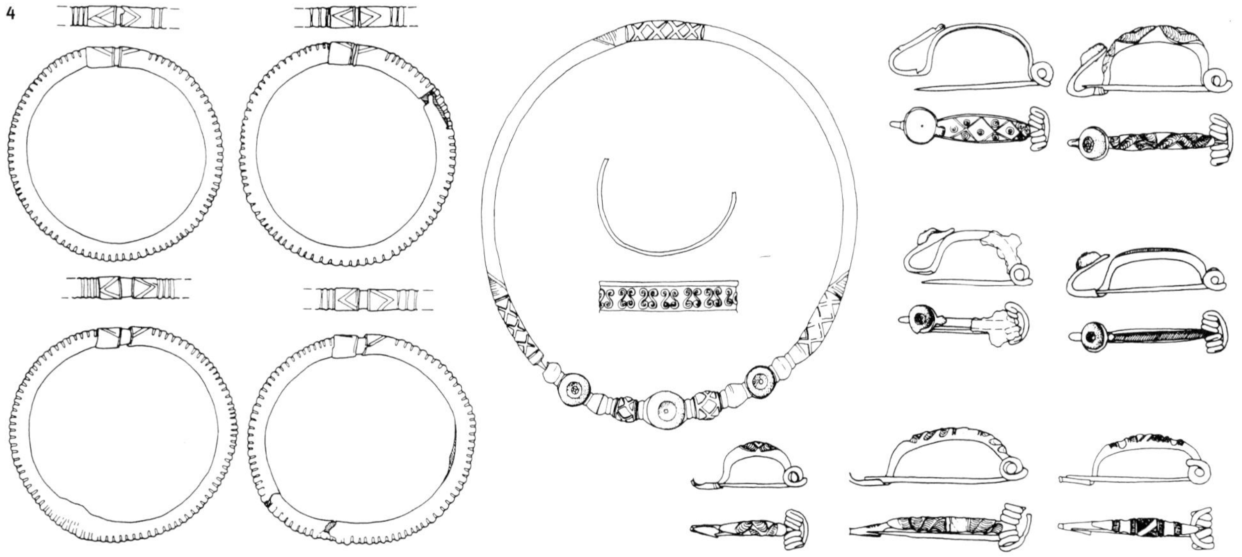

- **Frühbronzezeit:** Frühbronzezeitliche Bestattungen sind bei uns nicht nachgewiesen. Die geografisch nächsten Gräber stammen aus dem Hochrheingebiet (Zurzach AG), dem Elsass (Mulhouse) und aus dem Bodenseeraum (Singen D). In der Regel wurden die Toten in Flachgräbern, die mit Steinen eingefasst wurden, beigesetzt; auf dem Gebiet der heutigen Schweiz und im französischen Jura in gestreckter Lage und im südwestdeutschen Raum nach alter Tradition in der so genannten Hockerstellung, das heisst auf einer Seite liegend, mit angezogenen Beinen. Einige besonders reich ausgestattete Gräber im alpinen Raum verweisen wohl auf eine privilegierte «Herrenschicht», die den Kupferabbau und den Handel mit diesem begehrten Metall kontrollierte und so intensive Kontakte mit den frühesten, Bronze produzierenden Kulturen Europas pflegte. Die Toten wurden in ihren Trachten bestattet. Wie anthropologische Geschlechtsbestimmungen ergaben, bekamen die Männer in der Regel ein Beil oder einen Dolch und eine Nadel, die das Gewand zusammenhielt, mit ins Grab, die Frauen dagegen vorwiegend Ringschmuck und mehrere Nadeln.

- **Mittelbronzezeit:** Im Baselbiet sind auch keine mittelbronzezeitlichen Gräber nachgewiesen. Im Schweizer Mittelland und im angrenzenden Ausland ist die Bestattung unter einem Hügel die Regel. Deshalb wird die Mittelbronzezeit oft als Hügelgräberbronzezeit bezeichnet. Männer, Frauen und Kinder wurden gemeinsam unter einem Grabhügel bestattet, was vielleicht als Hinweis auf eigentliche Sippen- oder Familiengräber zu werten ist. In der Hügelmitte befand sich meist eine Steinsetzung oder ein einzelner grösserer Stein, die als Markierungen gedeutet werden. Beim Tod jedes einzelnen Familien- oder Sippenmitgliedes wurde eine neue Bestattung vorgenommen und so der Hügel erweitert. Dies wäre jedenfalls eine plausible Erklärung für die oftmals unregelmässige Form der Hügel und die uneinheitliche Anordnung der Gräber. Unter dem selben Hügel, manchmal sogar im selben Grab, fanden sowohl Körperbestattungen in Rückenlage – oft in Holzsärgen – als auch Brandbestattungen Platz.

Leben in einer Höhensiedlung
Alltag auf dem Burgenrain bei Sissach aus der Sicht des Kunstmalers Fritz Pümpin.

Die Frauen erhielten während der Mittelbronzezeit in der Regel zwei Bergen, reich verzierte Blechbänder mit Spiralenden, oder zwei Nadeln, die Männer zu den schon bekannten Waffen und einer Nadel nun ab und zu ein Schwert mit ins Grab. Die Kindergräber waren in der Regel reich mit Anhänge- und Ringschmuck ausgestattet. Gefässe, die keinen Leichenbrand enthielten, dienten wohl als Behälter für Nahrungsmittel oder Duftstoffe. Zudem verweisen einzelne Tierknochen auf mitgegebene Fleischstücke. Besonders interessant ist der Nachweis von Speisebeigaben in Brandgräbern. Denn sie bezeugen, dass die Bevölkerung an ein Weiterleben nach dem Tod glaubte, obwohl durch die Kremation die irdische Gestalt vollständig vernichtet wurde. Sie glaubten also, dass eine unsterbliche Seele im Jenseits wieder einen Körper mit allen irdischen Bedürfnissen annehmen werde.

• Spätbronzezeit: Zu Beginn der Spätbronzezeit hatte sich die Kremation als Bestattungsform durchgesetzt. Die Toten wurden in Tracht, oft mit der Beigabe von Speis und Trank, auf Brandplätzen kremiert. Anfänglich bestattete man die aus der Asche ausgelesenen Leichenbrand- und Beigabenreste – manchmal getrennt – noch in körperlangen Gruben. Dann aber wurden die menschlichen Reste und die Beigaben, wohl in einer genau vorgeschriebenen Reihenfolge, in einer Urne deponiert und in einer knapp ausgehobenen Grube beigesetzt. Ab und zu kamen Beigaben, vor allem Gefässe mit Speis und Trank, auch ausserhalb der Urne zu stehen. Die Urne selbst wurde mit einer Schale oder einem Stein bedeckt. Einzelne Gräber aus dem nahen Urnenfeld in Möhlin-Niderriburg belegen auch kleine, steinkistenartige Grabbauten.[17]

In unserer Gegend – vor allem im Birseck und um Basel – sind mehrere Einzelbestattungen bekannt, die ursprünglich vielleicht zu grösseren Friedhöfen gehörten. Nach solchen Urnenfriedhöfen wird die Spätbronzezeit auch «Urnenfelderzeit» genannt. Ein nicht näher bekanntes Urnenfeld beim Rankhof in Reinach fiel schon einem frühmittelalterlichen Friedhof zum Opfer. Reste eines Urnengrabes aus dem Lutzert in Muttenz liessen sich folgender-

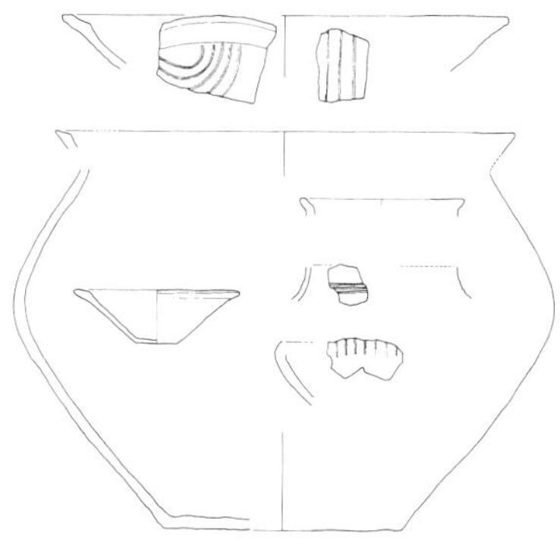

Ein Urnengrab aus Muttenz
Ein spätbronzezeitliches Urnengrab im Lutzert bei Muttenz enthielt Scherben eines Schulterbechers, einer kleinen unverzierten Schale und einer auf der Innenwand verzierten Schale, die als Deckel in die Urnenmündung gestellt worden war.

teilweise aus Flechtwerk und Lehmverputz bestanden. Gemäss einigen Grabungszeichnungen verlief die Pfostenreihe, die Vogt in die Rekonstruktion des Walls eingebaut hat, bis zu einem halben Meter hinter der Wallanlage. Folglich könnten die Häuser auch frei gestanden sein. Die Konstruktion der Mauer müsste dann auf einen einfachen, mit einem Steinkern gefestigten Wall reduziert werden. Anhand der wenigen im Innenraum angelegten Sondierschnitte konnte – mit Ausnahme einiger Pfostenlöcher auf der Kuppe des Hügels – keine weitere Bebauung nachgewiesen werden. Dies als Standort eines bedeutungsvollen Gebäudes, beispiels-

weise den Wohnsitz privilegierter Leute oder ein zentrales Heiligtum zu deuten, wäre durchaus vorstellbar, kann aber keinesfalls belegt werden.

Die Siedlung lässt sich anhand des Fundmaterials in das 7. und 6. Jahrhundert v. Chr. datieren. Die keramischen Funde unterscheiden sich nicht nur in der grossen Menge, sondern auch in ihrer reichen Verzierung von hoher Qualität von der üblichen Siedlungsware. Sämtliche Verzierungstechniken kamen zur Anwendung: mit weisser Inkrustation – einem mit einer Paste aus Knochenasche gefüllten Ritzmuster –, Stempeldekor, Graphit- und Rotbemalung. Spinnwirtel und Webgewichte

massen rekonstruieren: In der Urne, einem gewöhnlichen Kochtopf, lagen Scherben einer kleinen unverzierten Schale und eines Schulterbechers, die wohl Speis und Trank enthielten. Eine grosse, auf der Innenwand mit Hilfe eines feinen Kammes verzierte Schale verschloss die Urnenmündung.[18]

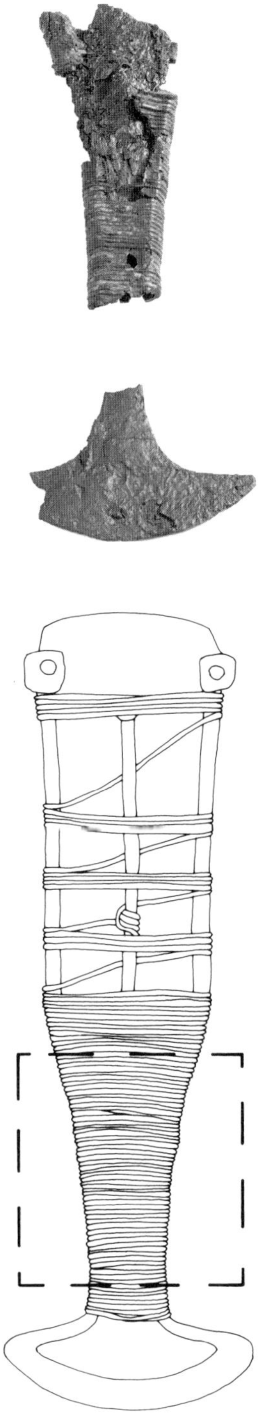

• Hallstattzeit: In der Hallstattzeit wurde die Sitte, Tote unter Hügeln zu beerdigen, wieder aufgegriffen. Der Hügel wurde meist über einem ersten Zentralgrab aufgeschüttet und in vielen Fällen über eine längere Zeit für Nachbestattungen weiter genutzt. Mehrere Grablegungen im selben Hügel dokumentieren daher eine Kontinuität über mehrere Generationen. Im Verlaufe des sechsten vorchristlichen Jahrhunderts löste die Körperbestattung die Brandbestattung wieder ab. Gleichzeitig werden unter südalpinem Einfluss Änderungen in der Kleidermode bemerkbar: Die während der Bronzezeit die Kleider zusammenhaltenden Nadeln wurden durch Gewandhaften, so genannte Fibeln, ersetzt.

Reich ausgestattete Gräber, wie sie während der Späthallstattzeit und Frühlatènezeit in der Westschweiz, in Ostfrankreich und Süddeutschland entstanden, sind im Baselbiet nicht nachgewiesen. Jene enthielten nicht nur Goldschmuck, Importwaren, Luxusgüter und Prunkwaffen, sondern auch der Totenwagen wurde ins Grab mitgegeben. Wir möchten in der eher schlichten Ausstattung unserer Gräber nicht unbedingt einen Hinweis auf einen niedrigeren Lebensstandard erkennen, sondern vielmehr die periphere Lage als Ursache sehen, da die frühen Importgüter aus dem Süden ihren Weg noch hauptsächlich über die Burgunderpforte oder über das Mittelland nahmen. Kleine soziale Unterschiede machen sich im Grabinventar aus den Hügeln der Muttenzer und Prattler Hard dennoch bemerkbar: Obwohl die normalerweise mit wertvollen Beigaben dotierten Zentralgräber bei der Freilegung der Hügel alle schon stark beraubt vorgefunden wurden, haben sich in einem Grab noch Reste eines Dolches erhalten, der – als Statussymbol der Männer – durchaus für eine gehobene Stellung des Bestatteten spricht. Die wohlhabende Frau trug bei ihrer Bestattung ein Kleid, das mit einem Fibel-

Reste eines Dolches
Fragmente der Klinge und der mit Bronzedraht umwickelten Scheide eines hallstattzeitlichen Dolches aus Grab 4 im Neueinschlag bei Pratteln.
Die Rekonstruktionszeichnung zeigt, wie die Dolchscheide ausgesehen haben könnte. Die Länge des grösseren Fragmentes beträgt 7,8 Zentimeter.

zeugen von Textilverarbeitung. Unter den Bronzeobjekten liegen Fibeln, Ohrringe, Nadeln, Anhänger und Teile eines Pferdezaumes vor. Gewandnadeln und kosmetische Geräte wie Nagelkürzer und Pinzetten waren aus Eisen. Besonders interessant ist, dass hier – ausserhalb des Bestattungsbereiches – der im sechsten Jahrhundert unter südlichem Einfluss erfolgte Wechsel der Kleidermode anhand der Nadeln und Fibeln fassbar wird.

Nebenbei bemerkt, fielen auch Stein- und Keramikfunde an, die zwei neolithischen, in den Felsen gemeisselten Grubenhäusern der Horgener Kultur (um 30 000 v. Chr.) zugewiesen werden konnten.

Obwohl die Ausgrabungen der 1930er Jahre mehr Fragen aufgeworfen als beantwortet haben, steht ausser Zweifel, dass die Siedlung der Hallstattzeit auf dem Burgenrain mindestens im Umkreis des mittleren Ergolztales eine besondere Stellung genoss.[9] Darauf lässt nicht nur die Befestigung mit Graben und Wall, sondern auch die Menge und ausgezeichnete Qualität des Fundmaterials schliessen. Als Hypothese möchten wir annehmen, dass hier das Zentrum eines politisch und wirtschaftlich organisierten Systems von Höhen- und Talsiedlungen vorliegt, das schon zur Hallstattzeit vollumfänglich funktionierte und dessen Stärken be-

paar verschlossen war, einen Gürtel mit verzierter Schnalle sowie Arm- und Beinschmuck. Mehrere Fibeln verweisen hingegen meist auf mehrere Kleidungsstücke, was sich nur Frauen der Oberschicht leisten konnten.

• Latènezeit: In der frühen Latènezeit wurden die Toten noch eine Zeit lang in den Grabhügeln ihrer Ahnen bestattet. Im Laufe des 5. Jahrhunderts v. Chr. ging man schliesslich vom Hügel- zum Flachgrab über. Von der Gesellschaft der Toten auf diejenige der Lebenden übertragen, bedeutete dies zugleich ein Loslösen des Individuums aus dem Sippenverband. Dies kann nicht auf einen Bevölkerungswechsel zurückgeführt werden, sondern muss mit Veränderungen im geistig-religiösen Bereich erklärt werden. Denn für eine Kontinuität der Bevölkerung sprechen sowohl die ähnliche Trachtsitte in den Flachgräbern als auch die nahe Verwandtschaft verschiedener Schmucktypen und deren Verzierungen. An Schmuckstücken tauchen erste pflanzliche Motive des keltischen Stils auf und im Waffengebrauch wurde der Dolch vom eisernen Langschwert abgelöst. Speziell in der Muttenzer Gegend scheinen die Gräber in locker angelegten Friedhöfen in der Nähe der Siedlungen errichtet worden zu sein.[19] Zudem fällt der grosse Anteil der Frauengräber auf. Die Toten lagen meist auf dem Rücken in nord-südlich ausgerichteten Gruben.

An den Gräbern von Muttenz und Pratteln kann die Veränderung der Frauentracht von der späten Hallstattzeit bis in die Frühlatènezeit eindrücklich illustriert werden: Im ausgehenden siebten und im sechsten Jahrhundert war ein paarweise mitgegebener Armschmuck mit Blecharmbändern oder Ringen aus Lignit, einem Braunkohleprodukt, typisch. Zuweilen bildeten Anhänger aus Gagat – auch Pechkohle genannt –, Ohrringe oder Fibeln eine Bereicherung, während Hals- und Fussringe ganz fehlten. Im späteren sechsten Jahrhundert wurden Fussringe und Fibeln allmählich fester Bestandteil der Tracht, zudem häufig zwei Armringe. Nun trugen die Armringe aber Knoten- und Stempeldekor oder sie waren wiederum aus Blech geformt. Während der Frühlatènezeit, im 5. und im 4. Jahrhundert v. Chr., gehörten oft mehrere Fibeln und ein Halsschmuck zur Tracht.

Oppidum mit Murus Gallicus
Das im Historischen Museum Basel angefertigte Modell zeigt einen Ausschnitt der Befestigung des spätlatènezeitlichen Oppidums – einer stadtähnlichen Siedlung – auf dem Basler Münsterhügel. Die Toranlage stand in der heutigen Rittergasse. Die Mauer bestand aus einer mit Erde und Steinen hinterfüllten Holzarmierung mit vorgeblendeter Steinfront. Davor lag ein 25 bis 30 Meter breiter Graben. Der Zugang zum Oppidum erfolgte von Süden her über eine Brücke durch das Zangentor.

BRONZE- UND EISENZEIT – NEUE MATERIALIEN BESTIMMEN DIE WELT

Die Fundstellen der Region Basel
Einzelfunde und grössere Siedlungskomplexe – mit Ausnahme der Höhlenfunde – werden unter demselben Symbol zusammengefasst. Zwischen Einzelgräbern und Gräberfeldern wird ebenfalls nicht unterschieden.

- *Am Ende der Frühbronzezeit (um 1600 v. Chr.) existierten bereits Siedlungen auf dem Wartenberg bei Muttenz und am Rheinufer in Basel-Kleinhüningen.*
- *In der Mittelbronzezeit (16. bis 14. Jahrhundert v. Chr.) stiessen die Siedler allmählich ins Jurainnere vor. Mehrere Fundstellen entlang des Ergolz- und Birstals markieren wichtige Handelsrouten.*
- *Die Siedlungsgebiete nahmen in der Spätbronzezeit (14. bis 8. Jahrhundert v. Chr.) noch den selben Raum ein. Als neue Quellen treten im Raume Basel und im Birseck aber einzelne Gräber und kleinere Gräberfelder auf.*
- *Aus einer anfangs spärlichen Besiedlung zu Beginn der Hallstattzeit (8. bis 5. Jahrhundert v. Chr.) entwickeln sich zwei Fundkonzentrationen. Die eine bei Muttenz und Pratteln weist sich durch Grabhügelnekropolen aus. Die zweite Siedlungsdichte liegt in der Sissacher Gegend, die wohl von der Höhensiedlung auf dem Burgenrain kontrolliert wurde. Einzelne Niederlassungen werden offenbar zur Sicherung der Eisenerzvorkommen bewusst in die abgeschiedenen Täler vorgeschoben.*
- *Zu Beginn der Latènezeit (5. bis 1. Jahrhundert v. Chr.) belegen hauptsächlich Grabfunde eine Siedlungsdichte im Raume Basel, während eigentliche Siedlungsspuren recht selten sind. Erst ab der Spätlatènezeit bilden sich wieder neue Zentren bei Basel und Sissach mit Handwerkerbezirken und Umschlagplätzen bei der Gasfabrik und im Brühl sowie stadtähnlich befestigten Oppida auf dem Münsterhügel und wahrscheinlich auch auf der Sissacher Fluh. Die weit ins Jurainnere streuenden Fundpunkte enthielten hauptsächlich einzelne Münzen.*

Zur Tracht der Frau gehörte vom 4. bis zum 2. Jahrhundert ausserdem ein Halsring, der wahrscheinlich eine besondere Stellung innerhalb der sozialen Gruppe anzeigte. Da sich die Scheibenhalsringe nicht nur in Gräbern aus unserer Gegend, sondern auch aus dem Gebiet des Oberrheins und sogar aus Ungarn formal und in ihrer Machart vollständig gleichen, dürften sie auch als lebendige Zeugen der Wanderung eines ganzen Volkes betrachtet werden. Aus dem zweiten und letzten vorchristlichen Jahrhundert sind in unserer Gegend praktisch keine Bestattungen bekannt. Eine Ausnahme stellt das zur keltischen Siedlung Basel-Gasfabrik gehörige Gräberfeld dar.

Ein Kommen und Gehen –
Das metallzeitliche Siedlungsbild im Baselbiet

Beim heutigen Forschungsstand lässt sich die Siedlungsgeschichte während der letzten zwei vorchristlichen Jahrtausende in unserer Gegend folgendermassen skizzieren: In der Frühbronzezeit spielten sich die Verbindungen zwischen den Kulturgruppen im süddeutschen und französischen Oberrheingebiet, in der Westschweiz, im Berner Oberland und in Ostfrankreich hauptsächlich über die grossen Flusstäler des Rheins, der Aare, der Saône und der Rhone ab. Unser Gebiet lag deshalb lange ausserhalb dieser Kultureinflüsse. Um 1600 v. Chr. entstanden in der Basler Gegend die ersten Siedlungen am Rheinufer in Basel-Kleinhüningen und auf dem Wartenberg bei Muttenz. Während der Mittelbronzezeit stiessen Siedler allmählich in kleinere Täler wie das Birs- und Ergolztal vor. Sie sicherten sich durch Gründungen von Höhen- und Talsiedlungen neues Ackerland und neue Wege vom Rheinknie in Richtung Burgunderpforte respektive ins Mittelland. Vor allem der Weg durchs Ergolztal scheint sich nach Aussage der Siedlungsdichte schnell zu einer wichtigen Abkürzung entwickelt zu haben.

In der Spätbronzezeit wurde die Bautätigkeit in den bereits erschlossenen Tälern – wohl durch das milde, für den Ackerbau besonders geeignete Klima gefördert – noch weiter intensiviert. Einzelne in den Jura vorgeschostimmt nicht nur in der Landwirtschaft, sondern auch in der Eisenproduktion und dem regionalen Handel lagen. Weitere Siedlungen mit zentraler Funktion sind auf dem Wartenberg bei Muttenz, auf dem Chöpfli bei Hofstetten SO, auf dem Dickenbännli bei Olten SO und auf dem Horn bei Wittnau AG zu vermuten.

Erde, Stein und Holz – ein Murus Gallicus

Ein Oppidum, eine stadtähnliche keltische Siedlung, stand im späteren 1. Jahrhundert v. Chr. auf dem spornartigen Ausläufer des Basler Münsterhügels. Diese Oppida waren wahrscheinlich die politischen und wirtschaftlichen Mittelpunkte eines Stammesgebietes mit dem Wohnsitz der Stammesführer, dem Sitz der Verwaltung und Rechtsprechung, zugleich aber auch Standort des Stammesheiligtums, der Münzprägestätte sowie Handwerkerzentrum und Marktort. Die rund vier Hektar grosse Siedlungsfläche lag etwa 20 Meter über dem Rhein, der schon damals wichtigen Handels- und Verkehrsachse. Die Siedlungsfläche wurde ostwärts gegen die offene Seite durch einen gewaltigen Abschnittswall und einen 25 bis 30 Meter breiten und bis zu acht Meter tiefen, vorgelagerten Graben gesichert. Die Konstruktion des Walls entsprach grösstenteils der eines

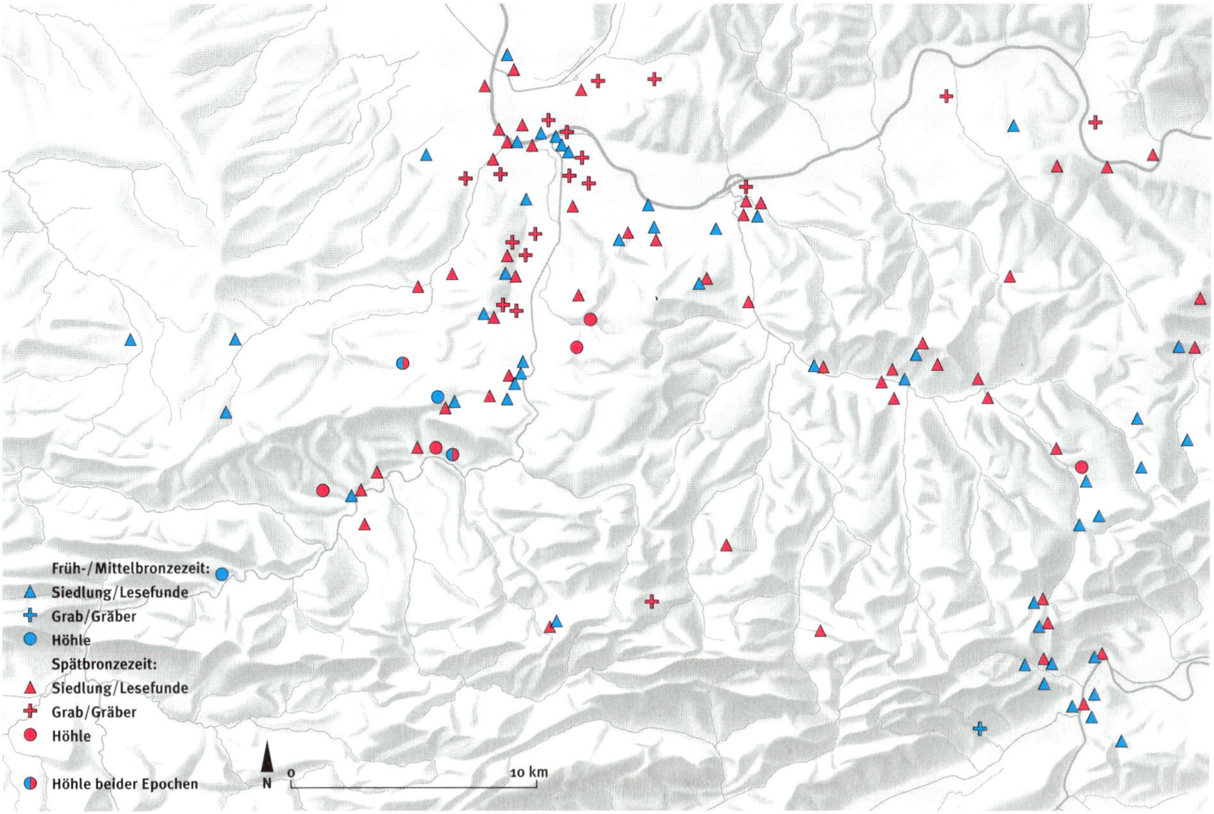

BRONZE- UND EISENZEIT – NEUE MATERIALIEN BESTIMMEN DIE WELT 81

Früh-/Mittelbronzezeit:
- ▲ Siedlung/Lesefunde
- ✚ Grab/Gräber
- ● Höhle

Spätbronzezeit:
- ▲ Siedlung/Lesefunde
- ✚ Grab/Gräber
- ● Höhle

- ◐ Höhle beider Epochen

N 0 10 km

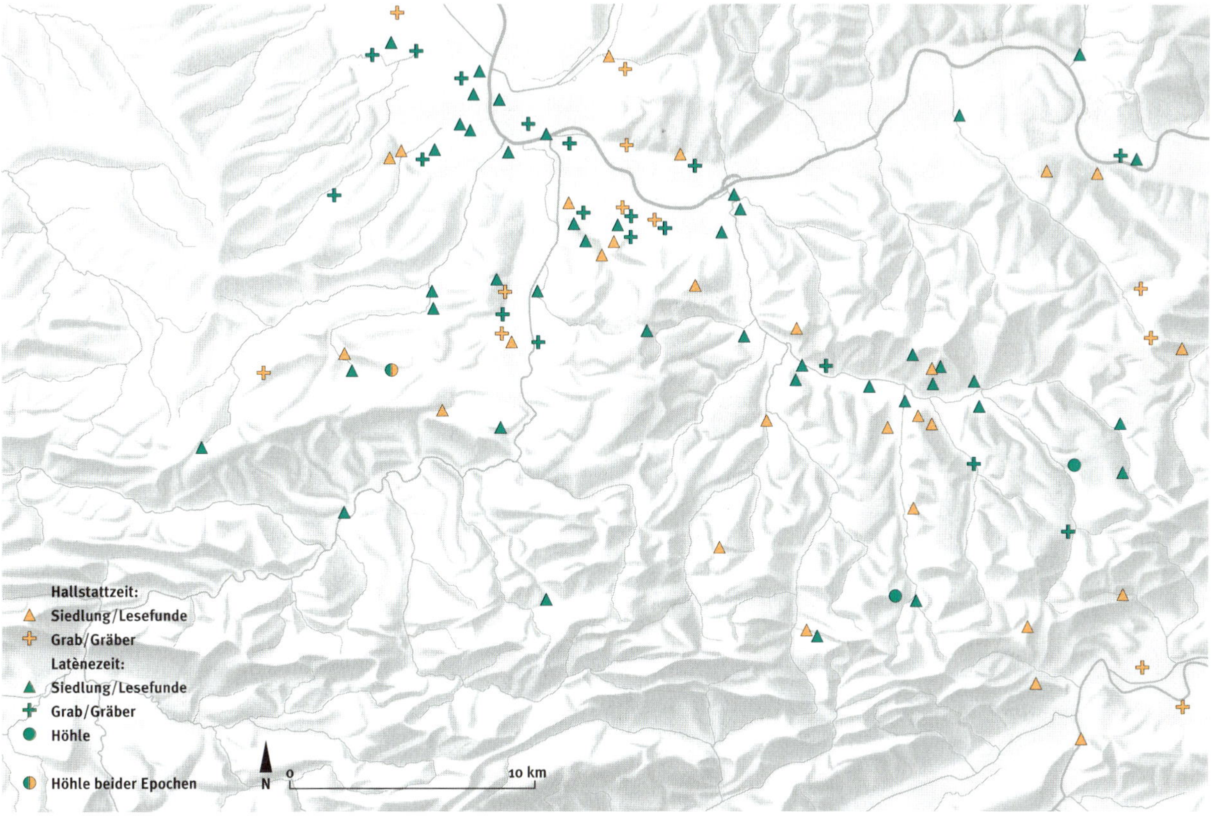

Hallstattzeit:
- ▲ Siedlung/Lesefunde
- ✚ Grab/Gräber

Latènezeit:
- ▲ Siedlung/Lesefunde
- ✚ Grab/Gräber
- ● Höhle

- ◐ Höhle beider Epochen

N 0 10 km

BAND EINS / KAPITEL 2

bene Siedlungen dürfen als Zeugen der Erschliessung neuer Jurapässe gedeutet werden. Am Oberen Hauenstein lag beispielsweise in exponiertester Lage eine Siedlung auf der Gerstelfluh bei Waldenburg. Bei genauerem Betrachten der Verbreitungskarte drängt sich die Frage auf, ob sich darauf nicht vor allem die moderne Baugeschichte respektive der von ihr stark abhängige, archäologische Forschungsstand widerspiegelt. Im unteren Kantonsteil, wo sich die Fundstellendichten auffällig genau mit den seit den 1960er Jahren vom Bauboom erfassten, neuen Wohn- und Industriegebieten decken, scheint eine derartige Fragestellung zweifellos berechtigt. Dass aber südlich der Ergolz, trotz gewaltiger Zunahme der Bautätigkeit während der letzten Jahre, kaum neue metallzeitliche Fundstellen zu verzeichnen sind, spricht eindeutig dagegen.

Obwohl sich in unserem Gebiet aus der frühen Hallstattzeit kaum archäologische Spuren erhalten haben – was europaweit mit einer Klimaverschlechterung begründet wird –, darf man davon ausgehen, dass die Besiedlung der Haupttäler nie ganz abbrach. Spätestens im sechsten vorchristlichen Jahrhundert wurden auf natürlich geschützten Anhöhen neue, nicht selten mit Wällen befestigte Siedlungen gegründet. Durch bemerkenswert reiches Fundmaterial und eine Wallanlage zeichnet sich vor allem die Siedlung auf dem Burgenrain bei Sissach aus. Eine Konzentration von vermeintlichen Höfen und Dörfern im Tal zwischen Lausen und Gelterkinden scheint die Besonderheit der Siedler auf dem Burgenrain zusätzlich herauszustreichen. Wir möchten diese Fundstellendichte im mittleren Ergolztal als ersten, eindeutigen Hinweis auf einen wirtschaftlich und politisch organisierten Raum, vielleicht mit zentraler Verwaltung, verstehen. Über die Organisation im Einzelnen wissen wir leider nichts, weder über das Verhältnis der Tal- zu den Höhensiedlungen noch über weiträumigere Beziehungen. Ein weiteres Zentrum dieser Art wird auf dem Wartenberg bei Muttenz vermutet, wo weniger die Siedlung selbst als vielmehr die Bestattungen in den Grabhügeln der Muttenzer und Prattler Hard eine gehobene Stellung der

Murus Gallicus, wie Caesar ihn als typische keltische Stadtbefestigung beschreibt:[10] Der Wall bestand aus einem Holzrahmenwerk aus vernagelten Quer- und Längsbalken, das von der Wallinnenseite her mit Erde rampenartig hinterschüttet wurde. Kurze Pfostenanker verbanden die Holzkästen mit den senkrechten Pfosten, die in der trocken gemauerten Wallfront standen.

Von Osten her führte eine etwa zehn Meter breite, mit Kiesschotter gefestigte Strasse über eine hölzerne Brücke und durch eine Toranlage in die Siedlung. Dort, wo sich heute das Münster erhebt, teilte sich die Strasse und führte in zwei Strängen um einen zentralen Pfostenbau, bei dem am ehesten an ein Heiligtum zu denken ist. Von der übrigen Bebauung wissen wir nicht sehr viel. Lediglich einige Pfostenlöcher, Lehmböden und Gruben deuten noch darauf hin. Die Innenfläche des Oppidums war wohl nicht ganz überbaut, sondern bot noch genug freien Platz, um der Bevölkerung der umliegenden Siedlungen und ihrem Vieh bei drohender Gefahr Zuflucht zu bieten. Da unmittelbar hinter dem Murus und in der Nähe des Tores vermehrt südländische Importwaren wie Weinamphoren und Tafelgeschirr zum Vorschein kamen, vermutet man, dass dort die reicheren und angesehenen Leute wohnten.

Bewohner widerspiegeln. Die Verbreitungskarte lehrt uns weiter, dass eine geringe Anzahl hallstattzeitlicher Siedlungen – etwa Arboldswil-Kastelenfluh, Diegten-Rutenrain und Waldenburg-Gerstelfluh – ganz bewusst in abgelegenere Juratäler vorgeschoben wurde. Ob dies im Zusammenhang mit den Eisenerzvorkommen geschah, kann nicht sicher entschieden, wohl aber vermutet werden.

Zu Beginn der Latènezeit, im fünften vorchristlichen Jahrhundert, lagen die wenigen bekannten Talsiedlungen fast ausschliesslich in der Nähe der fruchtbaren Fluss- und Bachniederungen. Hinweise auf Höhensiedlungen fehlen ganz. Dafür belegen zahlreiche Grabfunde eine dichte Besiedlung im Raume Basel, im Birseck und im Ergolztal. Das kleinräumig organisierte System der Hallstattzeit hat sich offenbar ganz aufgelöst.

In der Mitte des zweiten Jahrhunderts v. Chr. entstanden neben Einzelgehöften erste grössere, stadtähnliche offene Siedlungen als Zentren des Handwerks und des Handels. Eine Siedlung befand sich bei der alten Gasfabrik in Basel, unmittelbar am Rhein, und war ein bedeutender Umschlagplatz. Eine zweite Grosssiedlung lag in Sissach-Brühl, von der vor allem der Töpferbezirk bekannt ist. Zudem wurden im letzten vorchristlichen Jahrhundert befestigte Siedlungen (Oppida) auf dem Basler Münsterhügel und vermutlich auch auf der Sissacher Fluh errichtet, die als Verwaltungszentren von Wirtschaftsräumen dienten. Neben dem «Basler» Wirtschaftsraum mit dem Oppidum Münsterhügel zeichnet sich – vorläufig noch sehr hypothetisch – ein weiteres Zentrum um Sissach mit einem möglichen Oppidum auf der Fluh ab. Das Hinterland des Juras blieb nach Aussage der Verbreitungskarte dagegen – mit Ausnahme der Gerstelfluh bei Waldenburg – anscheinend unbewohnt. Einzelne Münzen belegen aber, dass selbst die abgelegensten Gegenden von Menschen auf der Suche nach neuen Ressourcen, wohl vor allem Eisenerzen, bestimmt häufig aufgesucht wurden. Am Ende desselben Jahrhunderts wurde unser Gebiet ins Römische Reich eingegliedert und in der Folge völlig neu organisiert.

Ein so genannter Fürstengrabhügel
Stimmungsvolle Abbildung des Fürstengrabhügels Kleinaspergle bei Ludwigsburg (Deutschland). Er möge für alle jene Grabhügel in unserem Gebiet stehen, die irgendwelchen jüngeren Bodeneingriffen zum Opfer gefallen sind.

Abbildungen

Andrea Leisinger, Zug: S. 51, 54, 55, 57, 58, 60, 61 und S. 72.
Kantonsarchäologie Baselland: S. 53, 64 oben, 65, 66 (mittlere und untere Münze), 70, 71 unten, 76, 77 und S. 78.
Kantonsmuseum Baselland, Grafische Sammlung: S. 59.
Müller 1982, Abb. 3: S. 62.
Sophie Köhler, Basel: S. 63, 67 (Zeichnung) und S. 71 oben.
Reto Marti, Oberbipp: S. 64 unten.
Schweizerisches Landesmuseum, Zürich: S. 66 (oberste Münze).
Kantonsarchäologie Baselland, Marcel Eckling: S. 67 (Foto).
Goldene Jahrhunderte, ALManach 2, 1997, S 76: S. 68.
Historisches Museum Basel, Maurice Babey: S. 69 und S. 79.
Lüscher 1985, Taf. 1; 3,6–9; 5: S. 75 (1.–3.).
Müller 1981, Abb. 15,2–14: S. 75 (4.).
Anne Hoffmann Graphic Design: S. 81; Quelle Paul Gutzwiller.
Kruta, Venceslas/Lessing, Erich: Die Kelten, Freiburg i. Br. 1979, Abb. 53: S. 83.

Anmerkungen

1 Überblick bei Leuzinger 1997, S. 51–53. – Einen guten, allgemeinverständlichen und reich bebilderten Einstieg zu den Metallzeiten bieten Osterwalder/Zaugg 1983. Neueste Erkenntnisse der Wissenschaft sind in den die Bronze- und Eisenzeit betreffenden Bände SPM 3 und 4 zusammengefasst. Speziell für das Baselbiet sei der Begleitband zur Ausstellung «Tatort Vergangenheit» (Ewald/Tauber 1998) empfohlen.
2 Nadeln mit eingelegten Eisenbändchen aus Seeufersiedlungen: Mörigen BE (Bernatzky-Goetze 1987, S. 68), Zürich-Alpenquai (Ruoff 1974, S. 54, Taf. 22,14); Nadeln mit Eisenköpfchen: Bellerive JU Roc de Courroux (JbSGUF 61, 1978, S. 180).
3 Gutzwiller 1997, S. 72–76.
4 Vgl. Kap. 1.
5 Berger/Müller 1981.
6 E. Roost, Gelterkinden, K. Rudin, Seltisberg, und K. Stolz, Reinach.
7 Goldbeigaben: Binningen, Riehen BS-Britzigerwald, Kaiseraugst AG-Birotenweg; Bernstein: Reinach-Alte Brauerei; Waffen: Muttenz-Schänzli, Münchenstein-Gartenstadt.
8 Zur Bearbeitung standen das nach Ortschaften alphabetisch geordnete Archiv und Funddepot der Kantonsarchäologie sowie verschiedene Publikationen zur Verfügung.
9 Vgl. dazu Arnold 1990.
10 Schaltenbrand 1984, S. 25–31.
11 Ewald/Tauber 1998, S. 383–386, Abb. 6.3.3.
12 Tauber u.a. 1995b, S. 74–78, Abb. 62–66; S. 88–93, Abb. 72–75; Ewald/Tauber 1998, S. 395–396.
13 Bronzezeitliche Beispiele: Arboldswil-Kastelenfluh, Pratteln-Madeln, Pratteln-Meierhofweg, Sissach-Bischofstein, Waldenburg-Gerstelfluh; eisenzeitliche Beispiele: Diegten-Rutenrain.
14 Eierschalen in Gelterkinden-Güllenacker (Martin, Roost und Schmid 1973, S. 207). Auf der Heuneburg bei Hundersingen D konnte das Haushuhn mittlerweile schon in hallstattzeitlichen Schichten nachgewiesen werden.

15 Bronzezeitliche Beispiele: Arboldswil-Kastelenfluh, Arlesheim-Hohler Fels, mittlere Höhle, Bottmingen-Känelmattstrasse, Lausen-Weihermattstrasse, Pfeffingen-Schalberg, Reinach-Brunngasse, Sissach-Kulmacker, Sissach-Bischofstein; eisenzeitliche Beispiele: Gelterkinden-Güllenacker, Sissach-Schützenhaus, Sissach-Burgenrain (über 50!), Waldenburg-Gerstelfluh, Diepflingen-Eisenbahnlinie (Grab).
16 Müller-Vogel 1986.
17 Maier 1986, S. 105–119.
18 JbSGUF 65, 1982, S. 181.
19 Zusammenstellung der einzelnen Grabinventare bei Müller 1981, S. 73–106.

1 Müller 1982, S. 170–177.
2 Ewald/Tauber 1998, S. 383–386, Abb. 6.3.3.
3 Z.B. Uenze 1993, S. 1–14.
4 Hekataios von Milet (zirka 560–480 v. Chr.), Herodot von Halikarnassos (5. Jh.), Platon (4. Jh.), Apollonios von Rhodos (3. Jh.), Polybius (2. Jh.), Poseidonios von Apameia in Syrien (zirka 135 bis 51), Diodoros von Agyrion in Sizilien (1. Jh.), Strabon von Amaseia (zirka 64 v. bis zirka 23 n. Chr.); Römer: Q. Fabius Pictor (3. Jh. v. Chr.), C. Julius Caesar (100 bis 44), Titus Livius (zirka 59 v. bis 17 n. Chr.), C. Plinius Secundus (23 bis 79), P. Cornelius Tacitus (zirka 55 bis 120).
5 Bekannt aus dem Brief des Apostels Paulus an die Galater in Kleinasien.
6 Nach Hecht/Jud/Spichtig 1991, S. 108, Anm. 33: Caesar, De Bello gallico VI,25,2; Plinius, Naturalis historia 4,106; Ptolemaios, Geographica 2,9,9.
7 De Bello gallico I,5,4; I,29,2: 23 000.
8 Fischer/Kaufmann 1994.
9 Frey/Horand/Pümpin 1933–1935, S. 116–154; Leuthardt 1933–1935, S. 146–154; Frey/Horand/Pümpin 1974, S. 485–503; JbSGUF 28, 1936, S. 18–20; Ewald/Tauber 1998, S. 181–197.
10 De Bello gallico VII,23.

Die Römerzeit – Augusta Raurica und sein Hinterland

Bild zum Kapitelanfang
Der Hölsteiner Mosaikboden
Obwohl die Villa Hölstein-Hinterbohl zu den sehr kleinen und wenig aufwendigen Bauten zu zählen ist, weist sie einen angebauten Badetrakt auf. Darin war ein 3,15 auf 4,70 Meter messender Raum mit einem Mosaik ausgelegt. Es ist mit schwarz-weissen Bändern, Streifen, Rhomben und Quadraten rein geometrisch gestaltet, und nur in einem zentralen Quadrat finden sich mehrfarbige Blüten und Herzblätter. Der hervorragend erhaltene Boden war nur an einer Ecke beschädigt: Man hatte nach Wasser gegraben und dabei das Mosaik und die Villa entdeckt. Der Boden wurde im Herbst 1947 gehoben und bald danach in dem im Entstehen begriffenen Römerhaus in Augst eingebaut, wo er noch heute im grossen Speisesaal zu bewundern ist.

Die vier Jahrhunderte der römischen Epoche in unserer Region bilden im Zeitenlauf nur gerade eine Episode. Und doch ist diese Episode zur Epoche geworden, denn ohne die Botschaft der Antike, wie sie die Renaissance noch einmal in die Neuzeit heraufgeholt hat, würde Europas Alltag heute anders aussehen. Spricht man im Kanton Basel-Landschaft von Römischem, meint man Augst. An erster Stelle steht zu Recht immer Augusta Raurica, eine Stadt von beträchtlicher Grösse in der Region. Hier soll nicht nur von dieser Stadt die Rede sein, sondern vor allem von ihrem Hinterland, auf welches sie existenziell angewiesen war. Trotz vieler beredter Schriftsteller, trotz umfangreichster Ausgrabungen und trotz intensivster Forschungen bleibt uns aber der weitaus grössere Teil des Wissens von römischem Alltag und Leben, von römischer Handlungsweise und Denkungsart, von römischem Wirtschaften und römischen Sozialzuständen nach wie vor verborgen.

Es steht geschrieben

Unsere Gegenwart ist total verschriftlicht. Auch wenn uns bewusst ist, dass nichts wahr sein muss, bloss weil es schwarz auf weiss vorliegt, sind wir immer geneigt, Schriftlichem grundsätzlich Wahrheitsgehalt zuzugestehen. Allzu oft unterliegen wir der Überzeugung, dass Aussagen der literarischen oder urkundlichen Überlieferung, sofern sie nicht offensichtlich falsch sind, Wahrheitsanspruch haben, und dies umso eher, wenn sie alt sind, ja sogar auf die Antike zurückgehen und zudem noch lateinisch oder gar griechisch abgefasst sind. Und besonders gefährdet ist unsere Gutgläubigkeit, wenn es sich um überlieferte Zahlen handelt, steht doch unser ganzes Leben unter dem permanenten Gebot von Ziffern jeglicher Art.

Für unsere Region bedeutet es eine weitere Schwierigkeit, dass die antiken Schriftquellen grossenteils auf Italien und die mediterranen Provinzen bezogen sind und zu den Land-Villen und zur Landwirtschaft weit ab von Rom in den nördlichen Provinzen kaum etwas mitteilen. Schliesslich stellt das wenige, was trotz der umfangreichen schriftlichen Zeugnisse lückenhaft

Wer die Römerforscher waren
Für die Forschungstradition im Kanton von erstrangiger Bedeutung waren die niemals ganz verschwundenen Ruinen von Augusta Raurica, die schon im 16. Jahrhundert einen ersten Aufschwung der römischen Archäologie herbeiführten. Bis in die 1930er Jahre, als erste ausgebildete Archäologen wie Rudolf Laur-Belart oder Emil Vogt ihre Tätigkeit aufnahmen, waren im Kanton vor allem Muttenz und Pratteln und nur wenige Orte im Oberbaselbiet regelmässig überwacht worden. Zahlreiche private Heimatforscher beteiligten sich an der Fundstellenüberwachung:
Basilius Amerbach (1534–1591), Magister artium, Jurist, Professor in Basel, wertet 1588 bis 1590 die Grabungen von Andreas Ryff aus und erkennt das Theater als solches.[1]
Daniel Bruckner (1707–1781), Ratssubstitut, Archivar in Basel, listet in seinem «Versuch einer Beschreibung historischer und natürlicher Merkwürdigkeiten der Landschaft Basel», der 1748 bis 1763 in 23 Stücken erscheint, systematisch archäologische Funde und Befunde der Landschaft um Basel auf.
Theophil Burckhardt-Biedermann (1848–1914), Gymnasiallehrer in Basel, katalogisiert in Bruckners Tradition 1910 sämtliche ihm bekannten Fundstellen römischer und

Inschrift im Kirchenfundament
Quader und Platten aus römischer Zeit sind noch Jahrhunderte später als praktische und billige Fundamentsteine wiederverwendet worden. So fand sich 1972 auch im vorromanischen Unterbau der Kirche St. Arbogast in Muttenz ein grosses Fragment einer römischen Inschrift, von deren fünf Zeilen keine ganz erhalten ist. Fest steht, dass ein Tiberius Claudius Andecamulus, der als Unteroffizier in einer Reitereinheit des römischen Heeres Dienst getan hatte, dem Apollo und einer weiteren Gottheit eine Weihung dargebracht hat. Ob der Stein aus Augst verschleppt worden ist oder zu einem noch unbekannten römischen Heiligtum in Muttenz gehört hat, ist nicht zu entscheiden.

keltischer Altertümer in den beiden Basel.[2] Felix Fabri, Dominikaner, Frühhumanist, Reiseberichterstatter, geboren in Zürich, gestorben in Ulm, identifiziert schon 1488 in seiner «Descriptio Sueviae» die *ruinae maximae* beim Dorf Augst als die Überreste des antiken Augusta Raurica.

Karl Gauss (1867–1938), Theologe, Pfarrer in Liestal 1897 bis 1928, erster und langjähriger Präsident der Kommission zur Erhaltung von Altertümern.

Alban Gerster (1917–1962), Architekt in Laufen, führt über Jahrzehnte in der Villa von Laufen-Müschhag Ausgrabungen durch und betreut das Laufental archäologisch.

Fritz LaRoche-Fröhlich (1868–1949), Pfarrer in Ormalingen (Vater des Folgenden), untersucht die Villa in seiner Pfarrgemeinde 1929 mit einer beispielhaften Dokumentation.

Fritz LaRoche-Gauss (1899–1981), Pfarrer (Sohn des Vorhergehenden), ist in seiner Pfarrei Bennwil-Hölstein-Lampenberg 1934 bis 1966 in vielfältiger Weise als Historiker und Archäologe tätig.[3] Die Villen Bennwil und Hölstein sind sehr gut dokumentiert.

Rudolf Laur-Belart (1898–1972), Professor für Ur- und Frühgeschichte und provinzialrömische Archäologie an der Universität Basel (1941–1968); wirkt als archäologischer Experte in der ganzen Schweiz, vor allem aber ist er jahrzehntelang zuständig

Wilhelm Vischer-Bilfinger (1808–1874)

Theophil Burckhardt-Biedermann (1848–1914)

Karl Gauss (1867–1938)

überliefert ist, eine zeitlich und geografisch höchst zufällige Auswahl dar, und beschrieben wurde wie immer nur das, was ungewöhnlich war.

Neben den literarischen Texten gibt es weitere grosse Gruppen schriftlicher Zeugnisse, die wir in ihrer unübersehbaren Gegenständlichkeit zu Recht für typisch römisch halten: die Inschriften aller Arten, in Stein gehauen, in Bronze gegossen, auf Ziegeln und Gefässen in den weichen Ton gestempelt, später in den gebrannten Scherben gekratzt oder in den Putz der Hauswände geritzt; nicht zu vergessen die vielfältig mitteilsamen Wörter, Kürzel oder bloss Buchstaben auf Münzen. Alle diese Zeugnisse aus der antiken Welt zusammen gehen in die Millionen und bieten eine unüberschaubare Informationsfülle.

Aus Augusta Raurica und der ganzen Colonia sind bis heute nur rund 120 steinerne römische Schriftzeugnisse bekannt geworden. Ganz wenige sind vollständig erhalten; die meisten liegen nur in Bruchstücken vor oder sind gar auf wenige Einzelbuchstaben fragmentiert. Dennoch ist in sehr vielen Fällen ihre Zerschlagung – nämlich zur Wiederverwendung als Baustein – gnädige Ursache für ihr Überleben. Welche Nachrichten vermitteln sie uns? Da stehen zum Beispiel Götternamen, und einige wenige Bauinschriften und Meilensteine lassen die Namen und formellen Titel von Kaisern erkennen. Praktisch alle Inschriften – insbesondere die recht häufigen Grabsteine – nennen eine Fülle von Personennamen. Hie und da tauchen eine Berufs- oder Funktionsbezeichnung oder ein militärischer Grad auf. Ganz selten sind direkt datierende Elemente zu entdecken, wie etwa die Nennung der Konsul-Jahre von Kaisern. Ebenso selten sind Angaben über die Herkunft eines Genannten aus einer anderen Region. Alle diese Elemente machen glauben, wir könnten einen Zipfel der Individualität einzelner Personen erhaschen. Im Gegensatz zu literarischen Werken allerdings, die irgendwo in der weiten römischen Welt verfasst wurden, berichten Steininschriften von Leuten und Geschehnissen aus der nämlichen Region, in welcher sie Jahrhunderte später auch wieder ans Tageslicht getreten sind.

für die römischen Stätten Vindonissa (Windisch) und Augusta Raurica (Augst/Kaiseraugst), zu dessen dauernder Erhaltung er 1935 die Historisch-Antiquarische Gesellschaft zu Basel bewegen kann, die Stiftung Pro Augusta Raurica zu gründen.
Josef Martin Lusser (1904–1997), Dr. med. et phil., sorgt in Allschwil für die Überwachung der Fundstellen.
Georg Friedrich Meyer (1645–1693), Basel, Feldmesser-Geometer, stellt 1678 bis 1681 in seinen systematischen Skizzenbüchern die sichtbaren Ruinen in der Landschaft ebenso exakt dar wie die Dörfer mit Wegen, Gewässern und Parzellen in Vogelschauplänen.

Fritz Pümpin (1901–1972), Kunstmaler in Gelterkinden, ist lange Jahre im oberen Baselbiet archäologisch aktiv.
Andreas Ryff (1550–1603), Tuch- und Seidenhändler, Basler Ratsherr und Deputat, gräbt 1582 bis 1585 im römischen Theater in Augst.
Karl Stehlin (1859–1934), Basel. Obzwar Dr. iur., tritt er in den beiden Basel vor allem als Kunsthistoriker und Archäologe hervor, betreibt die Ausgrabungen in Augst (zu Lasten eigener Mittel!) und erforscht neben vielen anderen Objekten im Baselbiet die römische Wasserleitung von Liestal nach Augst;[4] seine Untersuchungen sind hervorragend dokumentiert.

Die Archäologie von Augusta Raurica und seinem Hinterland

Archäologische Quellen – auch diejenigen aus der Römerzeit – sind mit einem mehrfachen Informationsdefizit behaftet: Was ist überhaupt in den Boden gekommen? Was ist dort erhalten geblieben? Wo wurde überhaupt gegraben und was wurde endlich beim Graben erkannt? Gewiss ist die Aussagekraft archäologischer Quellen immer wieder in Zweifel zu ziehen und zu relativieren. Dennoch hätten wir ohne sie kaum praktische Kenntnisse und Vorstellungen vom römischen Leben in der Region. Wir haben festgestellt, dass die literarischen Quellen so viel wie keine, die inschriftlichen Zeugen einen sehr bescheidenen Beitrag zur Kenntnis der Region in römischer Zeit leisten. Und nicht nur die vier Millionen registrierter römischer Einzelfunde, wovon etwa 2,5 Millionen Tierknochen, in den riesigen Lagern der Römerstadt Augusta Raurica und die bisher nie ausgezählten – vielleicht 100 000 bis 200 000 – römischen Objekte in den Depots der Kantonsarchäologie sind es, die unser Bild von der Römerzeit überhaupt erst ermöglicht haben, sondern auch hunderte und jahrzehntelange Grabungen und Auswertungsarbeiten in Augst und seinem Hinterland, zusammen mit den ebenfalls tausenden von Dokumenten, Zeichnungen, Fotografien und Plänen. Betont sei zu guter Letzt, dass die einzelnen Fundobjekte selbst nur die eine Hälfte der Informationen liefern; die andere verdanken wir der minutiösen Beobachtung ihrer Lage, der Befunde, aber auch den Bautrümmern, den Balkengräbchen und Mörtelresten, den Erdverfärbungen und Kohlespuren und nicht zuletzt den Friedhöfen.

Wenn an einer römischen Villa zu irgendeiner Zeit eine Ausgrabung durchgeführt wurde, heisst das noch nicht, dass damit ihre ganze Geschichte klar und ausführlich vor uns läge. Vielleicht waren schon vor jener Grabung viele Befunde zerstört worden, oder es wurde zu wenig vollständig und anspruchsvoll gegraben; oft sind auch später – da manche interessierte Laien und Privatforscher am Werk waren – Tagebücher und Fundobjekte verloren gegangen. Auf Grund der unerfreulichen Quellenlage kann die Entwicklung des Hinterlandes von Augusta Raurica nur lückenhaft geschildert werden.[1]

Karl Stehlin (1859–1934)

Felix Stehlin (1873–1952)

Theodor Strübin (1908–1988), Primarlehrer in Liestal mit umfassender autodidaktischer Weiterbildung in Geschichte, Archäologie und Volkskunde; entdeckt 1950 die Villa Munzach und ist 1961 bis 1971 kantonaler Grabungsleiter.

Paul Suter, Sekundarschulrektor in Reigoldswil. Mit Studien in beiden philosophischen Fakultäten ist er dazu prädestiniert, die Erhellung der Geschichte unseres Kantons auf den vielfältigsten Gebieten voranzutreiben, namentlich mit der Gründung und jahrzehntelangen Redaktion der «Baselbieter Heimatblätter», der «Heimatbücher» und der Reihe «Quellen und Forschungen». 1937 bis 1970 Präsident der Kommission zur Erhaltung von Altertümern.

Wilhelm Vischer (1808–1874), Professor für klassische Philologie, Gründer der Historisch-Antiquarischen Gesellschaft zu Basel, untersucht anlässlich des Eisenbahnbaus Mitte des 19. Jahrhunderts vor allem die Gegend zwischen Basel und Augst, und seine «Gesammelten Schriften» in zwei Bänden sind eine wichtige Quelle für die Archäologie von Baselland.

Christian Wurstisen (1544–1588), Professor für Mathematik und Theologie, Basler Stadtschreiber, vermeldet in seiner «Bassler Chronick» bereits 1582 mehrere römische Objekte.

Rudolf Laur-Belart (1898–1972)

Bevor die Römer kamen

Um die römische Siedlungslandschaft zu verstehen, müssen wir uns vergegenwärtigen, dass römische Kolonien keineswegs im Niemandsland gegründet wurden. In der Spätlatènezeit (150/120 v. Chr. bis 30/20 v. Chr.) entstanden wohl aufgrund intensiverer Kontakte mit dem immer näher rückenden römischen Imperium politisch und sozial komplex strukturierte und befestigte, grössere Siedlungen mit ersten städtischen Merkmalen.[2] Für unser Gebiet ist etwa an die Sissacher Befunde mit der möglichen Befestigung auf der Fluh zu erinnern.[3]

Dass das Territorium der Schweiz als Wasserschloss Europas auf der kontinentalen Wasserscheide seit eh und je als Austausch- und Durchgangsland diente und dabei die Nordsee mit dem Mittelmeer und den Atlantik mit der Adria und dem Schwarzen Meer verbindet,[4] war auch für die römische Zeit eine topografische Gegebenheit unserer Grossregion. Neben den Wasserstrassen zeigt dies das römische Strassennetz. So verbinden wichtige Achsen Italien einerseits mit Gallien und Britannien, andererseits mit dem Rheintal und der Donau. Die Süd-Nord-Verbindung führt über den Grossen St. Bernhard via Avenches, den Hauenstein und Augusta Raurica bis zum Rhein und mit ihm zum Atlantik. Die West-Ost-Route führt von Ostfrankreich durch die Burgunderpforte zum Rhein und weiter an die Obere Donau bis nach Raetien. Und wer von Norden her Richtung Süden ins heutige schweizerische Mittelland oder nach Raetien gelangen wollte, musste ebenfalls bei Augusta Raurica vorbei.

Die wichtigen Heerstrassen des Römischen Reiches waren zwar für das Imperium, in erster Linie für seine Truppenverschiebungen, ohne Zweifel von grosser Bedeutung. Für die Deckung der Grundbedürfnisse in der Koloniestadt jedoch hatten sie praktisch keine Funktion. Hingegen hat Augusta Raurica vom Reich, von seiner Verwaltung und seinen Truppen, welche diese Strassen benötigten und benützten, gewiss profitiert.

Das längste römische Bauwerk der Schweiz

Wie ein Tatzelwurm kriecht die römische Wasserleitung[5] als massiv gemauerter und überwölbter, begehbarer Kanal mit einem Gefälle von nur 1,5 Promille über eine Strecke von 6,5 Kilometern von der Lausner Grenze den Höhenkurven des rechten Ergolzufers entlang durch die Banne Liestal und Füllinsdorf und bricht heute oberhalb von Augst ab, ohne dass dort das Verteiler-Reservoir je festgestellt werden konnte. Dass verschiedene Baugruppen an verschiedenen Abschnitten tätig waren, lässt sich an unserer Leitung – besonders im heute wieder zugänglichen Abschnitt am Oberen Burghaldenweg beim Weideli, Gemeinde Liestal – an unterschiedlichen Mauertechniken ablesen. Im Vergleich mit der Metropole Rom, die von elf Wasserleitungen über Distanzen von 18 bis zu 91 Kilometer versorgt wurde, ist die Augster Leitung fast eine Miniatur. Jüngste Berechnungen zeigen aber, dass sie durchschnittlich 1000 Kubikmeter Wasser pro Stunde geliefert hat. Wenn Augusta Raurica um 200 n. Chr. 20 000 Einwohner aufwies, stand jeder Person täglich die ungeheure Menge von 1200 Litern Frischwasser zur Verfügung. Für die Weltmetropole Rom waren es nur gerade 100 bis 150 Liter!

Zum Bild der vorrömischen Zeit unserer Region gehören bereits Importe von Luxusgütern aus dem Mittelmeerraum. So gelangten Amphoren als Transportbehälter für Wein aus Italien und in geringerem Masse italisches Tafelgeschirr über Marseille, die Rhone, die Saône und die Burgunderpforte nach Augst und in dessen Hinterland. Zu den grösseren Siedlungen vorrömischer Zeit zählen Basel-Gasfabrik und Sissach-Brühl. Einige befestigte Orte wie Basel-Münsterhügel, Breisach-Münsterberg und Sasbach-Limberg zum Beispiel sind erst um die Mitte des 1. Jahrhunderts v. Chr. entstanden. Sie weisen oft eine spezielle topografische Lage auf, die auch ihre Befestigung begünstigt hat. Sie liegen am Rhein, an schwer zugänglichen Erhebungen. Ihre Situation spricht für einen militärischen Charakter im weitesten Sinne. Nicht auszuschliessen ist, dass diese Siedlungen in einem direkten Zusammenhang mit der Eroberung Galliens durch Caesar in den Jahren 58 bis 51 v. Chr. und der Zeit danach stehen. Die politische Instabilität in Italien erforderte, dass Caesar seine Truppen aus Gallien abzog und im Bürgerkrieg einsetzte. Es ist aber unwahrscheinlich, dass er das soeben eroberte Gallien ohne jede Kontrolle zurückliess. Daher dürften derartige befestigte Siedlungen, besetzt mit einheimischer romtreuer Aristokratie, die neu eroberten Gebiete kontrolliert haben. Für die Fundstelle Basel-Münsterhügel etwa mehren sich jedenfalls die Hinweise, dass «sozial hochstehende Krieger» – wie die Archäologie sich auszudrücken beliebt – dort sassen.

Es gibt noch weitere vorrömische Fundstellen in unzugänglichen Lagen an Jurahängen, die möglicherweise ebenfalls im weitesten Sinne als militärisch begründete Anlagen angesehen werden können. Das eindrücklichste Beispiel ist die 1974 untersuchte Siedlung Waldenburg-Gerstelfluh,[5] die auf einem schwer zugänglichen Felsgrat und an seinen steilen Abhängen liegt, 300 Meter über der Passstrasse des Oberen Hauensteins. Auch hier weisen die Funde auf die Anwesenheit von sozial hochstehenden Kriegern hin. Neben den wenigen genannten Siedlungen gibt es noch rund 45 weitere nachgewiesene oder vermutete Fundorte in der Region des südlichen

Die Wasserleitung für Augst
Wie das Gewölbe der römischen Wasserleitung auf den Seitenwänden aufliegt (links), war 1993 bei der Aufdeckung des unzerstörten Teilstückes am Oberen Burghaldenweg bei Liestal klar erkennbar. Weil der begehbare Kanal (oben) hier zugänglich bleiben konnte, ist die solide Handwerksarbeit mit den bis zu acht verschiedenen Dichtungsputzen an der Sohle und den Flanken noch immer zu betrachten. Der Kanal ist im Innern 1,9 Meter hoch.

Strasse im Bachbett
Weniger bekannt als der Obere Hauenstein ist die Parallelstrasse über den Unteren Hauenstein, wo die künstliche Geleisestrasse dem Dorf Läufelfingen entlang im Bachbett verläuft.

Karrengeleise im Fels
Unter den als römisch bezeichneten Teilstücken von Geleisestrassen auf Schweizer Boden ist der Felsdurchstich am Oberen Hauenstein nahe der Langenbrucker Passhöhe eines der markantesten.

Oberrheins. Bei den meisten dürfte es sich um kleinere ländliche Siedlungen, vielleicht sogar nur um Gehöfte gehandelt haben.[6] Diese Gehöfte sind denn auch in ihrer Funktion die Vorgänger der römischen Villen. Es ist anzunehmen, dass einige auch als Landsitze der Aristokratie dienten.

Im Kanton Basel-Landschaft gibt es seit 1968 eine einzige Fundstelle, die man als Indiz für ein solches Gehöft interpretieren kann. Es ist eine Grube auf dem Gelände der späteren römischen Villa Liestal-Munzach mit Keramik, die ohne Zweifel der Spätlatènezeit angehört, einem Ensemble von rund einem Dutzend verschiedener Gefässe.

In dieser Kulturlandschaft, soweit sie skizzierbar ist, fanden nun der gallische Krieg und das helvetische Exodusdrama statt. Als sie sich zur Auswanderung bereit machten, bewohnten die Helvetier, eine keltische Population, ein Territorium, das vom Rhein, dem Jura, der Rhone und dem Genfersee umschrieben war und das damit weitgehend dem schweizerischen Mittelland entspricht. Wer aber waren die Rauriker oder Rauracher, und welches war ihr angestammtes Gebiet? Angesichts des fragmentarischen, unsicheren oder widersprüchlichen Charakters der literarischen Quellen und der Schwäche archäologischer Kriterien bleibt die Frage nach dem Ursprung, der Identität und der Lokalisierung dieses Volkes, das 58 v. Chr. am helvetischen Auszug teilgenommen hat, noch immer äusserst umstritten.[7] Die meisten Autoren sind sich allerdings zur Zeit darin einig, den Raurachern das Oberelsass bis Colmar, vielleicht Besitzungen rechts des Rheines wie etwa Breisach, dann die beiden Kantone Basel, einen Teil der Kantone Solothurn und Aargau bis zur Aare, entsprechend ungefähr einer Linie von der Frohburg bis Langenbruck entlang dem Jura, zuzugestehen.

Es ist offensichtlich, dass die wenigen sicher erkannten, unmittelbar vorrömischen Siedlungen nicht ein vollständiges Bild der damaligen Siedlungsstruktur zeigen. Die oft geäusserte Meinung, dass die Bevölkerung sich infolge des Helvetier- und Rauracherauszugs sowie des Gallischen Krieges einschneidend vermindert hatte, scheint wenig wahrscheinlich. Immer-

Schotter und Geleise

Kein Buch über Römerstrassen, das die Felsschneise am Oberen Hauenstein nahe Langenbruck nicht abbildet. Gewiss liegt der Obere Hauenstein auf der Achse Aventicum–Augusta Raurica, und in der Nähe der Langenbrucker Passhöhe fand sich anno 1900 ein römischer Miniaturaltar. Ausserdem ist bereits im späten 18. Jahrhundert ein ganzer Komplex von Bronzestatuetten aus Waldenburg auf uns gekommen. In Hölstein stand ein Bad mit höchst bemerkenswerter Ausmalung. Auch auf der solothurnischen Seite um Holderbank fehlt es nicht an römischen Funden und Befunden entlang dieser Hauensteinroute. Bleibt die Frage, weshalb ein gleich mühevoller Strassenbau auch am Unteren Hauenstein hatte vollzogen werden müssen. Allerdings ist die Tatsache, dass all diese Geleisestrassen bis an die Schwelle der Moderne benutzt und weiter ausgebaut worden sind, dazu angetan, nicht nur die Befunde selbst, sondern auch unsere Unvoreingenommenheit ihnen gegenüber in Frage zu stellen. Im flacheren Lande, wo keine Felshindernisse zu überwinden waren, zeigen sich die römischen Strassen in unserer Region durchwegs als Schotterdämme. Nicht einmal im Herzen der Kolonie, in Augusta Raurica, waren die Strassen mit Platten belegt und gepflästert.

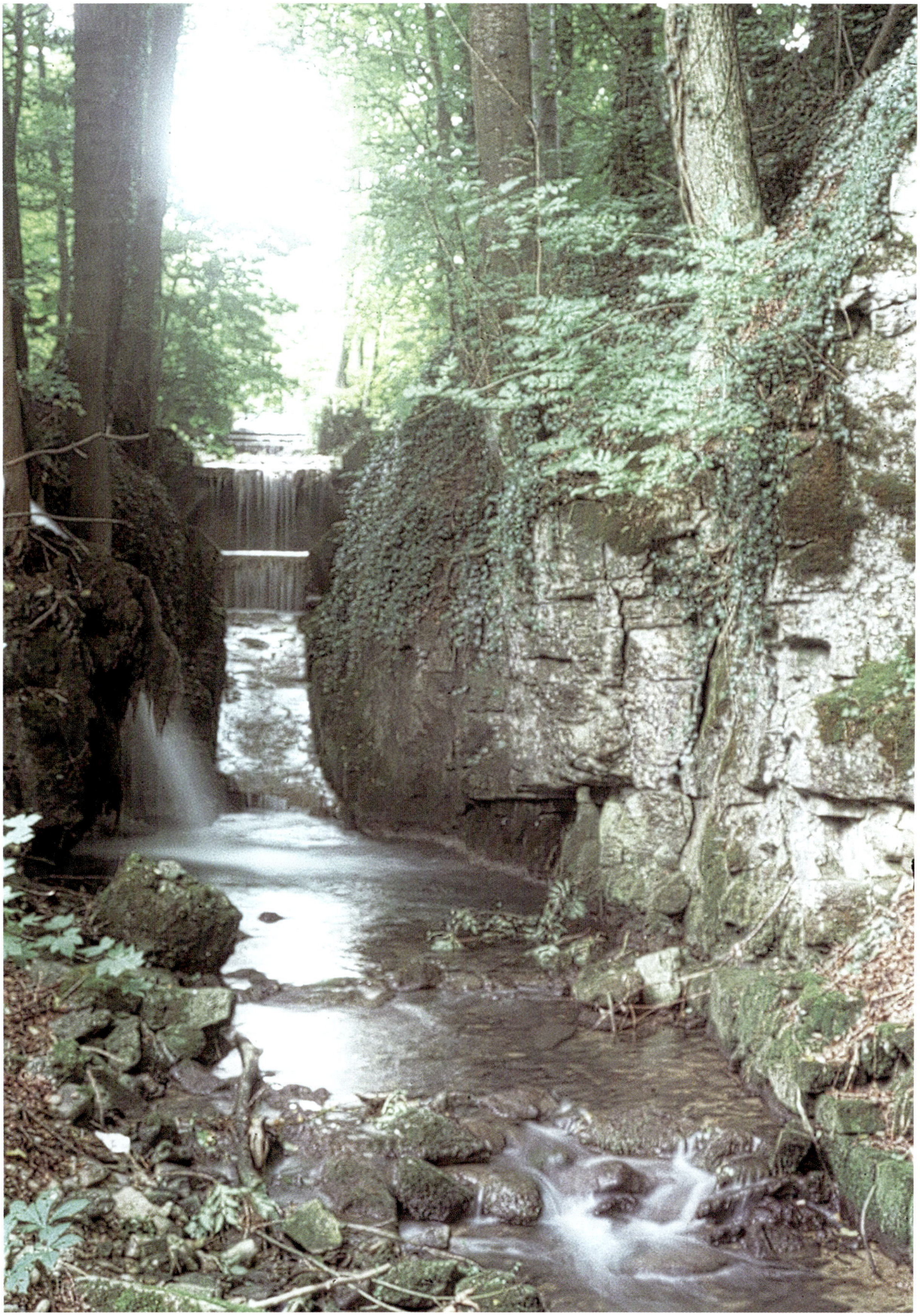

hin steht fest, dass Lucius Munatius Plancus im Jahre 44 v. Chr. die Colonia Raurica gründete, vermutlich noch im Auftrag des im Frühling des gleichen Jahres ermordeten Caesar. In einer nahezu entvölkerten Region wäre die Gründung einer Kolonie nicht nur wenig sinnvoll gewesen, sondern diese hätte auch kein landwirtschaftlich funktionierendes Umfeld gehabt. Wir müssen daher vielleicht die Totalität des Helvetierauszuges, bei dem wir uns ja auf die Angaben in Caesars Kriegsbericht stützen, in unsern Schulbüchern einmal mehr revidieren, denn es ist anzunehmen, dass auch in der zweiten Hälfte des 1. Jahrhunderts v. Chr. in der Region eine Bevölkerung lebte, die in Bezug auf ihre wirtschaftliche, politische und soziale Struktur funktionierte; nur sie konnte die Basis für eine erfolgreiche römische Besiedlung der Landschaft bilden.

«Basel» wird römisch

Beim Auftreten Caesars[8] war das linksrheinische und übrige gallische Gebiet keineswegs eine friedliche Landschaft. Es ist ganz klar, dass Rom und insbesondere Gaius Julius Caesar, der im Jahre 58 v. Chr. als Statthalter die gallischen Provinzen übernahm, die Verhältnisse und Vorgänge in den unruhigen Gebieten, die an das Imperium grenzten, aber noch nicht unter der Befehlsgewalt Roms standen, aufs Genaueste verfolgten. Die Gunst der Stunde bot dem Praktiker und Taktiker Caesar die einzigartige Gelegenheit, den Helvetiern bei ihrem Auszug entgegenzutreten und diese Aktion dann als Vorwand für einen Eroberungskrieg gegen das ganze übrige Gallien zu verwenden. Das Gesuch um das Durchmarschrecht durch die römische Provinz, das die Helvetier unter ihrem greisen Anführer Divico gestellt hatten, einerseits und die Behauptung andererseits, ihr Auswanderungsziel am Atlantik würde das Gleichgewicht im unmittelbaren Vorland der Provincia Narbonensis empfindlich stören, gaben Caesar gegenüber dem Senat in Rom die nötige Begründung für sein Handeln. Ausserdem gelang ihm das Meisterstück, die Helvetier hinzuhalten, entlang der Rhone eine Verteidi-

Gottheiten an der Passstrasse
Bei Waldenburg «im Areisli» 1788 zusammen entdeckt als geschlossener Bronzefund aus galloromischer Produktion wohl des 2. Jahrhunderts: zwei Statuetten der Minerva und eine des Merkurs, alle auf Sockeln, ein zusätzlicher Sockel mit einer Inschrift, welche auf eine verlorene Stierstatuette hinweist, sowie ein kleiner Schild. Ob die Waagschale dazugehört, bleibt fraglich. Wenn es sich um einen Hort aus einem Heiligtum handelt, muss ein solches in der Gegend vermutet werden.

gungslinie aufzubauen und gleichzeitig in Eilmärschen seine bei Aquileia in der Nähe von Venedig im Winterlager stehenden Legionen über die Alpen zu holen. Dem Durchzug der Helvetier durch den Jura entlang der Rhone folgte ihr Ausschwärmen und Plündern und schliesslich der mühsam bewerkstelligte Übergang über die Saône. Die Ereignisse gipfelten in der Schlacht bei Bibracte, in welcher Caesar die Helvetier und ihre Verbündeten – knapp – besiegen konnte.

Caesar nahm in der Folge die Unterwerfung der Helvetier an und befahl ihnen, in ihre Heimat zurückzukehren. Er begründete diesen Entschluss damit, er wolle vermeiden, dass das Gebiet, aus dem sie abgezogen waren, von den Germanen besetzt würde, die dann für Rom zu nahe Nachbarn geworden wären. Mit allergrösster Wahrscheinlichkeit war das Helvetiergebiet nun nicht etwa bereits Teil einer römischen Provinz und damit auch des Römischen Reiches, sondern Caesar dürfte mit den Helvetiern erst einmal einen Bündnisvertrag abgeschlossen haben.

Früher wurde vermutet, dass die Rauriker ihre offene Siedlung am nördlichen Stadtrand des heutigen Basel, die sie ganz offensichtlich beim Auszug verlassen hatten – diejenige bei der ehemaligen Gasfabrik, dem heutigen Novartis-Areal –, nicht wieder aufbauten. Sie errichteten im Gegenteil auf dem Münsterhügel ein kleines Oppidum, das eindeutig in die Periode nach der Niederlage 58 v. Chr. bei Bibracte gehört. Die jüngste archäologische Synthese zur Spätlatènezeit und zur augusteischen Epoche in Basel[9] kommt aufgrund der Glasfunde, der Fibeln und der Münzen zum Schluss, dass die Siedlung Gasfabrik nicht schon zur Mittellatènezeit, sondern erst wenig vor 120 v. Chr. beginnt. Die genannten drei Fundgruppen sowie die Unterschiede bei der Keramik machen wahrscheinlich, dass zwischen dem Ende von Basel-Gasfabrik und dem Beginn von Basel-Münsterhügel eine bedeutende zeitliche Lücke klafft. Das Ende von Basel-Gasfabrik kann um rund 90 v. Chr. vermutet werden, und zwar weil eine besonders typische und genau datierbare Amphorenform hier nicht vorkommt. Basel-

Transporte

Der Ochse bildete als wichtigstes Zugtier der ganzen Antike eine bedeutende Konstante im Transportwesen;[6] das Pferd wurde als Zugtier kaum benutzt. Der Ochse aber war langsam und gefrässig. Die Preise für Transporte in Diokletians offiziellem Maximaltarif vom Jahre 301 zeigen, dass eine Wagenladung von einer halben Tonne Weizen bei einer Strecke von annähernd 500 Kilometern auf dem Landweg gerade doppelt soviel gekostet hätte. Andererseits musste für die Verschiffung von Getreide von einem Ende des Mittelmeeres zum anderen – also über 3600 Kilometer auf dem Seeweg – weniger bezahlt werden als für einen Landtransport mit Wagen auf einer Strecke von nur 120 Kilometern! Privatleute konnten es sich in der Regel nicht leisten, sperrige Güter über weite Entfernungen zu Lande zu transportieren; und die meisten Dinge des täglichen Bedarfs waren nun einmal sperrig – Getreide, Töpferwaren, Metalle, Holz und anderes Baumaterial. Die Städte konnten demzufolge auch nicht über die Leistungsfähigkeit der Nahrungsmittelproduktion ihres eigenen unmittelbaren Hinterlandes hinauswachsen, sofern sie nicht direkten Zugang zu den Wasserstrassen hatten. Überall dort, wo die Transportmittel primitiv waren und wo Transporte nur zu Lande durchgeführt

Münsterhügel bestand bereits um die Mitte des 1. Jahrhunderts v. Chr., da die so genannte Campana, eine charakteristische, aus dem mittleren Rhonetal importierte Keramik, hier vertreten ist. Ob und wann vor der Jahrhundertmitte die Siedlung begann, lässt sich nicht bestimmen. Jedenfalls ist nicht auszuschliessen, dass die Arbeiten auf dem Münsterhügel relativ bald nach Bibracte eingesetzt haben. Das Ende der spätlatènezeitlichen Siedlung hier entspricht dem Beginn der augusteischen Militäranlage um rund 40/20 v. Chr. Ob von Ersatz oder Umwandlung zu sprechen wäre, bleibe offen; ebenso offen bleiben muss die Frage, was sich denn zwischen 90 und 58 v. Chr. – während immerhin rund 30 Jahren, also mehr als einer Generation – bei der Gasfabrik zugetragen hat. Gewiss sind die Rauriker nicht 30 Jahre umhergeirrt, um erst 58 v. Chr. Caesar zu begegnen!

Als sich die Helvetier sechs Jahre nach der Schlacht bei Bibracte, im Jahre 52 v. Chr., dem Aufstand unter Vercingetorix anschlossen, brachen sie den Bündnisvertrag mit Rom. Zwar wurden sie nach dem Zusammenbruch der Erhebung nicht weiter bestraft, aber ihre Unzuverlässigkeit war in Rom nun manifest. Daher beschloss Caesar, zwei römische Kolonien anzulegen. Die erste, welche 45/43 v. Chr. entstand, war Nyon am Genfersee mit dem Titel *Colonia Julia Equestris*. Der letzte Beiname bezeugt, dass Veteranen aus den Reitereinheiten der Legionen hier Land erhalten haben. Die zweite Kolonie war die von Lucius Munatius Plancus zusammen mit Lyon genannte *Raurica*. In diesem Sinne kann die Gründung von Augusta Raurica durchaus auch als Disziplinarmassnahme verstanden werden.

Die ersten römischen Funde

Die früheste römische Besiedlung im Hinterland von Augusta Raurica[10] und ihre Struktur sind noch schwieriger zu fassen als diejenigen der Spätlatènezeit. Die Koloniestadt Augusta Raurica wird zwar von der augusteischen Zeit an – das heisst der Regierungszeit von Kaiser Augustus 31 v. Chr. bis 14 n. Chr. – archäologisch fassbar. Aber ihre Grösse geschweige denn ihr

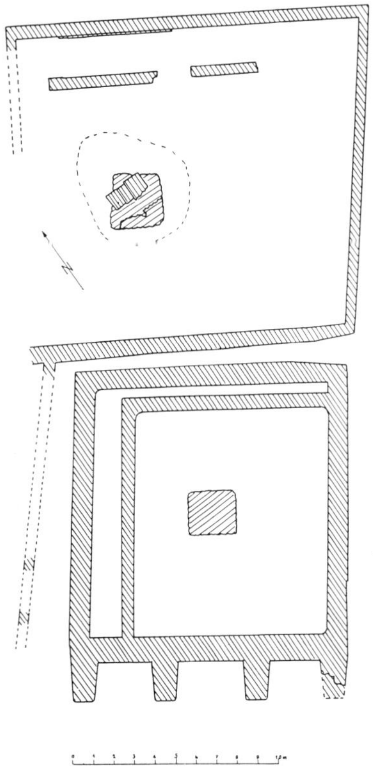

Das Heiligtum beim Bad Bubendorf
Die nie ganz geklärten Grundrisse der Bauten mit der Jupitersäule beim Bad Bubendorf. Gut erkennbar sind beim unten liegenden Quadratbau die vier auskragenden massiven Stützpfeilerfundamente sowie im Zentrum die quadratisch gemauerte Fundamentplatte für die ehemals wohl gegen 15 Meter hohe Säule mit dem Götterbild.

werden konnten, betrug die Maximaldistanz von einem lokalen Markt bis zum Rande seines Einzugsbereiches nur etwa sechs bis acht Kilometer. Dies entspricht ungefähr der Distanz zwischen Augst und der Villa Munzach bei Liestal.

Nicht einmal die Existenz der berühmten Fernstrassen, die aus militärischen und politischen, aber nicht aus wirtschaftlichen Gründen gebaut und unterhalten wurden, machte einen bemerkenswerten Unterschied. Es waren die vielen Flüsse Galliens, nicht die Strassen, die das Wachsen der Städte im Inneren des Landes ermöglichten. Eine Strecke von nicht einmal 20 Kilometern konnte bereits ein fast unüberwindliches Hindernis für einen raschen Landtransport darstellen. Zwar legten die römischen Armeen in Gewaltmärschen weite Distanzen über die Strassen in kurzer Zeit zurück; auf den gleichen Strassen konnten sie jedoch aus weiter Entfernung weder ernährt noch bewaffnet werden. Römischen Strategen war bekannt, dass die Versorgung ihrer Truppen ausschliesslich über die Wasserwege sichergestellt werden konnte. Daher liegen die wichtigsten Siedlungen und Neugründungen an den Ufern schiffbarer Flüsse, und sie waren der wohl wesentlichste Faktor bei allen militärisch-logistischen Berechnungen wie etwa bei der Anlage der grössten Mehl-

Aussehen sind mangels Baubefunden nicht bekannt. Das meiste an frühen Bauten ist ohnehin der emsigen Umbautätigkeit in der Stadt zum Opfer gefallen. Und zudem sind Überreste des früheren 1. Jahrhunderts im Boden nur selten erhalten geblieben, da die Bauten in recht vergänglicher Weise – wie die gallischen Gehöfte – aus Holzgebälk konstruiert und mit Lehmwänden versehen waren. Die ältesten Einzelfunde lassen aber den Schluss zu, dass die Augster Hochebene, vom Theater und Römermuseum an aufwärts Richtung Giebenach, schon ziemlich dicht und das unten am Rhein liegende Kaiseraugster Gebiet immerhin teilweise besiedelt waren. Gewiss hatte Augusta Raurica damals in Grösse und baulichem Reichtum noch wenig Ähnlichkeit mit der späteren grössten Stadt der Region. Bis auf ein von Holzbauten umstelltes Forum und mehrere gallorömische Vierecktempel wissen wir in dieser Zeit von keinen öffentlichen Bauten.

Die Existenz eines Militärlagers etwa um Christi Geburt auf dem Münsterhügel in Basel ist gesichert. Auch bei Vindonissa und Zurzach kann die Präsenz von Militär in augusteischer Zeit vermutet werden. Auf dem Lande allerdings muss die Besiedlung weitgehend hypothetisch erschlossen werden, denn wiederum, wie schon zuvor in der Spätlatènezeit, ist zu wenig Fundmaterial exakt genug datierbar. Die Existenz einer Kolonie und die Anwesenheit von Militär weisen aber darauf hin, dass tatsächlich mit einem verstärkten römischen Einfluss gerechnet werden muss, denn die Kolonie und vermutlich auch teilweise die Truppe mussten ja vom Hinterland aus versorgt werden.

Das typische Fundmaterial der augusteischen Zeit, das sich im *vicus* auf dem Basler Münsterhügel und im Vorgelände in grosser Anzahl findet, fehlt weitgehend auf dem Lande – das heisst konkret in den Villengrabungen im Baselbieter Hinterland. Den einzigen Indikator für augusteische Aktivitäten bildet hier die frühe Terra Sigillata aus Italien («Arretina» aus Arezzo) oder aus Lyon, die ersten Services jenes luxuriösen Tafelgeschirrs, das in die Zeit zwischen rund 20 vor und 20 n. Chr. zu datieren ist.

Höhenheiligtum
Von den restaurierten Überresten des gallorömischen Vierecktempels auf der Schauenburgflue ob Frenkendorf schweift der Blick über das frühherbstliche Nebelmeer ostwärts bis zum Wiesenberg.

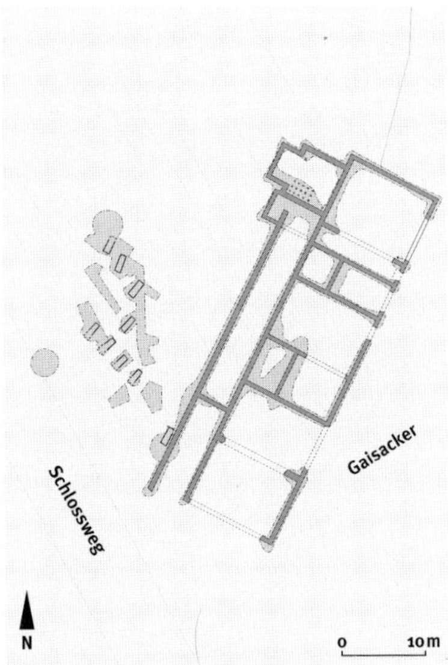

Die Römervilla Ormalingen
Diese Villa ist typisch für eine mittelgrosse römische Anlage in unserer Region. Alle Räume sind zu einem langgestreckten Baukörper aufgereiht, an welchen sich in der Nordecke ein bescheidenes Bad anschliesst und dessen Nordwestfassade eine Portikus vorgelagert ist. Westlich der Ruinen wurden Jahrhunderte später, im Frühmittelalter, mehrere Gräber angelegt. Der Planausschnitt rechts zeigt die pionierhafte Arbeit von Pfarrer Fritz LaRoche-Fröhlich bei der Ausgrabung der Villa Ormalingen im Jahre 1929.

Bis heute konnte derartiges Tafelgeschirr ausser in Augst in nur elf ländlichen Siedlungen im Kanton festgestellt werden. Solche Arretina belegt jedoch nicht sicher, dass die Fundstellen bereits eigentliche römische Siedlungen waren. Es ist ebenso gut möglich, dass es ältere, spätlatènezeitliche Siedlungen sind, die in augusteischer Zeit schon so weit assimiliert waren, dass hier derartige römische Importgüter erworben und verwendet wurden. Das agrarische Umfeld der Spätlatènezeit hat nicht von einem Tag auf den anderen aufgehört zu existieren, sondern es veränderte sich Schritt für Schritt. Arretina findet sich von Augst an aufwärts im Einzugsgebiet der Ergolz in Liestal-Munzach, Liestal-Kirche, Bubendorf-Fieleten, Gelterkinden-Mühlstett oder aber vor den Toren von Augusta Raurica in Pratteln-Kästeli einerseits, andererseits in der Nähe der Stadt Basel, nämlich in ihrem Einzugsgebiet zwischen Birs und Birsig, in Allschwil-Kirche,[11] Neuallschwil, Reinach-Stockacker, Reinach-Brüel, Aesch-Klus und Laufen-Müschhag. Einzig die Arretina-Funde von Bennwil liegen etwas abseits dieser Zentren, am Juranordfuss. Es scheint also plausibel, dass nur Siedlungen mit einer gewissen Zentrumsfunktion wie eben Augst oder das Militärlager auf dem Münsterhügel in ihren Einflussgebieten die Romanisierung förderten, indem sie für Dynamik in der landwirtschaftlichen Produktion sorgten und damit auch die Entstehung von Villen beeinflussten.

Aufschlussreich ist auch das Fehlen von so genannten Reibschüsseln und Backtellern auf dem Lande, denn diese beiden Geschirrformen, die grossen, bauchigen, mit einem Sandbelag innen aufgerauten mörserartigen Schüsseln einerseits und die runden flachen «Backbleche» aus rotem Ton andererseits, stehen in engem Zusammenhang mit der Speisezubereitung, wie sie in den Mittelmeergebieten üblich war. In Basel auf dem Münsterhügel und in Augusta Raurica scheinen daher schon in augusteisch-frühtiberischer Zeit solche mediterrane Speisezubereitungen übernommen worden zu sein. Auf dem Lande hingegen waren sie anscheinend noch unbekannt oder noch nicht akzeptiert. Was der Bauer nicht kennt, ...?

fabrik der Römerzeit, der gigantischen Mühle am Abhang von Barbégal, betrieben mit Wasserkraft aus einem eigenen Aquädukt. Aus den zweimal je acht untereinander liegenden Mahlwerken konnte die gigantische Mühle 300 Kilo Mehl pro Stunde liefern. Ihr Standort nahe bei Les Baux-de-Provence ist nur wenige Kilometer vom Wasserweg der Rhone entfernt.

Römischer Tourismus?
Zugegeben, der Begriff ist zu modern. Ausser einer winzigen, höchst privilegierten Bevölkerungsschicht, die es sich leisten konnte, aus purer Langeweile gelegentlich eine Reise zu unternehmen, und ausser jenen Personengruppen, die beruflich unterwegs sein mussten wie Militär, Ochsentreiber, Seeleute, Steuereintreiber oder andere Verwaltungsbeamte, gab es in der Antike wenig Grund zum Reisen und keinen Ferien-Zwangs-Tourismus umfassenden Stils, wie er heute gepflegt wird.

Was unterwegs aufgesucht wurde, das waren Heiligtümer, und davon weist der Kanton Basel-Landschaft gerade zwei bemerkenswerte auf. Das eine liegt auf der Schauenburgflue ob Frenkendorf, ein anderes im Furlenboden ob Fieleten. Einen Steinwurf südlich des Hotel-Restaurants Bad Bubendorf stand einstmals eine so genannte Jupiter-Säule. Dem Reisenden auf

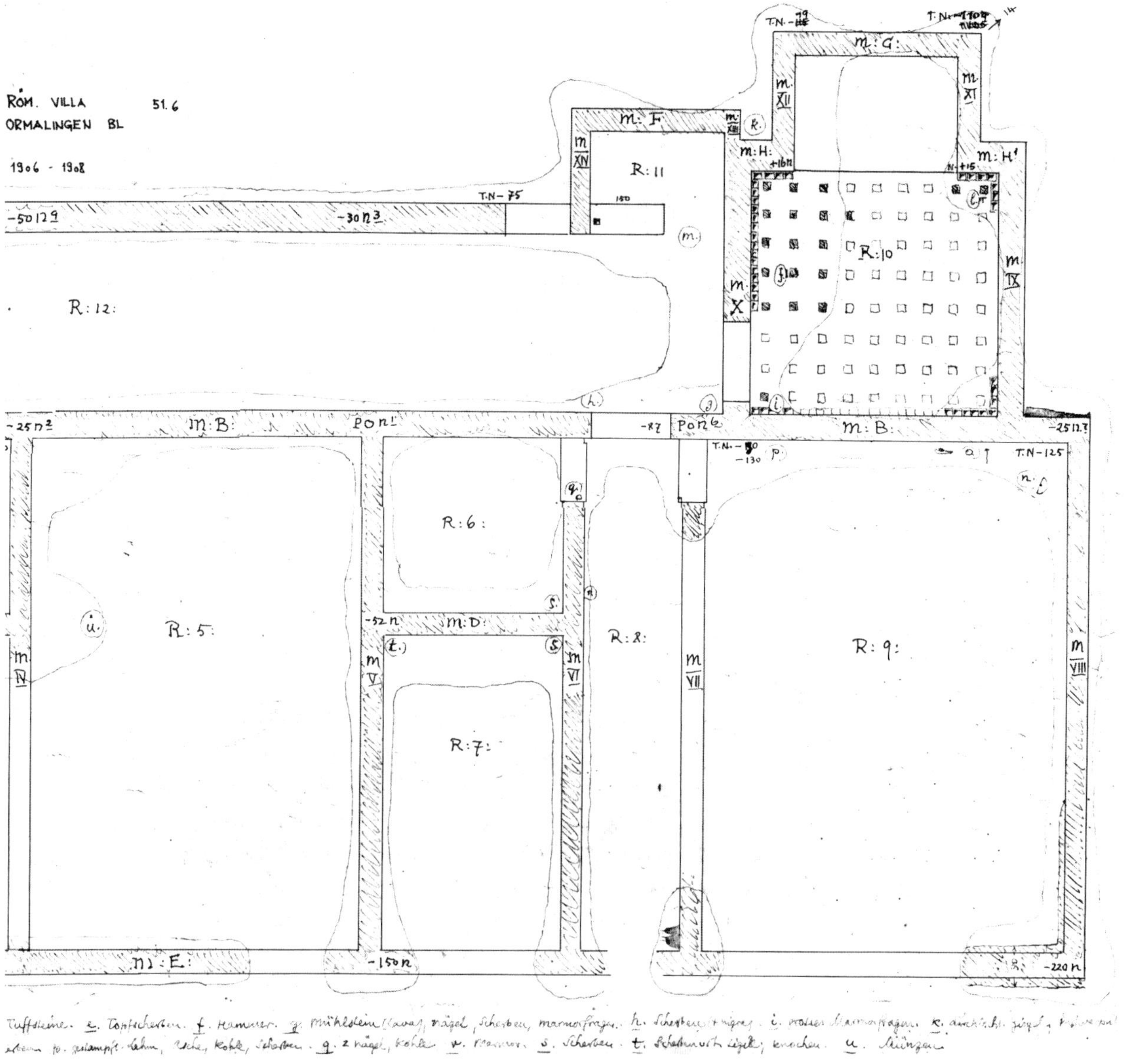

DIE RÖMERZEIT – AUGUSTA RAURICA UND SEIN HINTERLAND 99

der Hauensteinstrasse musste schon kurz unterhalb des heutigen Hölstein, beim Talhaus, die 12 bis 15 Meter hohe Säule mit dem Standbild des Göttervaters entgegen geleuchtet haben, von dessen Blitzbündel Theodor Strübin 1959 zwei vergoldete Bronzeblitzfragmente gefunden hatte. Dass hier angehalten und geopfert wurde, sei es vor oder nach der Überquerung des Hauensteins, geht aus den 85 rund um die Sockelfundamente der Säule gefundenen Opfermünzen hervor, von denen sieben in die Zeit vor 250 n. Chr. datieren; zwischen 250 und 307 sind es 24 Stück, und der Hauptanteil von 54 Münzen stammt aus dem 4. Jahrhundert, zwischen 307 und 378. Hier zeigt es sich, dass auch im 4. Jahrhundert noch reger Verkehr geherrscht hat.[7] In nur 100 Metern Distanz von der Säule, näher zur Strasse hin, lag die Villa, zu der die Gigantensäule gehört hatte. Es ist selbstredend, dass die Eigentümer oder Pächter des Gutshofes sich bemühten, den Opfernden, wenn sie schon hier Halt machten, ihre Waren und Produkte anzubieten; und das war ein Handel in durchaus touristischem Sinne.

Römische Produktionsweise

Römische Landwirtschaft wurde rein extensiv betrieben.[8] Stieg die Nachfrage nach landwirtschaftlichen Produkten, strebte

Das Aussehen der frühesten ländlichen Siedlungen ist so viel wie unbekannt. Nur in Laufen-Müschhag[12] gibt es vollständige Grundrisse von zwei Holzgebäuden. Das wenige, was wir von den frühen Villen wissen, deckt sich ungefähr mit dem, was man über Gebäude in Gehöften der Spätlatènezeit in Gallien weiss. Es sind zumeist langrechteckige Schwellbalken- oder Pfostenbauten mit oder ohne Raumunterteilung. Aus diesen Gebäuden mit langrechteckigen Grundrissen entwickelte sich die typisch gallische Villa, in welcher die einfache Grundform der Bauten je nach Funktion beibehalten oder durch Anbauten und Raumunterteilungen aufwändiger gestaltet wurde.

Sehr interessante Aufschlüsse ergeben sich, wenn man die spätere Geschichte jener Siedlungen betrachtet, die in der Frühzeit Arretina aufweisen. Zwei der oben genannten sehr frühen Siedlungen, nämlich Pratteln-Kästeli und Liestal-Munzach, entwickeln sich zu ausserordentlich grossen und aufwändig konstruierten Villenkomplexen. Die ebenfalls sehr frühen Anlagen in Bubendorf-Fieleten und Allschwil-Kirche waren vermutlich aussergewöhnlich gross. Darf man wohl annehmen – auch wenn es sich weder belegen noch beweisen lässt –, dass ihre Besitzer besonders reich und damit auch besonders einflussreich waren? Es könnte sein, dass diese Leute nicht erst in der frühen römischen Zeit, sondern schon vorher, lange bevor Rom in der Region tonangebend wurde, besonders wichtige Stellungen bekleideten und aufgrund ihrer Position dann auch privilegierte Beziehungen zum Erwerb römischer Güter besassen.

Römische Erntemaschine
Eine der wenigen bildlich überlieferten römischen Maschinen auf einem Trierer Grabrelief. Die Zähne der von einem Maultier auf einer Achse traxartig geschobenen Schaufel sollten die Ähren abschneiden und sammeln, wobei die Schnitthöhe offenbar von dem hinter dem Tier lenkenden Manne geregelt werden konnte.

man nicht nach Intensivierung, sondern um mehr zu produzieren, suchte man die Anbauflächen auszudehnen und mehr menschliche Arbeitskraft einzusetzen. Viele Möglichkeiten einer erfolgreicheren Produktion – allein schon die Bewässerung zum Beispiel – waren kaum je genutzt worden, und gewisse technische Errungenschaften wie die aus einem Trierer Relief bekannte Mäh- und Erntemaschine konnten sich nicht durchsetzen. Agrarwissenschaftliches Denken oder wirtschaftliche Analysen in unserem Sinne waren dem antiken Menschen fremd. Landwirtschaft wurde nach Tradition, Faustregeln und Erfahrung betrieben.

Das Gleiche galt auch in der Stadt und für das Handwerk. Bei grösserem Bedarf an handwerklichen Erzeugnissen wurden mehr Handwerker und Arbeiter eingesetzt, aber die Arbeitsvorgänge selbst wurden nicht rationalisiert. Die Produktivität der römischen Wirtschaft war ganz einfach dort begrenzt, wo die Leistung der menschlichen und tierischen Arbeitskraft, gepaart mit den wenigen verwendeten technischen Hilfsmitteln, voll ausgeschöpft war.
Es ist einzig die Terra Sigillata, das römische Sonntagsgeschirr, mit dem oft samten rotbraun glänzenden Tonschlickerüberzug, dessen Produktion wir archäologisch genau verfolgen können und das

Bei den frühesten ländlichen Siedlungen stellt sich die Frage, ob sie wirklich schon als Villen im eigentlichen Sinne bezeichnet werden dürfen. Die Frage ist nicht einfach zu beantworten, da das Aussehen und die Struktur dieser Siedlungen zu wenig bekannt sind. Ganz sicher fehlen ihnen gewisse charakteristische Züge einer echten Romanisierung, nämlich die Steinbauweise und der urbane Lebensstandard. Aber in Augusta Raurica sind diese beiden Komponenten in der Frühzeit genauso wenig belegbar. Es gab somit noch keinen Ort in der Nähe, der ein Vorbild für urbane Lebensformen im galloromischen Stil hätte sein können. Die kulturelle und wirtschaftliche Einbindung der Region des südlichen Oberrheins ins Römische Reich stand zu dieser Zeit erst am Anfang. Damit fehlten vermutlich noch die für die Villenkultur entscheidenden römischen Einflüsse, oder sie fanden noch keinen Ausdruck im archäologischen Material. Erst der volle Einbezug eines Gebiets ins Römische Imperium liess jene Strukturen entstehen, die aus einem (gallischen) Gehöft eine (römische) Villa machten. Daher scheint es angebracht, in dieser frühen Phase noch nicht von Villen zu sprechen.

Augusta Raurica – Stadtgeschichte als Epochengeschichte

Eine der wichtigsten zeitgenössischen Nennungen unserer Römerstadt findet sich noch heute in Stein gemeisselt – allerdings in einer Distanz von 825 Kilometer Luftlinie von Augst, in der Nähe von Neapel. Auf seinem Mausoleum, einem unübersehbaren turmartigen Grabmonument hoch über der Hafenstadt Gaëta, hatte Lucius Munatius Plancus verkünden lassen, er habe «IN GALLIA COLONIAS DEDVXIT» – also in Gallien Kolonien gegründet –, und zwar «LVGVDVNVM ET RAVRICAM» – Lyon und «Raurica». Plancus war ein General Caesars gewesen, und die Gründung der Kolonien – am wahrscheinlichsten im Jahre 44 v. Chr. – muss er während seiner Statthalterschaft in Gallien vollzogen haben.

Nach wie vor ist es ein Problem, dass bisher im Stadtgebiet von Augusta Raurica keinerlei Befunde aus dieser frühen Zeit der Koloniegründung

Astérix le Galloromain?

Bei aller Lust zum blanken Anachronismus ist Uderzo und Goscinny, deren Astérix-Bände zu oft als Kinderbücher verkannt werden, zu attestieren, dass sie ihre Römer recht genau studiert haben und sehr viel fachlich absolut Verbindliches vermitteln. Ob die rüden Säulentrommeln nun allerdings «auf» gallo-römisch oder doch eher gallo-griechisch «machen», ist schwer festzulegen.

uns wie ein Leitfossil Datierungen bis oft auf wenige Jahre genau erlaubt. Erste Beispiele für ein industrieähnliches Gewerbe liefern Arezzo, aber auch Pisa und Lyon, wo man vom Ende des 1. Jahrhunderts v. Chr. an ansehnliche Vermögen mit der eben in Mode gekommenen Terra Sigillata verdienen konnte – aber für nur ganz kurze Zeit, die keine zwei Generationen überdauerte.[9] Hier gab es Töpfereien, die über 50 Sklaven beschäftigten. Die wichtigsten Orte, welche die Nachfolge Arezzos übernahmen, waren Lezoux und La Graufesenque in Gallien. Sie exportierten ihre Waren in das gesamte westliche Reich, doch die Töpfer selbst waren kleine Leute und keine Wirtschaftsbosse. Die sozialen Umstände, unter denen Keramik produziert wurde, sind uns aber bis heute fast unbekannt geblieben.[10] Ebenso wenig kennen wir das Verhältnis zwischen den Töpfern oder Töpfereibetrieben und dem Grundbesitz samt den ausgebeuteten Tonvorkommen.

Mit modernen Vorstellungen der Wirtschaftstheorie wie Kosten-Nutzen-Analyse oder Produktivitätssteigerung ist dieses Verhalten in keiner Weise verwandt. Zu Fragen wie Vermarktungsmethoden der Grossgrundbesitzer oder Einnahmen und Ausgaben finden sich in antiken Texten nur zufällig vereinzelte Angaben, die kaum verwertbar sind.[11] Die Menschen in römi-

Eingemachtes

Einen Teil eines Münzschatzes – samt dem original beschrifteten Fundsäcklein von anno 1855 – kurzerhand unter einer Stickstoffatmosphäre ins Einmachglas verbannt hat ein Restaurator in den 1970er Jahren, um eine zunehmende Korrosion der Münzen in den Griff zu kriegen. Hier handelt es sich um einen Teil des «Tetricus-Fundes», jener rund 5000 Antoniniane – wenig wertvoller Kupfermünzen mit dünnstem Silbersudüberzug –, die in der Muttenzer Hard beim Bau der Centralbahn gefunden worden waren. Er ist nur einer von sechs Hortfunden aus Arlesheim und Muttenz der Jahre 1851, 1854, 1855, 1913, 1920 und 1966 mit insgesamt rund 14 000 Münzen, die alle zwischen 270 und 285 n. Chr. vergraben worden sein müssen.

bekannt geworden sind. Die fassbaren Befunde setzen erst um 15 / 10 v. Chr. ein. So hat man sich mit der Theorie beholfen, dass zwar ein Gründungsakt, aber wegen der Bürgerkriegswirren nach Caesars Ermordung (ebenfalls 44 v. Chr.) noch kein Ausbau der Stadt erfolgt sei; oder aber, da das Gebiet der Rauriker ja nicht ganz genau fassbar ist, dass die Kolonie gar nicht am Orte des heutigen Augst, sondern vielleicht in oder bei Basel, etwa auf dem Münsterhügel, gegründet worden sei. Hier würden die frührömischen Siedlungsgeschichten, welche auf die spätkeltische Besiedlung folgen, auf diese Gründung im Auftrag Caesars zurückgehen.

Zur Regierungszeit des Kaisers Augustus, wohl zwischen 15 und 10 v. Chr., wurde jedenfalls die Stadt Augusta Raurica neu benannt oder genauer: die Colonia, wie wir den Bruchstücken bronzener Inschriftentafeln entnehmen können.[13] Aus den Fragmenten sind einerseits die Namen des Nuncupators Lucius Octavius zu erschliessen, das heisst des feierlich die Neubenennung aussprechenden Kommissars, der wohl aus der Verwandtschaft des Augustus stammte und den Auftrag hatte, die ehemals getroffenen Massnahmen zu überprüfen. Zum andern finden sich auf den Tafelfragmenten auch die insgesamt sieben Zusatzbezeichnungen, welche den vollständigen jetzt neuen Namen der Stadt und der Kolonie bilden: Colonia Paterna Munatia Felix Apollinaris Augusta Emerita Raurica. Der Zusatz Emerita zeigt, dass unter anderen auch Veteranen der römischen Armee in der neuen Kolonie angesiedelt worden waren.

Es darf als sicher gelten, dass die Stadtgründung auf jungfräulichem Boden stattgefunden hat, und auch die Spuren von Brandrodungen sind unübersehbar. Einer der trefflichsten Zeugen für den tatsächlichen Baubeginn ist der Wurzelstock einer grossen Eiche bei der Nordwestecke des späteren Theaters. Die Eiche muss zwischen 10 und 20 v. Chr. gefällt worden sein. Unmittelbar über dem stehen gelassenen Wurzelstock hat sich dann die erste, augusteische Fundschicht zu bilden begonnen. Und in der Insula 31 fanden sich 1977 in wasserführenden Schichten in vier Meter Tiefe Balken

scher Zeit dachten, handelten und lebten eben nicht innerhalb eines kapitalistisch-industriellen Wertesystems, weil die römische Sozialstruktur den maximalen Einsatz der verfügbaren Produktionsmittel nicht nötig gemacht und damit auch nicht gefördert hat.

Ein Soldatenziegel vom Dietisberg

Daniel Bruckner berichtet 1760, vor wenigen Jahren sei auf dem Dietisberg im Dreieck der Banne Diegten, Eptingen, Läufelfingen in die Erde gegraben worden. Dabei hat man nicht nur die «Überbleibsel von einem runden Thurme», sondern auch verschiedene römische Ziegelbruchstücke angetroffen, und einer dieser heute leider verschollenen Ziegel soll mit einem Stempel der 7. Legion versehen gewesen sein.[12] Das römische Militär verfügte über bedeutende Sapeur-, ja Fabrikationseinheiten, von denen zum Beispiel auch ganze Ziegeleien betrieben wurden, wie diejenige der Legio Prima Martia aus dem 4. Jahrhundert, die noch heute am Südrand der Grossüberbauung Liebrüti bei Kaiseraugst zu besuchen ist. Diese Militär-Ziegeleien haben ihre Produktionen mit einer Art Ursprungsmarke versehen. Wir wissen zum Teil genau, von wann bis wann welche Legion wo gestanden ist und wo sie eingesetzt wurde. Die *Legio VII (septima)*

einer Hauskonstruktion als noch intakte Hölzer. Einer der Balken mit Waldkante war dendrochronologisch absolut datierbar: Er war exakt im Jahre 6 v. Chr. gefällt worden.¹⁴

Das in Rechtecken normierte römische Strassen- und Quartiernetz der Oberstadt zeigt sich bereits in vielen der frühen tiberisch-claudischen Holzbau-Konstruktionen.¹⁵ Das bedeutet, dass die Stadt von allem Anfang an als durchstrukturierte Siedlung mit allen nötigen Einrichtungen und öffentlichen Gebäuden geplant war. Obwohl bereits manche solcher Holzbauten verifiziert werden konnten, genügen ihre Anzahl und Lage nicht, um direkte Schlüsse auf die schrittweise bauliche Entwicklung der Stadt zu ziehen. Lediglich anhand genau datierbarer Funde – wie zum Beispiel arretinischer Terra Sigillata – sind die am frühesten bewohnten Quartiere auszumachen, nämlich entlang des Decumanus maximus, der ungefähr Nord-Süd verlaufenden Hauptachse der Stadt.

Auch wenn sich Bauten der ersten Jahrzehnte des 1. Jahrhunderts bereits relativ grossflächig zeigen, ist festzuhalten, dass manche der späteren öffentlichen Bauten noch gar nicht existierten. Es gab kein Theater, keine Thermen, keine Curia (jenes dreiviertelrunde Regierungsgebäude als Anbau an der östlichen Längsseite der Forumsbasilika), und nur ein Teil des Forums war bereits in Holz errichtet worden. Dass die Unterstadt – das Gebiet der Gemeinde Kaiseraugst – noch gänzlich unbesiedelt war, geht auch daraus hervor, dass dort ein Holz-Erde-Truppenkastell entstehen konnte.¹⁶

Die noch junge Stadt veränderte sich im Laufe des 1. Jahrhunderts gewaltig und entwickelte sich rasch. Von den 50er bis zu den 70er Jahren wurden praktisch alle auf Schwellbalkenfundamenten ruhenden und wohl auch im Oberbau in Holz konstruierten Altbauten abgerissen und neu in Stein aufgeführt. Hinzu kam ein offizieller Auftragsschub. Innert weniger Jahrzehnte wurde eine ganze Reihe öffentlicher Gebäude und Anlagen geschaffen. Die Curia, die Frauenthermen, die klassisch-antiken Podiums-Tempel auf Schönbühl, auf dem Forum und in der Grienmatt sowie ein

Dachziegel aus Kaiseraugst
Einer der grössten und besterhaltenen Brennöfen für Hohl- oder Halbrundziegel, ummantelt mit fast zwei Meter mächtigen Kalksteinmauern, steht noch heute in der Liebrüti bei Kaiseraugst. Auf der vier mal vier Meter grossen Lochtenne, unter welcher sich die drei Meter hohen Ziegelgewölbe unversehrt fanden, zeigte sich 1970 noch der nicht verwendete Rest des allerletzten Brandes, den die Militärziegler der Legio Prima Martia im 4. Jahrhundert hier vollzogen hatten.

Hochoffizielle Ehrenmale
Die Rekonstruktion dieser beiden je etwa einen Kubikmeter grossen Statuenbasen ist das Resultat jahrelanger technologischer Analysen und wissenschaftlicher Kombinatorik. Erste Untersuchungen hatten die beiden beschrifteten Tafelteile, die jetzt auf den nach rechts gewandten Vorderseiten der Basen angebracht sind, zu einer einzigen Inschrift rekonstruiert. Die akribischen Vergleiche von Zeilenhöhen und -abständen, Buchstabendetailformen und -füsschen, von Bruchstellen und Metallprofilen an den auf Seite 105 gezeigten Bronzeguss-Fragmenten aus Augst führten zum vorliegenden Ergebnis. Auf den Basen darf man sich Statuen des Lucius Octavius und – vielleicht – des Kaisers Augustus vorstellen.

szenisches Theater entstanden, und auch die Forumsbauten wurden in Stein neu ausgeführt. Der Beginn des Stadtmauerbaues (um 80 n. Chr.) fällt in diese Jahrzehnte und auch die Entstehung eines «Industriegürtels» im Süden mit Grosstöpfereien und Eisenverarbeitungsanlagen. Am Ende des 1. Jahrhunderts erweitert man die Zentralthermen, und das Bauen in der Unterstadt beginnt.

Auch wenn Augusta Raurica eine zivile Stadt war und erst im 4. Jahrhundert wieder ein militärischer Stützpunkt wurde, so schloss das doch die mehrmalige Stationierung von Truppen nicht aus. So stand nahe beim späteren Dorfkern von Kaiseraugst in der ersten Hälfte des 1. Jahrhunderts das soeben erwähnte Holz-Erde-Kastell für Infanterie und Reiterei, das zusammen mit dem Legionslager Vindonissa (Windisch bei Brugg) zu einem vom Rhein bis zum östlichen Alpenvorland reichenden Defensivsystem gehörte. Für die zweite Jahrhunderthälfte sind dank mehrerer wenn auch stark fragmentierter Inschriftblöcke besondere Abteilungen zweier Legionen nachgewiesen. Denkbar ist es, dass Truppendetachemente an öffentlichen Bauwerken eingesetzt wurden. Wahrscheinlich hängt ihre Stationierung in Augst aber auch mit den Vorstössen nach Südwestdeutschland, ins Dekumatenland, zusammen. Mit dem Bau des Obergermanisch-Raetischen Limes, jenes viele Kilometer langen und weit nach Norden und Osten vorgeschobenen Grenzbefestigungssystems aus Wall oder Mauer mit Graben und regelmässig angeordneten Wachttürmen, verlor der Rhein seine Bedeutung als Reichsgrenze. Das frühe Kastell des ersten Jahrhunderts am Rheinufer wurde geräumt: Augusta Raurica konnte zum kulturellen und wirtschaftlichen Zentrum einer dicht besiedelten Region beidseits der nun inländischen Wasserstrasse werden.

Zu Beginn des 2. Jahrhunderts war die Stadt bereits so hoch entwickelt, dass wir gezwungen sind, eine geregelte Kehrichtabfuhr anzunehmen, denn Abfallschichten aus dieser Zeit fehlen in der Stadt weitgehend. Während um 120 n. Chr. manche Umbauten und Erweiterungen festzustellen

gemina felix wurde im Jahre 68 n. Chr. von Kaiser Galba in Spanien ausgehoben und zu Beginn der siebziger Jahre zur Verstärkung des Rheinheeres eingesetzt. Auch in Augusta Raurica müssen aufgrund von Inschriften-Fragmenten Abteilungen dieser Legion stationiert gewesen sein. Mit grosser Wahrscheinlichkeit waren sie an der Errichtung öffentlicher Bauten, zum Beispiel des ersten Augster Theaters und der Fragment gebliebenen Stadtmauer, beteiligt. Eine Schwalbe macht bekanntlich noch keinen Sommer, und so dürfte es schwer halten, aufgrund eines einzigen verschollenen Ziegels zu behaupten, auf dem Dietisberg sei eine römische Militärstation

gestanden. Aber dennoch stellt er einen Hinweis darauf dar, dass Militär hier war, dass man jedenfalls mit militärischem Baumaterial hantiert hat und dass zwischen Augusta Raurica und dem Hinterland entsprechende Kontakte stattfanden.

Theodor Strübin entdeckt Munzach
1950 musste im Liestaler Goldbrunnenquartier die Munzachquelle neu gefasst werden. Bei den Grabarbeiten an der Brunnenstube stiess man nicht nur auf die Fundamente der 1765 abgebrochenen Laurentiuskapelle, sondern neben Säulentrümmern und vielen römischen Ziegelfragmenten auch auf eine römische Bade-

Sprechender Bronzeschrott

Auf das Depot eines Altmetallsammlers in Augusta Raurica stiess man 1967. Nur gerade zwei von den insgesamt 15 Teilen gewaltsam zerlegter Bronzetafeln tragen Buchstaben. Ihre Zeilenhöhen von zum Teil über sieben Zentimetern und die technisch-künstlerische Perfektion ihrer Ausführung unterstreichen, dass es sich um eine offizielle Mitteilung handelt. Ein L(ucius) OCTA(vius) ist als «NUNCU(pator)» – was so viel heisst wie Erneuerer oder Wiederbenenner – der «COLONIA» geehrt worden. Auch zum vollständigen wortreichen Namen der Stadt und Kolonie Augst fanden sich auf dem unterliegenden Bruchstück neue Informationen, die sich ergänzen lassen zu «(Apolli)NARIS» und «(e)MERITA». Die mittels der Tafelfragmente rekonstruierten Statuenbasen werden auf Seite 104 gezeigt.

sind – aus dem Schauspielhaus zum Beispiel wurde ein Sportplatz, ein Arenatheater –, zeigt sich die Zeit der friedlichen Prosperität auch am erneuten privaten und öffentlichen Bauaufschwung in den Jahrzehnten vor und nach 200, jenem Zeitraum, da die Stadt mit einer überbauten Fläche von über 100 Hektaren ihre grösste Ausdehnung erreichte. Dabei wurde ein vollständig neues Amphitheater mit etwa 5500 Plätzen am westlichen Stadtrand aus dem Boden (oder genauer: in den Boden) gestampft, und am alten Standort des Arenatheaters im Zentrum entstand wieder ein szenisches, jetzt aber sehr viel grösseres Theater mit 8000 Sitzplätzen. Trotz alledem darf nicht vergessen werden, dass Augusta Raurica, auch wenn es regional sehr wichtig war, im Gegensatz zu bedeutenderen Kolonialstädten in anderen Provinzen geradezu ein Provinzstädtchen ohne namhafte Verwaltungspaläste darstellte, wie sie andernorts üblich waren.

An Privatbauten nach 200 n. Chr. sind zu nennen die grosszügige Peristyl-Villa mit Mosaiken und Wandmalereien, welche die ganze Fläche der

anlage. Daher galt es, die Umgegend nach anderen römischen Resten abzusuchen. Auf dem Acker nebenan, der Bauer Lauber vom Hasenbühl-Hof gehörte, fanden sich denn tatsächlich auch zahllose Ziegelstücke. Primarlehrer Theodor Strübin veranstaltete nun mit seiner Schulklasse praktischen Heimatunterricht und drückte jedem seiner Zöglinge einen Packen Zeitungspapier in die Hand mit dem Auftrag, in breitem Schwarm über den Acker zu gehen und unter jeden dieser «rötlichen Steine» einen Fetzen Zeitungspapier zu legen. Von der Anhöhe des Hasenbühls aus bot sich nun anhand der Konzentrationen der weissen Papierfähnchen ein Ausblick mit einem klaren Ergebnis: Die Lage der Hauptgebäude einer mutmasslichen römischen Villa liess sich im Gelände klar ablesen. Im Herbst 1950 war es dann so weit. Strübin setzte den Pickel im Zentrum der grössten Zeitungsfetzenkonzentration an und stiess bereits am zweiten Tag auf den ersten Mosaikboden, den Schachbrett-Korridor. Diese Entdeckung der Römervilla Munzach sollte Strübin für mehr als zwei Jahrzehnte in Atem halten.

Der Schatz im Schneematsch

Über die Auffindung des Silberschatzes von Kaiseraugst kursieren derart viele phantastische Gerüchte, dass der Verfas-

Insula 30 von 50 mal 60 Meter, also 3000 Quadratmeter, einnahm, und später im 3. Jahrhundert ein luxuriös ausgestatteter Palazzo, mithin der einzige bisher bekannte, der nicht nur die zwei Insulen 41 und 47, sondern gerade auch noch die Strasse dazwischen übergriff, und von dem schon erwogen wurde,[17] ob er nicht der Sitz des Kommandanten der Stadt-Garnison gewesen sein könnte. Diese Blüte neigte sich aber von der Mitte des 3. Jahrhunderts an dem Ende zu, und bald schon finden wir immer mehr Anzeichen für bedeutende Zerstörungen, wenig später auch für kriegerische Ereignisse.

Seit den 1990er Jahren verdichtet sich in der Augster Forschung die Erkenntnis, dass es ein heftiges Erdbeben gewesen sein muss, das die Stadt um etwa 250 so stark in Mitleidenschaft gezogen hat. Dieses Erdbeben liess nicht nur Teile des Theaters einstürzen, von denen man sich noch heute unter der Kiosk-Plattform beeindrucken lassen kann, sondern natürlich auch Mauern und Säulenhallen in Privatbauten. Einige Skelette, die unter Mauertrümmern und Architekturstücken gefunden worden sind, stammen von Opfern dieser vermuteten Naturkatastrophe. Die Anstrengungen zum Wiederaufbau zielten keineswegs auf Vollständigkeit, und sie waren von nur beschränkter Dauer; manches blieb zerfallen. Innere und äussere Schwierigkeiten des riesigen Römischen Imperiums beeinflussten auch die Geschicke dieser Stadt, und rund 25 Jahre später – um etwa 275 – wurde Augusta Raurica bei kriegerischen Ereignissen geplündert und geschleift, was aus auffallend vielen Brand- und Zerstörungsschichten, aber auch aus Waffen- und bei Gefahr verborgenen Schatzfunden, ja sogar aus menschlichen Gebeinen hervorgeht, welche eindeutige Spuren von Gewalt aufweisen.

Als Reaktion auf diese einschneidenden Vorfälle entstand – frühestens im Jahre 276, also unmittelbar nach den genannten Kämpfen – auf dem Kastelenhügel, im heutigen Park der Villa Clavel, sehr rasch und provisorisch, aber unter Mitwirkung der Armee eine mit Wall und Graben gesicherte Befestigung für die übrig gebliebene Bevölkerung. Dieses Réduit muss allerdings nur rund eine Generation gedient haben, denn zwischen 290 und

ser als Augenzeuge hier eine knappste Zusammenfassung der Fundgeschichte zu geben hat.[13] Am 27. Dezember 1961 hebt ein Trax bei der Planierung des Schulhofes in der Südwestecke des spätrömischen Kastells mit den letzten zwei bis drei Schaufeln das ehemals in einer Kiste vergrabene umfangreiche Silberservice aus seinem 1650 Jahre alten Versteck, ohne dass der Maschinist davon Notiz nimmt. Ein kleiner Teil wird auf eine Deponie abtransportiert. Das meiste bleibt teilweise von Erde bedeckt auf dem Platze liegen. Übers Neujahr 1961/62 fällt sehr viel Schnee. Erst Ende Februar 1962 erfährt die offizielle Archäologie von der Aufdeckung, und zwar nur dank der Aufmerksamkeit des Basler Bankiers Dr. Charles Bourcart. Auf dem Platze finden sich ausser einem Kandelaber keine grösseren Objekte mehr, nur die Münzen, Medaillons, Tassen, Instrumentchen, Löffel und kleinen Schalen. Marie Schmid, Wirtin des benachbarten Löwen, die Ende Januar von ihrer Hotelküche aus Personen auf dem fraglichen Gelände beobachtet hat, rettet selbst fünf Objekte. An der Adresse in Oberwil BL, welche eine von Schmids notierte Autonummer verrät, kann vom neunjährigen Jakobli Huber die neun Pfund schwere Achilles-Platte in Empfang genommen werden. Niklaus Berger hat als zehnjähri-

300 wurde die Festung unten am Rhein errichtet – dieses Mal zwar auch rasch, aber dennoch solider und dauerhafter. Mit mächtigen, vier Meter dicken und wohl gegen zehn Meter hohen Mauern, ergänzt mit mindestens 14 Polygon-Türmen, war der an den Rhein vorgeschobene Bau befestigt, denn dieser war nach der Aufgabe des oben genannten Limes erneut zur Reichsgrenze geworden. Das *Castrum Rauracense* ist mit seinen 3,5 Hektar Innenfläche eine der grössten Befestigungen an der spätantiken Nordgrenze. Es diente aber nicht nur der militärischen Besatzung – bezeugt ist zeitweise die Legio Prima Martia –, sondern auch der zivilen Bevölkerung.

Das Hinterland von Augusta Raurica
Hinterland bezeichnet das für die Grundversorgung einer Stadt benötigte agrarische Umland.[18] Wie weit sich das Hinterland einer Stadt erstreckte, war von vielen Faktoren abhängig: von der Topografie, von der Fruchtbarkeit des Ackerlandes und von anderen Ressourcen, deren Verfügbarkeit und Erschliessbarkeit. Auch wenn es eine schiffbare Wasserstrasse aufwies, war ein Einzugsgebiet von 30 Kilometern schon recht gross. Vor allem gute Wasserwege waren neben den Landverbindungen wichtige Voraussetzungen für die Erschliessung des Hinterlandes. Damit das Beziehungsnetz zwischen Stadt und Hinterland aber funktionieren konnte, waren nicht nur Verkehrswege vonnöten, sondern auch ein System von politischen und sozialen Strukturen zwischen Stadt und Land, über welche die nötigen Kontakte abgewickelt werden konnten. Der Begriff Hinterland hat somit nicht nur eine geografische, sondern auch eine wirtschaftliche, politische und soziale Bedeutung.

Das Hinterland von Augusta Raurica wird durch ein Netz solch lebensnotwendiger Wasserwege erschlossen, die den schnellstmöglichen und billigsten Transport von Produkten aller Art garantieren. Der Rhein war die regionale und überregionale Wasserstrasse schlechthin. Die bei Augst in den Rhein mündende Ergolz erschliesst ihr Einzugsgebiet als direktes Hinterland

ger Schüler ebenfalls im Januar die Bleche im Morast herumliegen sehen. Ein Stück zeigt er einem nichts ahnenden Lehrer und versenkt es auf dessen Geheiss in der Müllgrube, wo anfangs März 1962 das vergoldete Ariadne-Tablett hervorgeschaufelt wird. Anhand von Abdrücken von Standringen, welche am zusammengetragenen Material gar nicht vorkommen, aber auch anhand von frischen Bruchkanten steht fest, dass nicht das ganze Material vorliegt. Erst im Laufe des Jahres 1995 tauchen 18 weitere Objekte, sechs Platten, sechs Schalen und sechs Präsentier-Tellerchen auf, die dem Kanton Aargau zum Preise der Verschwiegenheit über die Finder oder Unterschlagerinnen überlassen werden. Darunter befindet sich das fehlende Zentrum zu einem schon 1962 aufgefundenen Plattenrand. Das historische Spitzenstück muss Kaiser Constantius I. aus Anlass seines zehnjährigen Regierungsjubiläums im Jahre 347 n. Chr. einem seiner Generale mit einer persönlichen in Versform gehaltenen Widmung geschenkt haben. Noch scheint immer nicht das ganze Ensemble ans Tageslicht gelangt zu sein. Der Silberschatz von Kaiseraugst ist ein in jeder Beziehung ausserordentlicher Fund, von dem es kaum ein halbes Dutzend vergleichbare auf der ganzen Welt gibt und wie er nur alle paar Jahrhunderte erwartet werden darf.

108 DIE RÖMERZEIT – AUGUSTA RAURICA UND SEIN HINTERLAND

der Koloniestadt. Auch die Täler der Flüsse Birs, Birsig und Wiese, die bei Basel in den Rhein münden, dürfen noch zum natürlichen Hinterland von Augusta Raurica gezählt werden. Das Oberelsass ist allerdings nur noch bedingt direkt auf dem Wasserweg mit Augusta Raurica verbunden. Daher ist es wahrscheinlich, dass die oberelsässischen Siedlungen mit Strassen zum Rhein hin erschlossen waren.

Ein Blick auf die Siedlungsstellen im Hinterland von Augusta Raurica zeigt die dichteste Besiedlung in einem Umkreis von fünf bis acht Kilometer um die Stadt, und zwar beidseits des Rheins sowie im Einzugsgebiet der Ergolz. Allein auf dem Gebiet der Gemeinden Muttenz und Pratteln sind die Überreste von mindestens acht Villen zu vermuten. Auch im Birstal, einschliesslich des Laufener Beckens, konnte eine stattliche Anzahl von Villen festgestellt werden. Im weniger gut erforschten Birsigtal muss ebenfalls mit einer dichten Besiedlung gerechnet werden, während sie im oberen Baselbiet etwas dünner war; dennoch prägten die Villen auch hier die Landschaft. Die dichte Besiedlung in unmittelbarer Nähe von Augusta Raurica und im Einzugsgebiet der Ergolz erklärt sich durch die kurzen Wegstrecken, die guten Wasserverbindungen zur Stadt und den günstigen Naturraum. Landbesitz in diesem Gebiet dürfte darum sehr begehrt und entsprechend teuer gewesen sein. In Gallien blieb die Aristokratie auch nach der römischen Eroberung weitgehend auf dem Lande verwurzelt. Sie übernahm aber auch die politischen Funktionen in der Stadt und besass dort Häuser, bildete das wichtigste und auch einflussreichste Bindeglied zwischen Stadt und Land und garantierte das Funktionieren der Beziehungen zwischen Hinterland und Stadt.

Mit der römischen Zeit assoziieren viele Menschen Bilder von grossen, übervölkerten Städten, in denen wenige reiche Müssiggänger und viele brotlose Arme leben. Die Menschen der römischen Epoche werden – irrtümlicherweise – weitgehend als Städter mit entsprechenden Lebensformen wahrgenommen. Mit beigetragen zu dieser Sichtweise hat auch die archäo-

Februar 1962
Frau Marie Schmid-Leuenberger, damals Wirtin zum Löwen in Kaiseraugst, fotografiert von Professor Rudolf Laur-Belart am frostdurchklirrten Morgen des 21. Februars 1962. Sie hält zwei der von ihr Ende Januar auf dem Fundplatz geretteten Silberplateaus in Händen. Weder vom Ausmass des Schatzfundes, dessen Umfang trotz der 1995 neu aufgetauchten Teile noch immer nicht feststeht, noch von der Abenteuerlichkeit der unmittelbar bevorstehenden Wiederauffindungsgeschichte konnte der Fotograf damals eine Ahnung haben.

BAND EINS / KAPITEL 3

logische und althistorische Forschung, denn ihre Schwerpunkte waren stets Rom und weitere grosse Städte des Reiches. Auch im Kanton Basel-Landschaft dominierte die Erforschung der Stadt Augusta Raurica, da sie ein traditionsreiches, aber auch wissenschaftlich sehr ergiebiges Forschungsobjekt ist. Die Vorstellung, dass die römische Welt sich in erster Linie in Städten und urbaner Lebensweise manifestiere, ist falsch und resultiert aus dieser verzerrten Optik. Städte – auch kleinere wie Augusta Raurica – sind Ausnahmen in der römischen Siedlungslandschaft, und die Stadt Rom ist – es kann nur immer wiederholt werden – einzigartig. Die Mehrheit der Menschen lebte auf dem Lande, und die weitaus häufigste Siedlungsform war die ländliche Streusiedlung. Und sie hat denn auch das Aussehen und die Struktur unserer Landschaft geprägt.

Was ist eine «Villa»?

Das Hinterland von Augusta Raurica wurde wie ganz Gallien von einem einzigen Siedlungstypus, der sogenannten Villa rustica (im Folgenden Villa genannt), dominiert. Sie war die spezifisch römische Form eines landwirtschaftlichen Gutsbetriebs und bildete einen wesentlichen Bestandteil der gesamten sozialen und wirtschaftlichen Organisation der römischen Welt. Villa, das bedeutet ein Gehöft mit dem dazugehörigen Land und mit Landwirtschaft als ökonomischer Grundlage.[19] Was den Bautenkomplex aber zu einer Villa macht, sind einerseits sein Lebensstandard, der sich an urbanen Lebensformen orientiert, andererseits sein Beziehungsnetz zur Aussenwelt, denn der Überschuss aus der Landwirtschaft wird für den Erwerb von Gütern verwendet, die in der Villa selbst nicht hergestellt werden können. Dazu gehören zum Beispiel aufwändige Baudetails wie Säulenhallen und Mosaiken oder Anschaffungen von Annehmlichkeiten und Luxus wie etwa eines Laufbrunnens. Dies bedingt die Existenz von Märkten im konkreten und übertragenen Sinne: Jemand muss anbieten, jemand muss kaufen wollen – und können, kurz: Wo eine Villa steht, muss auch eine Stadt – eben mit

Fischgerichte

Was in diesem 26 mal 14 Zentimeter grossen Serviceplättchen aus dem Kaiseraugster Silberschatz aufgetischt werden sollte, geht aus der Gravur auf seinem Boden hervor.

ihren Märkten – in der Nähe sein.²⁰ Darum konnte bei der Wahl des Standorts für eine Villa die gute Verbindung zu einer Colonia oder zu einem Vicus sogar ausschlaggebend sein, und landwirtschaftliche Kriterien wie Ressourcen, Bodenqualität oder Topografie kamen erst in zweiter Linie. Es kann also nicht verwundern, wenn in grösserer Nähe zu Augst auch mehr und reichere Villen anzutreffen sind.

Wieviel bewirtschaftet eine Villa?
Die Villa und das dazugehörige Land bildeten zusammen den Fundus. Eine viel diskutierte Frage ist, wie gross ein Fundus war. In der antiken Literatur gibt es Hinweise darauf, dass in Italien etwa 50 Hektaren für die ideale Grösse eines Fundus gehalten wurden, der von einem einzigen Verwalter geleitet werden konnte. In Nordgallien lassen sich anhand der Verbreitung der Villen Landeinheiten von bis zu 100 Hektar so häufig feststellen, dass der Schluss nahe liegt, dass dies dort das ideale Ausmass für eine zentral geleitete Einheit gewesen sein könnte.²¹

Die Grösse eines Fundus wurde von vielen Faktoren bestimmt. Neben der Topografie und der Bodenqualität, der Verfügbarkeit von Ressourcen und der verkehrsgeografischen Lage – eben zum Beispiel der Nähe zur Stadt – fielen auch die soziale Stellung und der Reichtum der Besitzer sowie lokale Traditionen ins Gewicht. Mit archäologischen Methoden lässt sich der Umfang einzelner Besitzungen gar nicht eruieren. Falls die Villen hinlänglich bekannt und erforscht sind, kann mittels idealisierter Vorstellungen von Besitzgrössen im besten Falle eine künstliche Strukturierung der Landschaft rekonstruiert werden. Sie wirklich zu erfassen, wäre auch bei bester Quellenlage unmöglich, denn es gibt keine Gründe anzunehmen, dass die nötigen Äcker, Rebberge, Wiesen, Wälder, Mergelgruben oder Steinbrüche als geschlossenes Territorium rund um die Villa herum lagen. Daher ist es mehr als wahrscheinlich, dass die zu ein und derselben Villa gehörenden Besitzungen im Normalfall weiträumig vermischt und verzahnt waren.

Wie wird man römisch?
Anglisierung, Amerikanisierung, Germanisierung, Romanisierung: Ein Land, eine Bevölkerung mit ihrer eigenen angestammten und althergebrachten Kultur nimmt eine andere Kultur in sich auf, passt sich ihr an, passt aber auch teilweise diese neue sich an. Von derartigen Vorgängen muss auch in Gallien bei den Helvetiern die Rede sein. Der Prozess der Romanisierung beginnt damit, dass Rom zum Machtfaktor im Mittelmeerraum wird. Von da an fliesst römische Kultur durch Handel, Bündnisse und Krieg nicht nur in weite Teile des Mittelmeerraumes, sondern auch nach West- und Mitteleuropa. Diese Kulturaufnahme geht auf zwei Arten vor sich, die mit Assimilation und Akkulturation umschrieben werden können.¹⁴ Assimilation meint die Übernahme von Objekten und Attributen – Moden, würden wir heute sagen –, ohne dass aber die eigene Lebensweise angetastet und verändert wird. So kann man römische Produkte im Handel sogar über grosse Distanzen erwerben und sie zu Hause verwenden, ohne dass man damit und dadurch schon irgendwie «verrömert» wäre, denn eine direkte Interaktion mit der römischen Kultur als Ganzem findet ja bei einem solchen Kauf gar nicht statt. Vor diesem Problem stehen wir, wenn wir in einer Land-

siedlung eine früheströmische Scherbe auflesen: War man hier schon romanisiert oder erst in ganz primärer Assimilation begriffen?

Die Akkulturation andererseits ist ein sehr viel komplexerer Vorgang: Die eigene Kultur beginnt, sich langsam aber stetig und unaufhaltsam zu verändern, der neuen anzupassen. Sie äussert sich nicht mehr nur allein in der Verwendung römischer Importgüter, sondern in der Übernahme von Lebensweisen, Ansichten, Kleidung, Alltagsverhalten, Bestattungssitten. Allerdings verfolgte Rom keine Zwangsromanisierung. Sie lag überhaupt nicht im Interesse Roms, und sie wäre aufgrund der lockeren Organisationsstruktur des Reiches auch kaum durchsetzbar gewesen. Für die Eroberten blieb damit viel Raum, ihre traditionellen Systeme weiterzuführen.

Die Leute – Ihre Namen, ihre Kleidung

Beim Stichwort ‹Römer im Baselbiet› denkt man wohl meist an Leute aus Rom oder wenigstens aus italischen Gebieten; ihre Sprache wäre Latein, und sie gingen in der Toga lässig und müssig einher, von einer Schar Klienten und Sklaven begleitet, und sie legten sich zum Essen auf Klinen, jene länglichen Speisesofas. Diese Vorstellung ist etwa so falsch wie jene amerikanische oder japanische vom heutigen

Höchste Silberschmiedekunst

Bei einem Durchmesser von 53 Zentimetern wiegt die silberne Achillesplatte gegen 5 Kilogramm. Den Namen hat ihr die Forschung zugeteilt, weil auf den zehn mit Säulen abgeteilten Szenarien auf der achteckigen Randzone sowie im Mittelbild die Kindheits- und Jugendgeschichte des griechischen Helden dargestellt ist. Da das achteckige Prachtstück unter den vielen runden Platten etwas einsam dasteht, ist die Frage nach wie vor offen, ob nicht ein zweites Stück, das die trojanische Geschichte des Achilles erzählen sollte, als verloren gelten muss.

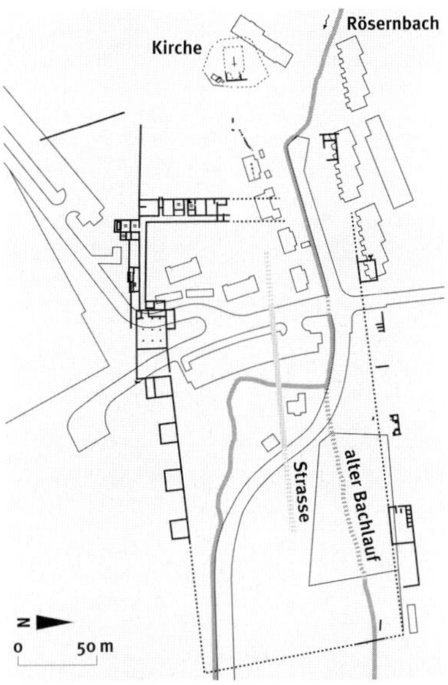

Der Gutshof Liestal-Munzach
*Über knapp 150 Meter Breite und gut 350 Meter Länge erstreckt sich die landwirtschaftliche Grossanlage Munzach bei Liestal. Die dichteren Baureste im Grundrisswinkel oben links von der Bildmitte stammen von der Pars urbana, dem Herrenhaus mit nach Süden ausgreifendem Badeanbau, während sich an den beiden Längsseiten der Hofmauer weniger klar erhaltene Gesindehäuser, Ställe und andere Wirtschaftsbauten aufreihen. An der südlichen Längsseite, Richtung Osten an den Herrenhaus-Schenkel anschliessend, fanden sich die Fundamente und Pfeilerstützen riesiger Lagerhallen, darunter eine mit Bodenmulden zum Aufstellen der kugeligen Ölamphoren. Leider fehlte die Fortsetzung Richtung Norden des im Westen liegenden Hauptteils des Herrenhauses.
Das Vogelschaubild gegenüber ist aus der rechten unteren Ecke dieses Grundrisses aufgenommen.*

Die typische Villa in Gallien

Sie war teilweise oder ganz aus Stein gebaut, umgeben von einer Umfassungsmauer und im Innern wiederum – meist durch eine Mauer – in zwei Teile, die *Pars urbana* und die *Pars rustica,* geteilt. In der Pars urbana lag das mehrräumige Herrenhaus, ausgestattet mit Badeanlage, beheizten Zimmern, Mosaiken, Wandmalereien und ähnlichem gehobenem oder eben städtischem Lebensstandard. Das Herrenhaus wies eine grosszügige und imposante Herrschaftsarchitektur auf – je nach Vermögen des darin residierenden Besitzers und seiner Familie.

Die *Pars rustica* umfasste die landwirtschaftlichen und handwerklichen Gebäude und die Wohnungen der in der Villa arbeitenden Menschen. Kennzeichen dieser Gebäude sind die schlichtere Architektur und Ausstattung im Vergleich mit dem Herrenhaus und das fast vollständige Fehlen von Luxus. Zu einer Villa gehörten auch ein meist an einem Zufahrtsweg gelegener Friedhof, manchmal ein Bad, oft aber auch ein Heiligtum.

Die Ausbau-Standards widerspiegeln soziale Unterschiede

Die Villen weisen zwar immer ein ähnliches Grundmuster auf, in ihrer Ausdehnung, der Anzahl ihrer Baukörper und ihrer Ausstattung können sie sich hingegen wesentlich unterscheiden.[22] Anhand der Funde und der Befunde kann man die Villenanlagen in drei Kategorien einteilen. Liestal-Munzach und Pratteln-Kästeli gehörten zu den grossen und überdurchschnittlich reichen Villen. Auch Lausen-Edleten, Bubendorf-Fieleten, Maisprach-Kirche, Binningen-Florastrasse, Allschwil-Kirche oder Laufen-Müschhag sind eher zur Kategorie der grossen und reichen Villen zu zählen. Daneben gab es aber eine Reihe von Villen, die als lediglich durchschnittlich eingerichtet zu bezeichnen sind, etwa Muttenz-Feldreben, Pratteln-Hardmatt oder Ormalingen-Buchs. Schliesslich gab es Anlagen von wirklich bescheidener Grösse und knappstem Standard wie Bennwil-Dorf oder Hölstein-Hinterbohl.

Schweizer als eines alpinen Urwesens, das auf seinen Schneebergen jodelnd Käse, Schokolade und Uhren produziert.
Gewiss, die offizielle Sprache war in unserer Region schon sehr früh Latein, wogegen im Tessin und im westlicheren Gallien noch länger und intensiver eine keltische Sprache verwendet wurde. Gewiss gab es Ein- und Zugewanderte und laut dem Beinamen Emerita, den die Koloniestadt trug, ja auch ausgemusterte Legionäre, deren Herkunft im Mittelmeergebiet liegen konnte. Aber die Mehrheit der Einwohnerschaft waren Nachkommen der alten keltisch-gallischen Bevölkerung. Wie Gallisch-Keltisches ins Römisch-Lateinische hinübergerettet oder transformiert und angepasst wurde, zeigt sich sehr schön an den Namen, die uns auf den Inschriften aus der Colonia Augusta Raurica überliefert sind, und die für den Lateiner eher zungenbrecherisch wirken mussten:
Adianto, Sohn des Toutos, Mann der Marulina, deren Vater Marulus hiess; ihre Söhne heissen Adledus und Adnamtus; Blandus, Sohn des Vindaluco; Lucius Ciltius Cossus, Sohn des Celtillus; Publius Aulius Memusius, Bruder der Prittusa; Marcus Sanucius Messor und Quintus Sanucius Melo, Söhne des Attius Sanucus; Olus und Fuscinus, Söhne des Fuscus; Tetto, Sohn des Omullus und der Visurix – Namen auf

Als Beispiele für zwei sehr unterschiedliche Villen seien Liestal-Munzach und Hölstein-Hinterbohl miteinander verglichen. Am deutlichsten sind die Unterschiede in Grösse und Ausstattung natürlich in der Pars urbana, bei den Herrenhäusern. Gemeinsamer Standard sind Wohnräume, Wirtschaftsräume, Hypokaust-Heizung, Bad mit Mosaik und Wandmalerei. Aber in den Details werden grosse Unterschiede sichtbar. Das Herrenhaus der Villa von

Erntezeit in Munzach
Der Phantasie sind keine engen Grenzen gesetzt. Rechts oben das Herrenhaus mit dem Ziergarten davor. Der Hof selbst ist hier in regelmässige Beete unterteilt, und neben der Pappelallee liegt ein gepflegter Obstgarten.

-ix sind uns zur Genüge aus dem Gallierdorf von Asterix und Obelix bekannt; Tiberius Ingenuus Satto; Ioincatia Nundina; Masuco, Sohn des Liber; Tauricus, Sohn des Caratus; die Brüder Lucius Carassounius Panturo und Marcus Antonius Apronianus; Valens, Sohn des Mucapora; Tiberius Claudius Andecamulus; sein Weihestein kam in den Fundamenten der Kirche Muttenz zum Vorschein.[15]

So wie in unserer heutigen Region Namen aus anderen Kulturkreisen wie Patrick, Sarah oder Kevin üblich geworden sind, haben auch die Gallier oder Rauriker ihren Kindern modische Namen wie eben Quintus, Marcus oder Tiberius gegeben und ihre angestammten gallisch-keltischen Namen mit einer Endung auf -us oder -ius romanisiert – wenn sie eben «in» sein wollten.

Die Produkte aus der Villa

Die wichtigsten Produkte einer Villa waren Nahrungsmittel aus Acker- und Gartenbau sowie Fleisch- und Milchwirtschaft. Die landwirtschaftliche Produktion war breit gefächert, das Grundnahrungsmittel Getreide mengenmässig von grösster Bedeutung. Neben dem Getreide und den Hülsenfrüchten wie Linsen, Ackerbohnen und Erbsen – alles konnte für Brote, Breie, Suppen und Eintöpfe Verwendung finden – wurden in den Villen Gemüse, Obst,

Hölstein-Hinterbohl bestand aus einer einzigen grossen, langrechteckigen Halle, von der ein Teil durch eine Mauer abgetrennt war.

Das Herrenhaus der Villa von Munzach hingegen spiegelt ganz andere Dimensionen von Reichtum und Luxus wider. Auch ein Teil des Fundmaterials aus Munzach zeigt das luxuriöse Umfeld, in dem die Villenbesitzer sich bewegten. Ein marmorner Brunnenstock und ein bronzener Wasserspeier in der Form eines Delphins[23] waren Teile von Brunnen, die in den Ziergärten standen. Bronzene Teller und kostbare Gläser zeigen, dass zum gehobenen Lebensstandard auch entsprechendes Ess- und Trinkgeschirr gehörte.

In den Villenbesitzern von Hölstein und Munzach haben wir zwei ganz unterschiedliche Vertreter der Aristokratie vor uns. Derjenige von Munzach dürfte zu den reichsten und mächtigsten Familien des Hinterlandes von Augusta Raurica und der Stadt selbst gehört haben. In dieses Bild passt auch die Lage des Sitzes, der nur eine Wegstunde von Augusta Raurica entfernt ist. Der Gutsherr gehörte gewiss zu jenem kleinen, politisch einflussreichen Personenkreis, der in der Stadt nicht nur die wichtigsten Ämter innehatte, sondern auch mit besonderen Privilegien ausgestattet war. Diese Personen besassen in der Stadt nicht nur die grössten Häuser, sondern sie prägten auch mit den von ihnen privat finanzierten öffentlichen Bauten das Stadtbild.

Römische Volkswirtschaft – Handwerk, Handel und Markt im Spannungsfeld Stadt-Hinterland

Die römische Gesellschaft ist klar als Agrargesellschaft mit urbanen Elementen zu bezeichnen. Städte und urbaner Lebensstil waren zwar ein wichtiger sozialer Bestandteil römischen Lebens, aber der grösste Teil der Bevölkerung – gegen 90 Prozent – arbeitete in der landwirtschaftlichen Produktion und wohnte auch in einer ländlichen Umgebung. Der Besitz von Boden war eine natürliche Quelle des Reichtums, und Landbesitz in Form von Grossgrundbesitz war üblich. Die landwirtschaftliche Produktion war auf mehrere

Ein Bassin aus Sandsteinquadern?
Im Gemeindebann von Pratteln liegen mehrere Villenkomplexe, von denen jedoch bisher keiner umfassend untersucht und dargestellt werden konnte. Zur Villa Kästeli gehört dieser rund 200 Quadratmeter umfassende Boden aus kompakt verlegten massiven roten Sandsteinplatten. Ob der Eindruck der Ausgräber vom Jahre 1973 stimmt, dass es sich um ein Wasserbassin handeln könnte, bleibt immer noch offen, auch wenn Spuren von typischem wasserdichtem Ziegelschrotmörtel angetroffen wurden.

DIE RÖMERZEIT – AUGUSTA RAURICA UND SEIN HINTERLAND 115

Der Delphin aus Munzach
Sie muss zu den schönsten Exemplaren römischer Bronzekunst gerechnet werden, die in unserem Lande bekannt geworden sind, und sie darf auch hier nicht fehlen: Die 50 Zentimeter hohe Brunnenfigur aus Munzach in Form eines Kopf stehenden Delphins, aus dessen weit geöffnetem Muschelmaul einstmals das Wasser in eine Brunnenschale geplätschert ist.
Der handwerklich hervorragende und fein ziselierte Bronzeguss dürfte aus der Mitte des 2. Jahrhunderts stammen. Während das Bild links die Figur nach der Oberflächenreinigung zeigt, ist sie unten in der Fundlage im Sommer 1974 zu sehen: von einem Altmetallsammler zum Abholen in eine Mauerecke gestellt – und für mehr als 1800 Jahre vergessen.

Beeren, Nüsse, Edelkastanien, Gewürze, Öl- und Faserpflanzen, aber auch Wein angebaut. Hierfür ist eine mittels ^{14}C-Radiokarbonmessung ins 4. Jahrhundert datierte Rebenwurzel aus der Aescher Klus seit vielen Jahren einer der wenigen Beweise, zusammen mit der Tatsache, dass in Augusta Raurica auch Weinamphoren fabriziert wurden. Die Viehwirtschaft lieferte neben Milch auch Rohmaterialien wie Leder, Wolle, Horn und Bein, was bei der Haltung von Schaf und Ziege im Vordergrund stand. Insbesondere stellte Schafwolle die weitaus wichtigste Faser in unserer Region dar. Pferde wurden nur ganz selten geschlachtet, und Rinder erst von einem gewissen Alter an, wenn sie als Zugtiere ausgedient hatten. Der Hund war auch schon in der Antike als Wächter beliebt, und als Luxustierchen galten Katzen und kleine Hunde. An Schlachtgeflügel sind Hühner, Gänse und Tauben belegt. Das Schwein wurde allein wegen seines Fleisches gehalten; daher war es ebenfalls ein Luxusartikel, der nur auf die reichere Tafel einer wohlhabenden Oberschicht gelangte. Tatsächlich finden sich denn auch Schweineknochen bevorzugt in den sozial höher stehenden Quartieren in Augusta Raurica. An Wild kamen vor allem Rothirsch und Wildschwein sowie Hase und Reh auf den Tisch, und selbstverständlich sind auch mancherlei

BAND EINS/KAPITEL 3

Arten organisiert: Es gab abhängige Arbeit, ausgeführt von Sklaven oder Bauern in irgendeiner Form von Unfreiheit. Die freie Arbeit wurde von freien Bauern, freien Pächtern oder Tagelöhnern geleistet. Nur gerade in Italien war die Sklavenarbeit die verbreitetste Art von landwirtschaftlicher Arbeit.

Grossgrundbesitzer, wie sie auch die Eigentümer der meisten grösseren Villen in der Colonia Augusta Raurica darstellten, waren in einer durchaus komfortablen Lage, denn Landwirtschaft in grossem Stil ermöglichte ihnen hohe Einnahmen. Der Verkauf lebensnotwendiger Güter garantierte immer eine Abnehmerschaft in den Städten, den Kolonien und den Vici. Die Einnahmen aus dem Grossgrundbesitz waren dauerhaft und sicher und lediglich den Risiken von schlechtem Wetter, schweren Naturkatastrophen oder Krieg ausgesetzt. Viele Grossgrundbesitzer besassen Ländereien über weite Teile des Reiches verstreut; das minderte ihr Risiko: Gab es Krieg oder Missernten hier, so boomte der Ertrag andernorts. Die Grossgrundbesitzer waren hauptsächlich Senatoren, Ritter oder Decurionen. Diesen drei tonangebenden Gesellschaftsschichten gehörte man je nach Geburt und nach der Höhe seines Vermögens an – oder eben nicht! Diese insgesamt vielleicht 150 000 bis 200 000 Personen im ganzen Römischen Reich stellten lediglich einen Anteil von etwa 0,5 Prozent an der Gesamtbevölkerung dar. Im Falle von Augusta Raurica darf man annehmen, dass die Grossgrundbesitzer weitgehend der lokalen und regionalen Aristokratie sowie vor allem dem Decurionenstand angehörten. Und Landbesitz war nicht nur eine natürliche Quelle des Reichtums, sondern er verlieh auch ein hohes Sozialprestige. Die Grossgrundbesitzer investierten ihr Geld vorwiegend in Land oder in den Konsum, aber auch in die Erfüllung politischer Pflichten. Für die obersten politischen Ämter gab es zur Kaiserzeit keinerlei Besoldung; man musste von Hause aus reich genug sein, um es sich leisten zu können, ein Amt zu bekleiden. Aber Geld und Gewinn dienten keineswegs der Kapitalbildung und der Investition in Betriebsmittel, wie das modernen wirtschaftlichen und betrieblichen Vorstellungen entspräche.

Flussfische nachgewiesen. In Munzach kommen sogar Knochen von Damhirsch und Braunbär vor. Die vielfältige Nahrungsmittelproduktion war nicht nur für die Versorgung der Villenbewohner von grundlegender Bedeutung, sondern auch für eine Abnehmerschaft in der Stadt. Villen, die auf wenige Produkte spezialisiert waren oder die sogar Monokulturen wie etwa in Nordafrika betrieben, waren in unserer Region gewiss Ausnahmen, denn eine starke Spezialisierung der Landwirtschaft war sehr krisenanfällig. Für Luxusprodukte oder Delikatessen wie Schnecken, die in Italien sogar in Gehegen gezüchtet wurden, für Wachteln oder Siebenschläfer war in unserer Gegend kein Markt vorhanden; sie waren nie mehr als eine eher zufällige Ergänzung der üblichen landwirtschaftlichen Produktion. Die Villa war aber nicht nur ein Agrarbetrieb: Es wurden auch Ressourcen des Bodens wie Steine, Erze und Tone sowie Holz als lebensnotwendige Rohstoffe ausgebeutet; auch Produkte aus der Hauswirtschaft und in geringerem Masse aus dem Handwerk waren Bestandteil der Villenwirtschaft.

Speisezettel einer reichen Küche
In der Insula 30 von Augst, einer luxuriösen Gesamtüberbauung aus der Zeit um 200 n. Chr., deren Sommer-Speisezimmer

DIE RÖMERZEIT – AUGUSTA RAURICA UND SEIN HINTERLAND   117

Der grösste Teil der städtischen Produktion beschränkte sich auf Waren für den lokalen Gebrauch durch unabhängige Handwerker. Wir kennen zwar die Werkstätten zum Beispiel von Bronzegiessern mit ihren Schmelzgruben, mit gebrauchten und noch unbenutzten Tiegeln aus Ton, mit Zangen und einzuschmelzenden Abfallstücken sowie Gussresten und wieder verwendeten Amphorenbäuchen, in denen Glühendes abgeschreckt oder Formmaterial aufbewahrt wurde. Aber über die ganzen abstrakten und praktischen Vorgänge von der Nachfrage und Bestellung – falls es eine gab – über die Besorgung der Rohmaterialien, die Herstellung, den allfälligen Umfang von Serien, den Verkauf oder schliesslich die Art der Zahlung tappen wir im Dunkeln. Die Nachfrage nach diesen Produkten wurde in erster Linie von der Stadt und dem Hinterland bestimmt und weniger vom Export, auch wenn von Gallien überliefert ist, dass es ausgezeichnete Rauchwürste Richtung Süden ausgeführt habe, wovon in Augst mehrere Überreste von Räucherkammern zeugen. Ferner gibt es derart viele Metall verarbeitende Werkstätten in Augusta Raurica, dass man annehmen möchte, auch hier sei nicht nur für den städtischen Markt und das Hinterland, sondern eben auch darüber hinaus für einen gewissen Export produziert worden.

Es ist anzunehmen, dass noch weitere handwerkliche Tätigkeiten, die grosse Spezialisierung erforderten,[24] wie Metzgerei, Räucherei, Gürtlerei, Schmiedehandwerk, Drechslerei, Glasverarbeitung, Schrotthandel, Weberei, Tuchwalkerei, Wandmalerei oder Leimsiederei in der Stadt ausgeführt und die Produkte aufs Land verkauft wurden. Fibeln und Schmuck gehörten wohl zu diesen Produkten, denn es gibt identische Stücke in den Villen und in Augusta Raurica. Die Mosaiken in der Villa Liestal-Munzach scheinen von denselben Kunsthandwerkern und mit denselben Steinmaterialien hergestellt worden zu sein wie das Gladiatorenmosaik in Insula 30. Ob diese Spezialisten allerdings in Augusta Raurica ansässig oder aber wandernde Handwerker von auswärts waren, lässt sich nicht entscheiden. Etwas anders liegen die Erkenntnisse beim Beinhandwerk.[25] Anhand von Abfallstücken,

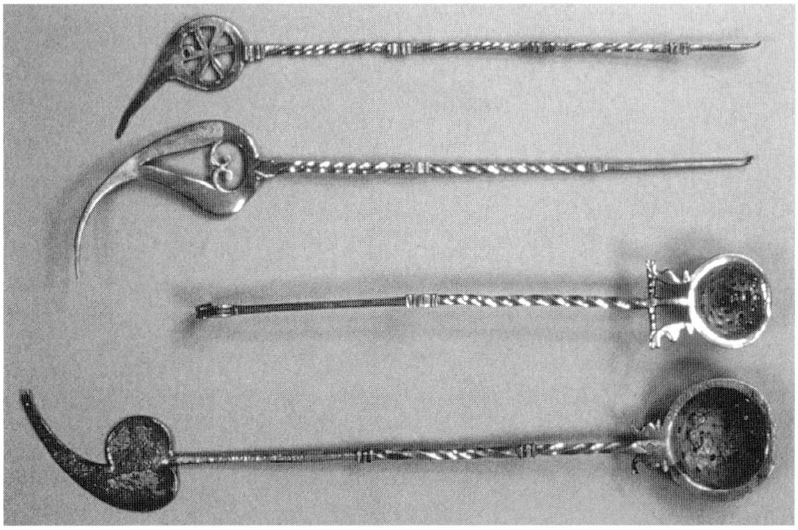

Silber und Gold

Unten zwei Weinsiebchen – das untere mit weitausschwingendem Zahnstocher –, oben zwei ähnliche Zahnstocher mit Ohrlöffelchen: Derartiges Toilettengerät gehörte auch zum feinsten Tafelgeschirr und zu den feinsten Tischsitten, wie sie um die Mitte des 4. Jahrhunderts in der feinsten Gesellschaft der oberen Tausend, bei Kaiserfamilien und Generälen im Schwange waren. Das hier zuoberst gezeigte knapp 21 Zentimeter lange Gerätchen ist zudem der einzige Gegenstand im gesamten Silberschatz von Kaiseraugst, der ein Christogramm, hier in durchbrochener Form des Chi (X) und Rho (P), aufweist.

BAND EINS / KAPITEL 3

Die Quadriga aus Munzach
Sie sind seit 1950 weltweit durch den Blätterwald getrabt, die zu Recht berühmten vier Mosaik-Pferdchen. Sie bilden den letzten unversehrten Teil eines grossen Bildes, das den Boden eines der Wohnräume in der Villa Munzach zierte. In einem Flechtbandkreis mit 3,20 Meter Durchmesser, dessen Rest unten in eine quadratische Umrahmung mündet, waren wohl vier solcher Gespanne, wie sie beim römischen Wagenrennen üblich waren, dargestellt gewesen. Die vier konkurrierenden Gespanne trugen stets die Farben Weiss, Rot, Grün und Blau, und so dürfte es sich hier des weissen Zaumzeuges wegen um das weisse Gespann handeln. Dass das von künstlerisch begabter Hand etwa um 200 n. Chr. geschaffene Bild aus nur 3 bis 8 Millimeter grossen Steinchen in den gröberen weissen Hintergrund aus 10 bis 12 Millimeter messenden Mosaiksteinen eingesetzt wurde, ist leicht zu erkennen.

Ein Fischkopf aus Hölstein
Über dem eingangs gezeigten Bodenmosaik des Badetraktes wölbte sich ein braungelb gemaltes geometrisches Gitterwerk, während sich im Gewölbe der anschliessenden Badenische Delphine, rot getupfte Meerfische und Muscheln auf meerblauem Grund tummelten.

Rohlingen und Halbfabrikaten sind mehrere Manufakturen – für Nadeln, Löffel, militärisches Zubehör, Würfel, Spielsteine und Amulette – im Stadtgebiet nachweisbar. Aber die Untersuchung sämtlicher Knochenartefakte zeigte, dass etliche von den hier gefundenen Objekten von auswärts, das heisst aus Gallien oder Italien bezogen worden waren, namentlich solche, die ein Zusammenwirken mit Messerschmieden oder Möbelschreinern erforderten. Auch die wie Flötenteile aussehenden grossen Knochenscharniere des 1. Jahrhunderts müssen importiert sein,[26] da die lokale Rinderzucht gar keine derartig grossen Röhrenknochen hervorbrachte.

Handel und Handwerk in den Städten waren aber mit geringem Sozialprestige verbunden, und ein durchschnittlicher Händler oder Handwerker war arm, denn menschliche Arbeitskraft war billig, und der Verkauf alltäglicher Produkte brachte wenig Gewinn. Dies erklärt auch, weshalb sich in den antiken Städten keine zahlenmässig bedeutende, wohlhabende und selbstbewusste Mittelschicht herauszubilden begann. Augusta Raurica als relativ grosse Stadt war der zentrale Markt unserer Region, aber sie war nicht in der Lage, sich nur über ihren inneren Markt zu versorgen, sowohl im übertragenen als auch im konkreten Sinne, sondern sie brauchte dazu eine ganze Region – eben ihr Hinterland. In der Stadt fand sich andererseits eine Kundschaft für die landwirtschaftlichen und handwerklichen Produkte ein, und hier wurden Märkte abgehalten; hier konnten sich die Bewohner aus Stadt und Land mit allem, was sie brauchten, aber nicht selbst herstellen konnten, eindecken. Hier war auch der Ort, wo Luxusprodukte und Prestigegüter aus fernen Gegenden erworben werden konnten. Während sich nicht nur die Allerreichsten italische und gallische Terra Sigillata, italische Weine oder vielleicht sogar spanisches Öl leisten konnten, gab es auch in Augusta Raurica diverse Luxusgüter aus weit entfernten Regionen des Imperiums zu erstehen wie zum Beispiel Austern, Gewürze, Datteln, Rohmetalle oder Farbpigmente. Als Exotica, die im Kanton Basel-Landschaft aufgetaucht sind, müssen registriert werden: vom Bad Bubendorf im 1. Jahrhundert ein Wein

mit dem Gladiatorenmosaik sich auf einen säulengeschmückten Innenhof öffnete, fand sich eine geräumige Küche mit Herdstelle und Backofen samt Vorraum. In den Spalten und Ritzen und eingetreten in den öfter erneuerten Lehmboden fanden sich insgesamt 13 797 Knochenfragmente, von denen Professor Elisabeth Schmid[16] 29 Prozent oder 4020 bestimmen konnte. Die Resultate seien zusammengefasst. Zubereitet wurden hier – natürlich ausser den bedeutendsten Bratenstücken und Filets, die ja keine Knochen hinterlassen, und ohne auf die einzelnen Mengen einzugehen – Kalbshaxen, Gizzi, Lamm, Gnagi, Hasenpfeffer, Frösche und Weinbergschnecken.

Von den mannigfachen Fischknochen war nur gerade die Äsche bestimmbar. Doch die 894 Vogelknochen gehörten zu folgenden Arten: Huhn, Gans, Ente, Taube, Fasan, Star, Kernbeisser, Stieglitz, Buchfink, Raubwürger, Mistel-, Ring- und andere Drossel, Amsel, Nachtigall (!), Knäkente, Gänsesäger, Haselhuhn, Rebhuhn und Waldschnepfe. Von der gewiss ebenso leckeren vegetarischen Menukarte haben sich leider keine Spuren erhalten ...

Tod und Begräbnis
Die Vorstellungen von Tod und Jenseits waren in der Antike so verschieden wie heute.[17] Antike Berichte betreffen nur die

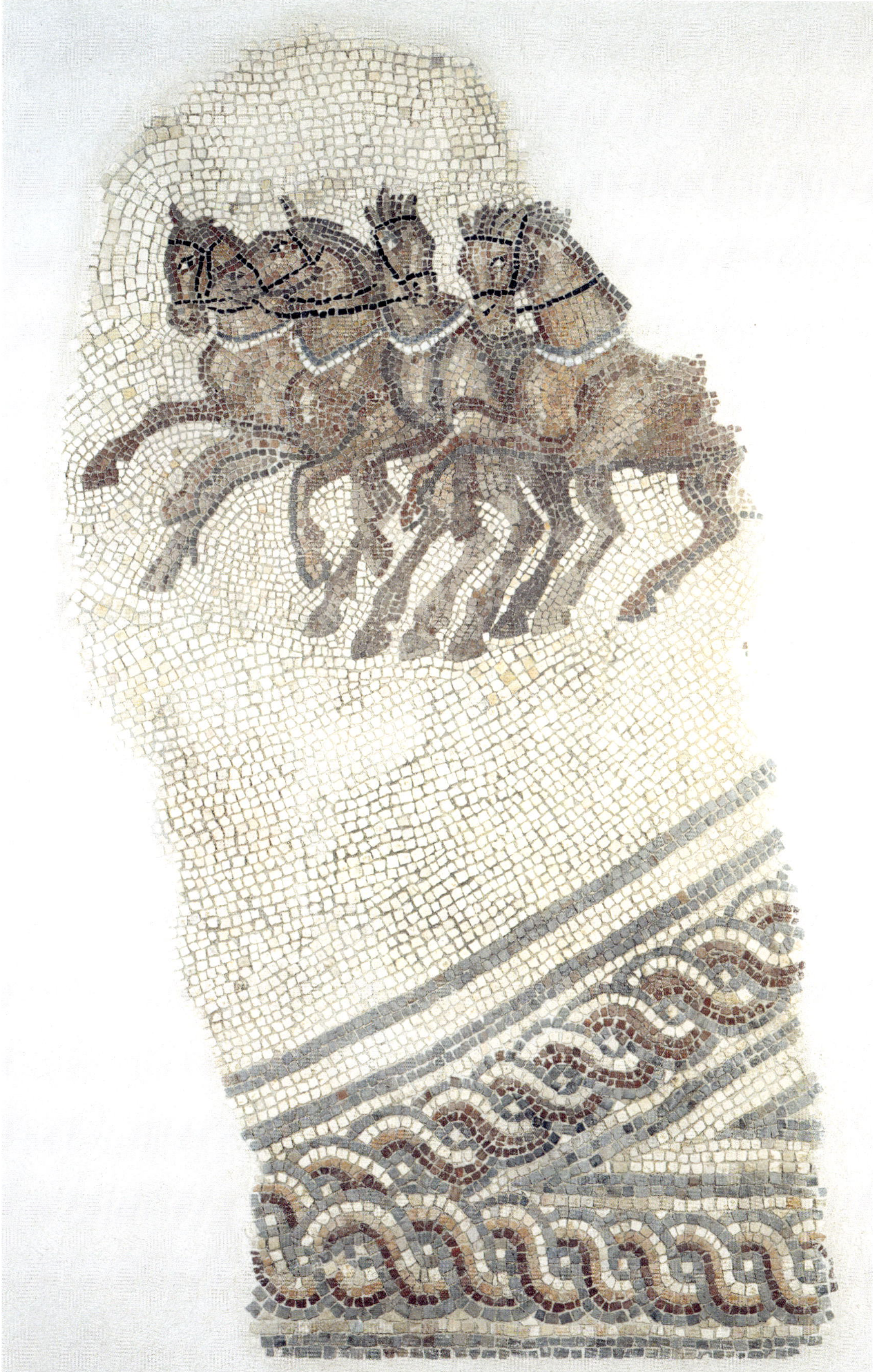

120 DIE RÖMERZEIT – AUGUSTA RAURICA UND SEIN HINTERLAND

Amphoren-Importe nach Augusta Raurica

Um die 6000 Amphorenfragmente aus Augst und Kaiseraugst hat Stefanie Martin-Kilcher in den Jahren 1980 bis 1986 untersucht. Amphoren bildeten in der Antike die keramischen Einwegverpackungen für Olivenöl, Wein und Fischsauce, aber auch Oliven und andere Südfrüchte wie Datteln oder Feigen. Je nach ihrem Inhalt waren die Formen dieser zweihenkligen und gut verschliessbaren Fässer weitgehend standardisiert. Da sie nahe den Produktionsstätten der Waren in grossen Töpfereien fabriziert wurden, ist die Herkunft der Behälter weitgehend identisch mit dem Ursprung ihres Inhaltes. Die drei Karten zeigen nur gerade einen bescheidenen Ausschnitt der umfangreichen Forschungsergebnisse. Sie geben an, aus welchen Mittelmeerländern die genannten Lebensmittel in grösseren oder kleineren Mengen (grosse und kleine Symbole) in verschiedenen Epochen nach Augusta Raurica exportiert wurden.

Oben: augusteisch, frühe Kaiserzeit
Mitte: zweite Hälfte 1. Jahrhundert
Unten: 4. und 5. Jahrhundert
Dunkelgrau: grösste Ausdehnung des Römischen Reiches

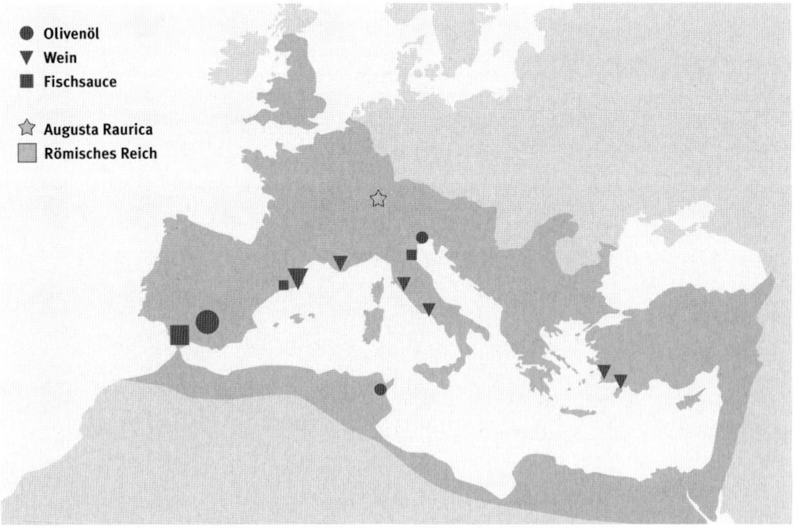

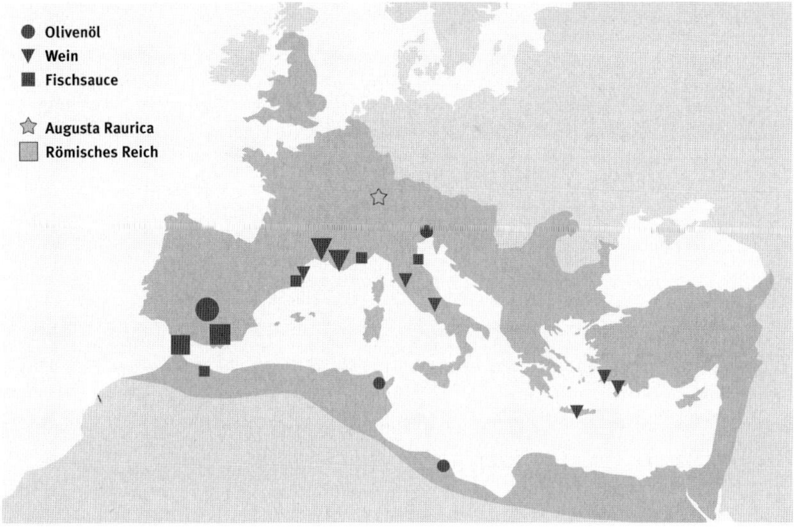

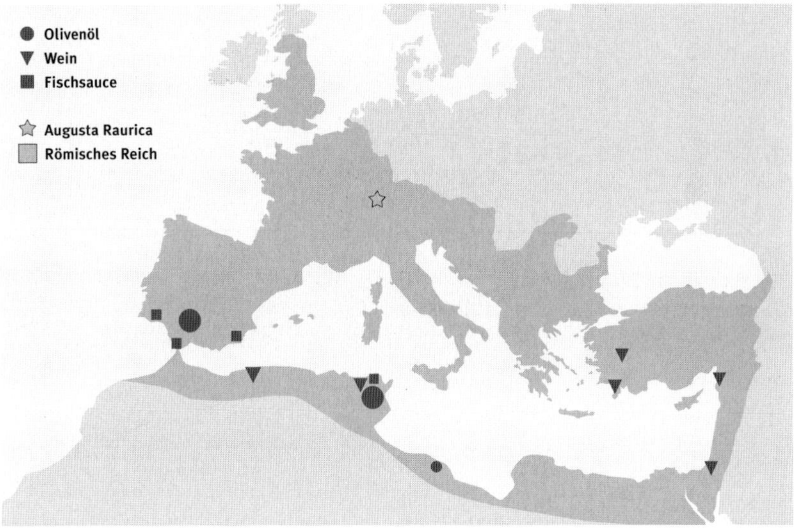

von der Insel Kos in der Ägäis, einer des 3. Jahrhunderts aus der Westtürkei in Pratteln-Kästeli und eine Amphorenfüllung des 4. Jahrhunderts sogar aus Tunesien in Laufen-Müschhag![27] Aber der kleinräumige, lokale Handel spielte die zentrale Rolle in römischer Zeit, und er musste Grundnahrungsmittel und weitere lebenswichtige Produkte abdecken. Gleichzeitig bot der städtische Markt der Landbevölkerung die einzige Gelegenheit, sich im Tausch gegen Landesprodukte Bargeld für Steuerabgaben und Einkäufe zu beschaffen.[28]

Die «letzten» römischen Funde
Es kann uns nicht gelingen, analog zu den «ersten» römischen Funden von den wirklich «letzten» zu sprechen. Noch ist die Fachdiskussion voll im Gange, welche Keramik denn nun tatsächlich als noch römisch und welche als bereits frühmittelalterlich anzusprechen wäre: Die Grenzen scheinen fliessend zu sein. Als benennbarer Beginn der Spätantike[29] wenn nicht schon als Auftakt zum Frühmittelalter[30] darf vielleicht das Jahr 293 bezeichnet werden, als Kaiser Diokletian und der seit 286 zum Mitkaiser erhobene Maximian ihre Gardepräfekten Galerius und Constantius Chlorus adoptierten und sie zu Caesaren und Nachfolgern ernannten. Das Reich wurde in eine West- und eine Osthälfte geteilt, und 297 wurden die gesamten Provinzen neu gegliedert und in zwölf grössere Einheiten, Diözesen, eingeteilt. Zur Diözese Gallien gehörte die Provinz Maxima Sequanorum, welche auch unsere Region mit Augusta Raurica umfasste. Diokletian führte zudem 295 eine Münzreform durch und legte anno 301 als oberster Preisüberwacher Maximalpreise fest, welche die Inflation stoppen sollten. Mit sehr vielen obrigkeitlichen Einschränkungen konnte das 4. Jahrhundert nochmals als Zeit der ruhigen Prosperität beginnen.

Allerdings war die Mitte des 4. Jahrhunderts wieder äusserst bewegt, einerseits mit der Rebellion des Generals Magnentius, der gegen seinen Kaiser Constans das Westreich usurpierte und als selbst ernannter Kaiser

Totenfeierlichkeiten der stadtrömischen Oberschicht, nicht aber Rituale in den Provinzen. Wie es gesetzlich vorgeschrieben war, lagen die Augster Friedhöfe ausserhalb des Siedlungsgebietes, den Landstrassen entlang. Aber auch in der Nähe der Landvillen gab es Begräbnisplätze. Während im 1. und 2. Jahrhundert Kremation vorherrschte, wurde vom 3. Jahrhundert an erdbestattet. Brandbestattungen enthielten in der Regel Urnen, in denen man die kalzinierten Gebeinereste beisetzte. Aufwändige Grabmonumente wie jene, deren traurige Reste noch heute an Roms Via Appia von einstiger Grandeur zeugen, dürfen wir uns in unserer Region nicht vorstellen. Das Mausoleum eines Angehörigen der gallorömischen Oberschicht, das direkt vor dem Osttor der Römerstadt lag und in dem sich ein Bustum-Grab fand – Kremation und Bestattung am gleichen Ort – ist eine Ausnahme. Römisch war der Brauch der Verbrennung und der spärlichen Beigaben; nach keltisch-gallischer Tradition galt es jedoch, den Toten möglichst viele Beigaben mitzugeben. So finden wir denn öfters keltisch-römische Mischinventare in den Gräbern. Das erschwert es, anhand der Grabbeigaben zwischen einheimisch-keltischer oder romanisierter keltischer Bevölkerung und echten Zuzügern aus dem Mittelmeergebiet zu unterscheiden.

seine Generäle mit dem Silberschatz beschenkte, andererseits mit ungeheuren Verwüstungen 352 durch die Alamannen. Die Schäden aus jener Zeit sind nachweisbar, und dass damals wirklich Gefahr drohte, zeigt die Vergrabung eben dieses Silberschatzes im *Castrum Rauracense* um diese Zeit.

Ammianus Marcellinus[31] überliefert, dass die Kaiser Konstantin II. (337 bis 361) und Julian (360 bis 363) anlässlich von Operationen gegen die Alamannen persönlich in der Gegend anwesend waren. Kaiser Valentinian I. (364–375) unternahm als letzter einen massiven Ausbau der Rheingrenze mit Wachttürmen. Aber das Ende schien schon besiegelt. Aus den Schulbüchern sind uns noch der Name Stilicho und das Jahr 401 n. Chr. als Symbole für das Ende des Römischen Reichs vertraut.

Natürlich hörte das Römische Reich in unserer Region nicht von einem Tag auf den andern auf zu existieren; eine gewisse Verwaltungstätigkeit dürfte noch bis ins 5. Jahrhundert hinein stattgefunden haben; aber wenn Strukturen sich verlieren und Finanzen ausbleiben, dürften – wie gerade auch Beispiele unseres zu Ende gegangenen 2. Jahrtausends zeigen – die Beamten ihre Funktionen recht bald vernachlässigen lassen. Quellen gibt es jedenfalls keine, die das Ende der Römerzeit für unser Gebiet beschreiben; aber dass die Zivilbevölkerung des Kastells hier geblieben ist und weiter hier gewohnt hat, steht fest, und ein Gleiches gilt weitgehend auch für manche Landvillen. Allerdings war eine grosse Zahl von Gutshöfen bei den Einfällen der Alamannen bereits in der zweiten Hälfte des 3. Jahrhunderts geplündert und zerstört worden, und viele Herrenhäuser sind damals für immer verlassen worden. Zwar ging die Bevölkerungszahl stark zurück, doch zeugen manche Funde davon, dass vielerorts das Gutshofgelände weiter bewirtschaftet worden ist.[32] Auf einen ganz einfachen Nenner gebracht ist festzuhalten, dass jene Villen, die Funde des 4. Jahrhunderts aufweisen, die direkten Vorläufer jener Siedlungen bilden, welche vom Frühmittelalter an und meist bis in die Gegenwart romanische Ortsnamen aufweisen.

Graburnen aus Glas

Während der römischen Epoche waren in unserer Region Körper- und Brandbestattungen Sitte. Meist wurde die Asche nach einer Kremation auf offenem Feld in einem keramischen Topf gesammelt und beigesetzt.

Wer es sich leisten konnte, mochte als Urne auch ein höchst kostbares Glasgefäss wählen, wie dies mehrere 1998/1999 in Reinach entdeckte Gräber zeigen (rechts in der Fundlage, oben nach der Konservierung). Die etwa 30 Zentimeter hohen bauchigen Urnen mit zylindrischem Hals und breitem Rand weisen meist zwei aus Glaspaste gezogene und an Bauch und Rand fixierte Henkel sowie einen geschwungen konischen Deckel auf. Diese Gräber datieren aus dem früheren 2. Jahrhundert n. Chr.

Lesetipps

Die letzte Zusammenfassung «Die Römer in der Schweiz» von Walter Drack und Rudolf Fellmann (Drack/Fellmann 1988) darf als Standardwerk betrachtet werden, auch wenn gegenüber dem zweiten, praktisch-lexikalischen Teil unterdessen schon viele Änderungen in der römischen Schweiz eingetreten sind.

Als ältere, aber in manchen Bereichen immer noch aktuelle Übersicht dient «Die römische Epoche» (UFAS 5, 1975).

In die römische Wirtschaft und Verwaltung führen Moses I. Finley – «Quellen und Modelle in der Alten Geschichte» (Finley 1987) sowie «Die antike Wirtschaft» (Finley 1993) – und Frank M. Ausbüttel – «Die Verwaltung des römischen Kaiserreiches» (Ausbüttel 1998) – auf sehr lesbare, ja spannende Weise ein.

Für den Kanton Basel-Landschaft ist der Aufsatz «Das Hinterland von Augusta Raurica in römischer Zeit» in «Tatort Vergangenheit» (Hecht/Tauber 1998) als vorausgegangene Zusammenfassung des vorliegenden Aufsatzes zu werten. Zur römischen Wasserleitung (Ewald/Hartmann/Rentzel 1997) enthält «Tatort Vergangenheit» auch den jüngsten Nachtrag (Ewald 1998).

Über Augusta Raurica gibt es eine ausserordentlich reiche Literatur. Als jüngste Übersichten sind «Out of Rome» (Furger et al. 1997) und der «Führer durch Augusta Raurica» (Berger 1998) zu nennen. Beide führen ausführlich in die Literatur hinein. Wer sich eingehender mit Einzelthemen beschäftigen will, kommt um die Reihe «Forschungen in Augst» (seit 1975) und die «Jahresberichte aus Augst und Kaiseraugst» (seit 1980) nicht herum. Am praktischsten: Man bestellt sich bei der Römerstadt Augusta Raurica, CH-4302 Augst, das ausführliche Publikationen-Verzeichnis oder holt sich die gesamte Bibliographie über die

Abbildungen

Kantonsarchäologie Baselland:
S. 85, 87, 91, 96, 98, 99, 112, 114, 115,
118 und S. 122 unten.
Römerstadt Augusta Raurica, Ursi Schild:
S. 86, 105, 109, 111, 117 und S. 119.
Voellmy, Samuel: Frühe Römerforschung
in der Landschaft Basel, Dietikon/Zürich
1976: S. 88 oben, mitte und S. 89.
Gass, Otto: Karl Gauss als Baselbieter
Historiker, in: BHB 1, 1942, S. 9:
S. 88 unten.
Reto Marti, Oberbipp: S. 92 und S. 93.
Antikenmuseum Basel, Sammlung
Ludwig, Claire Niggli: S. 94.
Kantonsmuseum Baselland, Nachlass
Theodor Strübin: S. 97.
Ewald/Tauber 1998, Abb. 6.5.1: S. 100.
Uderzo, Albert/Goscinny, René: Le combat
des Chefs (Une aventure d'Astérix 7),
Paris 1966, S. 5: S. 101. © 2000 – Les Editions Albert René/Goscinny-Uderzo.
Kantonsarchäologie Baselland, Marcel
Eckling: S. 102, 103 oben und S. 122 oben.
Römerstadt Augusta Raurica:
S. 103 unten, 108.
Römerstadt Augusta Raurica,
Markus Schaub: S. 104.
Jonas Baltensweiler, Zug (Zeichnung)/
Andrea Leisinger, Zug (Aquarell): S. 113.
Anne Hoffmann Graphic Design: S. 120;
Quelle Martin-Kilcher 1994, Abb. 266.

Anmerkungen

1 Das gesamte Kapitel fusst auf den umfangreichen und detaillierten Vorarbeiten von Yolanda Hecht (Hecht 1997 und Hecht/Tauber 1998, S. 429–456).
2 Hecht/Jud/Spichtig 1991.
3 Vgl. Kap. 2.
4 Paunier 1999, S. 9.
5 Berger/Müller 1981.
6 Wieland, Günther (Hg.): Keltische Viereckschanzen, einem Rätsel auf der Spur, Stuttgart 1999.
7 Paunier 1999, S. 11.
8 Drack/Fellmann 1988, S. 15–22.
9 Hecht, Yolanda (u.a.): Zum Stand der Erforschung der Spätlatènezeit und der augusteischen Epoche in Basel. JbSGUF 82, 1999, S. 163–182.
10 Hecht 1997, S. 34–38; Hecht/Tauber 1998.
11 Ettlinger, Elisabeth/Schmassmann, Walter: Das Gallo-Römische Brandgräberfeld von Neuallschwil, in: TNGBL 14, 1994, S. 182–235.
12 Martin-Kilcher, Stefanie: Die Funde aus dem römischen Gutshof von Laufen-Müschhag, Bern 1980.
13 Furger u.a. 1997, S. 46f.; Berger 1998, S. 12; Drack/Fellmann 1988, S. 30.
14 Furger, Alex, R.: Die urbanistische Entwicklung von Augusta Raurica vom 1. bis zum 3. Jahrhundert, in: JbAK 15, 1994, S. 29f.
15 Ewald, Jürg: Die frühen Holzbauten in Augusta Raurica – Insula XXX und ihre Parzellierung, in: Provincialia. Festschrift Rudolf Laur-Belart, Basel 1968, S. 80–104.
16 Deschler-Erb/Peter 1991.
17 Drack/Fellmann 1988, S. 82.
18 Hecht 1997, S. 2, 9, 11; Hecht/Tauber 1998.
19 Hecht 1997, S. 11–14.
20 Percival, John: The villa economy: Problems and perspectives, in: Branigan, Keith/Miles, David (Hg.): The economies of Romano-British villas, Sheffield o. J., S. 5ff.
21 Finley 1993, S. 128.
22 Hecht/Tauber 1998, S. 450ff.
23 Ewald, Jürg/Kaufmann-Heinimann, Annemarie: Ein römischer Bronzedelphin aus Munzach bei Liestal BL, in: AS 1, 1978, S. 23–31.
24 Furger u.a. 1997, S. 237ff.
25 Furger u.a. 1997, S. 243; Deschler-Erb 1998.
26 Deschler-Erb 1998.
27 Martin-Kilcher 1987/1994.
28 Furger u.a. 1998, S. 243 und S. 245.
29 Drack/Fellmann 1988, S. 276f.
30 Vgl. Kap. 5.
31 Vgl. Kap. 4.
32 Martin 1979, S. 113.

1 Berger 1998, S. 57.
2 Burckhardt-Biedermann, Theophil: Statistik keltischer, römischer, frühgermanischer Altertümer im Kanton Basel. in: Basler Zeitschrift für Geschichte und Altertumskunde 9, 1910, S. 347–390.
3 Ewald, Jürg: Pfarrer Fritz LaRoche-Gauss (1899–1981) als Archäologe im Kanton Basel-Landschaft, in: Arculiana. Festschrift Hans Bögli, Avenches 1995, S. 419–429.
4 Stehlin, Karl: Ausgrabungen in Augst 1890–1934, Forschungen in Augst 19, Augst 1994.
5 Ewald u.a. 1997; Ewald, Jürg: in: Ewald/Tauber 1998, S. 212–220.
6 Finley 1993, S. 147f.
7 Strübin, Theodor: Ein Jupiter-Heiligtum beim Bad Bubendorf, in: BHB 13, 1977, S. 303–315; Rippmann, Dorothee: Die Kleinfunde aus dem Jupiter-Heiligtum beim Bad Bubendorf, in: BHB 13, 1977, S. 317–337.
8 Hecht 1997, S. 10.
9 Finley 1993, S. 161ff.
10 Finley 1987, S. 36, Anm. 56.
11 Finley 1987, S. 50f.; Finley 1993, S. 118, 127f. und 136.
12 Marti, Reto: Spuren aus der Ur- und Frühgeschichte, in: Stöcklin, Peter: Heimatkunde Diegten, Liestal 1996, S. 21–28.
13 Cahn/Kaufmann 1984.
14 Hecht 1997, S. 14–16.
15 Furger u.a. 1997, S. 209 und 213.
16 Schmid, Elisabeth: Tierreste aus einer Grossküche von Augusta Raurica, in: Basler Stadtbuch 1967, S. 176–186.
17 Furger u.a. 1997, S. 317 und 319.

Thema: Natur und Umwelt

Was war, als die Erde wüst und leer war? Seit wann gibt es Natur? Wann begann Landschaft? Wann ist der Anfang der Landschaft des heutigen Kantons Basel-Landschaft anzusetzen? Kann Landschaft überhaupt beginnen und aufhören? Was war, bevor Menschen da waren? Gibt oder gab es Landschaft und Natur ohne Menschen? Setzt das Reden von Landschaft und Natur nicht immer auch den Menschen und seine Erzeugnisse voraus? Wäre somit der berühmte Faustkeil von Pratteln nicht nur das erste Zeichen menschlicher Zivilisation in unserem Gebiet, sondern auch der Beginn der Landschaft? Die Fragen nach der weit zurückliegenden Vergangenheit provozieren sogleich jene nach der fernen Zukunft: Was wird im Gebiet des heutigen Kantons Basel-Landschaft in 10 000 Jahren sein? Werden wieder Eiszeiten ins Land gegangen sein? Oder wird das Klima subtropisch sein? Oder, um noch weiter auszuholen: Was wird sein, wenn die Sonne verglüht sein wird? Wann wird das sein? Gibt es dann noch Menschen? Welches Antlitz wird die Erde zu jenem fernen Zeitpunkt zeigen? – Lauter grundsätzliche Fragen, uralte Fragen. Nicht umsonst fällt einem die Bibel ein, das erste Buch Moses aus dem Alten Testament. Der Schöpfungsbericht führt einen innerhalb von wenigen Zeilen vom Uranfang, von der wüsten und leeren Erde, zum Menschen, der sich die Erde untertan machen soll.

Trotz allen Fragen und Ungewissheiten, die Debatte um Umwelt und Ökologie hat zu einer Klärung hinsichtlich der leitenden Begriffe geführt. Natur ist demnach der vom Menschen und seiner Zivilisation unberührte Raum, verstanden als jener Ausschnitt der Erdoberfläche und der erdnahen Atmosphäre, der sich einige Dutzend Meter in die Tiefe und einige Kilometer in die Höhe ausdehnt. Die so definierte Natur gibt es heutzutage kaum mehr irgendwo auf dieser Erde. Die Umwelt, oder wie sie neuerdings auch genannt wird, die Mitwelt, ist die von Mensch und Gesellschaft in irgendeiner Form, bewusst oder unbeabsichtigt mit- oder umgestaltete Umgebung, verkürzt: die Natur in Bezug auf den Menschen. Landschaft ist stärker auf den Menschen und seine Wahrnehmung hin orientiert. Sie ist letztlich die nach ästhetischen und damit nach gesellschaftlichen und kulturellen Normen geformte Anschauung von Natur und Umwelt.

Erdgeschichte: Geschichte in Jahrmillionen oder in Millimetern pro Jahr

Das Archiv der Erdgeschichte sind die Gesteine. Eine der wichtigsten darin enthaltenen Informationsträger, Quellen, wie sie in der Geschichtswissenschaft genannt werden, sind die gerade im Jura häufig vorkommenden Fossilien. Die Geologie beschränkt sich im Allgemeinen auf jene Gesteinsschichten, die in Aufschlüssen direkt zugänglich sind. Seit neuerer Zeit erforscht sie mittels seismischer und anderer Untersuchungsmethoden auch den oberflächennahen Untergrund. Von der ältesten, wahrscheinlich mit Kratern übersäten Erdoberfläche ist nirgends auf der Welt etwas übrig geblieben. Bei der Bildung von Gebirgen und Kontinenten ist diese ursprüngliche Landschaft völlig umgestaltet worden. In der Gegend zwischen Jura und Rhein sind die ältesten Gesteine etwa 270 Millionen Jahre alt. Sie sind zum grössten Teil umgewandelt und unter jüngeren Ablagerungen begraben.

Die Grundstruktur oder, wie die Geologen sagen, die Tektonik des Naturraums zwischen Jura und Rhein wurde im Tertiär vor rund 2 bis 37 Millionen Jahren im Zusammenhang mit der Faltung der Alpen angelegt. Im Bereich des späteren Tafeljuras wurden die Kalksedimentpakete, die in unserer Region das ältere Grundgebirge bedeckten, nur aufgebrochen, und die Sedimentschichten wurden in der Vertikalen gegeneinander verschoben. Dabei entstanden Gräben und Horste. Diese bildeten die Vorformen der heutigen Tafelflächen, jene – verstärkt durch die Flusserosion – die Grundlage für die heutigen Täler. Im Bereich des späteren Kettenjuras wurden die Sedimentpakete zu Falten zusammengedrückt, dies als Fernwirkung der Alpenfaltung, das heisst des Zusammenstosses der afrikanischen und der eurasischen Kontinentalplatte. Ausserdem begannen sich Schwarzwald und Vogesen voneinander zu entfernen, der Oberrheingraben öffnete sich. Die Gesteinsschichten sanken ab, der entstehende Raum wurde allmählich mit Sedimenten aufgefüllt. Der Oberrheingraben liegt noch heute in einem Dehnungsgebiet der Erdkruste, er ist aus der Sicht der Geologie dem mittelatlantischen Rücken ähnlich, vielleicht entsteht daraus dereinst ein Ozean. Diese Vorgänge werden hier in wenigen Sekunden auf ein paar Zeilen umrissen, als hätten sie sich innert kurzer Zeit abgespielt. In Wirklichkeit erstreckten sich diese Prozesse jedoch über Jahrmillionen. Die Veränderungen erfolgten mit unvorstellbarer Langsamkeit, pro Jahr bewegten sie sich im Bereich von wenigen Millimetern. Diese Entwicklungen dauern auch heute an, wir merken es nur nicht, es sei denn, wir wären Geologen, die sie mit modernster Technik auszumessen versuchen. Die breite Bevölkerung erfährt diese Bewegungen innerhalb der Erdkruste in erster Linie bei den regelmässigen Erdbeben in der Region. Für Mensch und Gesellschaft können diese Vorgänge mitunter katastrophale Auswirkungen haben, wie letztmals 1356.

Das Baselbiet in der Südsee

Lange vor den Eiszeiten war die Gegend des heutigen Baselbiets mehrmals von einem Flachmeer beziehungsweise den flacheren Teilen eines grösseren Meeres bedeckt. Die zahlreichen Versteinerungen lassen auf eine subtropische Flora und Fauna schliessen, deren Zusammensetzung ziemlich genau beschrieben werden kann. Denn auch in den heutigen Meeren kommen nicht überall die gleichen Tiere vor, die Fauna variiert je nach Klimazone, Salz- und Sauerstoffgehalt des Meerwassers und je nach Meerestiefe.[1] Gemäss einem ihrer Leitprinzipien geht die Geologie davon aus, dass diese Umweltbedingungen auch in der geologischen Vergangenheit Gültigkeit hatten. Viele Sedimentgesteine und die darin enthaltenen versteinerten Lebewesen geben uns deshalb Auskunft über Klima und Naturraum zur Zeit ihrer Ablagerung. Zu den Fossilien, die sich für die Erforschung der Erdgeschichte eignen, gehören unter anderem die riffbildenden Korallentiere. Diese leben in einer engen Gemeinschaft mit bestimmten Einzellern, die ihrerseits Sonnenlicht zum Leben brauchen. Wenn also in einer Gesteinsschicht Riffkorallen gefunden werden, dann besteht Gewissheit, dass das betreffende Gestein in einem warmen Meer und in geringer Tiefe gebildet worden ist. Denn die Korallenriffe mit ihrer reichen Tierwelt gedeihen heute unter denselben Bedingungen nur in den flacheren Teilen der (sub-)tropischen Meere. Ebenso können die Ausgangssedimente für bestimmte Gesteinsarten wie etwa Kalksteine in grossen Mengen nur in warmem Meerwasser entstehen.

In unserer Gegend wuchsen Korallenriffe auf einem breiten Gürtel, der sich vom Kanton Jura über das Laufental und Basel bis ins Markgräflerland erstreckte. Leicht zugänglich sind diese Riffe zum Beispiel am Steilhang über St-Ursanne. Die Geologen schliessen aus dem Vergleich mit den heutigen Standorten von Korallenriffen, dass hier in der späteren Jurazeit, das heisst im mittleren Oxfordian vor rund 140 bis 130 Millionen Jahren, ein tropisches oder subtropisches Flachmeer bestanden haben muss. Zunächst war das Meer immerhin etwa 80 bis 100 Meter tief und am Meeresgrund kaum vom Wellengang beeinflusst, sodass sich dort Schlamm ablagern konnte, in dem dünnschalige Muscheln eingegraben waren. Mit der fortschreitenden Auffüllung des Meeres von Nordwesten her wurde das Wasser in der Nordwestschweiz schon im mittleren Oxfordian so seicht, dass Korallenriffe zu wachsen begannen. Im Bereich der Riffe war das Wasser zudem stark bewegt, sodass dort in der Regel nur Muscheln und Schnecken überleben konnten, die durch eine dicke Schale vor dem Zerbrechen geschützt waren. Weiter östlich, im Gebiet der heutigen Kantone Aargau und Schaffhausen, blieb das Wasser durch das ganze Oxfordian hindurch ziemlich tief. So lebten dort, wie die erhaltenen Fossilien zeigen, auch noch später dünnschalige Schnecken und im Schlamm eingegrabene Muscheln.

In die Zeit vor etwa 165 Millionen Jahren verweist auch der im Baselbiet verbreitete Hauptrogenstein. Dieses von den Geologen Oolith genannte Gestein bildet zahlreiche Flühe und Gebirgskämme, so zum Beispiel die Sissacher- oder die Belchenfluh. Dieses Gestein setzt sich aus Kalkkügelchen, so genannten Ooiden, und einer kalkigen Grundmasse zusammen. Früher wurden diese Kügelchen für versteinerte Fischeier, das heisst Fischrogen, gehalten, was zur Namensgebung führte. Die Ooide entstehen jedoch durch schalige Kalkablagerungen an kleinsten Kalkschalentrümmern oder Gesteinsbruchstückchen in seichten, warmen Meeren. Im Laufe ihres Wachstums werden sie von der Strömung hin und her bewegt, wodurch sie ihre Kugelform erhalten. Heute kann dieser Vorgang im Gebiet der Bahamas-Inseln beobachtet werden. Ebbe und Flut wälzen und rollen die Überreste von Tieren und Sandkörnern zu kleinen Kügelchen zusammen und häufen sie in Dünen unter der Wasseroberfläche auf. Diese Kügelchen werden in einer späteren Phase durch Überlagerung zum kompakten Kalkgestein komprimiert.

In die gleiche Richtung sind die Salzvorkommen der Region zu interpretieren. In der Triaszeit, vor rund 200 Millionen Jahren, war die Nordschweiz Teil eines ausgedehnten Tieflandes, von dem vor allem fossile Pflanzen erhalten geblieben sind. In der Folge überflutete ein seichtes Meer unser Gebiet. Das Klima war warm und trocken. Als die Verbindung des Binnenmeers mit dem Ozean fast ganz abgeschnürt war, verdunstete mehr Wasser aus dem Becken, als Süsswasser hineingelangte, und aus dem Ozean floss Salzwasser zu. Deshalb stieg der Salzgehalt des Wassers im Flachmeerbecken an. Die Meerestiere starben, und zuletzt lagerte sich das Steinsalz ab, das heute von den Salinen ausgebeutet wird. In der Folge öffnete sich die Verbindung zum Ozean wieder, sodass der Salzgehalt des Wassers nahezu normal wurde und wieder viele Meerestiere und -pflanzen einwanderten. In der späteren Triaszeit, vor etwas weniger als 200 Millionen Jahren, füllten Flüsse Teile des Meers mit Sediment auf, neues Land entstand, das von Pflanzen wie zum Beispiel Farnen besiedelt wurde. Am Ende der Triaszeit, vor rund 190 Millionen Jahren, überflutete wiederum ein Meer unsere Gegend, was sich anhand von Fossilien wie bestimmten Seelilien-Arten feststellen lässt, die nur im Meer leben.

Andere Ablagerungen wie etwa jene von bestimmten Süsswasserschnecken zeigen, dass unsere Gegend im Eozän, das heisst in der frühen Tertiär-Zeit vor rund 60 Millionen Jahren, über dem Meeresspiegel lag. Weil sich der Untergrund im Gebiet des heutigen Oberrheins abzusenken begann, entstanden Seen, in denen die erwähnten Schnecken lebten. Später, im Oligozän vor 23 bis 37 Millionen Jahren, wurde die Basler Region zum letzten Mal vom Meer überflutet. Auf dem nicht weit im Südosten gelegenen Land standen Weiden und Zimtbäume, von denen Blätter ins Meer geweht und bis ins Gebiet der ehemaligen Tongruben von Allschwil verdriftet wurden. Der heute in den Tropen beheimatete Zimtbaum ist ein klarer Hinweis auf das Klima, das damals in unserer Region herrschte. In der Allschwiler Grube wurden auch gut erhaltene Meerfische aus der gleichen Zeit gefunden, ebenso typische Mikrofossilien und Insekten, die darauf hindeuten, dass die Küste des Meeres nicht weit entfernt war.

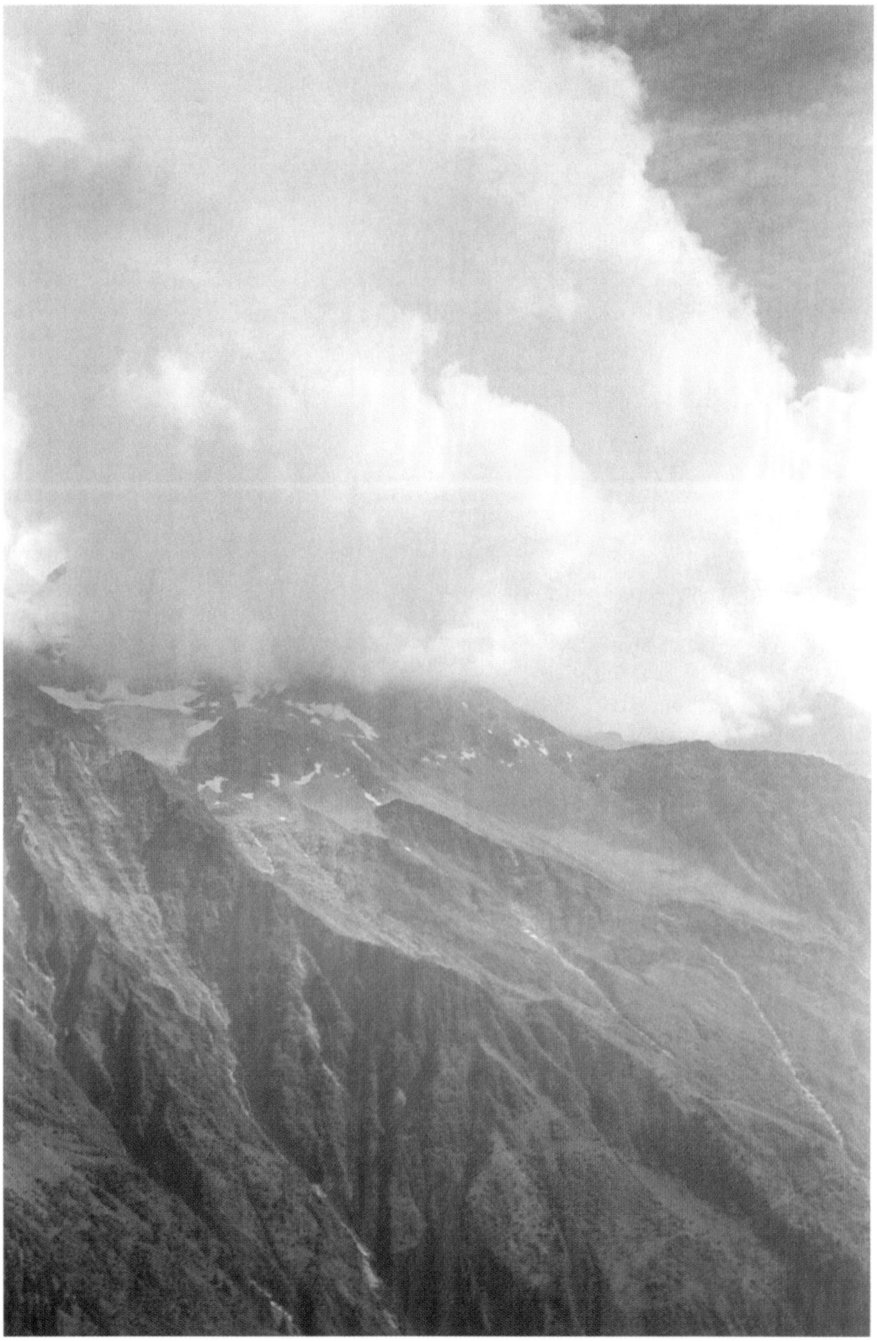

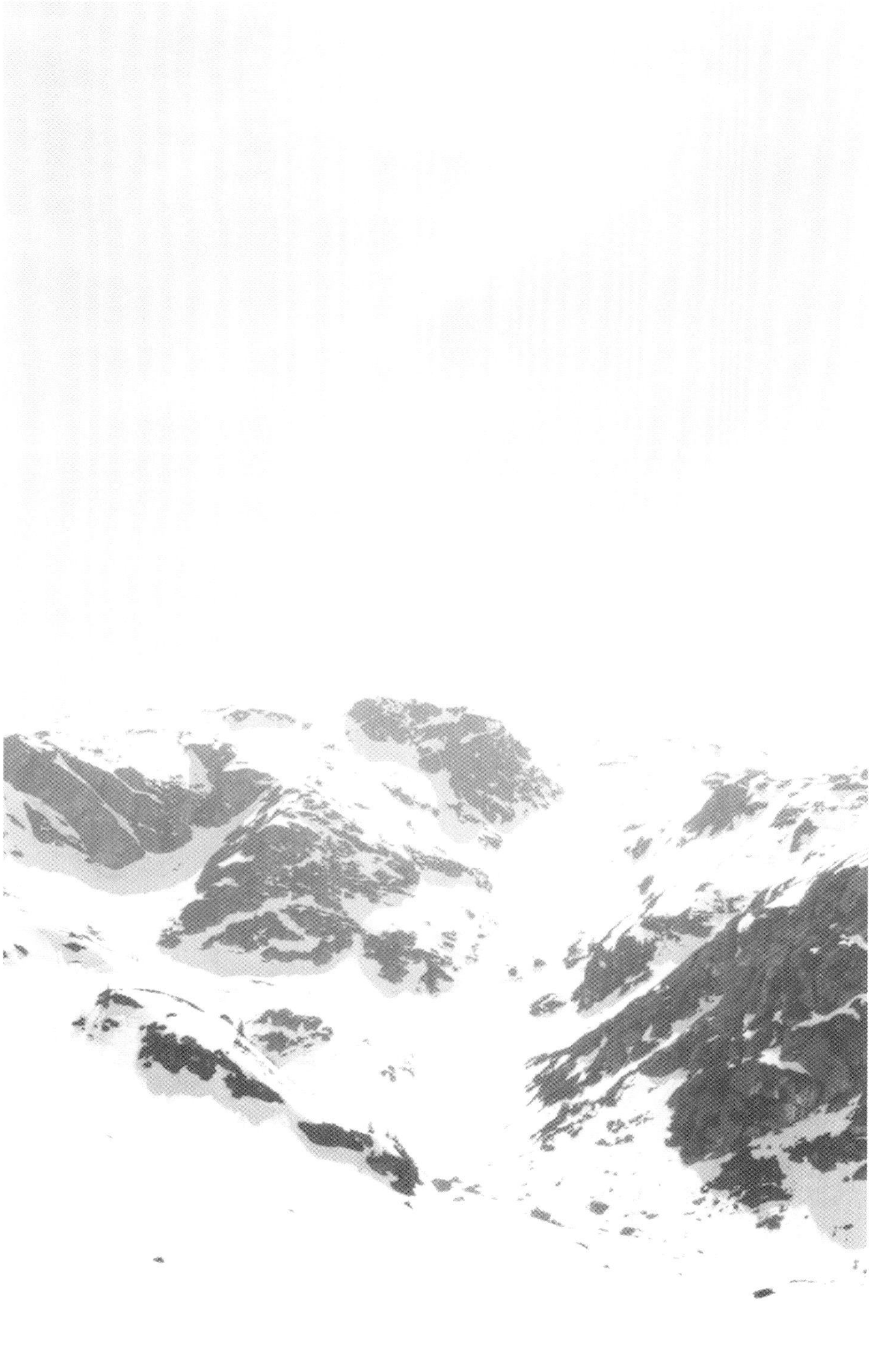

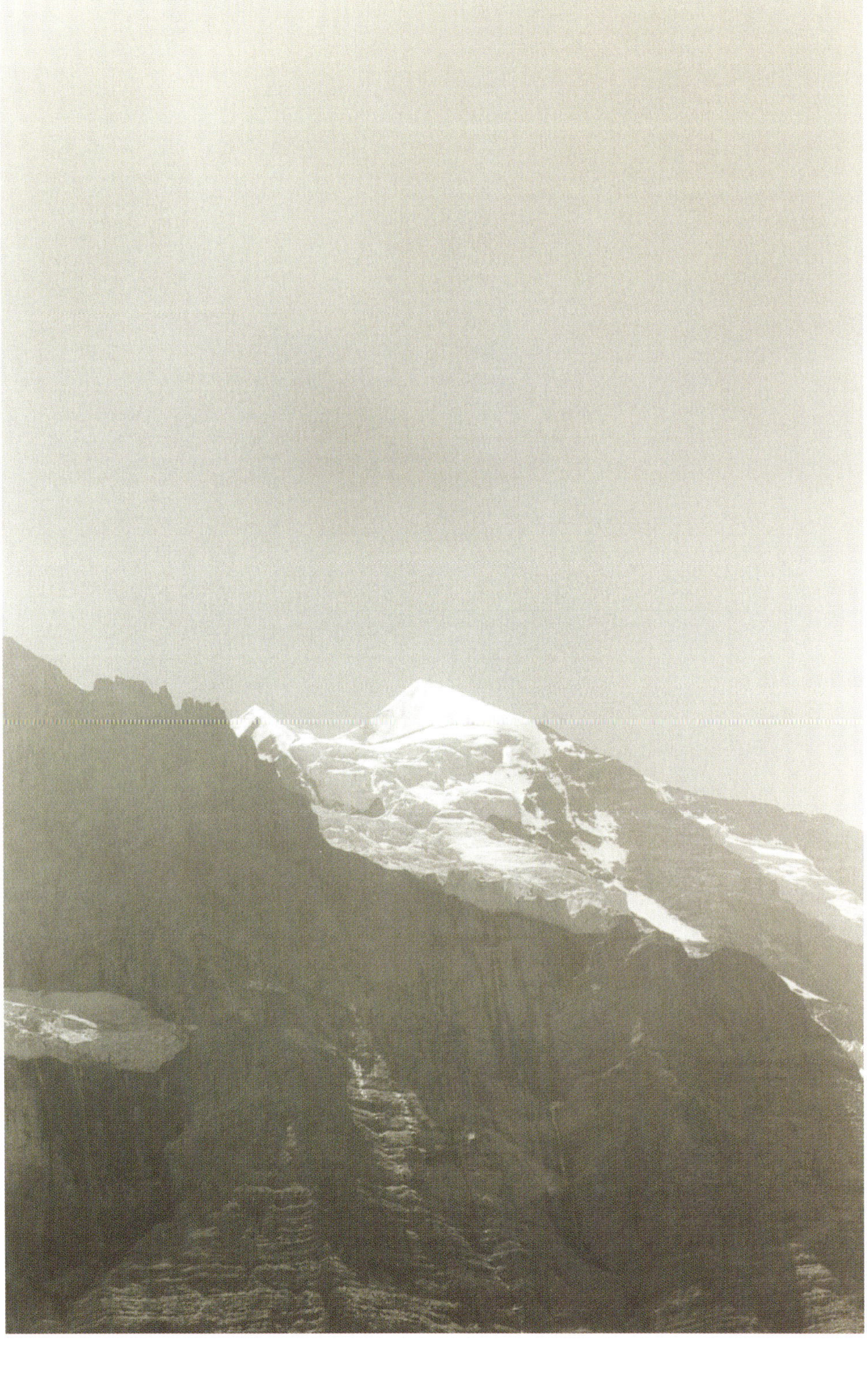

Die Landschaftsräume des Baselbiets

Das Ergebnis der tektonischen Grossbewegungen in der geologischen Vergangenheit ist die seit Jahrtausenden in ihren Grundzügen feststehende naturräumliche Grundstruktur des Baselbiets. Als grössere Einheiten können für das Baselbiet grob folgende Räume abgegrenzt werden:[2]

- Der östliche Teil des Sundgauer Hügellands, der sich von Allschwil über das Leimental bis zum östlichen Rand des Bruderholz hinzieht. Charakteristisch für dieses niedrige Hügelland sind ausgedehnte Lössflächen. Löss ist die fruchtbare, sandartige Ablagerung von Moränenstaub, der vom Wind während der Eiszeiten im Randbereich der Gletscher deponiert wurde.
- Das Birs- und das Rheintal, für die Flussauen sowie die Flächen der Schotterterrassen typisch sind. Talauen und Schwemmfächer reichen – in östlicher und südlicher Richtung – entlang der übrigen Flüsse und Bäche wie der Ergolz oder der beiden Frenken in schmalen Korridoren weit in andere Naturräume hinein.
- Die Schichtstufenlandschaft des Tafeljuras. Typisch sind die bewaldeten Steilhänge und die flachen, über den Tälern gelegenen, kultivierten Tafelflächen. Diese Landschaft prägt den mittleren und grosse Gebiete des oberen Kantonsteils.
- Der Blauen und der südliche Grenzbereich des oberen Kantonsteils liegen im Falten- oder Kettenjura mit schmalen Tälern und hohen, steilen Kämmen.
- Das Laufental umfasst Birs- und Lützeltal, das in seiner Art innerhalb des Kantons einzigartige Laufener Becken sowie die etwas erhöhte Hangfläche südlich des Blauen. In seinen Grenzräumen ist dieses Gebiet von den Strukturen des Faltenjuras geprägt.

Die Eiszeiten: Geschichte in Jahrzehntausenden und Jahrtausenden

Die Kleinformen der heutigen Landschaft wurden während und nach den Eiszeiten geschaffen: durch langsames Fliessen der Bodenschichten, durch Erosion und durch kleinräumige Ablagerungsvorgänge. So begannen sich in jener Zeit die Hangschuttflächen zu bilden, die heute grosse Teile der Tafeljuraberge bedecken. In den gleichen Zeitraum fällt die Entwicklung der heutigen Böden und Vegetation. Die wichtigsten Archive aus dieser Zeit sind Moore und Eisbohrkerne aus Gletschern mit den darin enthaltenen Hauptinformationsträgern, den Pollen und den Gasblasen.

Gegen Ende des Tertiärs vor rund 1,5 Millionen Jahren kündigte sich eine Klimaverschlechterung an, die im darauf folgenden Quartär weltweit zu Kalt- und Eiszeiten führte. Die Durchschnittstemperaturen fielen bis zu 10 Grad unter die heutigen. Die Schneegrenze sank stark ab, und die Gletscher rückten aus dem Alpenraum ins Mittelland vor. Die lebensfeindlichen Umweltbedingungen hatten grossräumige Wanderungen von Tieren und Pflanzen zur Folge. Weil die Gletscher vorübergehend mehr oder weniger stark abschmolzen, waren die Alpen zeitweise weniger vergletschert als heute. Es ist also zutreffender, die Eiszeiten als einen Wechsel von Kalt- und Warmzeiten im Rhythmus von einigen tausend oder zehntausend Jahren zu verstehen.

Die klassischen vier Eiszeiten wurden nach den Namen bayrischer Flüsse als Günz-, Mindel-, Riss- und Würmeiszeit benannt. Im Zuge neuer Forschungen ist klar geworden, dass es noch weiter zurückliegende Kaltzeiten gab. Vor allem aufgrund der Analysen von Pollen und Eisbohrkernen können die Klima- und Vegetationsveränderungen innerhalb der Eiszeiten mittlerweile mit relativ grosser Genauigkeit zeitlich eingegrenzt werden. Die klarsten Spuren hat die jüngste Kaltzeit, die Würmeiszeit, hinterlassen. Sie hat vor rund 90 000 bis 80 000 Jahren begonnen und zwischen 10 000 und 8000 Jahren vor der Gegenwart aufgehört. Sie ist gut zu erforschen, weil ihre Überreste nicht von einem nachfolgenden Gletschervorstoss umgestaltet wurden. Die grösste Vergletscherung herrschte in der Risseiszeit. Der Rhonegletscher bedeckte zu dieser Zeit eine Fläche von rund 25 000 Quadratkilometern. Er teilte sich über dem heutigen Genfersee in zwei Eisströme. Der westliche reichte bis Lyon, während der östliche ins Mittelland floss und sich über den Jura bis nach Liestal erstreckte. Im Mittelland vereinigte sich der Rhone- mit dem Rheingletscher zu einer riesigen Eismasse, deren Obergrenze auf 1200 bis 1400 Metern über Meer lag. Die am weitesten fortgeschrittenen Endmoränen lagen bei Möhlin und bei Füllinsdorf.

Die Region zwischen Jura und Rhein gehörte während den Eiszeiten zum grösseren Teil zum periglazialen, das heisst gletschernahen, unvergletscherten Gebiet. Das gilt im Übrigen auch für Vogesen und Schwarzwald, die damals von lokalen Gletschern bedeckt waren. Im Extremfall lagen die Julimitteltemperaturen zwischen 5 und 10 Grad Celsius, die Dezembermitteltemperaturen zwischen −14 bis −5 Grad Celsius. Die Landschaft muss man sich als Tundra vorstellen, wie sie heute zum Beispiel in den eisfreien Gebieten Grönlands oder im hohen Norden Europas anzutreffen ist. Wenn es nicht ganz so kalt war, herrschten Verhältnisse wie in einer Kältesteppe. Hauptkennzeichen der Vegetation dieser Kaltzeiten war, dass Bäume fehlten. Gräser und Moose, allenfalls strauchartige Pflanzen herrschten vor. Auch die Tierwelt hatte nördlich-arktischen Charakter: Mammut, Ur-Elefant, wollhaariges Nashorn, Elch, Bär, Rentier sind hier unter anderem zu nennen.

In den Interglazialen mit wärmeren Temperaturen, vergleichbar jenen des 20. Jahrhunderts, manchmal sogar darüber, dehnte sich der Wald von Süden und auch von Osten her in unser Gebiet aus. Zum Teil gediehen Baum- und Pflanzenarten, die heute hier nicht mehr wachsen, sondern wenn überhaupt nur noch südlich der Alpen anzutreffen sind. Diese Temperaturschwankungen werden auf astronomische Ursachen wie leichte Unterschiede bei der Neigung der Erdachse oder bei der Sonnenaktivität zurückgeführt. Die einzelnen Warm- oder Kaltzeiten konnten relativ kurz dauern, das heisst ein paar hundert Jahre, aber auch mehrere tausend Jahre. Damit bleibt offen, ob wir heute in einer Warmzeit sind oder ob eine Kaltzeit bevorsteht. Schreibt man die Entwicklung von Temperatur und Niederschlag in den letzten rund 100 000 Jahren in die Zukunft fort, so stehen wir heute nach Meinung mancher Experten am Ende einer Warmzeit. Es kann allerdings immer noch 2000 oder 3000 Jahre dauern, bis die nächste Kaltzeit einsetzt, wenn sie es denn tut. Wenn das Klima heute Thema ist, dann ist bekanntlich viel mehr von der globalen Erwärmung die Rede, konkret von der Luftbelastung und den daraus folgenden Einflüssen auf das Klima, die vom Menschen, vor allem von den CO^2-Emissionen der industrialisierten Welt verursacht werden.

Der Boden

«Grund und Boden», das heisst die Böden beziehungsweise die Bodenarten, waren in der Vergangenheit von zentraler Bedeutung als Hauptproduktionsmittel vorwiegend ländlicher, agrarer Gesellschaften. Mitte des 19. Jahrhunderts fanden sich nach Aussage des Schulinspektors und Landwirtschaftsexperten Johannes Kettiger an «Bodenarten» im «Birsigthal und dessen anliegenden Hügeln» sowie auf dem Bruderholz «ein ergiebiger, fester Lehmboden, der mehr oder weniger mit Sand vermischt ist (der Löss), im östlichen Theile des Kantons ein lettenartiger Mergel, beides Verhältnisse, die diese Landestheile zu den fruchtbarsten Gegenden des Kantons erheben.[3] Von den Hochebenen haben die einen schweren Thonboden, die andern leichten Kalkboden, Kalkgrien. Die Thäler dagegen, mit Ausnahme des Birsigthales, nicht minder auch die Ebene dem Rhein entlang, sind bis auf eine namhafte Entfernung von den jetzigen Flussbetten mit Geröllablagerungen bedeckt und würden an und für sich eine geringe Fruchtbarkeit darbieten, wenn der ursprünglich dürre, steinige Boden nicht durch lang anhaltenden Fleiss, oder dadurch einer Verbesserung wäre entgegengeführt worden, dass die herabfliessenden Wasser den mitgebrachten Grund abgesetzt und allmälig über das Gerölle verbreitet hätten.»

Nach heutiger Terminologie sind für das Baselbiet Rendzinen, Braunerden und Parabraunerden sowie Mischtypen kennzeichnend.[4] Die Böden unterscheiden sich allerdings vielfältig aufgrund der bewegten Topografie auf kleinem Raum. Das Nährstoffangebot, vor allem der Parabraunerden, ist vergleichsweise gut; einzig die zum Teil sandigen Böden auf Niederterrassen-Schottern neigen infolge Trockenheit zu unausgeglichener Versorgung. Andere Standorte im Baselbiet weisen schwere Böden und Staunässe auf. Die Bodenart beeinflusst Durchlüftung, Temperatur- und Nährstoffhaushalt der Böden. Sandböden beispielsweise zeichnen sich durch gute Durchlüftung und hohe Erwärmbarkeit aus, sind aber nur mässig mit Nährstoffen versorgt und vermögen Nährstoffe und Wasser nur in geringem Mass zu speichern. So weit bekannt, haben sich die Bodenverhältnisse im Raum des heutigen Kantons Basselland im Lauf des letzten Jahrtausends nicht grundlegend verändert.[5]

Baselbieter Landschaft in historischer Zeit, oder: Eigentlich leben wir im Wald

Natur und Landschaft, so möchte man mit Blick auf die Erdgeschichte meinen, gehören zum unveränderlichen, festen Bestand der Geschichte in einem engeren Sinn. Das war lange Zeit auch die gängige Auffassung der Geschichtswissenschaft. Erst in neuerer Zeit entdeckten Historiker und Historikerinnen, dass sich Naturräume und Landschaften auch während der vergleichsweise kurzen historischen Zeitabschnitte seit dem Ende der letzten Eiszeit verändert haben. Gerade in den dicht besiedelten Räumen Mitteleuropas wurden die reinen Naturräume, das heisst von menschlichen Eingriffen weitgehend unberührte Gebiete, schon im Mittelalter zurückgedrängt, während solche Natur heute nur noch in Randlagen wie Hochgebirgen oder Zonen jenseits des Polarkreises vorkommt. Die Einwehung von Staub- und Russpartikeln bewirkte allerdings auch hier schon früh minime, aber heute noch nachweisbare Veränderungen, wie die Untersuchung von Eisbohrkernen der Polkappen und der Alpengletscher zeigt.

Von historischen (Kultur-)Landschaften zu sprechen, heisst demnach, dass die Menschen seit ihrem ersten Auftreten in einer von ihnen mehr oder weniger intensiv genutzten und veränderten Landschaft lebten. Mit ihrer Arbeit überformten frühere genauso wie heutige Gesellschaften Natur und Landschaft. Nach Auffassung der Umweltgeschichte, einer der jüngsten Teildisziplinen des Fachs, waren diese Eingriffe bis zur Mitte des 20. Jahrhunderts insgesamt von mässiger oder geringer Tragweite. Punktuell konnten die Veränderungen des Naturraums allerdings auch schon in früheren Jahrhunderten gravierend sein, wie etwa die Abholzungen im Umkreis von Bergwerken im Mittelalter und in der frühen Neuzeit. Seit 1950 jedoch, so die Feststellung der Umweltgeschichte, haben die Eingriffe des Menschen vor allem in den Industrieländern, mittlerweile aber auch in den Ländern des Südens, massiv zugenommen. Die Folgen haben wegen der Veränderung des Klimas eine globale Dimension. Es erstaunt daher nicht, dass die Geschichte von Umwelt und Klima, sowohl in historischen wie in geologischen Zeiträumen, seit einigen Jahren sehr intensiv erforscht wird.

Einige Grundtatsachen sind allerdings schon länger bekannt, so etwa der Umstand, dass wir als Bewohner und Bewohnerinnen Mitteleuropas aus vegetationsgeografischer Sicht eigentlich in einem Waldland leben. Das heisst: Unter warmzeitlichen Klimabedingungen, wie sie zum Beispiel zu Beginn des 21. Jahrhunderts herrschen, würde sich ohne Einwirkung des Menschen auch im heutigen Baselbiet eine ziemlich durchgehende Bewaldung, vorwiegend mit Buchen, je nach Lage mit Tannen, Eichen und selten Föhren entwickeln. Unter dieser Perspektive lässt sich die Geschichte des Naturraums seit Beginn der Eiszeiten als ein Pulsieren der Waldfläche beschreiben. Im Pleistozän, das heisst während den Eiszeiten, bestimmte in unserem Raum der Wechsel von Gletschervorstössen und -rückzügen die Waldfläche: Während den Kaltzeiten gab es keine oder nur sehr wenige Bäume, Kältesteppen prägten Vegetation und Landschaft, in den Warmzeiten breitete sich der Wald wieder aus.

Die ersten Menschen, die hier unter eiszeitlichen oder zwischeneiszeitlichen Bedingungen lebten, passten sich weitestgehend den natürlichen Gegebenheiten an. Sie lebten als Sammler und Jäger unter anderem in Höhlen und an anderen Plätzen, die ihnen ein einfaches Obdach boten. Ausserdem benutzten sie Lager im Freien, die weniger geschützt waren, die sich jedoch nicht erhalten haben. Diese Menschen blieben meist nur kurze Zeit an einem Ort und hinterliessen kaum Spuren. Mit Beginn der Jungsteinzeit vor rund 8000 Jahren setzte der Aufschwung der Agrarwirtschaft ein, die Menschen wurden sesshafter und blieben längere Zeit an einem Ort. Es entstanden erstmals grössere, verglichen mit heute aber immer noch kleine Siedlungs- und Kulturlandflächen innerhalb des Waldlandes. Mit dem Abschmelzen der Gletscher am Ende der letzten Eiszeit stiessen auf allen Ebenen der Biosphäre Pioniergruppen in die nun eisfreien Gebiete vor: Pflanzen, Tiere und ihnen folgend auch Menschen.[6] Das postglaziale Szenario des exponentiellen Wachstums konnte beginnen, so eine in der Ur- und Frühgeschichte oft benutzte Umschreibung der Entwicklung. Noch immer trug die Sammelwirtschaft wesentlich zur ausgewogenen Ernährung bei. Zwar wurden jetzt, wie fast überall in Europa, auf kleinen, gerodeten Ackerflächen mehrere Arten von Weizen und Gerste angebaut. Die gesammelten Wildfrüchte sicherten aber weiterhin die Versorgung mit Vitaminen. Offen ist, ob und seit wann Gemüse im Gartenbau gezogen wurde. In ähnlicher Weise ergänzten sich später auch Haustierhaltung, Jagd und Fischfang. Eindeutige Hinweise auf die dauernde Anwesenheit von Menschen in einem bestimmten Gebiet ergeben sich übrigens aus generationenlang benützten Friedhöfen für die verstorbenen Mitglieder der Gruppe. Die weitere Geschichte von Natur und Landschaft in historischer Zeit verläuft nicht linear mit Zunahme der Waldrodungen und Ausdehnung der Siedlungs- sowie Kulturfläche. Bis ins Hochmittelalter wechselte das Ausmass der Besiedlung: Sie dehnte sich aus, wie in römischer Zeit, und schrumpfte wieder, wie im ersten Jahrtausend. Verglichen mit heute blieben die Eingriffe des Menschen jedoch punktuell. Es dominierten grosse, um nicht zu sagen riesige Waldflächen. Mit der römischen Besetzung der Schweiz von 15 v. Chr. an stieg der Organisationsgrad von Gesellschaft und Agrarwirtschaft deutlich an.[7] Ein vergleichsweise dichtes Netz von Gutshöfen überzog die tiefer gelegenen Gebiete. Ob ausser diesen straff organisierten Höfen noch andere Typen ländlicher Siedlungen bestanden, ist ungeklärt. Auch der Verkehr intensivierte sich. Das Wegnetz wurde ausgebaut, die Wasserwege stärker für den Transport genutzt. An den Verkehrsknotenpunkten fanden sich städtische und kleinstädtische Ansiedlungen, mehrheitlich Strassendörfer, so genannte *vici*. Verwaltung, Gewerbe und Handel liessen sich hier nieder. Erst der Siedlungs- und Landesausbau des Hochmittelalters brachte grosse Veränderungen, die Siedlungs- und Landwirtschaftsinseln innerhalb der Waldgebiete dehnten sich aus. Die Menschen stiessen dauerhaft in Gebiete vor, die bis anhin unbesiedelt waren. Seit dem 9. bis 10. Jahrhundert erfolgten zum Beispiel an der Waldgrenze in den Alpen ausgedehnte Brandrodungen, aus denen die bekannten, saisonal genutzten Hochweidezonen gleichen Namens hervorgingen. Diese im übrigen auch im Jura eingetretene Ausweitung menschlicher Eingriffe in die Natur erfuhr in der Krisenzeit des 14. und 15. Jahrhunderts nochmals einen Rückschlag. Viele Randertragsböden wurden aufgegeben und fielen wüst.

In den Jahrhunderten zwischen 1600 und 1900 dehnten sich die Siedlungs- und Landwirtschaftsflächen wiederum aus, auf Kosten des Waldes, der zusätzlich unter der starken Holznutzung litt, war Holz doch der Energie- und Werkrohstoff dieser Zeit. Im späteren 18. Jahrhundert kam die daraus resultierende Wald- und Holzkrise zu Bewusstsein, und es entwickelte sich auch im Fürstbistum und im alten Basel eine gesellschaftliche Debatte über die Gefährdung des Waldes. Die Auseinandersetzungen um die Nutzung dieses Naturraums dauerten bis ins 19. Jahrhundert und führten einerseits zur Aufhebung der Allmenden, andererseits zu fortschrittlich-liberalen Gesetzen der Waldnutzung, mit denen man eine rentable Ausbeutung dieser Ressource mit deren Schutz zu kombinieren suchte. Das Stichwort der Zeit war die Nachhaltigkeit, ein Schlagwort, das Ende des 20. Jahrhunderts in globalem Zusammenhang wiederum die Debatte über die Umwelt prägt.

Im 20. Jahrhundert hat der Wald dank der Forstgesetze des 19. Jahrhunderts wieder Terrain gewonnen, ebenso hat die Überbauung von Land für Siedlungen und Verkehrsträger rasant zugenommen. Dieses Mal vollzieht sich die Landschaftsentwicklung auf Kosten der freien, zumeist landwirtschaftlich genutzten Kulturlandschaft. Seit etwa 1950 wird die seit dem Hochmittelalter gewachsene traditionelle Kulturlandschaft nicht nur in der Schweiz radikal umgestaltet. In mehr oder weniger breiten Bändern entlang der Verkehrsachsen explodiert die Siedlungsfläche auch in der Region zwischen Jura und Rhein. Ein Baselbieter oder eine Baselbieterin aus dem 16. Jahrhundert wäre bass erstaunt über das Häusermeer, das sich das Ergolztal hinaufzieht. Zentrumsnah wird für die Dienstleistungswirtschaft, den Verkehr und das Wohnen gebaut, zentrumsfern für das Wohnen im Grünen und die Erholung. Die grünen, unbebauten Inseln schrumpfen in dieser Landschaft immer mehr zu Rückzugsgebieten, die, bewaldet oder von der Landwirtschaft genutzt, vor allem der Erholung der Menschen einer Dienstleistungsgesellschaft dienen.

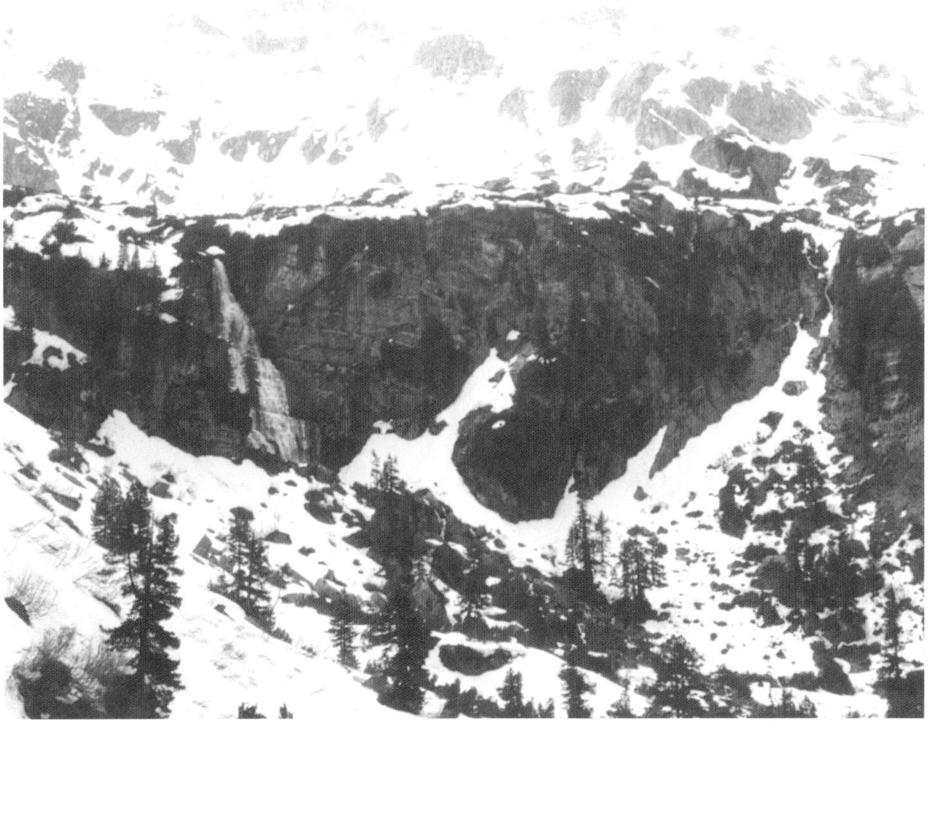

Der Himmel über dem Baselbiet

Zum Naturraum gehört, wie eingangs erwähnt, auch ein grosser Teil der Atmosphäre. Klima und Witterung bestimmten Wohl und Wehe der Menschen früherer Gesellschaft sehr direkt, weil ungünstige Voraussetzungen in diesem Bereich in weit geringerem Mass als heute durch den Einsatz von technischen und anderen Hilfsmitteln und durch Ausweichen auf die Nahrungsmittelproduktion in anderen Teilen der Welt ausgeglichen werden konnten. Die klimatische Situation des Baselbiets ist im Allgemeinen gekennzeichnet durch eine Abnahme der Wärmegunst mit der Höhe. Die Tallagen von Birseck und Hochrheintal sowie das Laufener Becken gehören zur klimatisch günstigsten Weinbaustufe, die Tallagen im Faltenjura und der Tafeljura als Ganzes hingegen zur Obst-Ackerbaustufe und teilweise zur reinen Ackerbaustufe. Die höheren Lagen im Faltenjura reichen in die obere Ackerbaustufe hinein. Auf den Plateauflächen des Tafeljuras wird es nach Osten zunehmend kühler.[8] Die Niederschlagsverhältnisse sind wegen der Topografie sehr unterschiedlich. Allgemein nimmt die Niederschlagsmenge mit der Höhe und mit der Nähe zum Jurahauptkamm zu. Das Birseck gehört noch zur Oberrheinischen Tiefebene und ist deshalb mit jährlichen Niederschlägen von deutlich weniger als 1000 Millimetern relativ trocken. Im Hochrheintal nimmt die Niederschlagsmenge von 800 Millimetern bei Muttenz auf über 1000 Millimeter bei Möhlin zu. Tafel- und Faltenjura weisen deutlich höhere Niederschlagsmengen auf. Diese reichen von weniger als 1000 Millimetern im unteren Ergolztal bis zirka 1300 Millimeter in den Gipfellagen.

Geschichte von Klima und Witterung seit 1525

Dass sich das Klima innert historischer Zeitabschnitte ändern kann, ist den Menschen des späten 20. Jahrhunderts nur zu gut bewusst. Für nähere Informationen zur historischen Entwicklung der klimatischen Verhältnisse in der Schweiz können wir auf das Grundlagenwerk eines Schweizer Historikers zurückgreifen. Aufgrund unzähliger Einzelhinweise – zum Beispiel zum Beginn der Kirschenblüte, zu ausserordentlichen Wetterereignissen usw. – hat Christian Pfister eine Klimageschichte der Schweiz für die Zeit von 1525 bis 1860 geschrieben.[9] Danach lassen sich drei grosse Phasen, Klimaepochen sozusagen, erkennen: Von 1565 bis 1860 dauerte eine vergleichsweise kältere Phase, die in der Literatur oft auch die «Kleine Eiszeit» genannt wird. Ihr voraus ging eine deutlich wärmere Zeit, ebenso folgte ihr im 20. Jahrhundert eine wärmere und zugleich niederschlagsreichere Periode.

• Die Warmphase von 1530 bis 1564: Die Jahrzehnte zwischen 1530 und 1564 können als ausgesprochene Warmphase angesehen werden. Diese Zeit lässt sich am ehesten mit dem Wärmegipfel des 20. Jahrhunderts vergleichen.

• Die Klimaverschlechterung von 1565 bis 1629: Nach 1565 veränderte sich das Klima in einer für die menschliche Existenz ungünstigen Weise. Die Temperatur sank in allen Jahreszeiten, und die Niederschläge konzentrierten sich stärker auf die Sommermonate. Diese Verhältnisse dauerten bis 1629, mit einem Höhepunkt in den 1590er Jahren, wo sich in den Jahren 1593 bis 1598 kühl-nasse Sommer häuften. Die ersten Jahrzehnte des 17. Jahrhunderts waren vom raschen Wechsel zwischen warmen und sehr kalten Jahren geprägt.

• Die Trockenphase von 1630 bis 1687: Die Jahrzehnte zwischen 1630 und 1687 bezeichnet Pfister als Trockenperiode. Zwar blieben die Temperaturen weiterhin unterdurchschnittlich, verglichen mit der Wärmeperiode des 20. Jahrhunderts, kennzeichnend war jedoch besonders die Niederschlagsarmut im Winter und im Frühling.

• Der Höhepunkt der «Kleinen Eiszeit» 1688 bis 1701: Gegen Ende der 1680er Jahre wurde Europa von einem innerhalb des letzten Jahrtausends einmaligen Temperatursturz heimgesucht. Kontinentweit fielen die Durchschnittstemperaturen, besonders stark und in allen Jahreszeiten seit 1686. Pfister nennt die Jahre zwischen 1688 und 1701 den Höhepunkt der «Kleinen Eiszeit». Als Ursache wird eine vorübergehende Abschwächung der Sonneneinstrahlung vermutet. Wiederum waren vor allem die 1690er Jahre, besonders 1691 und 1698, sehr ungünstige Jahre.

• Die Wiedererwärmung von 1702 bis 1730: Kurz nach der Jahrhundertwende setzte eine anhaltende Erwärmung in allen Jahreszeiten ein. Nach einem Rückschlag von 1712 bis 1716 erreichte die Jahrestemperatur zwischen 1717 und 1733 vorübergehend die volle Wärme des 20. Jahrhunderts.

• Kontinentale Tendenzen von 1731 bis 1811: In diesen Jahrzehnten kontrastierten kalte, trockene Winter und Frühlingsmonate oft mit kurzen, warm-feuchten Sommern, die in kühle Herbste übergingen. Dieser für kontinentale Klimate typische Zug tritt am deutlichsten zwischen 1755 und 1790 hervor. Der Temperaturanstieg setzte sich langsam fort, bei den Niederschlägen sind, verglichen mit dem 20. Jahrhundert, zum Teil Defizite zu verzeichnen.

• Die Kaltperiode von 1812 bis 1860: Nach einem ersten Jahrzehnt mit den trockensten Sommermonaten zwischen 1525 und 1860 folgte im 19. Jahrhundert die längste und ausgeprägteste Kälteperiode seit 1520 mit einem trockeneren Abschnitt bis 1830 und einer feuchteren Phase von 1840 bis 1860. Am schlimmsten waren die Jahre zwischen 1810 und 1819 mit extrem kalten Jahren 1815 und 1816.

Die Klimageschichte ist in hohem Mass interdisziplinär ausgerichtet, sie arbeitet eng mit jenen Teildisziplinen zusammen, die das Klima der Gegenwart, der Ur- und Frühgeschichte und der verschiedenen Erdzeitalter untersuchen. Dabei wird einerseits versucht, die Datenbasis auszudehnen, andererseits zielt die Arbeit darauf ab, die Zeitreihen zu schliessen, sodass eine möglichst lückenlose Übersicht über die Entwicklung der weltweiten Klimaverhältnisse in den letzten 100 000 Jahren resultiert. Dieser Rückblick in die Vergangenheit soll es unter anderem erlauben, die gegenwärtigen (vermuteten) Klimaveränderungen einzuordnen.

Die Allmend von heute

Die enorme Entwicklung, die europäische Gesellschaften in den letzten 200 Jahren durchmachten, ging lange Zeit als Erfolgsgeschichte sowohl in die Geschichtsschreibung als auch ins Bewusstsein der meisten Menschen ein. Insbesondere wurde und wird sie als aussergewöhnliche, ja in der Geschichte der Menschheit einmalige Befreiung der Menschen von den Zwängen der Natur aufgefasst. Dafür spricht der wohl unbestreitbare Gewinn an Sicherheit und Komfort, den diese Gesellschaften erreichten, etwa im Bereich der Ernährung, der Gesundheit oder des Wohnens, und gleichzeitig der Gewinn an Freiheit, zum Beispiel in der Lebensgestaltung oder bezüglich der Mobilität. Wer von uns Heutigen möchte wirklich auf Dauer wie unsere Vorfahren auf ihren Lagerplätzen in Höhlen und unter Felsvorsprüngen leben oder wie die Menschen des Frühmittelalters in Grubenhäusern arbeiten?

Was bei dieser Sicht auf die Geschichte oft nicht bedacht wurde, ist der Umstand, dass Natur und Umwelt nicht einfach aus Geschichte und Gesellschaft verabschiedet wurden. Schon eher liesse sich sagen: Die Menschen der fortgeschrittenen Gesellschaften verfügten bis vor kurzem nicht über die geeigneten Werkzeuge und Interpretationsmuster, um die Entwicklung von Natur und Umwelt unter den neuen Bedingungen adäquat wahrzunehmen. Das ist unter anderem daran zu erkennen, was die Allmend früher war und was sie als öffentliches Gut von hoher ökologischer Bedeutung heute ist. In der frühen Neuzeit waren in unserer Region der grösste Teil des Waldes und der Weideflächen Allmend, das heisst sie waren Eigentum der Gemeinde und wurden kollektiv genutzt. In der Praxis bedeutete dies vor allem: Diese Zonen wurden übernutzt, alle versuchten, so viel wie möglich davon zu profitieren, ohne sich allzu sehr um die negativen Folgen dieses Verhaltens zu kümmern. Weil sich die schädlichen Konsequenzen menschlicher Eingriffe in dieser Zeit jedoch vorwiegend innerhalb des unmittelbaren Lebensraums der Menschen abspielten, war diese ländliche Gesellschaft direkt mit den entsprechenden Folgeproblemen konfrontiert. Daraus resultierten grosse, lang andauernde soziale und politische Auseinandersetzungen um die Wald- und Allmendnutzung und um grundlegende Fragen des Eigentumsrechts. Mit der Aufhebung der Allmenden sowie mit der Individualisierung und Privatisierung des Eigentums, gerade auch an Grund und Boden, im 19. Jahrhundert verschwanden diese Konflikte aus der Geschichte. Oder, so liesse sich ebenfalls formulieren: Sie verlagerten sich in andere Bereiche, wie die grossen sozialen Konflikte des 19. und des frühen 20. Jahrhunderts vor Augen führen. Diese säkularen Auseinandersetzungen zwischen Kapitaleignern und lohnabhängigen Arbeitskräften wurden nach 1950 in vielen Ländern Europas im Rahmen einer Wachstumswirtschaft gelöst oder doch entschärft. An die Rückwirkungen dieses Wirtschafts- und Gesellschaftsmodells auf Natur und Umwelt dachte damals kaum jemand. Wenn überhaupt, hielt man die entsprechenden Probleme für technisch lösbar und betrachtete die nötigen Massnahmen als staatliche Aufgabe. Damit war es möglich, die dafür anfallenden Kosten zu externalisieren, das heisst, von anderen als den Verursachern bezahlen zu lassen.

Mit der Zeit wurden einige der dringendsten Umweltprobleme wie etwa die Gewässerverschmutzung gelöst oder doch angegangen. Erst danach entwickelte sich in den 1970er und 1980er Jahren ein Bewusstsein für die neuen Umweltprobleme fortgeschrittener Gesellschaften. Dabei spielten zwei Dinge eine zentrale Rolle: erstens die Belastung der Atmosphäre mit Luftschadstoffen, die ja immer auch «Menschenschadstoffe» sind, und zweitens der begründete Verdacht, dass menschliches Verhalten mittlerweile in globalem Massstab klimaverändernd wirkt. Damit wird die moderne Zivilisation von natürlichen Vorgängen beeinflusst, die in ihrer Grossräumigkeit sowie in ihrer langsamen und diffusen Entwicklung an die oben beschriebenen geologischen Prozesse erinnern.

Atmosphärische Zirkulation, Klima und Luft haben, verglichen mit klassischen Umweltfaktoren, die vor allem im Nahraum wirken und wahrgenommen werden, die unangenehme Eigenschaft, dass sie sich nicht an Grenzen halten und überall wirken. Im Zwiespalt zwischen dem Bedürfnis aller nach gesunder Luft und einem gesunden Klima sowie dem Schutz vor gefährlicher kosmischer Strahlung einerseits und der möglichst uneingeschränkten Nutzung eben dieser Ressourcen andererseits entdecken die Menschen der postindustriellen Dienstleistungsgesellschaft, dass auch sie, ohne es gewusst zu haben, schon lange eine Allmend haben. Sie nutzen und verändern kollektiv und in grossem Ausmass Naturgüter wie Klima, Luft, Wasser, eine Ozonschicht, die vor ultravioletten Strahlen schützt und anderes mehr. Ebenso wurde vielen bewusst, dass sich diese Allmend nicht privatisieren, das heisst in Portionen auf die Einzelnen aufteilen lässt, sodass jede und jeder selber, quasi vor der eigenen Haustür, für eine gute Umwelt und ein zuträgliches Klima sorgen kann. Den meisten Menschen ist deutlich geworden, dass diese Ressourcen allen gehören, dass sie ein öffentliches Gut sind. Der Streit geht darum, wie diese Allmend ohne wesentliche Komforteinbusse sparsam und nachhaltig genutzt werden kann. In der Debatte stehen, wie in früheren Zeiten, Verbote und Anreizsysteme im Vordergrund. Neu sind allenfalls die Mittel und Wege, wie die Kosten der Nutzung dieser Ressourcen internalisiert, das heisst, den Verursachern angelastet werden. Dazu zählt der Versuch, Umweltrisiken und -belastungen mit neuen Eigentumstiteln wie Luftschadstoffzertifikaten oder auch neuartigen Finanz- und Versicherungsinstrumenten zu bewirtschaften und damit handelbar zu machen. Hier sollen durch neue Formen des Zusammenwirkens von Staat, der die Rahmenbedingungen setzt, und Wirtschaft, die die knappen Umweltgüter effizient bewirtschaftet, die Umweltressourcen geschont werden.

In die gleiche Richtung weisen die Diskussionen über die Nutzung eines anderen öffentlichen Gutes, das immer mehr an Bedeutung gewinnt: der Landschaft, die der Erholung dient. Die Vorstellung, dass wir für unseren Ausflug ins Grüne Eintritt bezahlen, wird ja bereits diskutiert. So abwegig scheinen diese Modelle nicht, wenn man bedenkt, dass die Landschaft zunehmend zu einem Gerät wird, das der arbeitende Mensch in seiner Freizeit zur Wiederherstellung seiner Leistungsfähigkeit oder auch zur Entlastung von der Arbeit für das eigene Vergnügen benutzt.

Lesetipps

Eine kurze und konkrete Einführung in die geologischen Zeitalter der Region gibt Gygi 1982. Hilfreich ist auch Labhart 1983.

Für die Eiszeiten sowie die Ur- und Frühgeschichte sind Burga/Perret 1998 und Ewald/Tauber 1998 zu empfehlen. In Burga/Perret 1998 wird sehr viel Hintergrundinformation zur Schweiz während den Eiszeiten geliefert, während Ewald/Tauber 1998 das bisher bekannte Material zur Region ausbreiten.

Für die moderne Umweltgeschichte, die sowohl die Geschichte von Natur und Umwelt wie die Geschichte der Umweltwahrnehmung erforscht, bietet Pfister 1995 einen guten Einstieg.

Künstlerischer Beitrag

Cécile Wick
geboren 1954 im Klosterspital Muri, lebt und arbeitet in Zürich.
Vier Fotografien aus der Serie ‹Berge›, 1998/99.

Mireille Gros
geboren 1954 im Klosterspital Muri, lebt und arbeitet in Basel und Paris.
Vier Zeichnungen,
China-Tusche auf Papier,
Sommer 1999.

Anmerkungen

1 Gygi 1982; Natur aktuell 1989.
2 Vgl. Natur aktuell 1989, S. 27–34 und S. 11–126. Für das Laufental: Gallusser 1961, S. 10–25.
3 Kettiger 1984, S. 3; vgl. zu Kettiger, Bd. 5, Kap. 10.
4 Vgl. Natur aktuell 1989, S. 46–59 und S. 103 sowie die Bodenkarte in Anhang 16.
5 Vgl. für das 20. Jahrhundert die Untersuchungen Natur aktuell 1989 sowie Ewald 1978.
6 Vgl. Burga/Perret 1998, S. 767ff.
7 Burga/Perret 1998, S. 772ff.
8 Vgl. Natur aktuell 1989, S. 37ff. und S. 42ff. sowie ebenda die einschlägige Karte in Anhang 10.
9 Vgl. zum Folgenden Pfister 1984, Bd. 1, S. 115–151, Bd. 2, S. 118ff. Die Vergleiche beziehen sich auf die Mittel der Jahre 1901–1960.

Geschichte des 1. Jahrtausends – Eine Frage der Quellen

148 GESCHICHTE DES 1. JAHRTAUSENDS – EINE FRAGE DER QUELLEN

Bild zum Kapitelanfang
Gräber erzählen ...
Für das 6. und 7. Jahrhundert bilden Grabfunde die wichtigste Informationsquelle. Es war üblich, die Verstorbenen mitsamt ihrer Kleidung und – je nach gesellschaftlicher Stellung – mit zusätzlichen Beigaben zu bestatten. Das Fundspektrum reicht von Gürtelteilen, Fibeln, Amuletten und allerlei Schmuck über Gefässe, Waffen, Pferdegeschirr bis hin zu Handwerksgerät und Möbeln. Allerdings existieren grosse regionale Unterschiede. Die Nachfahren der Römer gaben eher wenig mit ins Grab, während wohlhabende Franken und Alamannen einer zuweilen fast verschwenderischen Beigabensitte frönten. Die Funde, die sich sehr genau datieren lassen, erlauben mannigfache Rückschlüsse auf Kleidermoden, handwerkliche Fertigkeiten, Alltagskultur und Jenseitsvorstellungen. Die Skelette geben darüber hinaus Auskunft über Alter, Geschlecht, Lebenserwartung und Gesundheitszustand. Angesichts dieses Reichtums darf aber nicht ausser Acht bleiben, dass wir ihn nur den jeweiligen Grabsitten verdanken. Alles, was im Grabbrauch keine Rolle spielte, entgeht uns dabei. Für die Rekonstruktion des täglichen Lebens ist deshalb Abfall aus Siedlungen, so unscheinbar er ist, oft aussagekräftiger.

Julius Caesar und die Rauriker
Eigentlich wollten die Rauriker 58 v. Chr. mit den Helvetiern und weiteren Stämmen lediglich in ein anderes Keltengebiet nördlich der Garonnemündung umsiedeln. Caesar wollte dies aber um jeden Preis verhindern. Seine Berichterstattung über den darauf folgenden gallischen Krieg rückte die Bewohner der Region ein erstes Mal ins Licht der Geschichtsschreibung. Auf diesem Bild des Historienmalers Karl Jauslin verhandelt der greise Helvetier Divico mit Caesar nach einer ersten Schlacht beim Übertritt über die Saône.

Kurz vor dem Beginn der christlichen Zeitrechnung tritt die keltische Schweiz ins Licht der Geschichtsschreibung. Anlass dazu gab der Auszug der Helvetier und Rauriker und die dadurch ausgelöste Intervention Julius Caesars im Jahre 58 v. Chr.[1] Diese Konstellation wird für Jahrhunderte bestimmend bleiben: Schriftliche Nachrichten über das Gebiet der heutigen Schweiz wurden praktisch immer von Auswärtigen – sehr oft Griechen oder Römern – verfasst, die entweder die Verhältnisse gar nicht aus eigener Anschauung kannten oder ihre ganz eigene Sicht der Dinge wiedergaben. Keine einzige Schrift wurde zudem allein für die geschichtsforschende Nachwelt verfasst. Sehr oft gaben politische, religiöse oder andere Absichten den Anlass zum Schreiben. Caesars Eroberungsbericht Galliens etwa war in erster Linie eine Propaganda- und Rechtfertigungsschrift zuhanden des Senats in Rom. Andere, literarische Texte der Antike bieten vor allem zwischen den Zeilen viele Details über Alltägliches, jedoch stets aus der Perspektive der gehobensten Bevölkerungsschicht und oft auf den mittelmeerischen Kulturraum fixiert. Selten hören wir von der erklärten Absicht des Autors, die Dinge möglichst unparteiisch und objektiv wiederzugeben, wie dies etwa Ammianus Marcellinus anstrebte. Ammian ist unsere wichtigste Informationsquelle für die spätrömische Zeit des vierten Jahrhunderts. Nach ihm folgen Jahrhunderte nahezu ohne schriftliche Nachrichten.

Im frühen Mittelalter stellen so genannte Viten, Lebensbeschreibungen von Heiligen, eine der häufigsten erzählenden Quellen dar. Gerade die Viten entstanden zwar durchaus mit der Absicht, «Geschichte» zu schreiben. Genau genommen dienten aber auch sie weniger der authentischen Berichterstattung als der Hervorhebung möglichst vieler und erstaunlicher Wundertaten, die Ansehen und Prestige des beschriebenen Heiligen mehren sollten. Daher sind die Berichte in Heiligenviten vom Gehalt her den Skandalgeschichten unserer Boulevardpresse oft nicht unähnlich.

Bis eine Nachricht über verschiedene Umwege aufs Pergament und schliesslich in heutige Quelleneditionen gelangt war, konnte im Laufe der

BAND EINS / KAPITEL 4

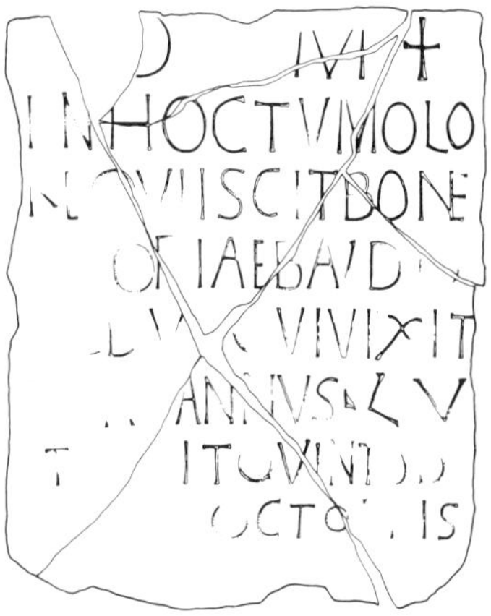

Seltene Schriftzeugnisse

Lateinische Inschriften auf Grabsteinen wie hier aus Kaiseraugst gehören zu den wenigen frühmittelalterlichen Schriftzeugnissen der Region. Die Funde zeigen, dass im 7. Jahrhundert das Lateinische im Baselbiet noch nicht ausgestorben war. Auch ein Grabmosaik aus der Kirche von Sissach, aus der Zeit um 650 n. Chr., gehört in diesen Bereich. Trotz späterer Beschädigungen ist oben rechts eine rechteckige Fehlstelle erkennbar, die ursprünglich ein ähnliches Inschriftplättchen getragen haben dürfte. Höhe des grösseren Inschriftsteins 52 Zentimeter.

Jahrhunderte noch mancher Abschreib- oder Verständnisfehler passieren. Trotz all dieser Einschränkungen ist man natürlich auf den Gehalt dieser frühen Schriftquellen angewiesen, wenn man die Vergangenheit rekonstruieren will. Entscheidend ist, möglichst detailliert die Hintergründe auszuloten, die den Autor und dessen Zeit sowie das Schriftstück und dessen Überlieferung betreffen. Oft muss man zwischen den Zeilen lesen. Erst dann ist es möglich, Schriftstücke historisch auszuwerten.

Gesprochenes statt geschriebenes Wort

Dass Nachrichten, die vor die Jahrtausendwende zurückreichen, so ausserordentlich selten sind, liegt nicht nur an der Überlieferung. Die Schrift selbst blieb das ganze Mittelalter hindurch das Medium einiger weniger Privilegierter.[2] Geschrieben wurde im Umfeld der Herrscher und ihrer Verwaltung sowie in den Klöstern. Im Raum um Basel fand sich im fraglichen Zeitraum jedoch weder der Sitz eines bedeutenden weltlichen Herrschers noch eines grossen Klosters. Archivbrände – wie etwa 1272 im Kloster Säckingen oder 1356 in Basel anlässlich des grossen Erdbebens – dürften das Ihre zum unwiederbringlichen Verlust an den Orten beigetragen haben, wo allenfalls noch Quellen des frühen Mittelalters zu erwarten gewesen wären.[3]

Ammianus Marcellinus

Die wertvollsten Nachrichten zur Spätzeit des römischen Reiches stammen von Ammianus Marcellinus (etwa 330 bis 395). Der in einer begüterten Familie in Antiochia (heute Antakya, Südtürkei) aufgewachsene Grieche war Offizier im römischen Heer und stand lange Zeit in kaiserlichen Diensten. In den Jahren 353 bis 357 hielt er sich in Gallien auf, wo er unter anderem im Gefolge des Caesars und späteren Kaisers Julian an Feldzügen gegen die Alamannen teilnahm. Er war somit Augenzeuge der Kämpfe um die bedrohte Rheingrenze, die wiederholt auch das Gebiet um Kaiseraugst und den Hochrhein betrafen.[1]

Um 380 liess er sich – nunmehr im Ruhestand – in Rom nieder, wo er eine Geschichte des Römischen Reichs in 31 Bänden verfasste. Das nur unvollständig überlieferte Werk, das als Fortsetzung der Geschichte des Tacitus (zirka 55 bis 120) gedacht war, behandelt den Zeitraum von Kaiser Nerva (96 bis 98) bis zum Tode Kaiser Valens' im Jahre 378. Neben der römischen Reichsgeschichte finden sich immer wieder interessante ethnografische, geografische und naturwissenschaftliche Einschübe. Erstaunlich indifferent verhielt sich der konservativ-heidnische Ammian hingegen gegenüber dem Christentum, das in seiner Zeit zur eigentlichen Staatsmacht wurde.

Darüber hinaus wurden Geschichte und Geschichtchen durch Erzählen weitergegeben, ganz wie zu Zeiten Homers im griechischen Altertum. Das Informationsdefizit, das in dieser Schriftlosigkeit gründet, kann bloss – und auch dann nur ansatzweise – wettgemacht werden, wenn wir die Überlieferungen umliegender Kulturräume mit einbeziehen. Es braucht Seitenblicke auf die Reichsgeschichte Roms, später der Merowinger und Karolinger, auf die Geschichte der Herzogtümer Alamanniens und des Elsass und auf die Überlieferung externer Reichsklöster, etwa des Klosters St. Gallen. Die meisten dieser Quellen schweigen sich jedoch über das Baselbiet aus. Um hier ein konkreteres Bild der Vergangenheit zu erlangen, ist man auf zusätzliche Informationen aus anderen, nichtschriftlichen Quellen angewiesen, die unsere Region direkt betreffen.

Sprachzeugen aus alter Zeit: Orts- und Flurnamen

Nicht geschriebenes, sondern lange nur gesprochenes Wort ist uns in den Bezeichnungen von Ortschaften, Fluren und Gewässern überliefert.[4] Die meisten sind schon vor Jahrhunderten entstanden, einige reichen sogar bis in die vorrömische Keltenzeit zurück. Grössere Siedlungen, Gewässer und Gebirgszüge waren wichtige Orientierungshilfen in kartenloser Zeit, weshalb ihr ursprünglicher, vordeutscher Name oft über einen Sprachwechsel hinaus bewahrt blieb und zum Teil sogar vorrömische Zustände widerspiegelt. Dies trifft etwa für alle wichtigeren Flussnamen der Region zu, für Rhein, Ergolz, Birs, Birsig, Frenke (?) und Orisbach.[5] An kleineren Orten blieben Namen weniger lang haften. Wurde eine solche Siedlung einmal aufgegeben oder verlegt, konnte der alte Name in Vergessenheit geraten. Gelegentlich aber erinnern Flurnamen noch heute an verschwundene Siedlungen, etwa im Falle des bekannten römischen Gutshofes *Munciacum*/Munzach bei Liestal.

Flurnamen widerspiegeln Erscheinungsbilder und Nutzung der Landschaft. Zahlreiche Arbeiten zeigen dies auch am Beispiel des Baselbieter

Martin von Tours
Dem Heiligen ist auf dem Basler Münsterhügel neben einer eigenen Kirche auch der prominente Martinsturm am Münster geweiht, worauf die Statue aus dem 13. Jahrhundert hinweist. Dies könnte ein Indiz dafür sein, dass die fränkische Vorgängerkirche des erst um 800 n. Chr. nachgewiesenen Münsters unter der nahen Martinskirche zu suchen wäre.

Von unschätzbarem Wert sind die Bücher 14 bis 31. Sie sind der Zeitgeschichte gewidmet und basieren auf eigenen Kenntnissen des Autors und auf Augenzeugenberichten. In Verbindung mit seinen erklärten Bemühungen um Objektivität und Unparteilichkeit ergibt sich so eine einzigartige Quelle für die Ereignisse des 4. Jahrhunderts. Die *Res gestae* des Ammian gelten als das letzte grosse Geschichtswerk der Antike.

Ein Blick auf die Welt der Heiligen

Welcher «Heiligenhimmel» sich über den Menschen wölbte, war im Mittelalter von entscheidender Bedeutung. Jedes Bistum, jede Kirche und jede soziale Gruppe hatte «ihre» Heiligen, unter deren Schutz man sich stellte und die man um Beistand anrief. Wohlhabende Herrscherfamilien sicherten sich die Unterstützung ihrer Heiligen durch beachtliche Spenden, die sich in Stiftungen von Altären bis hin zu ganzen Kirchen offenbaren konnten. Mit der Weihung wurde die Spende dem Besitz, dem «Patronat» des Heiligen übergeben; ein Akt, der normalerweise ewige Gültigkeit besass. Patronatswechsel deuten stets auf einen markanten Einschnitt, etwa einen Besitzerwechsel hin.

Dieser «ewige» Gültigkeitsanspruch ist ein Glücksfall für die Geschichtsforschung.

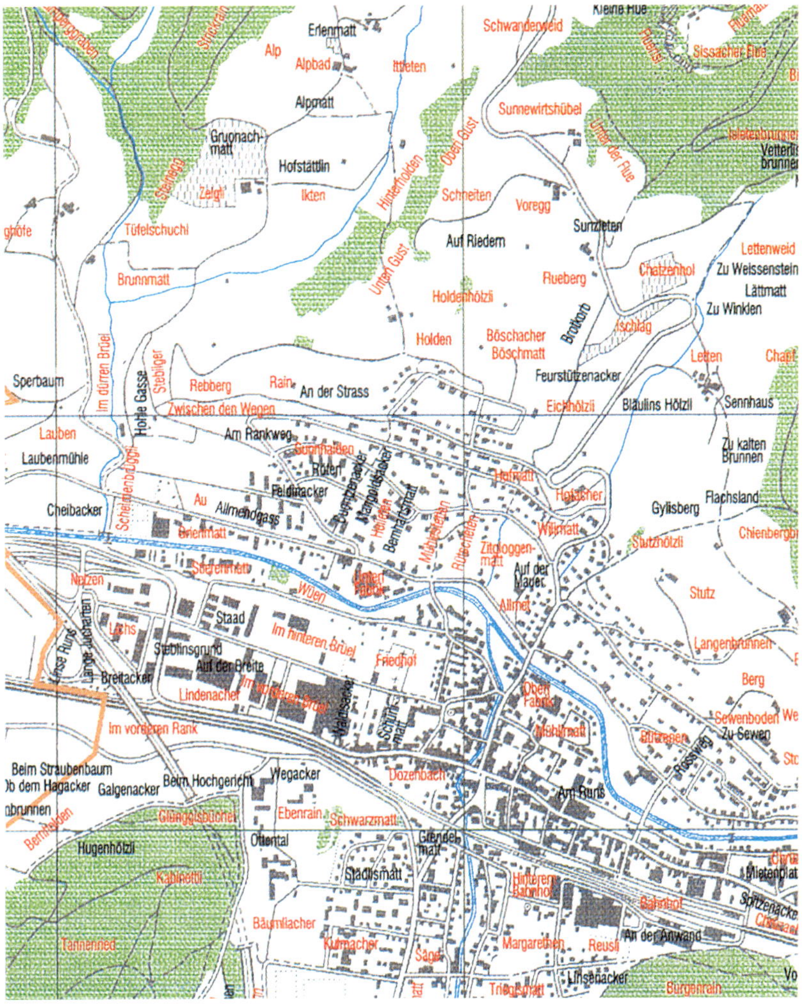

Namen im Gelände

Der Ausschnitt aus einer Flurnamenkarte von Sissach enthält zahlreiche historisch wertvolle Einträge. Viele weisen auf ehemalige Nutzungen hin, wie Bützenen (vom allgemeinen Weideland ausgezäuntes Grundstück), Rütenen (durch Rodung urbar gemachtes Ackerland), Auf der Mauer (Gelände mit heute nicht mehr sichtbaren, wohl spätmittelalterlichen Ruinen), Beim Hochgericht (Ort der Gerichtsstätte des Sisgaus mit Galgen), Ebenrain (hügeliger Abhang; der Name könnte den Begräbnisplatz der nahen Richtstätte bezeichnen), Zitgloggenmatt (Weide, deren Zinsertrag dem Unterhalt der Kirchenglocke dienen sollte). Andere Namen wie Rebberg, Eichhölzli, Böschmatt, Rütscheten oder Stutz bezeichnen Besonderheiten des Geländes oder der Vegetation. Eine dritte Gruppe enthält gar die Namen verschwundener Siedlungen: Gruonachmatt (1446 Gruonach), Ikten (1226 Itchon), Wilimatt (1446 Wilmatten).

Namenguts.[6] Ortsnamen hingegen können über den Prozess der Landeserschliessung Auskunft geben. Dabei ist nicht nur das Alter der Namensform entscheidend, das im Idealfall aufzeigt, wann der Ort entstand. Gallorömische Ortsnamen mit Endung *-acum* beispielsweise – wie im obgenannten

Die Zeugnisse mittelalterlicher Heiligenverehrung lassen so noch heute Rückschlüsse auf die dahinter stehenden Auftraggeber zu. Hinter den Heiligen grosser Herrscherhäuser verbirgt sich die Herrschaftsgeschichte. Dies kann Maria Wittmer-Butsch im Falle der St. Nikolaus geweihten Kirche von Lausen aufzeigen.[2] Andere wurden gar zu «Nationalheiligen» emporstilisiert, wie etwa Hilarius von Poitiers (gestorben 367), dem im Baselbiet das alte Kilchli in Reigoldswil geweiht war.[3] Hilarius und der noch wichtigere Martin von Tours waren Schutzpatrone der Frankenkönige. Nicht immer, aber sehr oft lassen frühmittelalterliche Martinskirchen

den Schluss zu, dass bei ihrer Gründung die Hand des fränkischen Königs im Spiel war. Viele Heilige – darunter auch Martin von Tours – waren jedoch über Jahrhunderte beliebt und standen beileibe nicht nur in einem Herrscherhaus hoch im Kurs. Es braucht daher immer zusätzliche Kenntnisse, um von einem Schutzheiligen auf eine allfällige Herrscherfigur im Hintergrund schliessen zu können.

Ein «Reichsheiliger»

Eigentlich war die politische Karriere des in Sabaria im heutigen Ungarn geborenen Martin vorgezeichnet. Dann aber liess sich der etwa 336 n. Chr. geborene Sohn eines

St. Martin in Bennwil

Die im 8. Jahrhundert gegründete Kirche von Bennwil wurde 1680 von Georg Friedrich Meyer gezeichnet. Dass sie dem Heiligen Martin geweiht war, ist nur dank einer weiteren Skizze des Landgeometers bekannt, wo er den Namen des Schutzheiligen vermerkt hat.

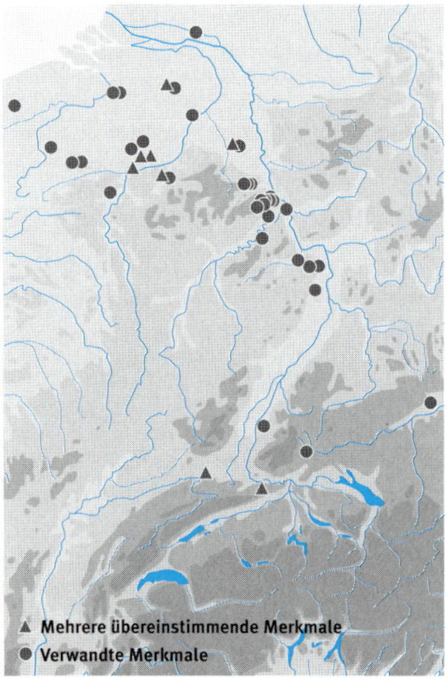

Fränkische Mode
Diese eiserne Gürtelschnalle stammt aus einem Männergrab der Zeit um 650 n. Chr. Wie die Verbreitungskarte vergleichbarer Stücke zeigt, sind die kunstvollen Einlagen aus Silber- und Messingdrähten in einem Stil gehalten, der im nordöstlichen Frankenreich beheimatet ist. Der Träger des Gürtels, der an prominenter Lage vor der Kirche von Sissach bestattet worden war, könnte durchaus ein zugezogener Franke gewesen sein.
Länge der Schnalle 12,5 Zentimeter.

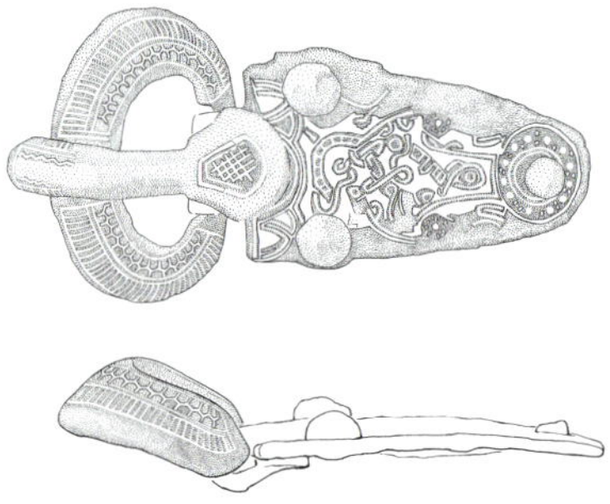

▲ Mehrere übereinstimmende Merkmale
● Verwandte Merkmale

Falle von Munzach, aber auch bei Dornach, Brislach, Reinach, Sissach – weisen vermutlich auf römischen Grossgrundbesitz.[7] Auch Namen wie Pratteln, Muttenz oder Ziefen sind galloromanisch. Viele unserer heutigen Dorfnamen sind aber deutschsprachig und damit erst nach Römerzeit und Sprachwechsel entstanden. Unter ihnen lassen sich verschiedene Namentypen ausmachen, die teils auf zeitlichen, teils auf funktionalen oder gar kulturellen Unterschieden beruhen. Ihr Verbreitungsbild ermöglicht daher oft wichtige Rückschlüsse auf die Besiedlung im früheren Mittelalter. Eine Schwierigkeit besteht allerdings darin, dass Orts- und Flurnamen für sich kaum zu datieren sind. Deshalb spielen sie heute eine immer wichtigere Rolle in archäologischen Arbeiten: Bodenfunde liefern die Datierungen, die sonst fehlen würden.[8]

Ein stummes Archiv im Boden

Die Archäologie hat in den letzten Jahrzehnten grosse Fortschritte gemacht. Bodenfunde oder alte Baureste stellen ein wichtiges und noch längst nicht erschöpftes Geschichtsarchiv dar. Es ist die Kunst der Archäologie, diese stummen Zeugen mit immer differenzierteren Methoden zum Sprechen zu bringen. Aufgrund ihrer Erkenntnisse meldet sie sich nicht mehr nur in der urgeschichtlichen Forschung zu Wort, sondern immer mehr auch in Fragen zur jüngeren Geschichte. Bis hin zur Industriearchäologie des 18. und 19. Jahrhunderts ist sie heute ein etablierter und getragener Forschungszweig.

Die Archäologie erfasst allerdings oft andere historische Aspekte als etwa die traditionelle Geschichtswissenschaft. So beschäftigt sie sich kaum mit der Vergangenheit einzelner, klar ansprechbarer Personen, Gruppen oder Ereignisse. Ihr Ansatz ist breiter, aber auch gröber gefasst und muss von dem ausgehen, was an Materiellem noch fassbar ist. Es ist klar, dass seinerzeit längst nicht alles in den Boden gelangt war, längst nicht alles im Boden erhalten bleibt und wir bei weitem nicht alles wiederfinden. Siedlungsreste, Gräber, Schatzfunde oder Opfergaben vermitteln allgemeinere

hohen römischen Militärs mit 18 Jahren taufen. Seine asketische Lebensweise, aber auch zahlreiche Wundertaten trugen ihm bald grosse Verehrung ein. 371 n. Chr. wurde er gegen seinen Willen zum Bischof von Tours geweiht. Der Legende nach habe er sich in einem Stall versteckt, um der Wahl zu entgehen, worauf jedoch eine Gans seine Anwesenheit verraten habe. Der volkstümliche Brauch der Martinsgans, die vielerorts am Martinstag, dem 11. November, auf den Tisch kommt, geht wohl auf diese Geschichte zurück. Berühmt ist auch die Legende seiner Mantelteilung: Im tiefsten Winter unterwegs, habe er mit dem Schwert seinen warmen Mantel zertrennt, um ihn mit einem Bettler zu teilen. In der Nacht darauf sei ihm Jesus Christus erschienen. Im Jahre 508 n. Chr. erhielt der grosse Frankenkönig Chlodwig in der Martinskirche von Tours die Insignien eines römischen Konsuls – Purpurrock, Mantel und Diadem. Damit anerkannte das mächtige Ostrom Chlodwigs Herrschaft in Gallien offiziell. Anschliessend zog der König in einer Prozession durch die Bischofsstadt, Gold und Silber unter die Menge werfend. Spätestens dieses Ereignis machte St. Martin von Tours zum Zentrum der fränkischen Frömmigkeit; Grab und Mantel des Bischofs wurden zu den wichtigsten Reliquien der fränkischen Herrscher.[4]

GESCHICHTE DES 1. JAHRTAUSENDS – EINE FRAGE DER QUELLEN   153

Einsichten in die Geschichte der Besiedlung und der Demographie oder in Aspekte der Wirtschafts-, Religions-, Handwerks-, Handels-, Tracht- und Sozialgeschichte. Eine Verbindung mit Themen der traditionellen Geschichtsforschung ist nicht immer einfach. Sehr oft sind es nur Indizien, die bestehende Thesen stützen oder in Frage stellen können. Wie sich dies im Falle der Frühgeschichte der Basler Region konkret präsentiert, ist Gegenstand der beiden folgenden Kapitel, wo archäologische Quellen eben immer noch die Hauptrolle spielen.

Kirchengrabungen

Kirchen zeichnen sich durch eine grosse Standorttreue aus. Der liturgische Mittelpunkt der Kirche, der Hauptaltar, blieb in der Regel jahrhundertelang – auch nach Umbauten – am selben Ort. Diese Standorttreue hat schon früh das Interesse der Archäologie geweckt. Da Kirchen im Laufe der Jahrhunderte normalerweise mehrmals vergrössert wurden, verbirgt sich unter den heutigen Kirchenböden oft eine beeindruckende Abfolge von Vorgängerbauten.
Die erste moderne Kirchengrabung im Kantonsgebiet erfolgte 1964/65 in der Kirche St. Peter und Paul von Oberwil unter der Leitung von Theodor Strübin und Jürg Ewald. Die Untersuchungen führten zu spektakulären Resultaten: Die heutige Kirche war das Resultat von fünf Neu- und Umbauten. Eine erste Kirche entstand bereits um die Mitte des 7. Jahrhunderts über einer römischen Siedlungsstelle. Während mehrerer Generationen diente sie offenbar als Grabkirche, wovon zahlreiche aus Steinplatten gefügte und mehrfach verwendete Gräber zeugen. Einige Bestattungen enthielten noch Beigaben wie Messer, Gürtelschnallen oder Glasperlen. Die besonders kostbare Schnalle aus einem Frauengrab weist auf Verbindungen zur nördlichen Burgundia. Länge der Schnalle 20 Zentimeter, um 660/670 n. Chr.

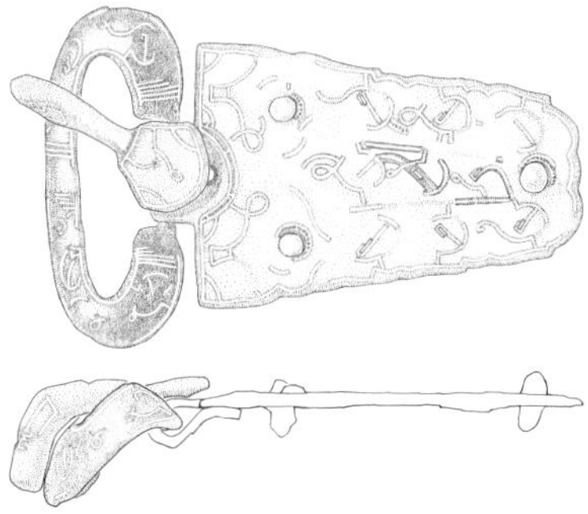

Einen Höhepunkt des Martinskults brachte die fränkische Missionierung in der zweiten Hälfte des 6. und im früheren 7. Jahrhundert. Nicht nur in Basel und Liestal, sondern auch anderswo in der Schweiz und darüber hinaus wurden dem Heiligen geweihte Kirchen auffallend oft geradezu demonstrativ mitten im Zentrum alter römischer Kastelle errichtet.[5] Der Verdacht liegt nahe, dass diese Befestigungsanlagen, die letztlich Herrschafts- und Verwaltungszentren des römischen Staates waren, im Frühmittelalter direkt an das fränkische Reich fielen. Die Martinskirchen wären demnach Zeugnisse für die Besitzergreifung der fränkischen Krone, die ihre neu erworbenen Machtbasen unter den Schutz ihres Reichspatrons stellten. Weitere frühe und wichtige Martinskirchen finden sich im Gebiet des heutigen Kantons Baselland in Laufen und Pfeffingen.

Es wäre aber zu einfach, alle Martinskirchen in diesen Zusammenhang zu stellen. Die königliche Förderung des Heiligen liess in unserem Raum erst um die Mitte des 9. Jahrhunderts nach, und über die Martinsverehrung der lokalen Adelsschicht wissen wir kaum etwas. Jüngeren Datums sind im Baselbiet etwa die Martinskirchen von Bennwil und Kilchberg. Sie stammen aus dem 8. beziehungsweise 9. Jahrhundert.[6]

Lesetipps

Für Details zu den schriftlichen Nachrichten einer einzelnen Epoche sei auf die betreffenden Kapitel verwiesen.

Nicht erst seit dem Kinohelden Indiana Jones und der Cyberfigur Lara Croft übt die Archäologie auf viele eine grosse Faszination aus. Ein Klassiker zur Geschichte der Archäologie ist nach wie vor C. W. Cerams <u>Götter, Gräber und Gelehrte</u> (Erstauflage 1949). Zur modernen Archäologie, ihren Quellen, Methoden und Fortschritten liefert der Begleitband der Ausstellung <u>Tatort Vergangenheit</u> (Ewald/Tauber 1998) reiches und gut präsentiertes Anschauungsmaterial anhand von Baselbieter Beispielen.

Aktuelles zu Orts- und Flurnamen bietet die von der Stiftung für Orts- und Flurnamen-Forschung Baselland herausgegebene Zeitschrift <u>Ischlag</u>. Für das Jahr 2004 plant diese Forschungsstelle unter der Leitung von Markus Ramseier den ersten Band eines umfassenden Baselbieter Namenbuchs.

Einen guten, allgemeinen Einstieg in die Welt der Heiligen ermöglicht <u>Reclams Lexicon der Heiligen und der biblischen Gestalten</u> (Keller 1984). Baselbieter Forschungen zu diesem Thema, die in der alten Kantonsgeschichte von 1932 und in vielen, zumeist in den Baselbieter Heimatblättern erschienenen Artikeln Eingang fanden, betrieb vor allem Karl Gauss. Weiter führt eine neue Arbeit von Maria Wittmer-Butsch, die demnächst erscheinen soll (Typoscript 1998).

Abbildungen

Kantonsarchäologie Baselland: S. 147, 149 oben und S. 153 oben.
Kantonsmuseum Baselland, Grafische Sammlung: S. 148.
Martin 1991, Abb. 123,3 und 4: S. 149 unten.
Basler Denkmalpflege, Hermann Eidenbenz, 1939: S. 150.
Schaub, Walter: Die Flurnamen von Sissach, Sissach 1998, Beilage: S. 151 oben.
Staatsarchiv Baselland: S. 151 unten.
Anne Hoffmann Graphic Design: S. 152 oben; Quelle Marti 2000, Abb. 53.
Sophie Köhler, Basel: S. 152 unten und S. 153 unten.

Anmerkungen

1 Vgl. Kap. 3.
2 Vgl. Bd. 2, Kap. 5; zur Schriftlichkeit in der Römerzeit vgl. Kap. 3.
3 Säckingen: Büttner 1939, S. 71f.; Basel: Wackernagel 1907, S. 270ff.
4 Zusammenstellungen zu Baselbieter Orts- und Flurnamen finden sich in zahlreichen Heimatkunden. Vgl. ferner die Anmerkungen in den Lesetipps.
5 Boesch 1976, S. 165ff.; zur Frenke vgl. Marti 2000, S. 291.
6 Z.B. Suter 1989; Schneider 1990; Goy 1993.
7 Glatthard 1977, S. 296ff.
8 Vgl. Kap. 6.

1 Vgl. Kap. 3.
2 Vgl. Kap. 7.
3 Vgl. Kap. 5.
4 Ewig 1976, S. 355ff. und S. 371ff.; Weidemann 1982, bes. S. 187ff.; von der Nahmer, Dieter: Martin von Tours: sein Mönchtum, seine Wirkung, in: Francia 15, 1987, S. 1–41.
5 Etwa in Olten, Arbon, Avenches (?), Windisch (?): Sennhauser 1990, S. 145ff.; Marti 2000, S. 181.
6 Marti 2000, S. 184ff.

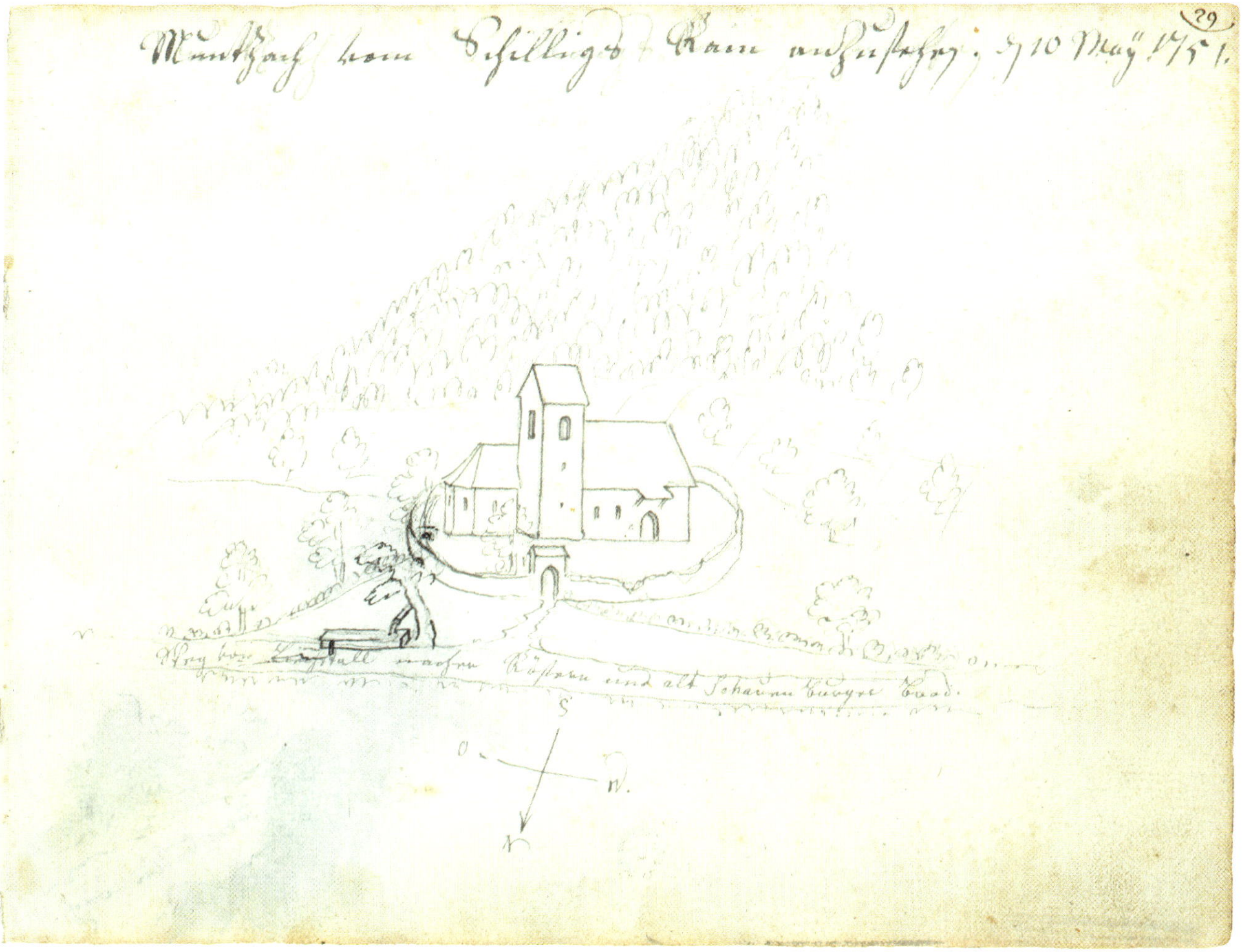

An der Schwelle zum Mittelalter – Die Verwandlung der gallorömischen Welt

156 AN DER SCHWELLE ZUM MITTELALTER – DIE VERWANDLUNG DER GALLORÖMISCHEN WELT

Bild zum Kapitelanfang
Eine Kirche über römischen Mauern
So sah Emanuel Büchel 1751 die kurz danach abgebrochene Kirche von Munzach. Sie weckte schon früh das Interesse der Forschung. Zwei beim Abbruch gefundene römische Grabsteine sowie eine «Todten Urne von 2 Fuss im Diameter und rund wie ein Mörser» lassen vermuten, dass auf der leichten Anhöhe über der römischen Villa von Munzach ein Grabmal oder Heiligtum der Gutsbesitzer stand. 1950 legte Theodor Strübin den Chorbereich und Teile des Schiffes der Kirche frei und stellte fest, dass sich sämtliche Bauphasen exakt an der Ausrichtung eines darunter liegenden römischen Gebäudes orientierten. Eine Armspange aus dem 7. Jahrhundert, die wohl aus einem zerstörten Grab stammte, weist darauf hin, dass am Ort des vermuteten römischen Kultbaus schon bald eine erste Kirche entstand. Damit zeichnete sich ein erstes Mal die römisch-frühmittelalterliche Kontinuität einer Siedlung ab, die bis ins Spätmittelalter ihren antiken Namen behalten hatte.

Lange galt als gesichert, dass die Römerzeit an Ober- und Hochrhein mit dem Abzug römischer Truppen im Winter 401/402 n. Chr., den der römische Dichter Claudian in einem Lobgedicht erwähnt, zu Ende gegangen sei. Das nach den Germaneneinfällen des 4. Jahrhunderts weitgehend entvölkerte Land sei in der Folge sich selber überlassen und spätestens um 450 von den Alamannen annektiert worden. Der berühmte Basler Historiker Jacob Burckhardt schrieb 1846 dazu: «Das Schicksal der römischen Untertanen in unserer Gegend muss grauenvoll gewesen sein. Allem Anschein nach sind sie grossenteils vor Elend oder durch das Schwert umgekommen. Man kann dies daraus schliessen, dass in der deutschen Schweiz und im Elsass die alemannische Sprache so gänzlich Meister geworden ist.»[1] So oder ähnlich ist es noch in manchem Schulbuch und in vielen Heimatkunden zu lesen.

Heute haben sich diese Vorstellungen erheblich geändert. Der Blick für die Zeugnisse des Weiterlebens gallorömischer Kultur hat sich geschärft. Für die «Landnahme» der Alamannen diesseits des Rheins gibt es vor dem 7. Jahrhundert weder klare schriftliche noch archäologische Hinweise. Nicht die Alamannen bewirkten im 6. Jahrhundert eine erste Germanisierung des weiterhin von Gallorömern besiedelten Landes, sondern die Franken. Die Franken hatten zuvor einen Grossteil des vormals römischen Galliens unter ihre Kontrolle gebracht und dabei bereits viel an römischer Kultur übernommen. Ein wesentlicher Grundzug des Frühmittelalters beruht daher auf der Wechselwirkung zwischen keltisch-römischen Traditionen und römischer Kultur auf der einen Seite sowie neuen Einflüssen aus der germanischen Welt auf der andern: Er umfasst Kontinuität und Wandel in einem.

An Veränderungen hat es auch im Baselbiet nicht gefehlt. Der Niedergang des weströmischen Reiches und die Eingliederung ins fränkische Reich der Merowinger waren hier genauso zu spüren wie die Ausbreitung des Christentums. Wirtschaft und Gesellschaft machten jenen langsamen Wandel zu dem durch, was wir als «Mittelalter» bezeichnen. Einige Veränderungen waren so nachhaltig, dass ihre Auswirkungen noch heute zu spüren sind.

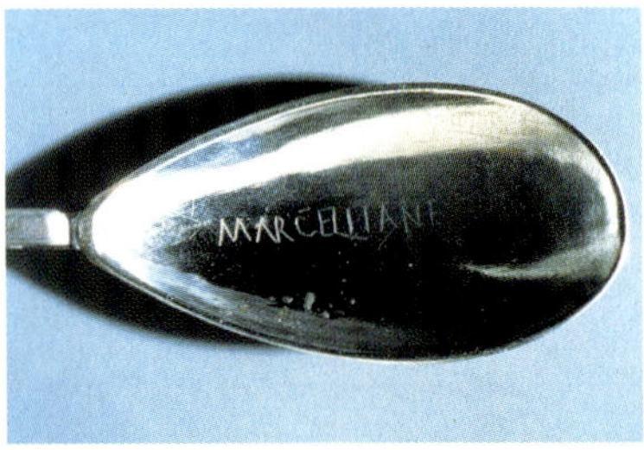

Besitzerzeichen
Mindestens elf Objekte des Kaiseraugster Silberschatzes – darunter auch ein gut meterhoher Kandelaber und dieser Silberlöffel – tragen den eingeritzten Namen eines Marcellianus. Auf diese Weise dürfte der Besitzer ihm gehörendes Gerät bezeichnet haben.

Der Silberschatz von Kaiseraugst – Zeugnis einer Katastrophe
Der Silberschatz, den eine Baggerschaufel im Winter 1961 unmittelbar innerhalb der Kastellmauern von Kaiseraugst ans Tageslicht riss, ist so berühmt, dass er hier nicht im Detail vorgestellt werden muss. Dasselbe gilt für seine abenteuerliche Fundgeschichte, die erst 1995 zu Ende ging.[1] Wir wollen hier auch nicht auf die einzelnen Objekte eingehen: einen Kandelaber, 34 Platten, Schalen, Becken und Schüsseln, 4 Becher, 35 Löffel, 3 Zahnstocher, 2 Weinsiebchen, eine Venusstatuette, 186 Münzen und Medaillons sowie 3 Silberbarren – insgesamt über 60 Kilogramm Silber! Hier interessiert ein anderer Aspekt. Das kostbare Ensemble war den Münzen und Barren zufolge um 350 n. Chr. vergraben worden. Zieht man weitere, kleinere Münzschatzfunde aus dem Kastell sowie archäologische Beobachtungen über Zerstörungen und Brandschichten hinzu, kommt man zum Schluss, dass das ganze Kastell in den Jahren 351/352 gebrandschatzt worden sein muss. Diese Erkenntnis hat – wie oben ausgeführt – einen historischen Hintergrund: den Krieg zwischen dem regulären Kaiser Constans und dem Gegenkaiser Magnentius. Derartigen Zerstörungshorizonten verdankt die Archäologie die meisten «Schatzfunde», die ur-

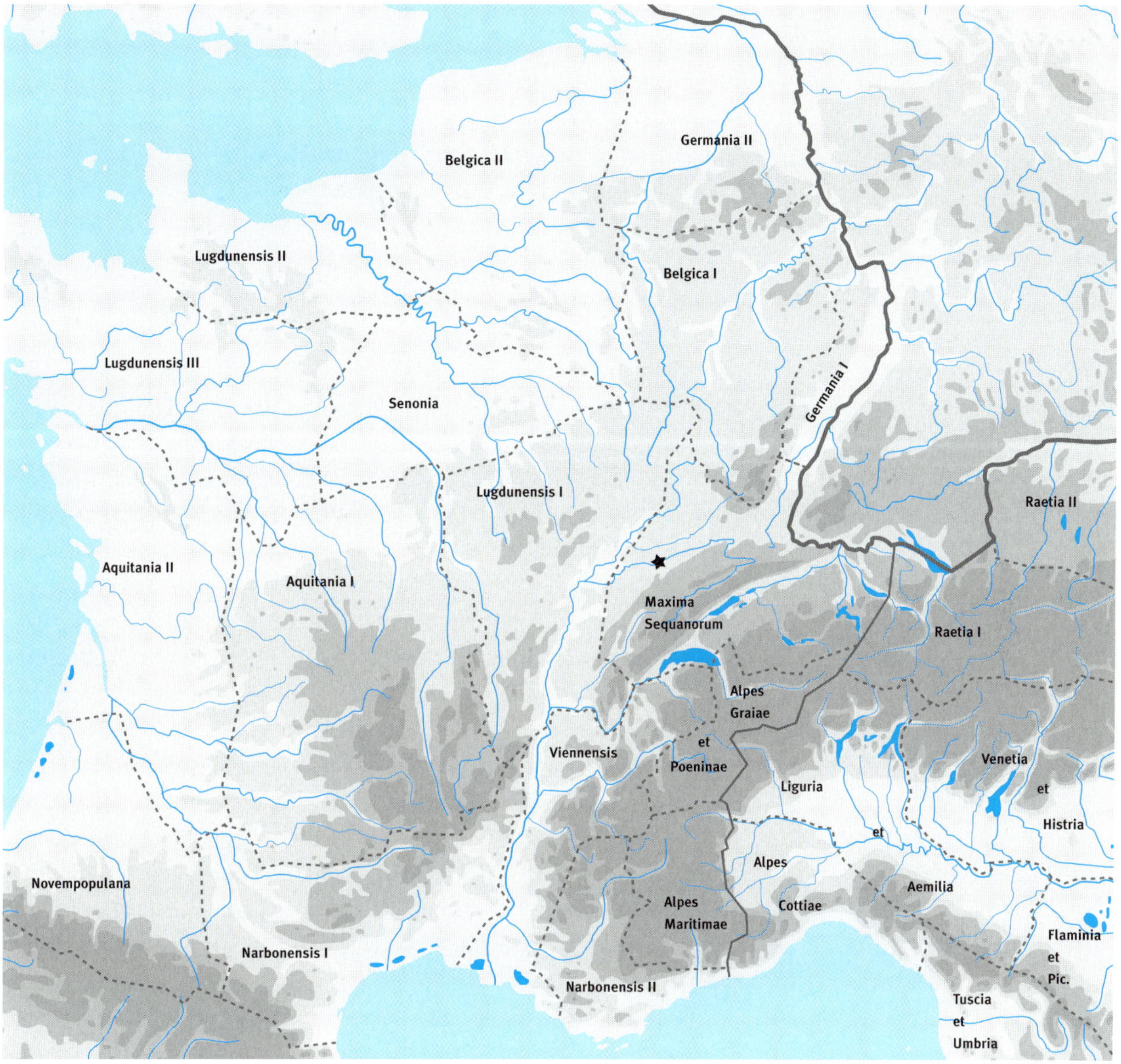

sprünglich ja mit der Absicht versteckt worden waren, in ruhigeren Zeiten wieder hervorgeholt zu werden.

Im Boden gebliebene Schatzfunde sind also oft ein Zeichen für kriegerische Auseinandersetzungen. Ungewöhnlich am Kaiseraugster Silberschatz ist sein ungeheurer Wert. Er entsprach schon damals allein vom Silbergehalt her einem Gegenwert von rund 70 Tonnen Getreide. Derartiger Reichtum ist in unserer Gegend nur unter Angehörigen des kaiserlichen Hofstaates oder des Armeestabs vorstellbar. In mehrere Gegenstände ist der Name *Marcelliano* eingeritzt, eine Platte trägt den Namen *Romulo*. Die Besitzer des Tafelsilbers könnten deshalb Marcellinus und Romulus gewesen sein, zwei historisch bezeugte hohe Heerführer des Magnentius. In solchen Kreisen wusste man sich normalerweise auch in Kriegszeiten zu schützen und seinen Besitz zu wahren. Es zeugt von der Tragweite der Katastrophe, wenn Angehörige der obersten Klasse derart in Bedrängnis kamen, dass sie dabei solches Vermögen im Stich liessen.

«Burgi» am Rhein

Um 369 begannen Grenz- und Elitetruppen des römischen Kaisers Valentinian, die Befestigung der Rheingrenze massiv auszubauen. In einem knappen Jahrzehnt war

Die spätrömischen Provinzen

Rekonstruktion der spätrömischen Provinzgrenzen in Gallien und Norditalien. Das Baselbiet war Grenzland, Randregion der Provincia Maxima Sequanorum und eingekeilt zwischen Rhein und Jurakamm. Der Hauptort der Provinz, Vesontio/Besançon (Stern), lag weit entfernt im sichereren Westen.

Tafelgeschirr aus den Argonnen
Bis um die Mitte des 5. Jahrhunderts scheinen die römischen Handelswege noch einigermassen funktioniert zu haben, wie gelegentlich noch anzutreffende Importfunde in der Region zeigen. Das obige Gefässfragment aus Lausen-Bettenach stammt von einer rollstempelverzierten Schüssel aus Terra Sigillata, die in einer ostfranzösischen Töpferei in den Argonnen hergestellt wurde.

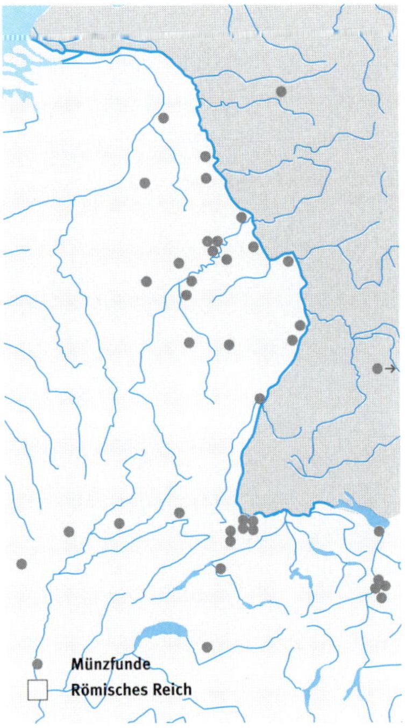

Münzschätze der Magnentiuszeit
Die Verbreitung der zwischen 350 und 354 vergrabenen und nie wieder hervorgeholten Münzschätze zeigt, wie unmittelbar Nordwestschweiz und Burgunderpforte in die kriegerischen Auseinandersetzungen um den Usurpator Magnentius verwickelt waren.

Das «Ende» des Römischen Reiches

Eine Darstellung der frühmittelalterlichen Verhältnisse muss in spätrömischer Zeit ansetzen, wo der römische Staat entscheidende Grundlagen für die folgenden Jahrhunderte schuf. Nach schweren Krisen und der Aufgabe der südwestdeutschen Gebiete hatte sich um 300 die Situation für die Basler Region entscheidend verändert. Sie war vom blühenden und dicht besiedelten Agrarland im Innern des Reichs zum verarmten und wiederholt bedrohten Grenzland geworden. Tiefgreifende Reformen in Militär und Verwaltung hatten unter Kaiser Diokletian (284 bis 305) und Konstantin (306 bis 337) eine gewisse Beruhigung gebracht. Auch Herrschaftsstrukturen waren bereinigt und im gesamten Reich neue Provinzgrenzen gezogen worden. Wo immer die politischen Verhältnisse es erlaubten, blieb dieses spätrömische Provinzgefüge noch lange verbindlich, in der kirchlichen Diözesanverwaltung teilweise bis heute. Ein Grossteil der heutigen Schweiz kam damals zur neu geschaffenen Provinz *Sequanien* oder *Maxima Sequanorum*. Ihre Hauptstadt Vesontio, das heutige Besançon, offenbart die neue, ungünstige Verkehrslage der Basler Region. Sie war nun ein Aussenposten des Reichs, eingeengt zwischen Rheingrenze und Jurakamm.

Gegen die Mitte des 4. Jahrhunderts spitzte sich die Situation nördlich der Alpen erneut zu. Die äussere Bedrohung durch Alamannen wuchs. Im Reichsinnern verschärften religiöse Auseinandersetzungen und anhaltende Probleme wirtschaftlicher, finanzieller und sozialer Art die Krise. Diese Unruhen brachten in Gallien Magnentius, einen Offizier barbarischer Abstammung, auf den Thron. Im Jahre 350 wurde er in Autun von seinen Truppen zum Gegenkaiser ausgerufen. Die darauf folgenden, heftigen Kämpfe zwischen seinen Truppen und der regulären Armee Kaiser Constantius II. trafen die Nordwestschweiz und die Burgunderpforte – das Tor zu Südgallien – besonders stark. Dies zeigen fast regelmässig in spätrömischen Siedlungen anzutreffende Zerstörungsschichten, aber auch zahlreiche damals vergrabene und nie wieder hervorgeholte Schatzfunde.[2] Eindrücklichstes Zeugnis

das Ziel – ein wirksamer Schutz gegen die Alamannen – erreicht.[2] Den Rhein säumte eine dichte Reihe befestigter Wachttürme, so genannter *burgi*. Die wichtigsten Verkehrswege im Hinterland waren durch kleine Strassenkastelle geschützt. Der Standort einer solchen Festung wird beispielsweise unter dem Stadtkern von Liestal vermutet. Schlüsselstelle der Grenzbefestigung am Hochrhein war das Kastell von Kaiseraugst.

Auch am Baselbieter Rheinufer, in Birsfelden und Muttenz, sind Wachttürme bekannt und teilweise archäologisch untersucht worden. Die Bauweise verrät einiges über die Hintergründe ihrer Entstehung und die Professionalität der Bauleute. Kennzeichnend für die in Rekordzeit errichteten, wehrhaften Türme sind im Fundament eingemauerte Balkenroste, von denen heute noch entsprechende Hohlräume zeugen. Diese Balkenarmierung war nötig, weil Kalkmörtel eine lange Abbindezeit hat. Nur so konnte verhindert werden, dass das in die Grube gegossene Fundament unter dem Druck der darauf hochgezogenen dicken Mauern nachgab, so lange der Mörtel noch nicht restlos abgebunden hatte. Das aufgehende Mauerwerk hingegen wurde in sorgfältigen Steinlagen gefügt; hier war keine Armierung nötig.

ist der berühmte Silberschatz von Kaiseraugst. Auch Alamannen spielten in diesem Krieg eine wichtige Rolle: zum einen als Söldner in römischen Diensten, zum andern als Bündnispartner des Constantius, die auf dessen Geheiss in die von Magnentius kontrollierten Gebiete einfielen.

Im Jahre 353 waren Magnentius und seine Truppen besiegt, die kriegsversehrten Gebiete wieder fest in der Hand des «offiziellen» Rom. Die folgenden Jahrzehnte brachten dem Baselbiet eine gewisse wirtschaftliche Erholung. Dies zeigt sich im archäologischen Fundmaterial etwa an wertvollen Glasimporten aus dem Rheinland, römischem Tafelgeschirr aus Nordostfrankreich oder Weinamphoren, die aus Nordafrika und Palästina stammen. Dieser Wohlstand kam jedoch nur wenigen zugute: den reichen Landbesitzern und Angehörigen der nun wieder stärker präsenten Armee. Nach deren Abzug beziehungsweise nach dem Versiegen regelmässiger Soldzahlungen offenbart das Fundmaterial eine tiefgreifende Verarmung der Bevölkerung.

Eine «dunkle Schicht» …
Der Befund ist symptomatisch für viele antike Städte nördlich der Alpen: über den spätrömischen Kulturschichten liegt eine zum Teil meterdicke, stark humöse «dunkle Schicht». So auch in diesem Schichtprofil aus einer Grabung im Innern des Kastells Kaiseraugst, wo Reste einer gemauerten Kanalheizung des späteren 4. Jahrhunderts von dicken Humusschichten überlagert werden. Zumeist wurde aus solchen Befunden auf das Ende der Besiedlung geschlossen. Nur bei äusserst sorgfältiger Grabungsweise lässt sich zeigen, dass in dieser «dunkle Schicht» durchaus Siedlungsspuren vorhanden sein können: Gruben, Lehmbodenreste, Planierungen. Die im Laufe der Jahrhunderte gewachsene «dunkle Schicht» dürfte in erster Linie ein Ausdruck veränderter Siedlungsweise sein. Anstelle von Steinbauten mit festen Böden traten Holzhäuser. Hühner, Schweine und andere Tiere, die nun grösstenteils in den Siedlungen gehalten wurden, dürften den Boden ständig umgegraben und so viele archäologische Schichten zerstört haben.

Ein Werk von Spezialisten
Detail eines 1975 freigelegten spätrömischen Wachturms (burgus) am Rhein bei Muttenz. Deutlich waren im Mauerkern die Hohlräume erkennbar, welche die im Laufe der Zeit vermoderten Balkenroste hinterlassen hatten. Auf diesem Bild wurden die Hohlräume mit modernen Balken belegt, um die ursprüngliche Konstruktion der hölzernen Armierung zu zeigen.

160   AN DER SCHWELLE ZUM MITTELALTER – DIE VERWANDLUNG DER GALLORÖMISCHEN WELT

Alamannen jenseits des Rheins
So genannte Bügel- und Vogelfibeln sowie eine Gewandnadel aus vergoldetem Silber, ein zahnradartiger Amulettring und eine grosse Glasperle: diese kostbaren Objekte lagen in einem Frauengrab des alamannischen Gräberfeldes von Basel-Gotterbarmweg. Die zweite Fibel von links stammt aus dem mittleren Donauraum, von wo die Gründer der rechtsrheinischen Alamannensiedlung bei Basel nach der Mitte des 5. Jahrhunderts zugewandert sein dürften. Länge der Nadel 14,3 Zentimeter.

Etwa von der Mitte des 5. Jahrhunderts enthält das archäologische Material keine römischen Militärfunde mehr. Ob dies nur am mangelnden Nachschub lag, ob die Grenztruppen sich auflösten oder abgezogen wurden, ist noch unklar. Allgemein wird aber mit dem Todesjahr des «letzten Römers» Aetius (454) das Ende des militärisch gestützten römischen Machtanspruchs in Verbindung gebracht.[3]

Der nachfolgende wirtschaftliche Niedergang ist am Fundmaterial gut ablesbar. Alle Importe versiegten. Der Mangel an Ressourcen zwang einheimische Handwerker zum Improvisieren. Der Unterhalt städtischer Infrastrukturen – etwa öffentlicher Bäder und Verwaltungsgebäude – war nicht mehr gewährleistet. Das Verschwinden gut ausgerüsteten Militärs und vermögender Bevölkerungsschichten erinnert stark an die Situation an der Oberen Donau, die uns die Vita des Heiligen Severin überliefert. Die Siedlungsdichte scheint nach den Kriegen des späteren 3. und der Mitte des 4. Jahrhunderts einen Tiefpunkt erreicht zu haben.

Der Heilige Severin in Norikum
Severin kam aus einer vornehmen Familie in Italien. Um 450 zog er an die von Germanen bedrängte Donaugrenze Norikums. Dort war er nicht nur Abt und Seelsorger in selbst gegründeten Klöstern in Favianis und Batavis/Boiotro, sondern übernahm auch administrative Aufgaben bis hin zur Organisation der militärischen Grenzverteidigung. So organisierte er etwa den Abzug bedrohter Romanen aus der Nachbarprovinz Raetia II nach Lauriacum. Severin wirkte ohne weltliches oder kirchliches Amt, allein aufgrund seiner Autorität. 482 starb er. Seine Klosterbrüder folgten 488 dem von Odoaker angeordneten Rückzug nach Italien, dem sich offenbar grosse Teile der romanischen Bevölkerung anschlossen.

BAND EINS / KAPITEL 5

Alamannische Eroberer?

Im Winter 401/402 musste der römische Heermeister Stilicho Truppen von der Rheingrenze abziehen, um Italien vor einfallenden Westgoten zu schützen. Das Ereignis wurde – wie erwähnt – lange mit dem Ende des römischen Einflusses nördlich der Alpen gleichgesetzt, obwohl unbekannt ist, wie umfangreich und endgültig dieser Truppenabzug war. Heute zeigen Funde, dass der Grenzschutz am Rhein noch einige Jahrzehnte länger funktionierte. Das Leben ging im Schutze der Rheingrenze trotz wirtschaftlichem Niedergang weiter. Die wichtigsten Teile der spätrömischen Verwaltung scheinen sich sogar noch lange, vielleicht für Jahrhunderte bewährt zu haben. Auch die Bevölkerung blieb vorerst dieselbe.

Im Gegensatz zu Goten, Franken, Burgundern und anderen germanischen Stämmen kamen die Alamannen nach all den Zerstörungen, die sie in den Jahrzehnten zuvor angerichtet hatten, als römische Bündnispartner nicht mehr in Frage. Die zahlreichen Befestigungsbauten am Rhein und die römische Truppenpräsenz des späteren 4. Jahrhunderts waren klar gegen sie gerichtet. Nur zögerlich, erst vom mittleren 5. Jahrhundert an, liessen sich alamannische Siedler vermehrt am anderen Rheinufer nieder, beispielsweise gegenüber den römischen Kastellstädten Kaiseraugst und Basel. Die Rheingrenze aber blieb respektiert. Das enge Nebeneinander von Galloromanen dies- und Alamannen jenseits des Flusses lässt darauf schliessen, dass die Beziehungen mittlerweile friedlicher geworden waren.[4] Auch in der Hinsicht fühlt man sich an die Situation in Severins Ufernorikum erinnert.

Für das fortgeschrittene 5. Jahrhundert deuten dann einzelne Nachrichten auf alamannische Grenzübergriffe hin. Sie zielten jedoch in Richtung Burgunderpforte – Besançon, Langres – und betrafen das Baselbiet nur so weit, dass es dadurch von seinem natürlichen Wirtschaftsraum, dem Oberrheingebiet, abgeschnitten wurde.[5] Funde, die auf Zuwanderer aus dem alamannischen Raum hinweisen, finden sich im Gebiet des heutigen Kantons Baselland erst ein gutes Jahrhundert später.

So könnte es gewesen sein …

Zur Frage, wie es im 5. Jahrhundert in unserem Raum weitergegangen sein könnte, gibt es keine Schriftquellen. Verschiedene Aspekte – die Lage an einem befestigten Grenzfluss oder die Kontakte und Auseinandersetzungen mit germanischen Siedlern jenseits der Grenze – sind aber mit dem Donauraum im heutigen Oesterreich, dem antiken «Ufernorikum» vergleichbar. Von dort liegt eine einzigartige Quelle vor: die Lebensbeschreibung (Vita) des Heiligen Severin. Der Autor, der spätere Kirchengelehrte und Abt Eugippius, stammte selber von dort und war Augenzeuge der Geschehnisse. Hinter seinen Beschreibungen der Auftritte und Wundertaten des Heiligen Severin verbirgt sich eine Fülle wertvollster Informationen, die auch für den Raum am Hochrhein gelten könnten.[3] Gemäss Eugippius lebte in Ufernorikum nach 450 weiterhin eine durchgehend romanisierte, kleinbäuerlich wirtschaftende Bevölkerung. Unterschiede zwischen eingewanderten Römern beziehungsweise Italikern und alteingesessenen Kelten gab es nicht mehr; Eugipp nennt sie einheitlich *Romani* (Romanen) oder *Provinciales* (Provinzbewohner). Sie waren Bürger des Römischen Reiches und hatten das Christentum als dessen Staatsreligion übernommen; heidnische Kulte waren be-

Das Königreich Burgund

Die Karte gibt eine ungefähre Vorstellung von der grössten Ausdehnung des Königreichs Burgund zu Beginn des 6. Jahrhunderts. Sie basiert einerseits auf archäologischen Hinterlassenschaften aus dem Umkreis burgundischgermanischer Grabfunde, andererseits auf Grenzverläufen, die sich aus der historischen Überlieferung ergeben. Dabei muss beachtet werden, dass meistens nur die Zugehörigkeit einzelner Städte in den Schriftquellen klar wird. Der Rest ist Interpolation. Die Zugehörigkeit der Nordwestschweiz ist vorläufig durch keine zeitgenössischen Funde gesichert.

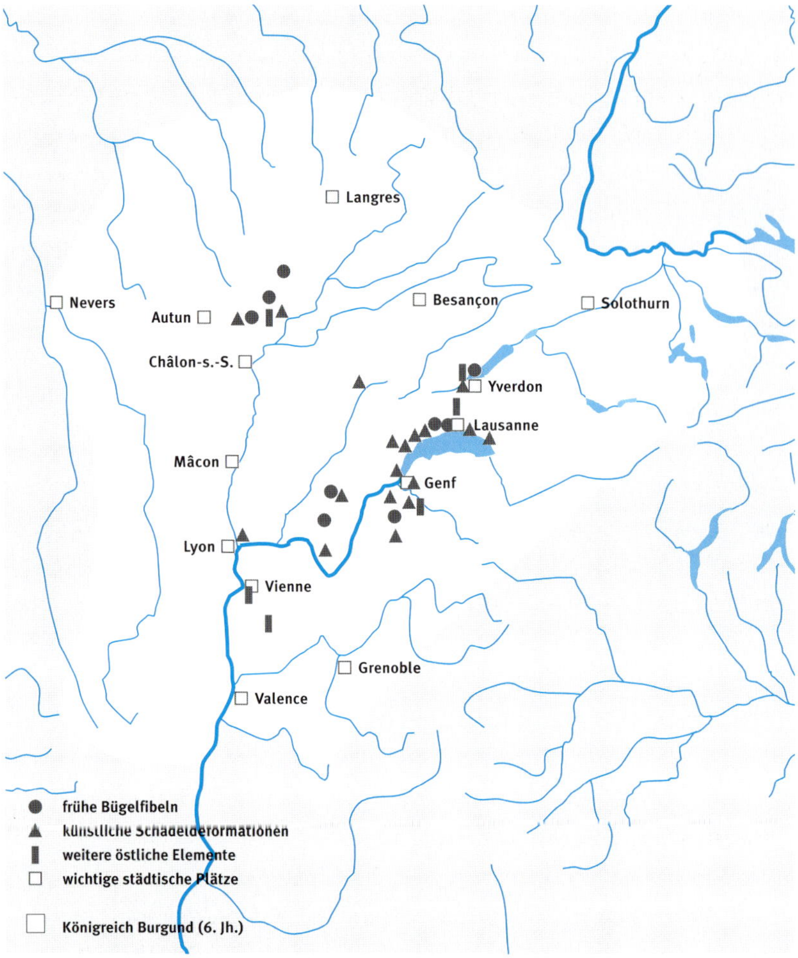

- ● frühe Bügelfibeln
- ▲ künstliche Schädeldeformationen
- ▌ weitere östliche Elemente
- ☐ wichtige städtische Plätze

- ☐ Königreich Burgund (6. Jh.)

Das Baselbiet unter burgundischen Königen?

All die Beobachtungen lassen darauf schliessen, dass die Region im 5. Jahrhundert weiterhin zum Römischen Reich gehörte. Dies aber könnte bedeuten, dass sie im Jahre 443 wie die übrige Provinz *Maxima Sequanorum* an das Königreich der Burgunder gekommen wäre.

reits verboten und weitgehend unterdrückt. Dennoch hatte sich seit den glücklicheren Tagen der römischen Friedenszeit viel verändert. Ständige Krisen hatten die Wirtschaft an den Rand der Rentabilität gebracht, gelegentlich grassierten sogar Hungersnöte. Für Unsicherheit sorgten die jenseits der Donau sitzenden Germanen, mit denen man andererseits aber auch Handel trieb. Wenn feindliche Einfälle drohten – durchaus kein Dauerzustand –, brachte man Vieh und Habe in den befestigten, stadtartigen Kastellen in Sicherheit. Einzig Vertreter der vermögenden Oberschicht, deren Grossgrundbesitz aufgrund der Wirtschaftslage kaum mehr Gewinn abwarf und die öfters durch Gefangennahmen und Lösegeldforderungen der Germanen schikaniert wurden, scheinen mehr und mehr abgewandert zu sein. Die einfachere Bevölkerung aber bewirtschaftete weiterhin das offene Land. Man betrieb Ackerbau, Viehzucht und Weinbau, entrichtete Steuern und erwirtschaftete in guten Jahren etwas Überschuss, mit dem gehandelt werden konnte. Sogar von Olivenöl-Importen aus Italien ist die Rede. Die Donau erwies sich dabei als wichtige Wasserstrasse.

An die Stelle der römischen Zivilverwaltung trat im 5. Jahrhundert mehr und mehr die Kirche. Die militärische Verteidigung

Die ostgermanischen Burgunder hatten zuvor am nördlichen Oberrhein ihr sagenhaftes Reich um Worms aufgebaut, das im Krieg gegen Hunnen und Römer untergegangen war. Nach dieser Katastrophe, die im Nibelungenlied ihren Niederschlag gefunden hat, siedelten die Römer den Rest des Volkes 443 in den Genferseeraum um. Dort lebten sie unter einem römischen Staatsvertrag. Die geschickte Zusammenarbeit mit der galloromischen Beamtenaristokratie ermöglichte eine rasche Ausweitung ihres neuen Königreiches in Richtung Rhonetal. Das burgundische Königreich blieb unter den gegebenen Voraussetzungen allerdings klar römisch geprägt. Vergleicht man die grösste Ausdehnung des neuen Königreichs mit den spätrömischen Provinzen, so zeigen sich auffallende Übereinstimmungen: Das Burgunderreich umfasste offensichtlich die Provinzen *Lugdunensis prima*, *Maxima Sequanorum* und die nördliche *Viennensis*. Nur die Deutschschweizer Gebiete östlich von Solothurn sollen nach gängiger Meinung nicht mehr dazu gehört haben; nicht etwa, weil Quellen dies so beschreiben würden – es gibt keine diesbezüglichen Quellen –, sondern weil man im 5. Jahrhundert hier irrtümlicherweise bereits Alamannen vermutete.

Für die fragliche Zeit liegen fast nur Bodenfunde vor. Mit ihnen wird sich eine burgundische Vergangenheit des Baselbiets kaum je schlüssig beweisen lassen. Immerhin sind am Fundmaterial aber Kontakte zum burgundischen Raum ablesbar, und zwar bis ins 7. Jahrhundert![6] Ausserdem gibt es zwei andere Zeugnisse, die für eine jahrhundertelange Kontinuität der spätrömischen Grenzverhältnisse sprechen:

Um 500 unterwarfen die Franken unter ihrem mächtigen König Chlodwig die Alamannen. Als danach alamannische Gruppen über die Grenze südostwärts in die raetischen Provinzen flüchteten, intervenierte kein Geringerer als der in Italien residierende Theoderich der Grosse, König der Ostgoten. Er bat Chlodwig um Beendigung des Feldzugs, weil er befürchtete, der Krieg könnte in sein Territorium übergreifen. Theoderich hatte Raetien aber nie erobert. Er trat vielmehr als regulärer Statthalter des oströmischen

Theoderich der Grosse
Das Münzportrait zeigt Theoderich den Grossen, König der Ostgoten (474–526), als römischen Herrscher. Als Stellvertreter Ostroms im Westen intervenierte er, als die Franken auf ihrem Zug zur Eroberung Alamanniens in raetisches Territorium einzudringen drohten.

der Grenze hingegen blieb bis zum Untergang des weströmischen Reiches 476 noch einigermassen intakt. Erst ausbleibende Soldzahlungen liessen die regulären Grenzgarnisonen auseinander fallen. In der Bevölkerung Ufernorikums scheint es aber viele Veteranen der Armee gegeben zu haben, die hier Land zugeteilt bekommen hatten. Sie formierten sich nun in Bürgermilizen und übernahmen so den Schutz der Bevölkerung. Dennoch kam es in der Folge zu Gebietsräumungen und «Unterschutzstellungen» durch Germanenkönige. Diese waren jedoch nicht so umfassend, wie die Severinsvita aus stilistischen Gründen glaubhaft machen möchte: Eugipp versuchte die Vorgänge nämlich als eigentlichen Exodus darzustellen, in Anlehnung an den alttestamentlichen Auszug des auserwählten Volkes aus der Knechtschaft der ägyptischen Pharaonen. In Wirklichkeit sahen sich die Romanen Ufernorikums weiterhin als Angehörige des Römischen Reiches, dessen oströmischer Teil weiter bestand und wiederholt Herrschaftsansprüche auch im Westen geltend machte. Die Donau wurde von den Germanen zunächst weiterhin als Grenze respektiert.

Eine Münze aus Basel?
Vorder- und Rückseite einer um 600 geprägten Goldmünze (Triens) burgundischen Typs. Die Vorderseite nennt einen Silva als Münzmeister. Die Umschrift der Rückseite wird als BASILIÆ CIVE FIT entziffert. Ist die Lesart richtig, wäre dies ein Hinweis, dass Basel und sein Umland in der Zeit noch zum fränkischen Teilreich Burgund gehörten.

Waffen eines fränkischen Kriegers
Eiserner Handschutz und Griffrest des Schildes, Langschwert, Spiess und Lanze: Waffen aus einem sehr reich ausgestatteten Männergrab des Gräberfeldes von Basel-Bernerring. Die Beigaben verraten, dass hier ein fränkischer Krieger um 540/550 n. Chr. seine letzte Ruhestätte fand. Eine typisch fränkische Spezialwaffe war der Spiess mit langer Eisenspitze, der so genannte Ango. Die Waffe wurde gegen den Schild oder Panzer des Gegners geschleudert, wo sie mit ihren Widerhaken hängen blieb. Der lange, schwere Eisenschaft sollte den Gegner bei seiner weiteren Verteidigung behindern und das Abschlagen der Waffe erschweren.

Kaisers auf, der ihn zuvor gesandt hatte, um den römischen Herrschaftsanspruch in Italien, das dem Römischen Reich abhanden gekommen war, durchzusetzen.[7] Die Intervention ist demnach ein erstes Indiz, dass die alten römischen Provinzgrenzen und Gebietsansprüche bis um 500 auch in Raetien – wie im geschützteren Innern Galliens – durchaus noch Bestand hatten. Und was für Raetien galt, dürfte auch für die angrenzende *Maxima Sequanorum* zugetroffen haben.

Das zweite Zeugnis stammt aus der Münzkunde. Es gehört bereits in eine Zeit, in der die Franken als reguläre Nachfolger des Römischen Reiches angetreten waren. Nach dem alamannischen Siedlungsgebiet rechts des Rheins ging 534 auch das burgundische Territorium im stark expandierenden Reich der Franken auf. Drei Jahre später folgten die zuvor «ostgotischen» Teile der übrigen nordalpinen Schweiz. Doch schon 561 ging eine der zahlreichen fränkischen Reichsteilungen wieder mitten durch die Schweiz. Erneut wurde ein burgundisches – oder nun besser: frankoburgundisches – Reich gegründet, das rasch zu neuer Blüte kam. Verschiedene Indizien und Konstellationen sprechen dafür, dass damals auch ein Grossteil der alten *Maxima Sequanorum* zu dieser *Burgundia* gehört haben könnte.[8] «Kronzeugin» könnte jedoch eine Münze der Zeit um 600 sein. Sie soll nämlich in oder für die Stadt Basel geprägt worden sein. Stilistische Details zeigen, dass sie nicht offiziellen fränkischen Vorgaben folgte, sondern Eigenheiten aufweist, die nur aus Münzstätten der *Burgundia* – vor allem aus Lyon und Vienne – bekannt sind. Es ist also eine burgundische beziehungsweise frankoburgundische Prägung. Ist der Name BASILIA auf der Münze richtig entziffert, so dürfte das Baselbiet damals – vermutlich immer noch – zum frankoburgundischen Teilreich gehört haben.

Die ersten Franken

Da die ganze nordalpine Schweiz in den 530er Jahren dem Frankenreich eingegliedert wurde, erreichen wir historisch wieder festeren Boden, denn

Neue Namen: «Alamannen», «Franken», «Burgunder» ...
Das Frühmittelalter wurde in unserem Raum durch neue Stammesverbände geprägt, die den Germanen zugerechnet werden. Zahlreiche neue Namen traten auf, wie «Goten», «Langobarden», «Burgunder», «Alamannen» und «Franken». Was haben wir uns unter diesen Begriffen vorzustellen? Eine allgemein gültige Antwort ist schwierig. Die Stammesnamen bezeichneten je nach Autor, Umfeld und Zeit Aspekte, die ebenso verschieden und vielfältig sind wie die Vorstellungen, die wir heute über diese Stämme besitzen. Fest steht, dass es sich dabei nie um feste, ethnisch geschlossene Gruppen handelte. Solche Stammesverbände konnten sich – besonders auf Wanderungen – spontan um einige besonders erfahrene oder kriegstüchtige Anführer bilden, jederzeit fremde Gruppen aufnehmen oder sich auch wieder in kleinere «Unternehmen» aufspalten.

Schon in der Antike waren es zum Teil Bezeichnungen, die mehr theoretischen Überlegungen als realen Verhältnissen entsprachen. Dies scheint etwa mit den frühesten Erwähnungen der Alamannen und Franken der Fall gewesen zu sein. Die Namen fallen erstmals 289 beziehungsweise 291 in Lobreden des Trierer Schrift-

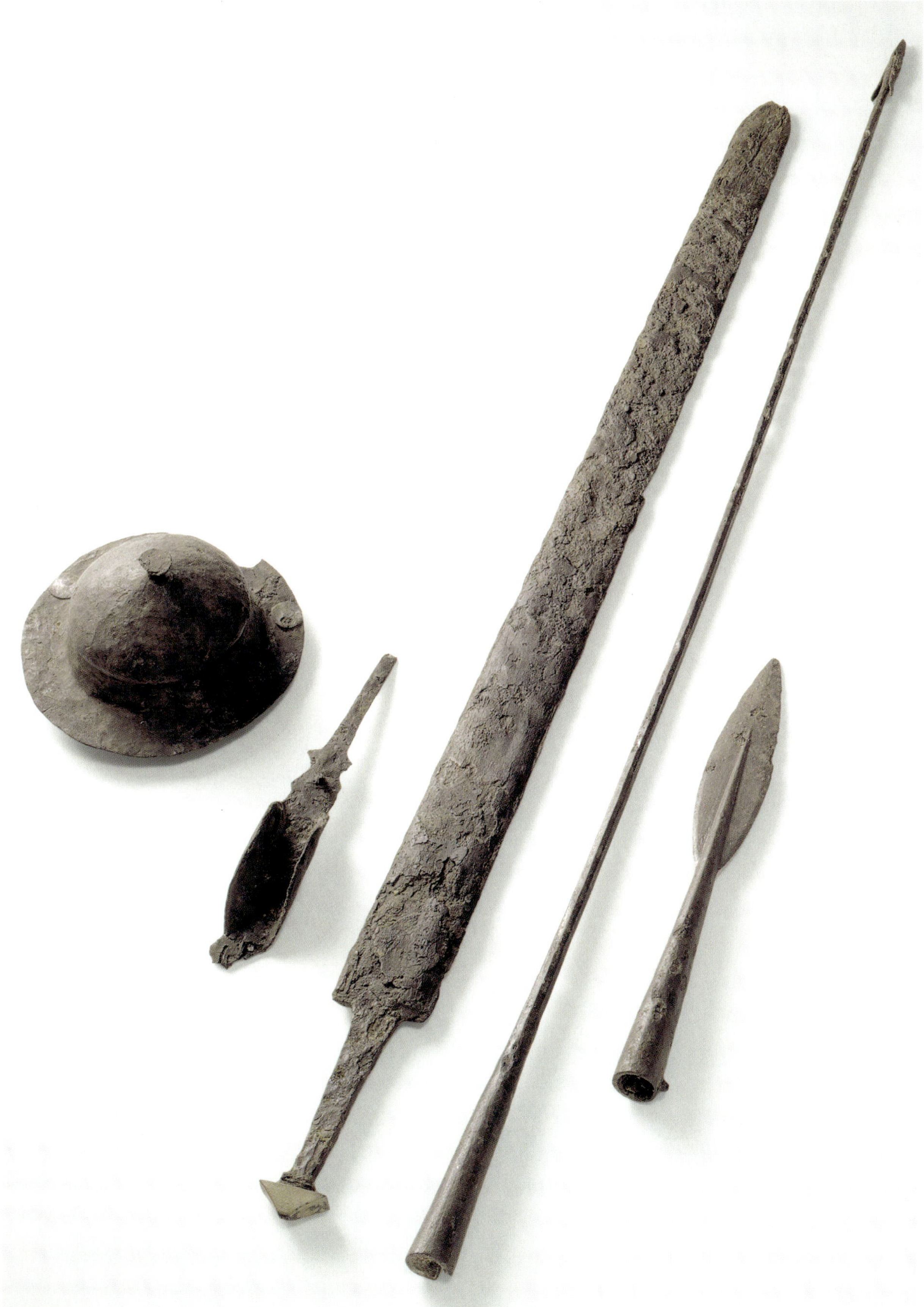

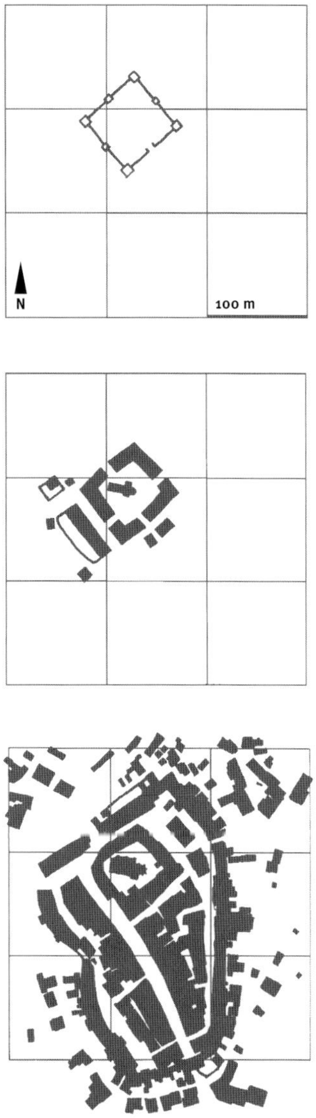

Liestals Anfänge

Die Grundrissanlage des regelmässigen Häusergevierts im Stadtkern von Liestal geht vermutlich auf ein spätrömisches Strassenkastell zurück. Dies legt – nebst einigen Funden – ein Vergleich des vorstädtischen Kerns (Mitte) mit bekannten Grundrissen derartiger Strassenkastelle (oben) nahe. Noch im modernen Stadtbild (unten, um 1880) ist die Anlage gut zu erkennen. Die frühmittelalterliche Martinskirche dominiert selbstbewusst das gesamte Innere dieser vorstädtischen Festung – ein Indiz dafür, dass ihre Mauern damals noch aufrecht standen.

damit trat die Region etwas aus dem Schatten politischer Interessen. Ähnlich wie die Burgunder hatten sich auch Teilstämme der Franken auf zuvor römischem Hoheitsgebiet niedergelassen und im Raum zwischen Niederrhein und Loire mehr oder weniger legal eigene Königreiche errichtet. Unter der Dynastie der Merowinger gelang schliesslich deren Vereinigung zu einem einzigen, immer mächtigeren Grossreich. 496 bis 507 wurden die Alamannen in Südwestdeutschland unterworfen, 508 bis 511 und 531/532 die Goten in Westfrankreich, 529 bis 534 folgte das Reich der Thüringer in Mitteldeutschland.

Wo noch Verwaltungseinrichtungen des spätrömischen Staates bestanden, wurden sie von den Franken übernommen. Spätrömische Steuerregister und Zollrechte bildeten auch für die neuen Herrscher die Grundlage für staatliche Einkünfte.[9] Wie systematisch sie dabei vorgingen, zeigen nicht zuletzt archäologische Funde. Die ältesten fränkischen Funde werden regelmässig in der Nähe spätrömischer «Schlüsselstellen» entdeckt: bei Kastellstädten – in unserem Gebiet Kaiseraugst und Basel – oder nahe wichtiger Verkehrslinien. Ein Beispiel für Letzteres ist Liestal, wo im Stadtkern ein kleines spätrömisches Strassenkastell vermutet wird und vom Radacker fränkische Grabfunde bekannt sind.[10]

Aussagekräftig und gut untersucht ist das Gräberfeld von Basel-Bernerring. Der Friedhof lag nahe der wichtigen Rheintalstrasse, rund 1,7 Kilometer westlich des antiken Basel. Seine Analyse ergab, dass sich hier schon um 540 eine vornehme Familie aus dem fränkischen, nördlichen Oberrheingebiet mitsamt ihrem Gefolge niedergelassen hatte. Ihre Ansiedlung ist wohl vor dem Hintergrund einer Neukolonisation des südlichen Elsass zu sehen, das in den Krisen der zweiten Hälfte des 5. Jahrhunderts stark gelitten hatte. Nur wenig jünger sind oberrheinisch-fränkische Grabfunde aus Therwil, Reinach und Aesch. Als Indiz für die Übernahme römischer Institutionen gelten schliesslich auch Martinskirchen im Innern spätrömischer Kastelle. Wie die Beispiele von Basel und Liestal zeigen, wurden die dem

stellers Mamertinus, also just in einer Zeit, in der neue Germanenstämme die eben erst an den Rhein zurückverlegte Reichsgrenze bedrohten. Die Begriffe könnten demnach von römischen Berichterstattern aufgegriffen und zur einfacheren Klassifizierung auf grössere Gebiete angewandt worden sein: «Franken» wäre demnach ein Sammelbegriff für die Germanen gegenüber der Provinz *Germania Secunda* (Niederrhein) gewesen, mit «Alamannen» hätte man alle Germanen jenseits der *Germania Prima* – gegenüber Mittel-, Ober- und Hochrhein – bezeichnet. Unter dem Aspekt erstaunt nicht, dass bald Unterbezeichnungen oder Namen von «Teil-

stämmen» auftauchen. Ob überhaupt jemals ein einheitlich organisierter Stammesverband unter dem Namen der «Alamannen» existierte, ist fraglich.[4]

Der Name der Alamannen – «alle Mannen» – unterstützt diese These. Er lässt an ad hoc gebildete Kampfverbände denken. Der Name der Franken knüpft vermutlich an Begriffe wie «mutig, kühn, ungestüm» an. Das Synonym frank-frei scheint erst später, nach der Durchsetzung der fränkischen Herrschaft, entstanden zu sein. Doch gerade dieses Beispiel zeigt, wie komplex die Sache ist. Ein «Franke» wurde in der Gesetzgebung des 6. Jahrhunderts nicht mehr nach seiner germanischen Herkunft

fränkischen «Nationalheiligen» geweihten Bauten selbstbewusst mitten in die alten römischen Kastelle gesetzt. Machtanspruch und Repräsentationsbedürfnis waren so gleichermassen befriedigt.[11]

Im 6. Jahrhundert, in einer ersten Phase der fränkischen Herrschaft, scheint man sich auf die Kontrolle solcher «Schlüsselstellen» beschränkt zu haben. Mehr war wohl gar nicht möglich, weil das Frankenreich rasch wuchs. Auch wiederholte Reichsteilungen, die – wie erwähnt – etwa 561 eine eigenständige *Burgundia* entstehen liessen, dürften eine intensivere herrschaftliche Durchdringung verhindert haben. Erst nach 600, als die Merowingerkönige Chlothar II. (613 bis 629) und Dagobert I. (623/629 bis 638/639) das Reich zeitweilig allein regierten, bot sich dazu die Gelegenheit. Weltliche und kirchliche Herrschaftssicherung gingen dabei Hand in Hand. Am augenfälligsten wird dies anhand erster Kirchenbauten auf dem Land. Kirchen des 7. Jahrhunderts konnten in Sissach, Buus und Oberwil nachgewiesen werden, weitere sind etwa in Liestal (Stadtkirche) und Munzach bei Liestal zu vermuten.[12] In dieselbe Zeit fällt die Gründung des Bistums Konstanz und vermutlich auch eine Erneuerung des Bistums Augst.

Neue Zeiten, neue Grenzen

Der Mangel an Schriftquellen zwingt uns, das Folgende in einem geografisch grösseren Rahmen zu betrachten. Dass den Restrukturierungen der Frankenzeit auch alte, letztlich auf die Römerzeit zurückgehende Gebietsaufteilungen zum Opfer fielen, zeigt die Errichtung des Bistums Konstanz in der Zeit um 600. Das neue Bistum beanspruchte südlich des Rheins Territorium, das gemäss den spätrömischen Grenzverläufen eigentlich den Bistümern Avenches/*Vindonissa* und Chur gehörte. Hier erfolgte also eine Neuorganisation der Grenzen.

Die Ursprünge dieser neuen Grenzziehung dürften allerdings schon einige Jahrzehnte früher zu suchen sein. Nach der Gründung des fränkischen Teilreichs Burgund im Jahre 561 ist bald von einem *Ducatus Ultraioranus* die

Fränkische Krieger im Ergolztal
Eine weitere typisch fränkische Waffe war das Wurfbeil. Eine derartige sogenannte Franziska kam 1954 im Radacker unterhalb von Liestal ans Licht. Sie ist ein frühes Zeugnis für die Präsenz fränkischen Militärs in diesem Raum. Es ist gut denkbar, dass sich eine Gruppe fränkischer Siedler um 550 n. Chr. in der nahen römischen Villa von Munzach niedergelassen hat.
Länge der Klinge 18 Zentimeter.

definiert – Romanen und Franken lebten damals bereits seit Generationen zusammen –, sondern als Inhaber einer militärischen Funktion. Fränkische Verbände waren ursprünglich als Verbündete oder Söldner in die spätrömische Armee integriert worden. Später hatten sie sich in dieser Rolle verselbständigt, worauf der besondere rechtliche Schutz des «Franken» zurückgeht.[5] So konnte auch ein im fränkischen Heer dienender Galloromer – rein rechtlich – zum «Franken» werden.

Vollends geändert hatten sich die Begriffe im 7. Jahrhundert. Am Rhein hatte seit über 200 Jahren ein kultureller Austausch zwischen den verschiedenen Bevölkerungsgruppen stattgefunden. Die Reiche der Alamannen und Burgunder waren längst im fränkischen Grossreich aufgegangen, ihre führenden Familien unterhielten intensive Beziehungen mit fränkischen Grossen. Regionale Bezeichnungen wie *Alamannia* oder *Burgundia* bildeten nur noch Reminiszenzen oder standen gar für neugebildete Einheiten. Sie waren zu fränkischen Verwaltungsbegriffen für ganze Regionen geworden, weitgehend ungeachtet allfälliger früherer Stammeszugehörigkeiten. Ein nennenswertes Eigenleben eines alamannischen oder burgundischen Stammes existierte in dieser Zeit nicht mehr.

Grenzverschiebungen
Die Grenzen frühmittelalterlicher Bistümer orientierten sich normalerweise an denjenigen der spätrömischen Zivilverwaltung. Ein Vergleich zwischen der Lage des «Alamannenbistums» Konstanz und der spätrömischen Provinzen zeigt jedoch Unterschiede: Das Bistum nahm südlich des Rheins erhebliche Teile der Provinzen Maxima Sequanorum und Raetia I in Beschlag. Es erstreckte sich damit sogar über das Territorium zweier übergeordneter Verwaltungsgrössen, der Präfekturen Gallia und Italia. Es liegt nahe, dass derartige Grenzverschiebungen nicht ohne politische Schwierigkeiten vollzogen werden konnten.

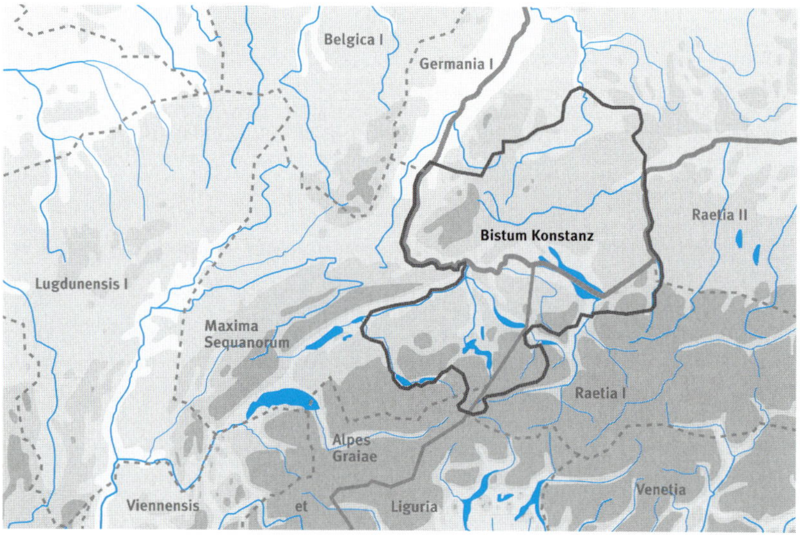

Rede, von einem Herzogtum ennet dem Jura, dem die burgundischen Teile des schweizerischen Mittellandes unterstanden. Die rechtsrheinische *Alamannia* hingegen war anlässlich dieser Reichsteilung bei Austrasien geblieben, dem fränkischen Ostreich. Auch hier regierten Herzöge im Auftrag der Frankenkönige. Ihr Verwaltungsschwerpunkt scheint in der Frühzeit aber ebenfalls südlich des Rheins – und damit ausserhalb der ursprünglichen *Alamannia* – gelegen zu haben. Dies machte durchaus Sinn, konnten sie hier doch an Verwaltungseinrichtungen in noch bestehenden spätrömischen Städten anknüpfen, die nördlich des Rheins fehlten.[13] So dürfte die Nordostschweiz mit den antiken Zentren *Constantia* (Konstanz), *Turicum* (Zürich) und *Vindonissa* (Windisch) allmählich «alamannisch» geworden sein. Das Baselbiet hingegen scheint – wenn wir die bereits angeführten Zeugnisse richtig interpretieren – vorerst weiter der «burgundischen» Verwaltung unterstanden zu haben.

Es ist wohl nicht zufällig, dass just um 610 – also nach der Gründung des Bistums Konstanz – von kriegerischen Auseinandersetzungen und einer

Ein «fränkischer» Grabfund
Im Juli 1954 stiess ein Bagger beim Aushub für ein Lagergebäude im Radacker unterhalb Liestals auf Grabfunde. Der sofort beigezogene Primarlehrer Theodor Strübin, der ganz in der Nähe, im eben erst entdeckten römischen Gutshof von Munzach Ausgrabungen durchführte, examinierte die verstreuten Reste. Viel war nicht mehr vorhanden, und so geriet der Fund bald wieder in Vergessenheit. Strübin wandte sich wieder «seiner» römischen Villa zu.
Erst Jahrzehnte später zeigte eine moderne Bearbeitung, welche Gelegenheit damals vertan worden war. Die spärlichen Funde sind für den Kanton bisher nämlich einzigartig! Nicht nur, indem sie in unserem Raum zu den frühesten frühmittelalterlichen Grabfunden mit Beigaben gehören. Sie datieren zudem ins mittlere 6. Jahrhundert und damit in die Zeit unmittelbar nach der fränkischen Machtübernahme. Zwei Waffen – eine Wurfbeilklinge und Reste eines Schildes – zeigen sogar, dass tatsächlich mit der Anwesenheit von Personen zu rechnen ist, die höchst wahrscheinlich dem fränkischen Heer angehörten. Eine systematische Untersuchung der Umgebung der Baustelle hätte zweifelsohne weitere Funde zum Vorschein gebracht. So bleibt vorläufig nur der Verweis auf das vollständig untersuchte Gräber-

Schlacht bei Wangas (Wangen an der Aare?) zwischen «burgundischen» Grafen des Avenchesgaues und «alamannischen» Truppen die Rede ist. Dabei ging es aber nicht mehr um einen Gegensatz zwischen alamannischen und burgundischen Stammesgruppen, wie in älteren Geschichtsbüchern zu lesen ist. Dem Konflikt war vielmehr ein weiterer Erbfall unter den fränkischen Königen vorausgegangen. Damals war es dem burgundischen Part gelungen, alte Besitzansprüche im Elsass und in der Nordostschweiz wieder geltend zu machen. Die kriegerische Auseinandersetzung ereignete sich wohl im Rahmen dieser Grenzkonflikte, infolge derer die Verhältnisse von 561 wiederhergestellt wurden: «alamannisch» waren die Truppen des ostfränkischen Teilreiches, «burgundisch» eben diejenigen des fränkischen Teilreichs *Burgundia*. Auch die Mission von Columban und Gallus in just dem Gebiet, das zuvor dem neuen Bistum zugeschlagen worden war, passt in dieses Bild. Der Zug der Missionare, die bezeichnenderweise auf Geheiss des ostfränkischen Königs wirkten, ist in der Gallusvita genau dokumentiert. Er führte über Zürich, Tuggen und Arbon nach Bregenz. Die Mission erscheint hier also durchaus auch als Mittel ostfränkischer Herrschaftssicherung.

Die Herzogtümer Alamannien und Elsass

Das östliche Schweizer Mittelland und die rechtsrheinische *Alamannia* wuchsen nach den Ereignissen um 610 zu einer Einheit zusammen, die im Kirchlichen durch das Bistum Konstanz definiert war. Das Baselbiet gehörte nicht direkt dazu, scheint allmählich aber ebenfalls stärker in den ostfränkischen beziehungsweise oberrheinischen, elsässisch-alamannischen Einflusskreis gekommen zu sein. Dies legt – nebst archäologischen Indizien – die Anwesenheit des Augster Bischofs bei der Wahl Bischof Johannes' von Konstanz in der Zeit um 615/630 n. Chr. nahe. Das durch Herzogtum und Bistum Konstanz neu umschriebene Alamannien war in erster Linie eine fränkische Provinz, also nicht unbedingt deckungsgleich mit dem Siedlungsraum eines alamannischen Stammes! Der erste Alamannenherzog Gunzo, von

feld vom Bernerring in Basel, den nächstgelegenen Vergleich für einen fränkischen Friedhof dieser Zeit. Reiche Beigaben – Waffen, Schilde, Pferdegeschirr, Bronzebecken, Trinkgläser, Fibelschmuck und Glasperlen – gehören dort zum Repertoire und erlauben eine Fülle von Aussagen zur wirtschaftlichen, sozialen und kulturellen Stellung der Bestatteten.[6] Doch wer weiss: Vielleicht schlummern die vermuteten Funde im nicht restlos überbauten Radacker noch im Boden und harren weiterhin ihrer Entdeckung ...

Steuerflucht
Das Innere Galliens war durch die Wirren der Völkerwanderungszeit weniger mitgenommen worden. Hier lässt sich zeigen, dass die spätrömischen Provinzgrenzen den fränkischen Königen noch im 6. und 7. Jahrhundert als Grundlage für die Bildung von Teilreichen dienten. Deren Erbrecht machte es immer wieder nötig, Herrschaftsbereiche neu aufzuteilen. Mit diesen Grenzen hatte es in dem Zusammenhang eine ganz handfeste Bewandtnis: Da in den meisten Gebieten das römische Verwaltungssystem überlebte, bildeten sie auch Steuergrenzen. Steuern stellten schon damals die wichtigste Basis

Der Stab des ersten Abtes
Der mit Gold beschlagene und mit Granat und Glas eingelegte Abtsstab aus dem Schatz des ehemaligen Klosters von Moutier-Grandval gehörte ziemlich sicher Germanus, dem ersten Abt des Klosters.
Der Stab ist der einzige dieser Art, der aus dem Frühmittelalter erhalten blieb. Germanus erlitt um 675 im Streit mit dem landfremden neuen Herzog des Elsass, Eticho, den Märtyrertod.

dem nach diesen Ereignissen die Rede ist und der in Überlingen am Bodensee residierte, unterhielt denn auch beste Beziehungen zum ostfränkischen Königshof in Metz: Seine Tochter Fridiburga war sogar mit Sigibert III., dem Sohn König Dagoberts, verlobt.[14] Ob Gunzo seine Herrschaft über ganz Alamannien ausübte, wissen wir nicht.

Im Laufe des 7. Jahrhunderts, nach dem Tode Dagoberts I. (um 638), ihres letzten grossen Königs, entglitt den Merowingern allmählich die Königsmacht. Die karolingischen Hausmeier, die mächtigsten Hofbeamten, gewannen zusehends an Einfluss. 737 konnten sie es sich leisten, den leer gewordenen Königsthron unbesetzt zu lassen. Auch in Regionen am Rand des Reichs gewannen lokale Grosse zunehmend an Selbständigkeit. Um 700 wird mit Herzog Gotfried und seinen Nachfolgern der Versuch deutlich, das Herzogtum Alamannien im Innern des Landes und innerhalb einer Familie zu verankern, also ein eigentliches Herzogshaus mit umfassender Machtbasis zu begründen. Dies stand jedoch im Widerspruch zu den Absichten der aufstrebenden Hausmeier, die schliesslich kein selbständiges Herzogtum neben sich mehr duldeten. Nach mehreren Feldzügen und Interventionen besiegelten sie 746 das Ende des Herzogtums Alamannien. 751 setzten sie auch dem Schattenkönigtum der Merowinger ein Ende und erhoben mit Pippin dem Jüngeren einen der Ihren auf den Thron. Damit war die Dynastie der Karolinger begründet.

Den karolingischen Machtanspruch hatten kurz zuvor auch andere hohe Beamte des Frankenreichs zu spüren bekommen: die Herzöge des Elsass. Und deren Geschichte führt zurück ins Baselbiet. Es ist durchaus möglich, dass der bereits mehrfach erwähnte, tatkräftige König Dagobert auch das Herzogtum im Elsass errichtete. Dessen Machtzentrum lag um Strassburg, wo dem Herzogtum – vergleichbar den Verhältnissen in Alamannien – auch ein starkes Bistum zur Seite stand. Streubesitz besass es jedoch bis nach Spiez am Thunersee. Diese Besitztümer im Süden könnten ein Grund dafür gewesen sein, dass Gundoin, der erste bekannte Inhaber des

für die Herrschaft sowohl der römischen Kaiser als auch der sie ablösenden germanischen Könige dar.[7]

Das lässt sich an einer Episode sehr schön zeigen, die Gregor von Tours aus dem Teilreich des Merowingerkönigs Chilperich überliefert. Chilperich residierte in Soissons, im Gebiet der ehemaligen Provinz Belgica secunda. Als er im Jahre 579 in seinem Reich «neue und harte Steuern» ausschreiben liess, flüchteten etliche seiner vermögenden Untertanen in steuergünstigere Nachbarreiche, «indem sie es für besser hielten, anderswo in der Fremde zu leben, als sich so harten Bedrückungen auszusetzen». Steuerflucht ist also nicht erst ein Thema unserer Tage. Und es ist klar, dass solche Grenzen selbst bei wenig stabilen politischen Verhältnissen nicht ohne weiteres verrückbar waren. Dies hilft zu erklären, wieso es bei den Grenzverschiebungen zwischen Austrasien und Burgund um 610 zum Krieg gekommen war.

Ein neues Kloster

«Da begab sich Waldebert ... zu eben dem Ort und fand eine sehr fruchtbare Gegend innerhalb überhängender Felsen, ein Tal, das er Grandisvallis nannte; und darin ist ein Fluss mit einer Menge Fische. ... Da der heilige Germanus sah, dass der Zugang [zu den Besitzungen] schwierig war, be-

Mehr als eine Legende?
Das vergoldete Büstenreliquiar des Heiligen Pantalus aus dem Basler Münsterschatz führt zurück in legendenhafte Zeit. Nach einer Quelle des 12. Jahrhunderts soll Pantalus um die Mitte des 5. Jahrhunderts in Köln das Martyrium erlitten haben. Sein Haupt – oder was dafür gehalten wurde – kam 1270 nach Basel, wo es in dieses kunstvolle Reliquienbehältnis «eingepackt» wurde. Nach dem Verständnis der jüngeren Quelle wird der Heilige als episcopus Basiliensis, also als Basler Bischof, bezeichnet. Aus heutiger Sicht ist wahrscheinlicher, dass er damals noch in Kaiseraugst residiert hätte. Ist die Figur des Pantalus legendär oder hat er gelebt? Wir wissen weder über ihn noch sein Bistum mehr. Immerhin lässt sich aber zeigen, dass der Baukomplex um die Bischofskirche im Kastell Kaiseraugst im 5. Jahrhundert noch unterhalten und sogar ausgebaut wurde. Irgend jemand kümmerte sich damals also noch um die alten bischöflichen Anlagen ... Höhe des Reliquiars 49 Zentimeter.

Herzogsamts, um 640 im oberen Birstal Land zur Errichtung des Klosters Moutier-Grandval zur Verfügung stellte. Damit wird ein erstes Ausgreifen elsässischer Grosser in Richtung Baselbiet fassbar, das – nebst wirtschaftlichen Interessen – die Kontrolle der wichtigsten Juraübergänge zum Ziel

gann er mit seinen Händen die harten Felsen zu sprengen, und beidseits des Tales öffneten sich Pforten, und sie stehen den Reisenden offen bis zum heutigen Tag.» So beschrieb Bobolenus, Zeitgenosse und Verfasser der Lebensbeschreibung des Heiligen Germanus, die Gründung des Klosters Moutier-Grandval im Berner Jura.[8] Waldebert, Abt im nordburgundischen Kloster Luxeuil, hatte um 640 n. Chr. von Gundoin, Herzog des Elsass, am Oberlauf der Birs Land für ein Kloster erhalten. Germanus, der aus einer Senatorenfamilie in der ehemaligen Kaiserstadt Trier stammte, wurde erster Abt. Bei der Klostergründung dürfte es nicht nur um die Verbreitung des Christentums gegangen sein, sondern auch – wie obige Textstelle verrät – um irdischere Interessen. Ödland wurde urbar gemacht, und mit der Öffnung der «harten Felsen» der Birsklusen ein wichtiger Weg ins Mittelland und zu den Westschweizer Alpenpässen geschaffen. Die Erschliessung sicherer Verkehrswege war für die Ausübung jeder Herrschaft entscheidend. Denkbar ist zudem, dass die reichen Eisenvorkommen der Gegend einen wirtschaftlichen Anreiz gaben. Jedenfalls mehrten archäologische Grabungen in den letzten Jahren die Hinweise auf eine intensivierte Eisengewinnung und -verarbeitung in jener Zeit.[9]

hatte. Weitere Schritte folgten. Auch im archäologischen Fundstoff mehren sich im Verlauf des 7. Jahrhunderts die direkten Bezüge zum nördlichen Elsass.[15] Sogar der Bischof von Strassburg scheint nach Besitz im Territorium des Bistums Augst/Basel getrachtet zu haben. Später geben die Quellen jedenfalls Hinweise auf umfangreichen Besitz in Muttenz, an den noch heute das Arbogastpatrozinium der Kirche erinnert: Der Heilige Arbogast war im 6. Jahrhundert ein wichtiger Bischof in Strassburg. Diese Beobachtungen führen zur Annahme, das Baselbiet sei in der Zeit von einer «burgundischen» allmählich in eine elsässische Machtsphäre geraten.

Den elsässischen Herzögen erging es ganz ähnlich wie den alamannischen. Auch sie versuchten, das Amt innerhalb einer Familie, der Etichonen, zu behalten, und auch hier kassierten die karolingischen Hausmeier das Herzogtum Schritt für Schritt. Um 740 wurde es endgültig aufgehoben. Vermutlich ist es kein Zufall, dass kurze Zeit später – spätestens 749 – wieder ein eigenes Bistum im Basler Raum bezeugt ist. Und auch im Weiteren scheinen restaurative Kräfte wieder an Boden gewonnen zu haben: Nach 888, nach der Gründung des Königreichs Hochburgund, wurde das Baselbiet jedenfalls erneut von Rudolf I. für Burgund in Anspruch genommen. Und Rudolf war vor seiner Erhebung zum König – wie schon sein Vater – Inhaber des *Ducatus inter Iurum et montem Iovis,* des alten, zwischen Jura und Walliser Alpen (Mons Iovis) gelegenen, westschweizerisch-burgundischen Herzogtums.[16]

Der neue Glaube fasst Fuss

Von Kaiser Nero im 1. Jahrhundert noch grausam verfolgt, gelang es den Anhängern des Christentums in den folgenden Generationen, im römischen Staat – vor allem in Militär und höherer Verwaltung – schrittweise Fuss zu fassen. Im 3. Jahrhundert hatten bereits mehrere Städte im südlichen und mittleren Gallien einen eigenen Bischof. Die politischen Wirren und Kriege der Spätantike trugen ihren Teil zum Aufstieg des Christentums bei. Die Erlö-

Sankt Hilarius bei Reigoldswil
Das «Kilchli» am Ende des Tales von Reigoldswil: Für eine grössere Siedlung ist hier kein Platz.

Die Klostergründung weist noch auf etwas anderes hin: Sie erfolgte auf Initiative und auf Besitztümern des elsässischen Herzogs. Das Basler Hinterland erscheint damit als Teil des elsässischen Macht- und Interessenbereichs. Erst 999 kam das Kloster als Geschenk an das Basler Bistum. Besitzungen elsässischer Grosser in der Nordwestschweiz sind für das 8./9. Jahrhundert auch an folgenden Orten zu erschliessen: in Arlesheim, Onoldswil (Oberdorf), Pratteln, Muttenz, Augst, Möhlin, Schupfart, Wittnau und Gipf, die letzteren, aargauischen Orte an der nicht minder wichtigen Bözberg-Route ins östliche Mittelland gelegen.

Das «Kilchli» in Reigoldswil, ein rätselhafter Ort

«Zu unterst an dem Berge gegen Regoltsweil, stehet eine dem H. Hilarius geweyhte Kapelle, welche vermuhtlich darum dahin gebauen worden, damit die Reisenden, welche dises Gebürg bestiegen, oder herab kamen, allda ihre Andacht verrichten könnten.» Bereits Daniel Bruckner suchte mit solchen Überlegungen 1756 eine Erklärung für die sonderbare Lage des so genannten «Kilchlis». Die ehemalige Kirche befindet sich in der abgelegensten, nicht besonders siedlungsfreundlichen Talenge der Hinteren Frenke. Nach 1800 wurde sie zum Bauernhaus und jüngst

AN DER SCHWELLE ZUM MITTELALTER – DIE VERWANDLUNG DER GALLORÖMISCHEN WELT   173

Eines der ältesten christlichen Bauwerke der Schweiz

Die Kastellkirche von Kaiseraugst gehört zu den ältesten christlichen Bauwerken der Schweiz. Grabungen von 1960–66 unter der alten Dorfkirche legten nicht nur die Fundamente einer Kirche frei, die schon um die Mitte des 4. Jahrhunderts bestanden haben könnte. Zwischen Kirche und Kastellmauer wurden auch Gebäudeteile entdeckt, die möglicherweise zur Bischofswohnung gehörten. Darunter befanden sich ein kleines Bad und möglicherweise ein kleines Taufbecken, ein Baptisterium. Badeanlage und Taufbecken (Pfeil) sind hier im Vordergrund zu erkennen, oben links Mauerreste der frühchristlichen Kirche. Kaiseraugst blieb wohl bis ins 7. Jahrhundert das Zentrum des Bistums. Erst dann wurde es allmählich durch Basel abgelöst.

sung der Seele, Auferstehung nach dem Tod und die zum Begriff gewordene christliche Nächstenliebe waren Perspektiven, die andere Religionen so nicht zu bieten hatten.

Zum Durchbruch verhalf allerdings erst Kaiser Konstantin der Grosse, der das Christentum 313 offiziell anerkannte und zu «seiner» Religion machte. Die enge Verflechtung von Politik und Kult hatte bei den römischen Kaisern eine lange, durchaus selbstverständliche Tradition. Ein um die Mitte des 4. Jahrhunderts erlassenes kaiserliches Gesetz brachte es auf den Punkt: «Freude und Ruhm suchen Wir allzeit im Glauben, denn Wir wissen wohl, dass es für den Bestand unseres Reiches mehr auf die Religionsausübung ankommt als auf Amtspflichten, Arbeit und Schweiss».[17] Konstantins Bekehrung brachte der christlichen Kirche demnach folgerichtig staatliche Privilegien und staatliche Propaganda. Anstelle antiker Tempel entstanden im Auftrag der Kaiser fortan christliche Sakralbauten. Einen Schritt weiter ging Kaiser Theodosius: 380 machte er den christlichen Glauben per Reichsgesetz zur alleinigen Staatsreligion. Allmählich umfasste das Christentum

zum Mehrfamilienhaus umgebaut. Grabungen und Bauuntersuchungen in den Jahren 1995/96 vermochten einige Geheimnisse des sonderbaren Baus zu klären, warfen zugleich aber neue Fragen auf.[10]
Dass der Ort bedeutend war, unterstreichen Gräber mit Beigaben des 7. Jahrhunderts, darunter ein alt überlieferter Goldfingerring aus einem «Adelsgrab». Sie wurden vor langer Zeit am gegenüber liegenden Talrand entdeckt. Das «Kilchli» selbst entstand im Laufe des 8./9. Jahrhunderts, doch waren auch hier zuvor bereits Gräber angelegt worden. Ein bestattetes Kind lag in einer Kiste, die aus mindestens drei zerlegten Mühlsteinen zusammengestellt worden war. Grösse und Zurichtung der Steine zeigen, dass sie von einer nahe gelegenen Wassermühle stammen müssen – eine technologische Rarität in dieser Frühzeit! Solche Mühlen waren im Mittelalter wichtige Einrichtungen geistlicher und weltlicher Grundherrschaften und genossen einen besonderen rechtlichen Schutz.
Damit nicht genug: Wohl ebenfalls noch vor der ersten Kirche entstand neben diesen Gräbern ein steinerner Bau, der im 8. Jahrhundert an sich schon eine Besonderheit darstellt. Steinbauten waren in dieser Zeit noch ausserordentlich selten und ein Privileg der vermögendsten Ober-

BAND EINS / KAPITEL 5

alle Bereiche des Lebens und setzte der Kultur der Antike ein Ende. Die Kirchenväter betrachteten die jüdisch-christliche Welt als die ihre, nicht die griechisch-römische.

Aus dem 4. Jahrhundert stammen auch die ältesten Zeugnisse des Christentums in der Schweiz. Einer der frühesten Belege betrifft Kaiseraugst. Konzilsakten von 342/343 und 346 nennen einen Bischof *Iustinianus Rauricorum,* der offenbar im *Castrum Rauracense* (Kaiseraugst) residierte, der befestigten Folgesiedlung der um 275 zerstörten Augster Römerstadt.[18] In der Tat wurde hier in den sechziger Jahren eine Kirchenanlage ausgegraben, bei der es sich um eine bescheidene bischöfliche Residenz handeln dürfte. Mehrere Umbauten zeigen, dass die Anlage mindestens bis ins frühere 5. Jahrhundert gepflegt und erweitert wurde. Diese Beobachtung ist wichtig, weil wir nach Justinian nichts mehr von einem Bistum der Rauriker erfahren. Ein Basler Bischof Pantalus, der 451 in Köln durch die Hunnen den Märtyrertod erlitten haben soll, gehört wohl ins Reich der Legenden. Im Umland von Kaiseraugst sind zudem keine archäologischen Funde gemacht worden, die auf eine intensive Christianisierung in dieser Zeit hinweisen würden.

Wie andere Bistümer am Rhein dürfte deshalb auch das unsere im Laufe des 5. Jahrhunderts untergegangen sein. Es unterscheidet sich damit von Bischofssitzen im geschützteren Innern des Römerreichs, die meistens ohne Unterbruch bestehen blieben und wo in der Zeit auch auf dem Land erste Kirchenbauten entstanden. Gerade wenn wir davon ausgehen, dass das Baselbiet in der fraglichen Zeit weiterhin zum Römischen (und später burgundischen) Reich gehörte, hätte ein Augster Bischof an einigen Konzilien teilnehmen müssen und wäre so gelegentlich auch aktenkundig geworden. Das Schweigen der Konzilsakten bestärkt die Vermutung, dass der Bischofsstuhl der Rauriker eine Zeit lang unbesetzt geblieben war. Erst in fränkischer Zeit, um 615/630, erscheint wieder ein Raurikerbischof in den Quellen: *Ragnacharius,* ein Schüler Columbans aus dem nordburgundischen Kloster Luxeuil. Ob er weiterhin in Kaiseraugst oder – zeitweilig oder

Ein Kindergrab im «Kilchli»
Dieses Grab eines Kleinkindes stammt aus dem 8. Jahrhundert. Es war aus zurechtgeschlagenen Mühlsteinen zusammengefügt worden. Später überdeckte man dieses und andere Gräber mit den Fundamenten für den ersten Kirchenbau. Die Mühlsteine müssen aufgrund ihres beträchtlichen Durchmessers von 85 Zentimetern mit Wasserkraft angetrieben worden sein. Anhand dieses Grabes gelingt so der Nachweis einer Wassermühle der Karolingerzeit!

vollumfänglich – im zunehmend wichtigeren Basel residierte, bleibt offen, solange in Basel kein einziger fränkischer Kirchenbau archäologisch nachgewiesen ist. Die Schriftquellen sind in dieser Hinsicht nicht eindeutig.

Dass Mission und Klostergründung in fränkischer Zeit auch der weltlichen Herrschaftssicherung dienten, haben wir bereits am Beispiel des Bistums Konstanz gesehen. Es ist durchaus denkbar, dass das Bistum Augst damals ein zweites Mal eingerichtet wurde. Dass dabei die Hand der fränkischen Herrscher im Spiel war, lassen zwei Königsurkunden von 891 und 894 vermuten. Aus ihnen geht hervor, dass die Kaiseraugster Kirche und weiterer Grundbesitz damals dem ostfränkischen König gehörten. Dies ist ungewöhnlich, denn spätantike Bischofskirchen waren kein Staatseigentum und blieben auch stets in der Hand des Klerus. Nur nach einem Unterbruch, wie wir ihn für das fortgeschrittene 5. und 6. Jahrhundert vermuten, könnte der Staat vom Kirchengut Besitz ergriffen haben. Wie systematisch die Merowingerkönige auch anderen öffentlichen Besitz an sich zogen, ist bekannt. Das Bistum Augst/Basel könnte also in der Zeit der Merowinger wiederhergestellt und dabei mit Königsgut ausgestattet worden sein, genau gleich, wie dies für das benachbarte Bistum Konstanz überliefert ist.[19]

Nicht nur der Rückfall der Kaiseraugster Kirche an den fränkischen König legt nahe, dass veränderte politische Interessen dem Bistum im 7. Jahrhundert wohl bald wieder ein Ende bereitet hatten. Mit dem Ausgreifen des Herzogtums Elsass und des Bistums Strassburg, wie es die wenigen verfügbaren Schriftquellen suggerieren, scheint ein eigenständiges Nordwestschweizer Bistum überflüssig – wenn nicht gar hinderlich – geworden zu sein. Ragnachar blieb jedenfalls der einzige überlieferte Bischof des 7. Jahrhunderts. Doch der fortschreitenden Christianisierung des Hinterlandes konnte dies keinen Abbruch mehr tun. Die Zahl der Kirchengründungen nahm zu.[20] Allmählich begann eine flächendeckende pfarrkirchliche Organisation zu greifen; eine Entwicklung, die mit der – nun endgültigen – Wiederbegründung des Bistums in den 740er Jahren gefestigt wurde.

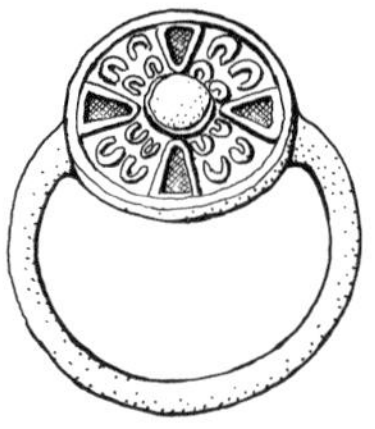

Kostbarer Fund
Frühmittelalterliche Goldfingerringe sind eigentliche «Leitfossilien» früher Adelsgräber. Dieses heute leider verschollene Exemplar kam 1746 im Ziegelhölzli bei Reigoldswil, gegenüber dem «Kilchli», in einem Grab zum Vorschein. Den Ring ziert ein christliches Kreuz als Glas- oder Steineinlage. Ein beinahe identisches Stück stammt aus der Kastellnekropole von Kaiseraugst. Der kostbare Fund beweist, dass schon im mittleren 7. Jahrhundert sehr wohlhabende Menschen diesen heute abgelegen wirkenden Ort besiedelten. Durchmesser des Rings etwa 2,4 Zentimeter.

schicht. Leider ist vom Reigoldswiler Bau nur noch sehr wenig erhalten. Sein ungewöhnlich massives Fundament und eine beachtliche Mauerstärke lassen aber vermuten, dass es sich um eine Art Wohnturm handelte, wie sie rund zwei Jahrhunderte später allmählich auf Burgen, in Klöstern und schliesslich auch in Städten in Mode kamen.
Hilarius von Poitiers (gestorben 367), der Schutzpatron des «Kilchlis», war der wichtigste «Reichsheilige» der Franken neben Martin von Tours. Vor allem der Sieg Karl Martells über die Araber (Schlacht von Poitiers, 732) belebte seinen Kult. Nach spätmittelalterlichen Quellen war das «Kilchli» der Pfarrkirche von Laufen unterstellt, die Martin von Tours geweiht war. Auffallend viele Keramikfragmente aus den Reigoldswiler Grabungen zeigen zudem Verbindungen ins südliche Elsass auf. Elsässisches und letztlich fränkisches Interesse könnte also – wie zuvor bei der Gründung des Klosters Moutier-Grandval – eine tragende Rolle gespielt haben. Auch die Ortswahl beruhte womöglich auf ähnlichen Kriterien: Über die Wasserfälle führte ein steiler, aber sehr direkter Juraübergang. Eine zweite Strasse zog vom Laufener Becken in einer Falte des Kettenjuras am «Kilchli» vorbei. Und Eisenerz wurde auch in diesem Teil des Juras abgebaut.

Lesetipps

Eine gute Darstellung zum Niedergang des Römischen Reiches gibt Franz Georg Maier (1968). Aktuell und sehr umfassend ist zum selben Thema Demandt (1998), eine Arbeit, die ein wenig älteres, grundlegendes Handbuch desselben Autors zur Spätantike weiterführt.

Dicht, aber sehr interessant sind Friedrich Lotters Forschungen (1979) zur wichtigen Quelle der Severinsvita in Ufernorikum, die zeigen, wie man sich die Verhältnisse in den nordalpinen Provinzen während dem Untergang des Römischen Reichs vorzustellen hat.

Den Kenntnisstand zur Geschichte der Alamannen hat Dieter Geuenich (1997) kürzlich zusammengefasst. Auch zur Frühgeschichte des Königreichs Burgund – allerdings noch ohne Berücksichtigung der Gebiete diesseits des Juras – liegt eine aktuelle Untersuchung vor (Favrod 1997).

Einen Einstieg in die fränkische Zeit und in die komplizierten Verhältnisse im Reich der Merowinger findet man bei Eugen Ewig (1988) und Reinhold Kaiser (1993), zur Geschichte des (früh-)mittelalterlichen Christentums bei Michael Borgolte (1992).

Quellen, die das Baselbiet betreffen, hat jüngst der Verfasser (Marti 2000) zusammengestellt.

Gute, aktuelle Artikel zu einzelnen Themen bietet zudem das vor kurzem abgeschlossene Lexikon des Mittelalters.

Aus primär archäologischer Sicht sind vor wenigen Jahren anschauliche Überblicke entstanden: zum Frühmittelalter in der Schweiz (Furger u.a. 1996), zu den Franken (Wieczorek u.a. 1996) und zu den Alamannen (Fuchs u.a. 1997).

Abbildungen

Öffentliche Kunstsammlung Basel, Kupferstichkabinett: S. 155.
Römerstadt Augusta Raurica, Ursi Schild: S. 156.
Anne Hoffmann Graphic Design: S. 157; Quelle Marti 2000, Abb. 5.
Kantonsarchäologie Baselland, Marcel Eckling: S. 158 oben und S. 167 unten.
Anne Hoffmann Graphic Design: S. 158 unten; Quelle Martin 1997, Abb. 118.
Kantonsarchäologie Aargau, Ausgrabungen Kaiseraugst: S. 159 oben und S. 173.
Kantonsarchäologie Baselland: S. 159 unten, S. 172 und S. 174.
Historisches Museum Basel, Peter Portner: S. 160 oben und S. 165.
Anne Hoffmann Graphic Design: S. 160 unten und S. 162.
Katalog ‹I Goti›, Milano 1994, Fig. III,3: S. 163 oben.
University of Glasgow, Hunterian Museum: S. 163 unten.
Peter Degen, nach Marti 2000, Abb. 104: S. 166
Anne Hoffmann Graphic Design: S. 167 oben; Quelle Marti 1988, Abb. 2.
Anne Hoffmann Graphic Design: S. 168; Quelle Marti 2000, Abb. 151.
Musée jurassien d'art et d'histoire, Delémont, Bernard Migy: S. 169.
Historisches Museum Basel, Maurice Babey: S. 171.
Kantonsarchäologie Baselland, Claudia Spiess: S. 175.

Anmerkungen

1 Zitiert nach Kaegi 1942, S. 44.
2 Martin, M. in: Fuchs u.a. 1997, S. 121ff., Abb. 118.
3 Demandt 1998, S. 141ff.
4 Martin, M. und Quast, D., in: Fuchs u.a. 1997, S. 122ff., 171ff.; Windler 1994, S. 160ff.; Martin 1998; Marti 2000, S. 282ff.
5 Martin, M., in: Fuchs u.a. 1997, S. 166ff.; Favrod 1997, S. 310ff.; Marti 2000, S. 284ff., 322f.
6 Kap. 6.
7 Wolfram 1990, S. 284ff., 314ff.; Marti 2000, S. 299f.
8 Marti 2000, S. 299ff., 337ff.
9 Kaiser 1979; Durliat 1990.
10 Marti 1988; Marti 2000, S. 180ff., 328.
11 Martin 1976, S. 181ff.; Marti 2000, S. 311ff., 327ff.
12 Marti 2000, S. 146ff.; zum römischen Munzach vgl. Kap. 3.
13 Keller 1976, S. 9f.; Geuenich 1997, S. 92ff.
14 Geuenich 1997, S. 97ff.
15 Borgolte 1983; vgl. Kap. 6 und 7.
16 Vgl. Kap. 7.
17 Demandt 1998, S. 9, 384f.
18 Berger 1963, S. 97ff.; Bruckner 1972, S. 127ff.; Kaiser 1990, S. 31.
19 Keller 1976, S. 19ff.; Marti 2000, S. 295ff.; vgl. Kap. 7.
20 Vgl. Kap. 6.

1 Cahn/Kaufmann-Heinimann 1984; JbAK 17, 1996, S. 25, Abb. 13; Berger 1998, S. 19f.; Peter 2000; vgl. Kap. 3.
2 Drack 1980; Drack/Fellmann 1988, S. 277ff.
3 Lateinisch-deutscher Text: Noll 1963; vgl. Lotter 1979.
4 Geuenich 1997, bes. S. 18ff.
5 Durliat 1997.
6 Liestal: Marti 1988; Basel: Martin 1976.
7 Ewig 1976, bes. S. 114ff.; Gregor von Tours, Historiarum V,28; Kaiser 1979; Durliat 1990.
8 Dirlmeier/Sprigade 1979, S. 24ff. (Zitat); HS III, Bd. 1/1, 1986, S. 283ff.
9 Tauber 1992; Senn-Luder/Serneels 1993; vgl. Marti 2000, S. 352f.
10 Suter 1972; Marti 2000, S. 174ff., 279f.; Ewald/Tauber 1998, S. 118f.

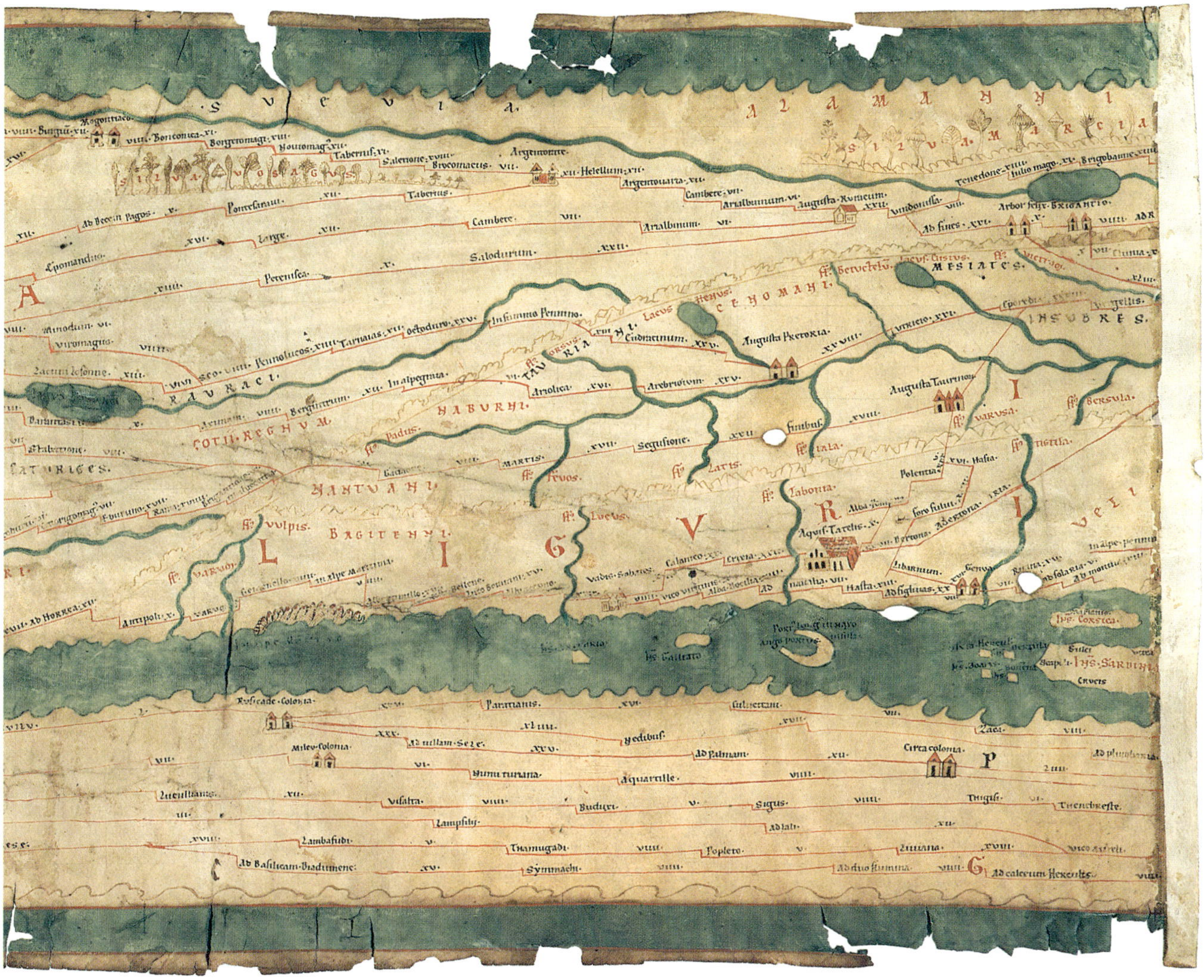

Land und Leute im Frühmittelalter

Bild zum Kapitelanfang
Die Tabula Peutingeriana, eine Karte aus der Römerzeit
Eine der grossen zivilisatorischen Leistungen der Römer war der Aufbau eines das ganze Reich umfassenden Strassennetzes. Die Nähe zu solchen Überlandstrassen war noch im Frühmittelalter ein wichtiges Kriterium für die Prosperität einer Siedlung. Den Strassen verdankt die Region am Hochrhein, die sonst nur selten ins Blickfeld römischer Autoren rückte, zudem den regelmässigen Auftritt in einer speziellen Quellengattung: den so genannten Itineraren, römischen Routenbeschreibungen. Itinerare sind uns in der Regel nur als reine Abschriften überliefert. Was sich dort findet, sind Listen von Ortsnamen mit den dazwischen liegenden Distanzen. Aufgeführt sind wichtige Etappenorte, die der römischen Verwaltung und Armee – Beamten, Boten des öffentlichen Verkehrs und Offizieren – zur Reiseplanung dienten. Nur in einem einzigen Fall ist ein Itinerar in Kartenform erhalten geblieben: die Tabula Peutingeriana. Die nach einem früheren Besitzer benannte Tabula ist keine «Weltkarte» im heutigen Sinn, vielmehr eine äusserst geschickte Darstellung der wichtigsten Reichsrouten auf einer Pergamentrolle, die ursprünglich über sieben Meter lang und nur 34 Zentimeter hoch war. Gebirgszüge, Flüsse, Küstenlinien und Meere spielten keine grosse Rolle, ebenso wenig Regionen ausserhalb der Reichsgrenzen oder sogar Stammesgebiete im Innern des Reichs. So sind die Rauraci des Baselbiets bedenkenlos östlich des Genfersees – am linken Bildrand – vermerkt. Die Routen selbst sind schematisch wiedergegeben; was zählte, waren die korrekte Reihenfolge der Etappenorte und die Distanzangaben. So kann es vorkommen, dass ein Ort zweimal genannt wird, wenn er an zwei unterschiedlichen Routen lag, die sich zeichnerisch nicht zusammenbringen liessen.

Die Zeit des frühen Mittelalters bedeutete für die Bewohner des Baselbiets einen Neuanfang. Der Niedergang des Römischen Reiches traf auch die Wirtschaft hart. Die Bevölkerungszahl ging stark zurück. Im Frühmittelalter erholte sich unser Gebiet allmählich wieder. Neue Herrschaftsformen und veränderte Wirtschaftsweisen brachten das Land wieder zur Blüte. Bald war die besiedelte Fläche sogar grösser als zur römischen Friedenszeit.

Die wirtschaftlichen und gesellschaftlichen Grundlagen des frühen Mittelalters gehen aber trotz den überall spürbaren Einbrüchen auf die Römerzeit zurück. Wie gewisse Bereiche der Verwaltung überlebten auch andere, alltäglichere Einrichtungen den Untergang des spätrömischen Staates. Die politischen Veränderungen, welche die allmähliche Auflösung des Römischen Reiches mit sich brachte, dürften für die Menschen in den Provinzen Galliens und am Rhein weniger stark zu spüren gewesen sein als die indirekten Auswirkungen, die diese auf Wirtschaft und Gesellschaft hatten. Da die Landwirtschaft nach wie vor den grössten Teil der Bevölkerung an sich band, war es vor allem der Wandel in diesem Sektor, der den Alltag der ehemals römischen Reichsangehörigen traf.[1]

Harte Zeiten

Eine Grundsorge des spätrömischen Staates war, die Versorgung der Städte und der Armee sicherzustellen. Sie bildeten die Stützen des Reiches. Die römischen Kaiser griffen regulierend ein, um die soziale und wirtschaftliche Lage auf dem Land zu stabilisieren. Wichtige Produktionszweige wie Lebensmittelversorgung, Textilverarbeitung und Waffenherstellung kamen per Gesetz und über Privilegien unter staatliche Kontrolle. Gewisse Berufe mussten zwingend weiter vererbt werden. Die Kleinbauern, die so genannten Kolonen, verloren nach und nach die Freizügigkeit und wurden an ihre Scholle gebunden.[2] So entstand der spätantike «Zwangsstaat», in dem die Kaiser zumindest versuchten, die bestehenden Verhältnisse unter Kontrolle zu halten.

Von Gold und Kleingeld
Eine der erstaunlichsten Errungenschaften des Römischen Reiches war sein einheitliches Währungssystem. Dieselben Münzen, die in Augusta Raurica im Umlauf waren, wurden auch in Spanien, Rom, Nordafrika oder Palästina als Zahlungsmittel akzeptiert! Das differenzierte römische Münzsystem scheint nördlich der Alpen in der Zeit um 400 n. Chr. ausser Gebrauch gekommen zu sein, denn aus der Zeit danach werden praktisch keine Münzen mehr gefunden. Doch der Schein trügt etwas. Verschwunden ist hauptsächlich das bronzene und kupferne Kleingeld. Gold- und Silbermünzen existierten weiterhin, gehen aber allgemein sehr viel seltener verloren. Sie stellen im archäologischen Fundmaterial aller Epochen eine grosse Rarität dar.

Die Gründe für das Verschwinden des Kleingeldes sind komplex. Eine Hauptursache dürfte in der römischen Armee zu suchen sein, die mit ihren Soldzahlungen immer eine der wichtigsten Münzabnehmer war. Im spätrömischen Heer taten zunehmend germanische und andere Stammesverbände von ausserhalb des Reiches Dienst. Sei es, dass sie dem römischen Münzsystem misstrauten, sei es, dass sie nach ihrer Rückkehr zu Hause mit Kleingeld nichts anzufangen wussten:

Viele Faktoren liessen die Staatsausgaben anwachsen: ein erhöhter Verwaltungsaufwand, eine gegenüber der älteren Kaiserzeit etwa doppelt so grosse Armee und stetig wachsende Tribute an fremde Völker, die gegen Geld ruhig gehalten wurden. Die hohe Steuerlast wurde zum schlimmsten Missstand des spätrömischen Staates. Sie traf vor allem den Mittelstand. Steuerflucht scheint trotz angedrohter drastischer Strafen oft der letzte Ausweg gewesen zu sein.

In grenznahen Gebieten – so auch am Hochrhein – war die Armee mit ihren Versorgungsstrukturen und ihrem Sold eine der wichtigsten «Motoren» der Wirtschaft. Mit der Reorganisation der Grenzbefestigung und entsprechender Truppenpräsenz unter Kaiser Valentinian I. (369 bis 375) erlebte unser Raum nochmals eine kurze Blüte. Spätestens um die Mitte des 5. Jahrhunderts war sie aber zu Ende.[3] Weil der Nachschub allmählich versiegte, beschränkte sich das Warenangebot immer mehr auf die Region. Auch das Münzwesen funktionierte nicht mehr richtig. Die noch zirkulierenden Gold- und Silbermünzen waren für einen einfachen Landwirtschaftsbetrieb unerschwinglich. Der Handel kam zwar auch im Frühmittelalter nie ganz zum Erliegen, reduzierte sich aber weitgehend auf einige wenige, teure Fernhandelsgüter wie Gewürze, Seidenstoffe, Bernstein, Olivenöl und Wein.[4]

Die Landschaft verändert sich

Wie stark die allgemeinen Veränderungen in Wirtschaft und Gesellschaft auch das Grenzland zwischen Jura und Hochrhein betrafen, wissen wir nicht. Mit archäologischen Methoden ist aber feststellbar, dass die Funddichte nach den Kriegsjahren um 260 bis 275 und 350 bis 353 n. Chr. erheblich abnimmt.[5] Dies mag zum Teil mit der Erhaltung und Interpretation des Fundstoffs zusammenhängen. Die weitere Entwicklung lässt aber dennoch den Schluss zu, dass Siedlungs- und Bevölkerungsdichte nach diesen Ereignissen – vermutlich erheblich – zurückgegangen waren. Plündernde Germa-

Die Karte, die nur in einer einzigen Kopie aus der Zeit um 1200 überliefert ist, wurde nicht in einem Zug entworfen. Letzte Nachträge scheinen zwischen 400 und 450 n. Chr., also an der Schwelle zum Frühmittelalter, eingefügt worden zu sein. Dazu passen die Verhältnisse, wie sie für das Ober- und Hochrheingebiet wiedergegeben sind: Wichtigster Etappenort und durch ein besonderes Raststättensymbol – oben rechts hervorgehoben – war hier Augusta Ruracum. Von hier führten Strassen rheinaufwärts nach Vindonissa (Windisch), rheinabwärts über Arialbinnum (Allschwil bei Basel?) und Cambes (Kembs) nach Argentorate (Strassburg), über Arialbinnum, Cambes und Larga (Largitzen?) nach Epomanduo (Mandeure) und über Salodurum (Solothurn), Petinesca und Aventicum (Avenches) in die Westschweiz. Am Rhein endete das Römische Reich. Jenseits der Silva Marcia[na] (Schwarzwald) war das Land der Alamannen, die Alamanni[a].

Frühmittelalterliche Münzen

Der Triens, der 1998 bei Ausgrabungen in Reinach zum Vorschein kam (oben), ist eigentlich eine Fälschung: bestehend aus einem Kupferkern mit Goldüberzug. Er wurde um 650 in oder für Metz, einer Residenzstadt der ostfränkischen Könige, geprägt. Die Silbermünze aus der 1990 entdeckten, frühmittelalterlichen Gewerbesiedlung im Röserntal bei Liestal (unten) war ein Drittel des Denars wert. Sie wurde zwischen 900 und 911 im Namen Ludwigs des Kindes in Strassburg geprägt. Wiedergabe in natürlicher Grösse.

Sie verlangten «härtere» Währung, Münzen aus Silber und vor allem aus Gold.[1] Römisches Kleingeld kam immer seltener in unser Gebiet, zirkulierte aber noch bis um 600 n. Chr. als Altgeld.[2]
Eine um 310 von Kaiser Konstantin dem Grossen eingeführte Goldmünze, der Solidus, blieb in der Folge die einzige stabile Währung. Sie wog $^1/_{72}$ des römischen Pfundes oder 4,55 Gramm. In der Antike war das Prägen von Goldmünzen ein kaiserliches Vorrecht. Auch für die germanischen Nachfolgestaaten des Römerreichs war zunächst klar, dass sie Goldmünzen im Namen und mit dem Münzbild römischer Kaiser zu prägen hatten. Erst der Frankenkönig Theudebert I. (534 bis 547) brach mit dieser Regel und setzte seinen eigenen Namen auf die Münzen, was zuerst grossen Anstoss erregte. Nach dieser Zeit zersplitterte sich das Münzwesen. Eine Vielzahl von so genannten «Münzmeistern» stellte für rund 800 Orte im Merowingerreich vor allem den Drittels-Solidus, den Triens, her. Aber auch der Triens hatte einen derart hohen Wert, dass er im Alltag kaum als Zahlungsmittel taugte. Mit Goldmünzen scheint man vor allem Steuern und Bussen bezahlt zu haben.
Silbermünzen wurden dagegen nur vereinzelt und in geringen Mengen geprägt. Erst um 670/80 änderte sich dies, indem

Ein überkommenes Geschichtsbild
Der Ausschnitt aus einem Historienbild Karl Jauslins (1842 bis 1904) zeigt die Zerstörung Augusta Rauricas durch die «Hunnen». Lange Zeit war die Diskussion um den Untergang des Römerreichs von solchen Katastrophenszenarien geprägt. Die Alamannen, die anschliessend in unser Land eingezogen seien, hätten nahezu herrenloses Land angetroffen. Heute weiss man, dass die Besiedlung der Landschaft – wenn auch in reduziertem Masse – nach der Römerzeit ohne Unterbruch weiterging.

nenhorden und konfiszierende Armeen dürften Entscheidendes dazu beigetragen haben. Das Leben auf dem Land, exponiert an der mehrfach bedrohten Reichsgrenze, war unsicher geworden.

Wie die Verbreitung späteströmischer Funde und vordeutscher Ortsnamen zeigen, hatte die Bevölkerungsdichte nicht überall in gleichem Masse abgenommen. Einige Siedlungsräume, so das Einzugsgebiet der oberen Ergolz, scheinen aufgegeben worden zu sein. Bewohnt blieb hingegen das nahe Hinterland der Römerstädte Augst und Basel. Der Münsterhügel von Basilia war vermutlich bereits im späteren 3. Jahrhundert behelfsmässig befestigt worden. Um 300 erfolgte der Bau des *Castrum Rauracense* in Kaiseraugst.[6] Es war mit fast vier Meter dicken, ursprünglich acht bis zehn Meter hohen, turmbewehrten Befestigungsmauern geschützt. Im Schutz dieser Kastelle wurde das offene Land bewirtschaftet. Drohte Gefahr, konnte Hab und Gut innert kurzer Zeit hinter den hohen Mauern in Sicherheit gebracht werden – ganz so, wie es Schriftquellen für den Donauraum überliefern.[7] Besiedelt blieb auch die Durchgangsachse über Liestal, Waldenburg und Oberen Hauenstein, die vor der Öffnung der Birsklusen die bequemste Verbindung ins Mittelland darstellte.

Wie sich der Siedlungsrückgang auf die Landschaft am Hochrhein auswirkte, lässt sich vorläufig nur erahnen. In den ganz verlassenen Gebieten dürfte das alte Wirtschaftsland verödet sein. Spätere Siedlungen aus der Zeit der Wiedererschliessung des Landes knüpften hier nicht so eng an die römerzeitlichen an wie in kontinuierlich besiedelten Räumen. Die Ausbreitung des Waldes begünstigte auch ein viel geringerer Brennholzbedarf. In der Römerzeit hatten die städtischen Bäder (Thermen), die Kalkbrennöfen, Töpferöfen und Ziegeleien, aber auch viele private Heizanlagen Unmengen von Brennholz verschlungen. An den Randzonen der verbliebenen Siedlungskammern ist eine weniger aufwendige Weidewirtschaft vorstellbar. In den übrigen noch besiedelten Gebieten dürften aber nach wie vor Acker- und Gartenbau die Landschaft geprägt und die Menschen ernährt haben.

der Triens nach einer laufenden Entwertung schliesslich aufgegeben wurde. Nach der Münzreform der Karolinger, die das Münzregal wieder streng auf die Krone beschränkten, war nun der silberne Denar (Pfennig) zu 1,2 und später 1,65 Gramm die Hauptmünze für das ganze Mittelalter. 12 Denare nannte man einen Schilling (Solidus), 20 Schillinge bildeten ein Pfund, wobei Schilling und Pfund lange Zeit reine Rechnungseinheiten blieben.[3] Mit diesen kleineren Münzsorten gewann die Geldwirtschaft mit der Zeit wieder an Bedeutung.

Bemerkenswertes aus nassem Boden
Für einmal waren es nicht spektakuläre Altertümer, die eine archäologische Ausgrabung ans Licht brachte, und auch keine alten Mauern oder Gräber: Für einmal bestand die Sensation bloss aus organischen Sedimenten, Torf und Schlamm. Die Entdeckung hat zwar nichts mit dem Baselbiet direkt zu tun, ist aber dennoch aufschlussreich.
1989 wurde im Elsbachtal nordwestlich von Köln beim Braunkohleabbau ein spätrömisch-frühmittelalterliches Bachbett entdeckt. Dank hoher Bodenfeuchtigkeit blieben organische Teile – Hölzer, Gräser, Blütenpollen und Mollusken – hervorra-

Römisch-frühmittelalterliche Siedlungskontinuität

Die Räume, in denen die galloromanische Bevölkerung nach dem Ende des Römerreichs weiterlebte, sind an der Streuung archäologischer Funde und erhaltener Ortsnamen ablesbar. Man darf davon ausgehen, dass Namen aus der Römerzeit nur dort überlebten, wo eine gallorömische Bevölkerung bis ins Frühmittelalter bestehen blieb. Im Einzelfall lässt sich diese Siedlungskontinuität nur schwer nachweisen, denn in und um die alten römischen Städte und Gutshöfe spielten sich markante Veränderungen ab. Ein allgemeiner Rückgang des Fundstoffs, kleinräumige Verlagerungen, vor allem aber die Tatsache, dass Bauten nicht mehr in Stein errichtet wurden, erschweren den Nachweis einer frühmittelalterlichen Siedlung. Während man römische Gutshöfe dank Mauer- und Ziegelfunden in der Regel leicht findet, hinterlassen frühmittelalterliche Holz- und Fachwerkbauten im Boden kaum Spuren. Neuere Beobachtungen haben gezeigt, dass man gelegentlich schon im 4. Jahrhundert von der Steinbauweise abgekommen war. Im Frühmittelalter wurde nur noch in ganz besonderen Fällen in Stein gebaut.

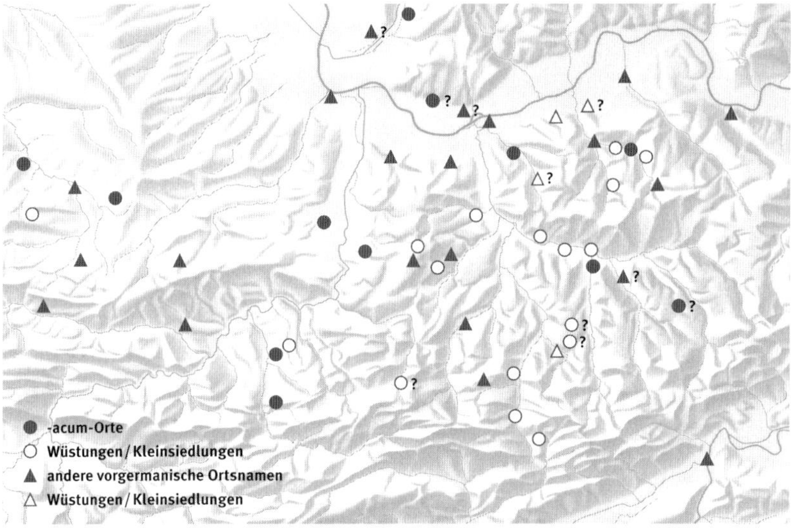

Namen aus vorgermanischer Zeit
Im Baselbiet gibt es Ortsnamen in gallorömischer oder gar keltischer Sprache. Wo sie überliefert blieben, dürften noch im Frühmittelalter Galloromanen gesiedelt haben. Am bekanntesten sind Ortsnamen mit Endung -acum, wie Dornach, Sissach, Munzach (bei Liestal) oder Bettenach (bei Lausen). Aber auch Ortsnamen wie Pratteln, Muttenz oder Basel gehören in diese Kategorie. Die Karte ihrer Verbreitung gibt die galloromanisch gebliebene Siedlungskammer um Kaiseraugst wieder. Allerdings handelt es sich bei ihr erst um einen Entwurf: Eine sorgfältige Analyse der so genannt «vorgermanischen» Ortsnamen steht noch aus.

gend erhalten. Sie wurden von verschiedensten Spezialisten analysiert. An den Veränderungen der Pflanzenreste in der Schichtabfolge konnten die Forscher zeigen, dass parallel zum Rückgang der Besiedlung vom 3. zum 4. Jahrhundert auch das zuvor intensiv genutzte Ackerland der nahen Hochfläche verkam. Es machte einem Buchen-/Eichenwald Platz. Ein unnatürlich hoher Eichen- und Birkenanteil erklärt sich dabei durch die vorherige, jahrhundertelange intensive landwirtschaftliche Ausbeutung der Lössebene. Das Bachtal selbst scheint zu Weideland umgenutzt worden zu sein. Das Land blieb nicht unbewohnt: In der Umgebung muss vereinzelt noch Getreide angebaut worden sein. Erst seit dem Ende des 6. Jahrhunderts zeichnen sich neue Rodungen und Trockenlegungen im Bachtal ab. Sie zeugen von einer intensiveren Wiedererschliessung des Landes in fränkischer Zeit.[4]

Die geografische Situation im Kölner Rheinland stimmt zwar nicht direkt mit derjenigen des Hochrheingebiets überein. Vergleichbar ist jedoch die exponierte Lage am Rand des römischen Reiches und ein ähnlicher Verlauf der Siedlungsdichte. Die Ergebnisse zur landwirtschaftlichen Entwicklung in spätrömisch-frühmittelalterlicher Zeit können deshalb auch für unser Gebiet als Modell dienen.

Wie eine spätrömisch-frühmittelalterliche Siedlungsabfolge sich im Einzelnen präsentiert, zeigen im Folgenden drei Beispiele: Kaiseraugst, das damalige städtische Zentrum der Region, Bettenach bei Lausen, das in mancher Hinsicht eine etwas besondere Siedlung darstellt, und Reinach, eine ganz gewöhnliche frühmittelalterliche Landsiedlung.

Kaiseraugst – Der Niedergang einer Stadt

Das *Castrum Rauracense,* das Kastell in Kaiseraugst, ist die Nachfolgesiedlung der bedeutenden römischen Koloniestadt *Augusta Raurica*. Nach dem Zeugnis Ammians war dieses Raurici oder Rauracum neben der Hauptstadt Besançon die mächtigste Stadt der Provinz *Maxima Sequanorum*. Ihr Standort am Rhein ist dank den zum Teil heute noch sichtbaren Befestigungsmauern seit langem bekannt. Dennoch wurde es von der älteren Forschung stiefmütterlich behandelt. Man ging davon aus, dass schon in der Zeit um 400 die Stadt Basel dem antiken Augst den Rang abgelaufen hätte. Erst seit einigen Jahren wird die Forschung um das Kastell intensiviert und dabei ein besonderes Augenmerk auf die oft nur schwer erkennbaren nachrömischen Befunde gelenkt.[8]

Erste neue Erkenntnisse brachten Grabungen der sechziger Jahre im Bereich der christkatholischen Kirche, als eine spätrömische Bischofsresidenz mit Taufraum und Kirche entdeckt wurde. Hier dürfte der in den 340er Jahren erwähnte Bischof *Iustinianus* gewirkt haben.[9] Der Gebäudekomplex mag sich im Vergleich zu grösseren Bischofssitzen wie Genf oder Lyon bescheiden ausnehmen, eines aber zeigt er klar: Kaiseraugst war noch im 4./5. Jahrhundert das antik-städtische Zentrum der Region. Zu einem solchen Zentrum gehörten Einrichtungen der zivilen und militärischen Verwaltung, aber auch eigene Märkte und Handwerksbetriebe.

Wie die Geschichte der Stadt weiterging, liegt im Dunkeln. Noch im 5. Jahrhundert wurde aber die Kastellkirche ausgebaut. Besser dokumentierte Regionen im Innern Galliens zeigen, dass überall dort, wo römische

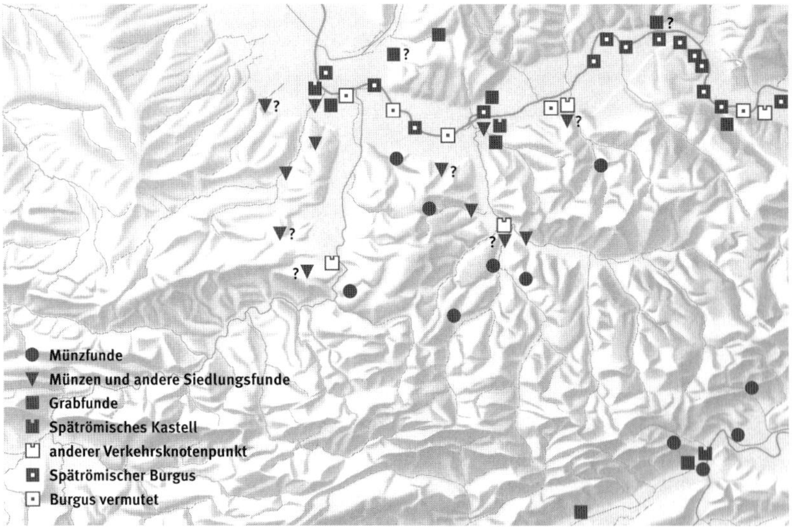

Späteströmische Funde

Die Verbreitung archäologischer Funde aus dem späteren 4. und 5. Jahrhundert zeigt einen enormen Rückgang des Fundstoffs gegenüber der römischen Blütezeit. Dies kann zum Teil mit Erhaltungsproblemen erklärt werden, lässt anderseits aber auch auf einen beträchtlichen Bevölkerungsrückgang schliessen. In Übereinstimmung mit den vorgermanischen Ortsnamen zeigt sich anhand der Funde die galloromanisch gebliebene Siedlungskammer im Hinterland von Kaiseraugst und Basel.

- ● Münzfunde
- ▼ Münzen und andere Siedlungsfunde
- ● Grabfunde
- ■ Spätrömisches Kastell
- ⌑ anderer Verkehrsknotenpunkt
- ◻ Spätrömischer Burgus
- ▫ Burgus vermutet

Die Kastellkirche von Kaiseraugst
Der Versuch einer Rekonstruktion der spätrömischen Kastellkirche von Kaiseraugst stellt die Situation am Ende der Römerzeit dar, mit der Kirche und der dahinter liegenden mutmasslichen Wohnung des Bischofs. Festgehalten ist der Moment ungefähr zu Beginn des 5. Jahrhunderts, in dem die Apsis der Kirche zwei Annexbauten erhielt. Um die Kirche war etwas mehr Platz vorhanden als im sonst dicht bebauten Castrum, was den Ort auch so zum öffentlichen Treffpunkt machte. Andere Bauten waren zu der Zeit bereits nicht mehr in Stein-, sondern in Riegel- oder Holzbauweise errichtet. Auch Ziegeldächer wurden zunehmend seltener.

Verwaltungseinrichtungen erhalten geblieben waren, sehr oft der Bischof (und sein schreibkundiger Klerus) das Zepter übernahm. Dies wurde dadurch begünstigt, dass zivile und bischöfliche Verwaltungsgrenzen im Römerreich meist übereinstimmten. Da die wichtigsten römischen Verwaltungsstrukturen wohl auch in unserem Raum überlebten, wäre ein ähnlicher Vorgang auch hier vorstellbar. Nur können wir nicht mit Bestimmtheit sagen, ob das Kaiseraugster Bistum im 5./6. Jahrhundert auch wirklich besetzt war.[10]

Sicher ist jedoch, dass das *Castrum* bewohnt blieb. Nach der Zerstörung im Magnentiuskrieg – um 352 n. Chr. – erfolgte ein Wiederaufbau, der vom ursprünglichen Bauschema teilweise abwich. Auch die Bischofsresidenz könnte damals umgestaltet worden sein. Schon die spätrömischen Baumeister errichteten nicht mehr nur Steinhäuser, sondern auch Fachwerkbauten. Diese lagen auf hölzernen, kaum fundamentierten Schwellen, weshalb sie archäologisch nur schwer nachweisbar sind.[11] Nach guter

Alte Strassen
Strassen, Verbindungen, Kommunikationswege waren seit jeher wichtig. Deshalb legten die römischen Kaiser hohen Wert auf ein gut ausgebautes Strassennetz, von dem die *Tabula Peutingeriana* Zeugnis ablegt.[5] Während der Handelsverkehr im Frühmittelalter eine eher untergeordnete Rolle spielte, waren vor allem die Herrscher an einem gut funktionierenden Strassensystem interessiert. Ohne regelmässige persönliche Präsenz in allen Regionen war eine Herrschaft nicht möglich. Wie die römischen Kaiser waren deshalb auch die mittelalterlichen Könige viel unterwegs, kontrollierten und sprachen Recht.[6] Auch für die fast alljährlichen Feldzüge war ein gutes Strassennetz unabdingbar. Später kam ein nicht unerheblicher Pilgerverkehr hinzu. Je nach Ziel und Anspruch reiste man zu Fuss, zu Pferd, mit dem Ochsenwagen oder dem gepflegten Vierspänner.[7] Vor allem für den Warentransport waren auch die Wasserwege wichtig.

Die grossen römischen Überlandstrassen blieben in unserem Land bestehen, ebenso die wichtigsten Etappenorte, die ein einigermassen gefahrloses Reisen ermöglichten. Dies zeigt die Verbreitung der Fundstellen des 4. bis 6. Jahrhunderts, einer Zeit vergleichsweise dünner Besiedlung, sehr deutlich. Sie markieren geradezu den

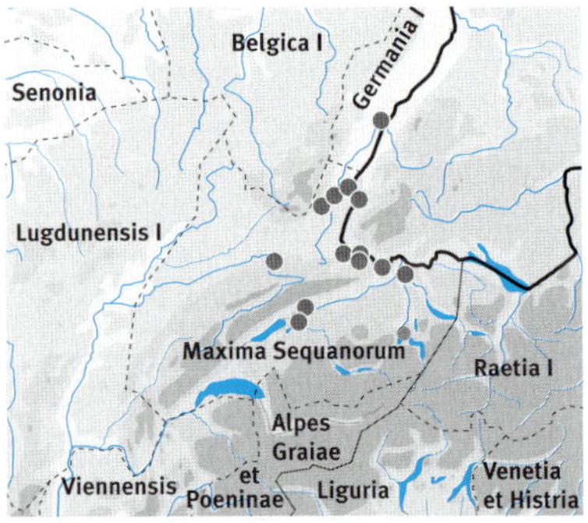

Spuren der Armee
Ziegel sind eine Errungenschaft der Römerzeit. Einige Grossziegeleien befanden sich im Besitz der Armee, wovon etliche Stempelmarken auf Ziegeln zeugen. Die Abkürzung LEG I MAR auf dem obigen Stempelabdruck steht für die Legio Prima Martia, die Einheit, die im 4. Jahrhundert in der Provinz Maxima Sequanorum die Grenzen zu schützen hatte. Deren Einsatzgebiet zeigt sich sehr schön im Verbreitungsbild dieser Ziegelstempel. Eine Ziegelei der Legion stand in Kaiseraugst-Liebrüti.

Mehr als ein Feldweg
Der streckenweise schnurgerade Feldweg zwischen Bad Bubendorf und Liestal dürfte seinen Ursprung in der Römerstrasse über den Oberen Hauenstein haben. Auf sein hohes Alter weist der Umstand hin, dass er auf einem eigentlichen Damm verläuft. Dieser ist zwar noch nicht archäologisch untersucht; Vergleiche zeigen aber, dass kontinuierliches Erneuern des Strassenbelags – auch über die Römerzeit hinaus – zu solchen Dämmen führen konnte. Die Wichtigkeit der Hauensteinstrasse auch für die frühmittelalterliche Zeit ist durch Funde entlang dieser Route belegt.

römischer Manier trugen die Bauten dieser Zeit aber noch Ziegeldächer. In allen modernen Grabungen wurden wohl daher über den Bauresten dieser Häuser Planieschichten mit Unmengen von Ziegelbruchstücken beobachtet. Ob die Gebäude überall gleichzeitig zerstört wurden oder ob wir einen allmählichen Zerfall annehmen müssen, ist noch ungewiss. Die Einebnungen, die spätestens im 6. Jahrhundert erfolgten, markieren zugleich aber einen Neubeginn. Die Spuren der darauf folgenden, jüngsten Bauphase sind aber derart schwach und durch jüngere Bodeneingriffe beeinträchtigt, dass sie vorläufig nur schwer deutbar sind. Es scheinen wiederum überwiegend Holz- oder Fachwerkgebäude gewesen zu sein, die sich zum Teil an offenbar noch erhaltene, ältere Steinmauern anlehnten. Es fällt auf, dass vor allem dort ältere Mauern stehen geblieben waren, wo die herkömmlichen römischen Parzellengrenzen verliefen. Dies könnte bedeuten, dass die römische Parzellierung in Teilen noch über Jahrhunderte intakt war.

Im Laufe des 7. Jahrhunderts nimmt der archäologische Fundstoff im *Castrum Rauracense* ab. Dies könnte darauf hinweisen, dass die alte Römerstadt damals an Bedeutung verlor. Es ist die Zeit, in der Basel durch neue Besiedlung vom Oberrhein her und durch die Öffnung der Birsroute politisch und verkehrsgeografisch allmählich ins Zentrum rückte. Kaiseraugst sank im Mittelalter zum einfachen Fischer- und Bauerndorf herab.

Lausen-Bettenach – Ein frühmittelalterliches Königsgut?

Schon seit längerem war bekannt, dass die abseits gelegene Lausener Kirche auf dem Areal eines römischen Gutshofes stand. Auch Reste eines mittelalterlichen Dorfes waren verschiedentlich beobachtet worden. Deshalb konnte man annehmen, dass hier eine von der Römerzeit ins Mittelalter kontinuierlich bewohnte Siedlung lag, deren antiker Name – Bettenach – in einer Flurbezeichnung von 1329 überliefert ist. 1985 brachte eine Friedhofserweiterung zum ersten Mal die Gelegenheit, einen grösseren Ausschnitt der vermuteten Siedlung auszugraben.[12]

LAND UND LEUTE IM FRÜHMITTELALTER

Die bis 1991 dauernden Grabungen übertrafen sämtliche Erwartungen. Da Bettenach am Rand des Ergolztales lag, dessen Hang kontinuierlich nachrutschte, blieben die Siedlungsschichten teilweise erhalten. So konnten für einmal Befunde untersucht werden, die normalerweise durch Erosion und spätere Landnutzung zerstört werden. Auch darüber hinaus bot die Grabung Einzigartiges, das mit der besonderen Geschichte des Ortes zu tun hat.

Bettenach lag an der alten römischen Ergolztalstrasse, die im Gegensatz zu heute am sonnigeren Südrand des Tales verlief. Im Bereich der Siedlung muss die Fassung für die römische Wasserleitung nach Augusta Raurica, das «längste römische Bauwerk der Schweiz», gelegen haben.[13] Wahrscheinlich befand sich an der Talenge unterhalb des Dorfes ein Damm, der das Ergolzwasser staute und fasste. Das römische Bettenach könnte deshalb unter besonderem Schutz oder sogar im Besitz der nahen Stadt gewesen sein.[14] In spät- und nachrömischer Zeit lag die Siedlung äusserst günstig, eingebettet in der galloromischen Siedlungskammer, die im Hinterland von Kaiseraugst geblieben war.

Der untersuchte Ausschnitt der Siedlung zeugt von einer ausserordentlichen Siedlungsdichte: Über 1500 Pfostengruben verschiedenster Holzbauten, rund 50 so genannte «Grubenhäuser» sowie die Reste zweier grosser Steinbauten wurden festgestellt. Vor allem letztere sind bemerkenswert, da sich nach der Römerzeit für Jahrhunderte nur noch eine kleine, vermögende Bauherrschaft gemauerte Häuser leisten konnte. Der ältere Bau I stammt aus dem 5. oder eher sogar dem 6. Jahrhundert, also just aus einer Zeit, in der wir andernorts aufgrund der Fundsituation auf geringste Siedlungstätigkeit schliessen. Der jüngere Steinbau II muss in der Zeit um 800 oder im früheren 9. Jahrhundert entstanden sein, also immer noch lange bevor der Hochadel um das Jahr 1000 begann, auf den Jurahöhen erste Burgen aus Stein zu errichten.[15] Keine der Steinbauten ist so gut erhalten, dass wir ihr ursprüngliches Aussehen rekonstruieren können. Das schwache Fundament und die beeindruckende Länge von mindestens 20 Metern lässt für

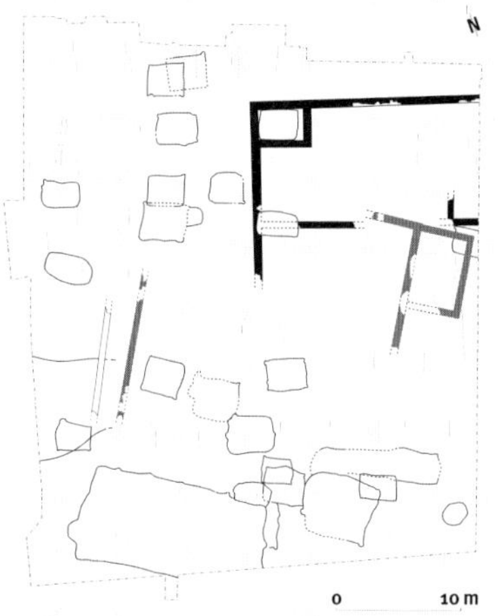

■ Bau I
■ Bau II
□ frühmittelalterlicher Strassenrest
□ frühmittelalterliche Gruben
  hochmittelalterliche Gruben (11./12. Jh.)

Die Grabungen von 1985 bis 1992
Der vor einigen Jahren untersuchte Ausschnitt der Siedlung Bettenach ergab Strukturen von der Römerzeit bis in die Zeit um 1200 n. Chr. Im Plan festgehalten sind früh- und hochmittelalterliche Grubenhäuser, die Fundamentreste zweier Steinbauten aus dem 5./6. und aus dem 9. Jahrhundert sowie ein frühmittelalterlicher Strassenrest. Bettenach lag im Gegensatz zum späteren Lausen auf der rechten Talseite, denn hier verlief die alte Ergolztalstrasse – wohl diejenige, die auch archäologisch festgestellt wurde. In jüngerer Zeit erinnerte nur noch die abseitige Lage der Lausener Dorfkirche an diese Situation: Sie gehörte ursprünglich zu Bettenach.

Verlauf dieser Strassen. Deren Unterhalt mag damals mangels Geld und geeigneter Infrastruktur vernachlässigt worden sein. Anderseits waren auch nicht alle Römerstrassen allzu luxuriös ausgebaut oder wie die berühmte Via Appia gar gepflästert. Und schliesslich beweist ein kürzlich freigelegtes Strassenstück in Corcelles-près-Payerne (VD), datiert in die Zeit um 620 n. Chr., dass auch frühmittelalterliche Strassen durchaus einen hohen technischen Standard erreichen konnten, mit einem Koffer aus Steinblöcken und Kies und seitlicher Festigung mit Eichenstämmen.[8] Welch wichtige Rolle den Strassen zukam, zeigt auch die Gründungslegende des Klosters Moutier-Grandval. Bis ins 7. Jahrhundert war der Obere Hauenstein der meist begangene Pass im östlichen Jura. Auch die Birsroute, die eine viel direktere Verbindung in die Westschweiz ermöglichte, war von Bedeutung, wegen der unpassierbaren Klusen bei Moutier zeitweilig jedoch mit Umwegen verbunden. So erstaunt nicht, dass der erste Abt von Grandval «mit eigenen Händen» zuerst an die Öffnung der Birsklusen ging.[9] Damit war der Grundstein gelegt für eine Verlagerung des Durchgangsverkehrs, durch die das alte Kaiseraugst am Ausgang des Ergolztals allmählich ins Abseits geriet.

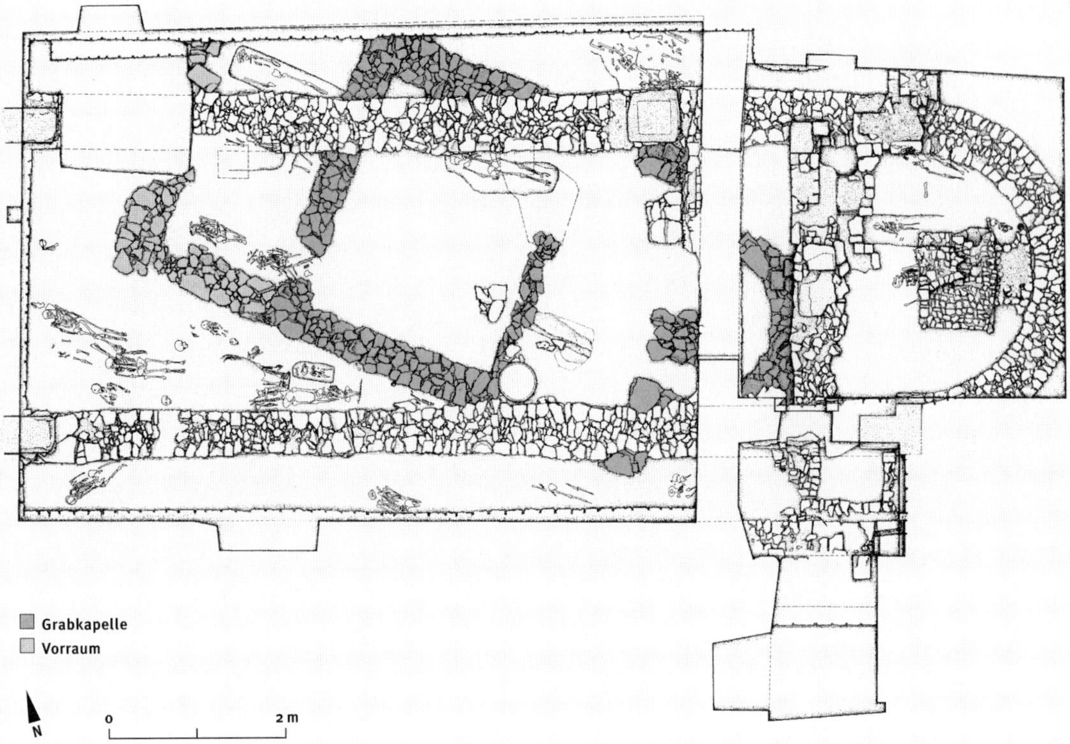

186 LAND UND LEUTE IM FRÜHMITTELALTER

■ Grabkapelle
■ Vorraum

0   2 m
N

Eine frühmittelalterliche Grabkapelle
Die unter dem Kirchenboden der Dorfkirche von Lausen ausgegrabenen Fundamente stammen im Wesentlichen von zwei Vorgängerbauten. Während die grosse romanische Kirche, die wohl im 11. Jahrhundert erbaut wurde, genau gleich ausgerichtet ist wie der heutige Bau, folgt die frühmittelalterliche, viel kleinere Kapelle einer Orientierung, die in der Umgebung durch verschiedene römerzeitliche Strukturen vorgegeben war und sich auch im frühmittelalterlichen Bettenach wieder findet. Ausserhalb der Kapelle und in einem westlich angefügten Vorraum lagen zahlreiche Erdbestattungen. Im privilegierten Innern der Kapelle hatte man hingegen nur ein einziges Grab angelegt.

Bau I eher an eine Hofmauer mit daran anlehnenden Innenbauten als an einen vollständig überdachten Baukörper denken. Die Suche nach ähnlichen Bauformen führt nach Südwesten, in Regionen, wo die romanische Bautradition stärker war. Ohne Parallelen ist das Gebiet der Alamannia.[16]

Im Südwesten, in der Westschweiz und im Rhonetal liegen auch die besten Vergleiche zu einer kleinen Kirche, die unter der heutigen Pfarrkirche St. Nikolaus entdeckt wurde und vermutlich aus dem 6. Jahrhundert stammt. Auch sie war aus Stein gebaut. Sie besass ein Schiff von nur gerade vier mal sechs Metern mit einem halbrunden Chorraum (Apsis), in dem ein gemauer-

Steinbau – eine teure Sache
Steinerne Bauten, gelegentlich mit allem erdenklichen Luxus – Fussbodenheizungen, Wandmalereien, Mosaiken, Bädern, Gewölbedecken und Portiken – hat es in Gallien immer gegeben, seit die Römer diese Architektur in den Norden gebracht hatten. Errichtung und Unterhalt solcher Bauten waren jedoch teuer und aufwändig. Insbesondere grosse öffentliche Bauten wie Thermen, Theater oder Verwaltungsgebäude waren ohne finanzielle Hilfe des Staates und reicher Grossgrundbesitzer kaum zu bewerkstelligen. In der Römerzeit beteiligte sich oft das Militär am Bau solcher Grossprojekte.[10]

Mit dem Versiegen dieser öffentlichen und halböffentlichen Mittel wurde der Steinbau für viele – öffentliche wie private – Bauherren unerschwinglich. Das Betreiben geeigneter Steinbrüche war zu aufwändig, der Transport des Baumaterials mühsam, der Energieaufwand zur Gewinnung des Kalkmörtels enorm. Den meisten dürfte dies Grund genug gewesen sein, ihre Anwesen wieder in Holz und Lehm zu bauen. Schon in der späten Römerzeit muss man mit einer Zunahme traditioneller Holz- und Fachwerkhäuser rechnen. Über deren Aussehen sind wir allerdings noch schlecht orientiert, denn bisher kennt man nur Fragmente von Grundrissen.

ter Altar stand. Eine Trennwand grenzte einen knapp 3,5 Meter tiefen Laienraum vom Chor ab. Er enthielt ein einzelnes Grab. Zahlreiche weitere Gräber waren westlich und nördlich davon in einem Anbau untergebracht. Vergleichen zufolge ist der auffallend kleine Bau am ehesten als Grabkapelle zu interpretieren. Solche Bauten dienten als Grabstätten für bedeutende Persönlichkeiten: reiche Grundherren, hohe Beamte oder sogar Bischöfe. In Vienne, St-Georges, liess sich zwischen 542 und 549 Bischof Pantagathus in einem praktisch identischen Bau beisetzen. Die ebenfalls gut vergleichbare Kapelle Notre-Dame-sous-le-Bourg in St-Maurice im Wallis diente um 600 vermutlich Bischof Heliodor von Sitten als letzte Ruhestätte.[17] Welche bedeutende Persönlichkeit in der Grabkapelle von Bettenach ihre letzte Ruhe fand, wissen wir hingegen nicht.

Zu den besonderen Bauten gesellen sich in Bettenach ungewöhnliche Kleinfunde: wertvolle Fibeln, Schreibgriffel, die zeigen, dass hier Schreibkundige lebten, Münzen des 9. Jahrhunderts aus Frankreich und Italien sowie viele Relikte, die ein reges Handwerk bezeugen. Unter den frühmittelalterlichen Funden sind grosse Mengen gelbtoniger Keramik hervorzuheben, die aus dem nördlichen Elsass stammen. Für solche Tonwaren gab es im Frühmittelalter keinen Markt. Sie dürften vielmehr in Betrieben grosser Grundherren hergestellt worden sein, die damit ihr Territorium versorgten.[18] Dass solche Güter weit verstreut liegen konnten, ist von Orten mit besserer Überlieferung bekannt. Die reichen Vorkommen gelbtoniger Keramik lassen vermuten, dass ein im Elsass begüterter Grossgrundbesitzer in Bettenach über beträchtlichen Besitz verfügte oder diesen im Verlaufe des 7. Jahrhunderts vielleicht auch erst erworben hatte.

Einen Schlüssel zur Interpretation all dieser Besonderheiten gibt möglicherweise das Niklauspatrozinium der späteren, romanischen Kirche und eine im Spätmittelalter fassbare Verbindung mit der St. Martinskirche von Liestal: Bettenach war im Frühmittelalter vermutlich ein fränkischer Königshof.[19] Der im Elsass begüterte Grossgrundbesitzer könnte sehr wohl der

Ein bemerkenswerter Bau
Vom älteren Steinbau I von Lausen-Bettenach sind nur einige Steinlagen des Fundamentes erhalten. So unscheinbar dies wirken mag: Für die Zeit des Frühmittelalters ist der Bau weitherum einzigartig.

Mörtelmischer
Von einem mechanischen Mörtelmischer aus der Kirche von Aesch-Saalbünten blieb nur die kreisrunde Grube mit Abdrücken des Rührwerks erhalten. Derartige Bauinstallationen (oben), mit denen Sand und Sumpfkalk zu Mörtel vermengt wurden, sind sehr selten und verraten die Anwesenheit versierter Bautrupps.

Der hohe technische und finanzielle Aufwand beschränkte den Besitzerkreis von Steinbauten im Frühmittelalter auf die Reichsten des Landes, die sich spezialisierte Bauleute beschaffen konnten.[11] Grossgrundbesitzer, die selber in konventionellen Holzhäusern gelebt haben dürften, errichteten erste Kirchen in Stein. Auch in befestigten Städten wie Kaiseraugst verlor das Bauen in Stein an Bedeutung. Damit die alten römischen Stadtmauern nicht zerfielen, brauchte es im Kriegsfall den ausdrücklichen Instandsetzungsbefehl des Königs.[12]
Nur im Innern Galliens und im Mittelmeerraum, wo sich die urbane, galloromische Kultur besser halten konnte, gab es noch Städte mit Steinhäusern. Dass aber auch hier Probleme im Gebäudeunterhalt bestanden, zeigt eine von Gregor von Tours überlieferte Episode aus dem späten 6. Jahrhundert. Als Herzog Beppolenus in Andecavus, dem heutigen Angers an der Loire, im Obergeschoss eines Stadthauses mit grossem Gefolge tafelte, brach der altersschwache Boden ein. Beppolenus kam zwar mit dem Leben davon, andere seien aber schwer verletzt worden.[13]
Andernorts werden Steinbauten bewundert, die *more antiquorum* – nach alter Väter Sitte – mit schönen Quadern aufgemauert waren.

Gruben und Gräbchen
Alles, was von einer früh- und hochmittelalterlichen Siedlung übrig bleibt, sind Gruben und Gräbchen: Die eigentlichen Häuser aus Holz, Lehm und Stroh sind längst vergangen. Die hier abgebildeten Beispiele stammen aus dem Stadthofareal in Reinach, das 1998 archäologisch untersucht wurde. Im oberen Bild sind die Standspuren von Pfosten eines frühmittelalterlichen Wohnhauses von etwa 7 mal 11 Meter zu erkennen. Die Eckpfosten und die Mittelpfosten der Längswand waren durch aussenstehende, kleinere Pfosten verstärkt. Der ursprüngliche Boden ist im Laufe der Jahrhunderte verloren gegangen. Er lag ungefähr 30 Zentimeter über dem sichtbaren Niveau. Damit fehlen auch Hinweise auf Herdstellen und weitere Inneneinrichtungen des Gebäudes.

Im unteren Bild ist der Überrest eines so genannten «Grubenhauses» aus dem 12. Jahrhundert zu sehen. Das kleine, ursprünglich fast einen Meter in den Boden eingetiefte Gebäude von 3 mal 2,3 Meter besass zwei in die Grube gestellte Firstpfosten, die das Dach trugen. Einer der Standorte ist anhand der etwas grösseren Pfostengrube unten rechts zu erkennen. Die Grube selbst war mit einem Rutengeflecht verkleidet, von dem zahlreiche Verankerungslöchlein entlang der Grubenwand zeugen. Besonders spektakulär ist am Beispiel dieses Grubenhauses, dass eine Hälfte der über die Grube aufragenden Firstwand aus Lehm in die Grube kippte und so erhalten blieb. Sie ist oben links gut erkennbar.

König selbst gewesen sein. Die eingangs erwähnte, besondere Stellung zur Römerzeit wäre ein möglicher Grund, weshalb die Siedlung später – gewissermassen als Staatseigentum – an die fränkische Krone kam. Noch für Jahrhunderte sollte Lausen von dieser Sonderstellung profitieren, wie nicht zuletzt der prächtige, romanische Neubau der Kirche zeigt.

Ein normales Dorf: Reinach

Vom städtischen Kaiseraugst über den Sonderfall Bettenach nun ganz aufs Land: Eine gewöhnliche frühmittelalterliche Siedlung gibt sich wesentlich bescheidener. Archäologisch gesehen bestehen ihre Baureste aus Gruben, Gräbchen und einer Vielzahl von Pfostenlöchern. Der Umstand, dass viele dieser Siedlungen unter den heutigen Dörfern liegen, macht den Nachweis ihrer bescheidenen Überreste so schwierig. Einzig in Reinach konnten in den vergangenen Jahren erhebliche Bereiche einer solchen Siedlung ausgegraben werden – dank der vergleichsweise lockeren Überbauung des heutigen Dorfkerns.[20]

Von Dörfern kann man im Frühmittelalter genau genommen noch kaum sprechen: Diesen ländlichen Siedlungen fehlen die festen baulichen Strukturen, vor allem aber die Organisationsform der Dorfgemeinschaft. Dies sind Veränderungen, die sich erst im Laufe des Hoch- und Spätmittelalters einstellten, zusammen mit dem wirtschaftlichen und gesellschaftlichen Aufstieg des Bauernstandes und mit der «Versteinerung» der Bauernhäuser.[21] Ein frühmittelalterliches «Dorf» bestand dagegen aus einer Anzahl von Gehöften in Holz- und Lehmbauweise, die ziemlich unabhängig voneinander funktionierten und in der Regel einem grösseren Herrenhof unterstellt waren. Diesem schuldeten die Besitzer, Pächter oder Leibeigenen Abgaben und Dienstleistungen. Es gab Siedlungen, die nur aus ein oder zwei Gehöften bestanden. Das auf der weiten Birsterrasse grosszügig angelegte, frühmittelalterliche Reinach hingegen dürfte vergleichsweise gross gewesen sein und sich über ein Areal von mindestens 200 mal 300 Meter erstreckt haben.

Geschichte aus Abfall
Ausgrabungen in ur- und frühgeschichtlichen Siedlungen fördern in der Regel nur noch unbrauchbare Dinge zu Tage, die schon damals als Abfall taxiert wurden: zerbrochenes Geschirr, Speiseabfälle, Werkrückstände. Und auch all dies finden wir nur, wenn es aus unvergänglichen Materialien – Keramik, Stein, Knochen, Metall – besteht. Das spröde Fundmaterial hält einem Vergleich mit den zuweilen üppig ausgestatteten Gräbern des 6. und 7. Jahrhunderts nirgends stand. Und doch birgt es eine Fülle von Informationen, gerade weil es ganz andere Aspekte abdeckt, als durch den Grabbrauch sichtbar werden.

Keramikscherben sind nicht nur für die Datierung jeder Fundstelle wichtig, sondern liefern auch Hinweise zum Stand des Töpferhandwerks und der Brenntechniken. Auch Aussagen zum Handel oder zu kulturellen Einflüssen sind möglich. So kann allein anhand der frühmittelalterlichen Keramik aus dem Baselbiet geschlossen werden, dass sich bis ins 7. Jahrhundert noch kaum Alamannen diesseits des Rheins niedergelassen haben. Während hier nämlich auf der Fusstöpferscheibe in römischer Manier gefertigte Ware vorherrscht, war bei den Alamannen die so genannte Wülsttechnik verbreitet, in der die Gefässe auf einem drehbaren Unter-

LAND UND LEUTE IM FRÜHMITTELALTER 189

BAND EINS / KAPITEL 6

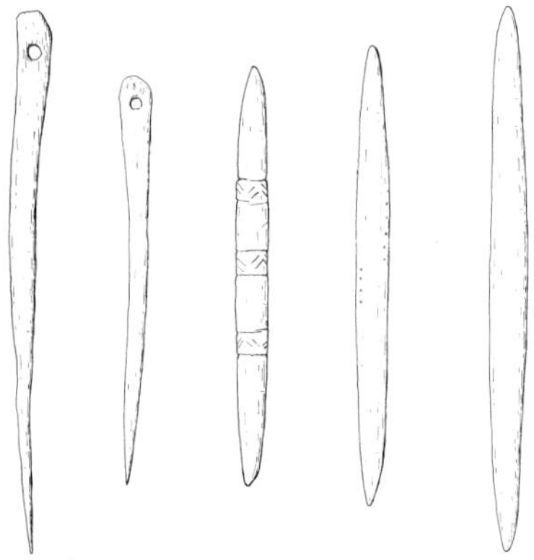

Textilhandwerk
Knochennadeln und -spindeln sind häufige Funde in frühmittelalterlichen Siedlungen. Hinzu kommen Flachsbrechen und Zähne von Flachshecheln, Webbrettchen und tönerne Gewichte, mit denen die Kettfäden stehender Webstühle gestrafft wurden. All diese Funde bezeugen, dass praktisch überall auf dem Land Textilien produziert wurden: Von der Rohstoffgewinnung (und das Färben) über die Verarbeitung zu Faden und Garn bis hin zum Weben des Stoffes sind sämtliche Arbeitsschritte belegbar. Aus frühmittelalterlichen Texten geht hervor, dass die Herstellung – wohl besonders feiner – Stoffe eine angesehene Beschäftigung für Frauen der besseren Gesellschaft war. Die abgebildeten Funde stammen aus Lausen-Bettenach.
Die längste Nadel misst elf Zentimeter.

Das Typische eines frühmittelalterlichen Gehöfts ist seine Vielteiligkeit. Dies geht nicht nur aus archäologischen Befunden, sondern auch aus frühmittelalterlichen Gesetzestexten hervor, die mit ihren detaillierten Busskatalogen Einblicke in alle möglichen Bereiche der täglichen Arbeit geben.[22] Sie zeigen etwa, dass jedes Gehöft von einem Zaun umgeben war, der ein Areal mit besonderem rechtlichem Schutz umschrieb. Zu jedem Hof gehörte ein grösseres, eingeschossiges Wohnhaus. Die umfangreichsten bisher in Reinach festgestellten Grundrisse lassen auf Pfostenbauten von elf mal sieben Metern schliessen. Daneben gibt es auch rechtwinklig angeordnete Gräben, in denen Fundamentbalken von Fachwerkhäusern lagen. Die Wände bestanden aus Holz oder mit Lehm verkleidetem Rutengeflecht. Die Dächer waren aus Schilf, Stroh oder Schindeln. Zugehörige Böden mit Herdstellen und Standspuren von Inneneinrichtungen haben sich bisher nirgends erhalten.

Alle anderen Einrichtungen – Ställe, Speicher, Schuppen, Backhäuser, Brunnen, Web- und Vorratskeller – stellten kleine, eigenständige Nebenbauten dar. Besonders deutlich zeichnen sich bei Ausgrabungen die so genannten «Grubenhäuser» ab: kleine, 50 bis 80 Zentimeter in den Boden eingelassene Gebäude. Sie dienten zum einen der Lagerung von Obst, Gemüse und Milchprodukten. Die kühle, feuchte Luft dieser Halbkeller erleichterte aber auch das Arbeiten mit Textilien. Besonders Pflanzenfasern wie Hanf und Flachs bleiben im feuchten Klima geschmeidiger und lassen sich besser verspinnen und weben. So erstaunt nicht, dass in der Auffüllung dieser Gruben häufig Spinnwirtel, Knochennadeln, Webbrettchen, Webgewichte und im Grubenboden zuweilen sogar Standspuren von Webstühlen beobachtet werden können.

Noch kaum bekannt ist in Reinach die römische Vorgängersiedlung, auf die der vordeutsche Name *Rinacum* hinweist. Sie ist ganz in der Nähe, aber wohl etwas näher am Talrand zu suchen. Im Norden, beim heutigen Rankhof, lag der Friedhof, in dem die Reinacher im späteren 6. und 7. Jahrhundert ihre

satz von Hand aufgebaut wurden.[14] Seltene Funde von so genannten Reibschalen beweisen, dass mancherorts noch bis ins 6. Jahrhundert Gewürzsaucen zubereitet wurden, wie sie in der mittelmeerisch-römischen Küche üblich waren.

Einen Einblick in die Ernährung und das Landschaftsbild vermitteln Tierknochen und botanische Reste. Während letztere normalerweise nur in verbranntem Zustand erhalten bleiben, kommen Tierknochenreste regelmässig in grösserer Zahl im Siedlungsabfall vor. Sie geben Aufschluss darüber, welche Nutztiere gehalten wurden und welche Rolle Jagd und Fischfang spielten. Ausserdem lassen sie Rückschlüsse auf die Qualität der Ernährung und auf den Handel mit Vieh und Fleischwaren zu.

Leider liegen aus unserm Gebiet erst wenige archäobiologische Untersuchungen vor. In Lausen-Bettenach stammen gemäss erster Erhebungen 98 Prozent der Tierknochenreste von Nutztieren. Die geringe Bedeutung der Jagd ist auch in anderen frühmittelalterlichen Siedlungen festzustellen. Unter den Nutztieren sind generell vor allem Schwein und Rind häufig, gefolgt von Schaf und Ziege, Pferd und – selten – Esel. An Hausgeflügel wurden Huhn und Gans gehalten. Hund und Katze sind unter den Knochenresten ebenfalls

LAND UND LEUTE IM FRÜHMITTELALTER

Toten bestatteten. Die ältesten dort gefundenen Grabbeigaben zeigen, dass sich unter den ersten Bestatteten einige Siedler mit Beziehungen in den fränkischen Raum, ins Rheintal und nach Nordgallien, befanden. Sie dürften im Zuge der fränkischen Erschliessung des Oberrheintals ins untere Birstal gekommen sein. Vergleichbare Grabfunde sind aus Aesch, Therwil und Basel bekannt. Später vermischten sich die verschiedenen Kultureinflüsse: aus oberrheinisch-fränkischen Siedlern und Einheimischen entstand eine neue Gesellschaft, die typisch wurde für das südliche Oberrheintal.[23]

Das Leben im frühmittelalterlichen Reinach
So könnte das frühmittelalterliche Reinach ausgesehen haben: eine Ansammlung von Gehöften, jedes aus Wohnhaus, kleineren Nebengebäuden und einem Sodbrunnen bestehend. Zäune trennten die einzelnen Gehöfte voneinander. Die Siedlung erstreckte sich im 7. Jahrhundert Funden zufolge bereits über eine Länge von 250 Metern in nord-südlicher Richtung.

nachgewiesen, wurden jedoch – wie das Fehlen von Zerlegungsspuren vermuten lässt – in der Regel nicht verzehrt. Dies gilt auch für das Pferd, das als Zug- und Reittier der privilegierten Gesellschaftsschicht diente. Unter den Wildtieren figurieren hauptsächlich Rothirsche und Rehe, aber auch Gemse und Bär, Dachs und Iltis. Fischreste verweisen vor allem auf karpfenartige Fische wie die Alet und lachsartige wie die Bachforelle. Ihre oft auffallend geringe Grösse lässt an Fischfang in Reusen denken.[15]

Unter den Kulturpflanzen sind in Lausen-Bettenach zahlreiche Getreidearten, nämlich Hafer, Einkorn, Dinkel, Emmer, Hirse, Saatweizen, Roggen und Gerste sowie Hülsenfrüchte (Ackerbohne, Gartenerbse und Linse) belegt. Das vielfältige Angebot wurde ergänzt durch Wal- und Haselnüsse, Äpfel, Birnen, Wildfrüchte, Möhren und zahlreiche Kräuter. Aus frühmittelalterlichen Siedlungen ausserhalb unseres engeren Gebiets sind auch alte römische Kultursorten wie Kirschen, Pflaumen, Feigen und natürlich Weintrauben überliefert.[16] Wildpflanzenreste geben darüber hinaus wichtige Informationen zur umliegenden Landschaft und ihrer Nutzung.

Schmuck aus dem östlichen Frankenreich
Diese Mantelschliesse – eine so genannte Pressblechfibel – der Zeit um 680 n. Chr. wurde in einem Gräberfeld bei Aesch entdeckt. Auf dem modelgepressten Zierblech der Vorderseite ist ein Hirsch dargestellt. Der «dürstende Hirsch» als Sinnbild der Gottessehnsucht war in der frühchristlichen Kunst ein beliebtes Symboltier. Vergleichbare Fibeln sind aus dem ostfränkischen Raum, vom nördlichen Oberrheintal und aus Nordfrankreich, bekannt. Die Fibel ist in natürlicher Grösse abgebildet.

Alte und neue Bindungen: Zwischen Elsass und Burgund

Bis ins 6. Jahrhundert, dem Zeitpunkt der fränkischen Machtübernahme, dürfte das Baselbiet kulturell noch mehrheitlich nach dem Nordburgund und der Westschweiz orientiert gewesen sein. Dies entsprach den alten, in spätrömische Zeit zurückgehenden Bindungen.[24] Auch in der Folge brachen diese Beziehungen nicht einfach ab, wie sich anhand metallener Kleidungsrückstände zeigen lässt, die im Frühmittelalter häufig in Gräber zu finden sind. So trug eine vornehme Dame, die zur Gründerfamilie der Kirche von Oberwil gehörte, einen Gürtel nordburgundischer Art – selbstverständlich mit der nicht mehr erhaltenen, dazu passenden Tunika. Ganz ähnliche Verbreitungsbilder zeigen sich für Gürtelbeschläge aus Männergräbern von Aesch, Therwil, Münchenstein, Eptingen und Gelterkinden oder aus der Siedlung Lausen-Bettenach. Sie sind Zeugnisse einer romanisch-fränkischen «Modelandschaft» Nordburgunds.[25]

Im Laufe des 6. Jahrhunderts kamen neue Einflüsse hinzu, die eng mit der Fränkisierung des Oberrheintals in Zusammenhang stehen. Es scheint, dass in den unruhigen Zeiten nach der Mitte des 5. Jahrhunderts Teile des Elsass weitgehend entvölkert worden waren. Im 6. Jahrhundert war deshalb eine eigentliche «Staatskolonisation» nötig geworden, die zwar unter der Kontrolle der Franken erfolgte, aber viele germanische Siedler aus rechtsrheinischen Gebieten beizog, die eben erst von den Franken unterworfen worden waren, insbesondere Thüringer, Sachsen und Hessen. Im Gräberfeld Basel-Bernerring ist für diese Zeit eine wohl aus dem südlichen Hessen zugewanderte Siedlergruppe nachweisbar.[26] Dass Ausläufer dieser Siedlungsbewegung bis ins untere Baselbiet reichten, zeigt nebst Bodenfunden die Verbreitung der im Elsass so häufigen Ortsnamen mit der Endung -heim, die in dieser Zeit entstanden. Mit Arlesheim und einem fraglichen Ergolzheim bei Füllinsdorf liegen zwei dieser Belege südlich von Basel.

Im 7. Jahrhundert weiten sich diese Bezüge zum Oberrhein auf das ganze Baselbiet aus. Scheibenförmige Fibeln mit einem modelgepressten

Hand- und Hauswerk
Neben Keramik und archäobiologischen Resten vermitteln Werkabfälle und Werkzeugteile eine Fülle von Informationen zum alltäglichen Handwerk. Auch die den Toten mitgegebenen Geräte und Schmuckstücke offenbaren zum Teil erstaunliche handwerkliche Fertigkeiten. Vieles muss von Spezialisten – Gold- und Silberschmieden, Waffenschmieden, Drechslern, Glasbläsern und Elfenbeinschnitzern – hergestellt worden sein, die wie die Schreiber oder Buchmaler im Umfeld von Herrschaftshöfen und Klöstern tätig waren.

Daneben stellte jeder Haushalt eine Vielzahl von Dingen selber her. Praktisch aus jeder Siedlung sind Nadeln, Spindelteile, Webgewichte oder Webbrettchen bekannt, die von der Textilherstellung und -verarbeitung zeugen. Verarbeitet wurden vor allem Schafwolle und Leinen, aber auch Nessel und Hanf. Baumwolle und Seide waren bekannt, mussten jedoch aus dem Mittelmeerraum importiert werden und waren entsprechend teuer.[17] Aus Knochen und Geweih wurden Nadeln, Kämme, Spinnwirtel, Messergriffe, Schmuckkästchen oder sogar Gürtelschnallen geschnitzt.[18] Auch einfachere Schmiede- und Bronzegussarbeiten wurden praktisch in jeder ländlichen Siedlung erledigt. Mehr Kenntnisse erforderte die Glasverarbei-

Zierblech auf der Vorderseite, wie sie in Gräbern aus Aesch und Reigoldswil gefunden wurden, stammen ebenso aus dem nördlichen Oberrheintal wie durchbrochene, bronzene Zierscheiben und weitere Trachtteile aus Therwil oder der Kirche von Sissach. Anderes – einzelne Schnallenformen oder die nach ihrer Form benannten «Knickwandtöpfe» – zeigt eher Verbindungen zum unmittelbar benachbarten Elsass und nach Südbaden. Es ist offensichtlich, dass in dieser Zeit der alte, natürlich vorgegebene Wirtschafts- und Kulturraum am Oberrhein für das Baselbiet wieder weit offen stand. Die Funde könnten sogar mit dem Ausgreifen des Herzogtums Elsass in Verbindung stehen.[27]

In fränkischer Zeit erfolgte nicht nur eine Neubesiedlung des südlichen Oberrheintals. Auch eine eigentliche «Wirtschaftsförderung» scheint stattgefunden zu haben. Umfang und Hintergründe dieser Massnahmen sind unbekannt, da wir keine Schriftquellen darüber besitzen. Die Indizien dazu liefern vielmehr die Bodenfunde. Sie zeigen sich vor allem an Keramikscherben, also im Töpferhandwerk, betrafen vermutlich aber auch andere Handwerks- und Wirtschaftszweige. Im Elsass tauchte bald nach 600 eine professionell gefertigte, gelbtonige Keramik auf, die das übrige Gebrauchsgeschirr in der Folge sehr rasch verdrängte. Dies ist ein bemerkenswertes Phänomen, wenn man weiss, wie langsam Veränderungen im traditionsbewussten handwerklichen Bereich normalerweise vonstatten gehen. Die Tonaufbereitung, Brenntechnik und Verzierungsweisen zeigen, dass Ideen dazu wohl aus dem fränkischen Kerngebiet, der Ile-de-France oder dem Tal der Aisne, stammen. Auch im Baselbiet taucht diese gelbtonige Keramik auf. Sie ist – wie erwähnt – in Lausen-Bettenach besonders häufig und dürfte über grundherrschaftliche Verbindungen hierher gekommen sein, also über die Versorgung von Gütern, die elsässischen Grundbesitzern gehörten.

Derselbe markante Wandel zeigt sich gleichzeitig auch im Baselbieter Töpferhandwerk. Dabei sind einzelne Formen und Verzierungsmuster zwar mit der gelbtonigen Keramik des Elsass vergleichbar; vor allem Brenn-

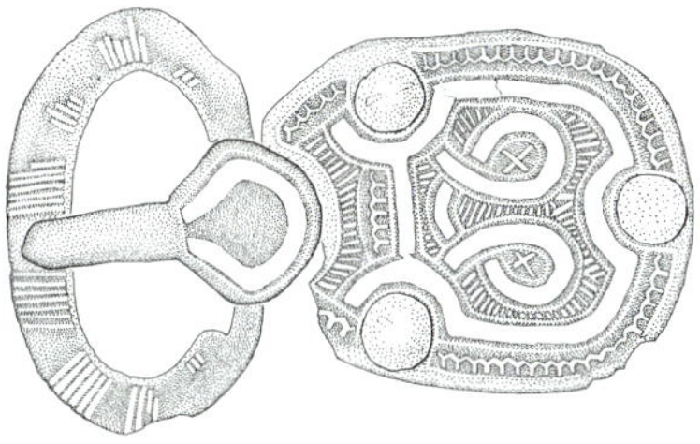

Ein Gürtel aus der Westschweiz
Die eiserne Gürtelschnalle der Zeit um 650 n. Chr. stammt aus einem Gräberfeld im Eifeld bei Gelterkinden. Das Muster der eingehämmerten Silber- und Messingdrähte hat seine besten Vergleiche in der Westschweiz. Die Schnalle gehört zu einer romanisch-fränkischen «Modelandschaft» Nordburgunds. Sie ist neun Zentimeter lang.

tung, speziell die Herstellung von Glasgeschirr. Becher und Schalen aus Glas waren im Frühmittelalter jedoch ohnehin ein Luxus, den sich nur wenige leisten konnten. Erschwinglicher waren Perlen aus verschiedenfarbigem Glas, zum Teil mehrfarbig mit Tupfen, Schlieren oder Glasfäden verziert. Solche Perlen waren einfacher herzustellen, sofern bereits vorgefertigtes Rohglas zur Verfügung stand. Hinweise auf Glasverarbeitung liegen aus Kaiseraugst, Lausen-Bettenach und aus einer etwas jüngeren Handwerkersiedlung im Röserntal bei Liestal vor.[19]

Der grösste Handwerksbereich, die Holzverarbeitung, ist normalerweise nur über Metallwerkzeug – Drillbohrer, Stechbeitel, Hobelklingen – erschliessbar, die in kaum einer Siedlung fehlen. Wo Holz erhalten blieb, zeigt sich immer eine erstaunliche Fertigkeit im Umgang damit. Es wurde geschnitzt, gesägt, gedrechselt und gespalten, wobei man die Eigenschaften der verschiedenen Holzarten jeweils optimal zu nutzen wusste. Auch die Maserung des Holzes wurde für besondere Effekte gezielt eingesetzt.[20] So entstanden – nebst dem groben Zimmermannswerk – kunstvolle Truhen, Tische, Stühle, Betten, aber auch Teller, Schalen, Becher, Kannen, Flaschen oder Kerzenleuchter.

Kostbares Glas
Funden zufolge wurde in einigen ländlichen Siedlungen auch Glas verarbeitet. Dabei dürften hauptsächlich bunte Perlen und dergleichen hergestellt worden sein. Für das seltene und teure Glasgeschirr hingegen waren Spezialisten nötig. Kunstvoll geblasene, hauchdünne Trinkgläser wie dieses Exemplar aus dem Gräberfeld von Basel-Bernerring waren sicher Importgut. Das knapp zwölf Zentimeter hohe Glas wurde vermutlich im 5. oder frühen 6. Jahrhundert in Italien hergestellt.

Kleine Keramikkunde
Die so genannte «gelbtonige Drehscheibenware» des 7. bis 9. Jahrhunderts (oben) ist eine Qualitätskeramik aus dem nördlichen Elsass. Vermutlich versorgten elsässische Grundherren ihre Güter im Baselbiet mit dieser Keramik, weshalb wir sie hier an einigen Orten – etwa in Lausen-Bettenach – recht häufig finden.
Die graue Keramik (unten) stammt aus lokaler Produktion: Töpfereien wurden in Oberwil, Therwil und Reinach entdeckt. Der Vertrieb der Ware reichte nicht über das Delsberger Becken und das Fricktal hinaus. Der charakteristische feine Sandzusatz wurde aus zerstossenem Sandstein gewonnen, den man in der Umgebung abbaute. Typisch für die Zeit sind die mit einem Rollstempel eingedrückten Muster.

Fränkisch inspiriertes Tafelgeschirr
Die feintonigen Töpfe stammen aus dem frühmittelalterlichen Gräberfeld von Therwil-Benkenstrasse und gehören in die Zeit um 600 n. Chr. Nach ihrer Form werden sie als «Knickwandtöpfe» bezeichnet – ein Typ, der im fränkischen Raum weit verbreitet war. Ihre besten Entsprechungen haben die Therwiler Töpfe im Breisgau und im südlichen Elsass. Das Exemplar links ist 17 Zentimeter hoch.

technik und Tonmischung unterscheiden sich aber deutlich. Es scheint, dass hier zusätzlich südwestliche Einflüsse eine Rolle spielten. Da sich die neue Ware rasch etablierte, ist aber auch hier mit grundherrschaftlichen oder gar staatlichen Eingriffen zu rechnen. Mit mehreren Brennöfen in Therwil, Oberwil und Reinach zeichnet sich im unteren Birstal und im Leimental mittlerweile eine eigentliche Töpferregion ab, welche die ganze Nordwestschweiz diesseits des Juras und bis ins Delsberger Becken mit Tonwaren versorgte.[28]

Die Bevölkerung nimmt zu

Könnte man bei vereinzelten Vorkommen fränkischer Funde allenfalls von Importen sprechen, so zeigen markante Neuerungen im Grabbau und in der Grabbeigabensitte, dass wir im Verlaufe des 6. und 7. Jahrhunderts effektiv mit dem Zuzug von Siedlern zu rechnen haben. Germanisch-fränkischem Brauch entsprachen etwa grosse, gezimmerte Grabkammern und vor allem die umfangreiche Mitgabe von Gefässen, Waffen und von Kleidungsstücken, die an ihren erhaltenen Metallteilen erkennbar sind. Grabsitten beziehungsweise Jenseitsvorstellungen sind kein Importgut. Die Gegenstände müssen folglich mit ihren Trägern ins Baselbiet gelangt sein.

Das Ausmass dieser Zuwanderungen ist schwer abzuschätzen. Kein einziger Friedhof, der ein genaues Bild vom Wachstum und von der Zusammensetzung der Bevölkerung geben könnte, wurde bisher vollständig ausgegraben. Zudem ist auch die Zahl der seit der Römerzeit ansässig gebliebenen Galloromanen noch kaum zu erschliessen. Sie dürften nach wie vor einen beträchtlichen Bevölkerungsanteil gestellt haben. Hier wiegt besonders schwer, dass diese Einheimischen seltener Beigaben in die Gräber legten, weshalb sie archäologisch viel schlechter fassbar sind.

Trotz dieser Einschränkungen zeigt die gewaltige Zunahme der Fundstellen, dass die Bevölkerung im 7. Jahrhundert stark zugenommen haben muss – sei es nun durch Wachstum oder durch weitere Zuwanderung.

Zum ersten Mal griff die Besiedlung über die in spätrömischer Zeit verbliebenen Siedlungskammern um Kaiseraugst und Basel hinaus. Bald entsprach sie wieder der Ausdehnung zur römischen Blütezeit des 2. und frühen 3. Jahrhunderts. Seit Generationen verwilderte und verwaldete Böden wurden wieder urbar gemacht. Die Verbreitung der Ortsnamen mit Endung -ingen deckt sich weitgehend mit der Karte der Grabfunde aus dem späteren 6. und 7. Jahrhundert. Die Orte dürften zu einem grossen Teil in dieser Zeit – zum Teil auch noch später – entstanden sein. Die Orte des späten 7./8. Jahrhunderts mit Namensendung -inghofen oder -ikon reichen bereits über diese Zonen hinaus. Der Landesausbau ging also weiter. An ihm scheinen auch Nachfahren der Galloromer beteiligt gewesen zu sein, denn einige spätlateinische Ortsnamen – etwa um Gempen und Nuglar – dürften in diese Zeit gehören.[29]

Die Ortsnamen mit Endung -wil schliesslich decken eigentliches «Neuland» ab. Sie gehören grösstenteils in jüngere Zeit, vermutlich ins 8. und 9. Jahrhundert, und repräsentieren eine Phase des Landesausbaus, der erstmals über das römische Altsiedelland hinausgriff. Nie zuvor war das Baselbiet so dicht besiedelt gewesen.[30] Die Ortsnamenformen zeigen dabei, dass die deutsche Sprache allmählich überhand nahm und das Romanische verdrängte. Dies kann ein Indiz dafür sein, dass weiterhin deutschsprachige Siedler ins Baselbiet kamen. Es sind aber auch andere Szenarien denkbar: etwa, dass die alteingesessenen Romanen aufgrund einer allgemeinen Germanisierung ihre eigene Sprache allmählich vernachlässigten – ganz ähnlich, wie dies in jüngster Zeit mit dem Rätoromanischen passiert. Möglich wäre sogar, dass sich die deutsche Sprache zuerst nur in den Ortsnamen – etwa im Sinne einer neuen Amtssprache oder einfach nur einer Mode – niederschlug. Genaueres wissen wir nicht.

Töpferhandwerk in römischer Tradition

Der am besten erhaltene Töpferofen, in dem man die sandgemagerte Keramik brannte, wurde an der Benkenstrasse in Therwil entdeckt. Er war in den Lehmboden eingegraben. Links erkennt man die Arbeitsgrube, von der aus gefeuert wurde. Die Feueröffnung ist überdeckt. Rechts der Blick in die Feuerkammer und den offenen Brennraum, der über einem noch ansatzweise erhaltenen Zwischenboden aus Steinplatten lag. Dieser Ofentyp geht in der Region auf die Römerzeit zurück.

Alamannische Siedler

Die ältere Geschichtsforschung ging davon aus, dass alamannische Eroberer im 5. Jahrhundert dem Römischen Reich im Baselbiet ein Ende setzten. Heute wissen wir dank archäologischen Funden, dass sich erste Alamannen diesseits des Rheins erst im Verlaufe des 7. Jahrhunderts niederliessen, vermutlich nicht als Eroberer, sondern als Siedler.[31] Zu diesem Zeitpunkt gehörten die Territorien beidseits des Rheins schon seit längerem zum Frankenreich. Die enge Nachbarschaft zwischen Galloromanen und Alamannen war am Hochrhein damals schon über 150 Jahre alt. Dies erschwert eine klare Antwort auf die Frage, seit wann und in welchem Ausmass alamannische Siedler am Landesausbau in der Nordwestschweiz teilhatten. Die anfangs so unterschiedlichen Kulturen hatten sich im Laufe der Zeit ausgetauscht und einander angeglichen.

Ein frühes Beispiel alamannischer Zuwanderer kennen wir aus Ormalingen. Im «Buchs», nordwestlich über dem Dorf, stiessen Soldaten im Kriegsjahr 1939 beim Ausheben von Fliegerabwehr-Stellungen auf einige Gräber. Die darin enthaltenen Beigaben – Kurzschwerter, Pfeile, Gürtelschnallen, Glas- und Bernsteinperlen etc. – lieferten an sich nichts Ungewöhnliches. Bemerkenswert waren aber die Bestattungen zweier Frauen, die am Gürtel ein Gehänge trugen, an denen – unter anderem – «heidnische» Amulette befestigt waren: das Gehäuse einer Meeresschnecke, ein Bärenzahn und eine durchbrochen gearbeitete Bronzescheibe mit Elfenbeinring. Während die zwei erstgenannten Amulette nur allgemein als nichtromanisch taxiert werden können, zeigen die Vergleiche zur Bronzescheibe, dass wir es hier vermutlich mit Alamanninnen aus dem oberen Donauraum zu tun haben. Es scheint, dass sich in der Zeit um 600 eine alamannische Gruppe bewusst am Rande oder sogar ausserhalb der galloromanischen Siedlungskammer niedergelassen hat. Die Grösse der Gruppe lässt sich nicht abschätzen, weil man damals versäumt hatte, den Friedhof vollständig freizulegen. Bereits 1906 war in unmittelbarer Nachbarschaft ein römischer Gutshof

Holzhandwerk
Die Mengen von Keramikscherben, die jeweils bei Ausgrabungen geborgen werden, dürfen nicht darüber hinwegtäuschen, dass das meiste Geschirr im Frühmittelalter aus vergänglichen Materialien gefertigt war. Teller, Schalen, Flaschen, Becher oder Tonnen waren aus Holz. Bei der Auswahl und Verarbeitung der verschiedensten Holzarten legten die Holzhandwerker ein ausserordentliches Können an den Tag. Holz bleibt nur selten, bei vollkommener Trockenheit oder unter Luftabschluss im immer nassen Boden erhalten. Die abgebildeten Beispiele stammen aus Seitingen-Oberflacht in Baden-Württemberg.

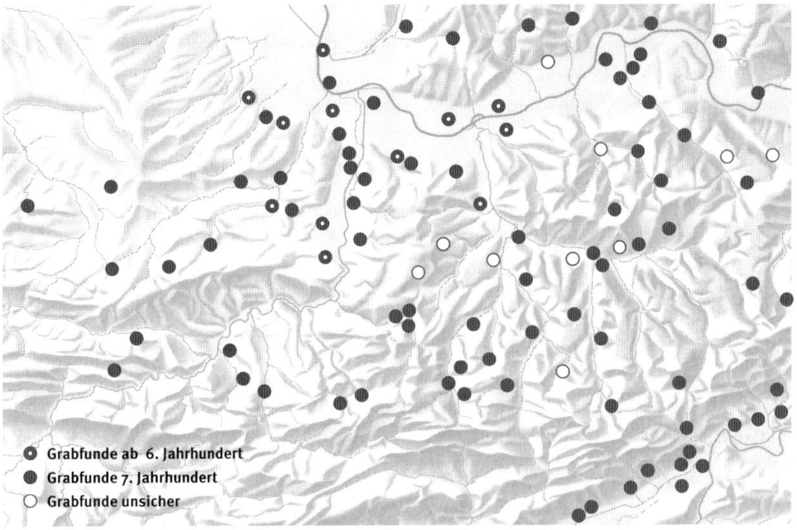

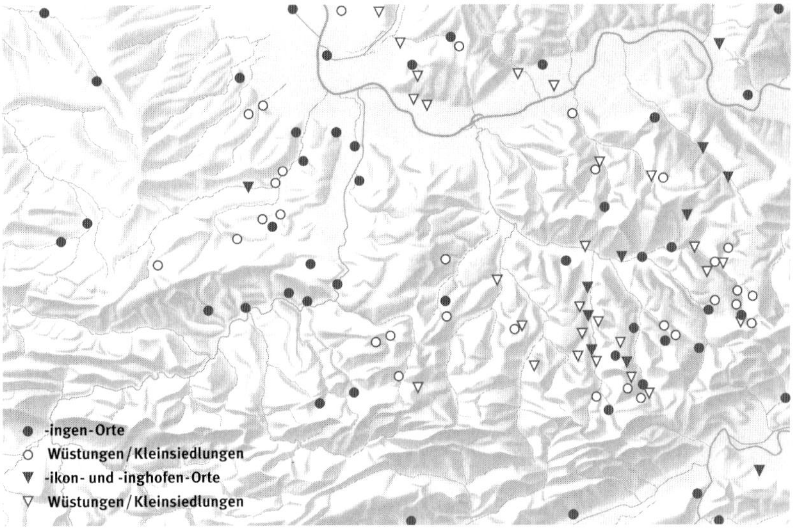

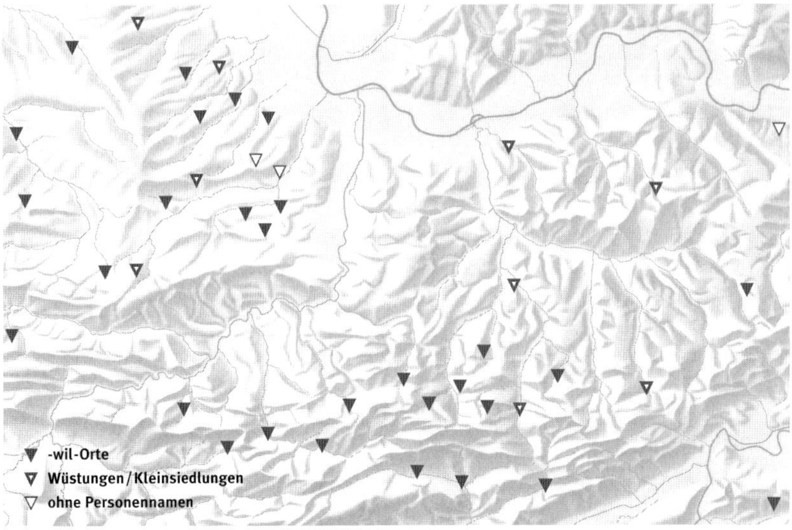

LAND UND LEUTE IM FRÜHMITTELALTER 197

Zeichen der Siedlungsentwicklung
Ein Vergleich der Verbreitung von Gräberfeldern, die schon früh im 6. Jahrhundert vorkommen, mit solchen des späteren 6. und 7. Jahrhunderts (oben) zeigt, wie stark die besiedelte Fläche in diesem Zeitraum ausgedehnt wurde. Der Umfang des besiedelten Landes glich bald wieder demjenigen der römischen Blütezeit im 2. und früheren 3. Jahrhundert.

Eine erste Schicht von germanisch gebildeten Ortsnamen besteht aus Namen mit der Endung -ingen und -ikon (Mitte). Die -ingen-Namen – wie Binningen, Bottmingen, Duggingen oder Eptingen – sind dabei tendenziell eher etwas älter als -ikon-Namen wie Hemmiken oder Tenniken. Viele dieser Orte dürften in frühmittelalterlicher Zeit, ab dem späteren 6. und 7. Jahrhundert gegründet worden sein. Vor allem in den hinteren Tälern des oberen Baselbiets greifen die Belege über die Verbreitung der Grabfunde des 7. Jahrhunderts hinaus: Diese Gründungen stammen wohl erst aus dem 8. Jahrhundert.

Vollends in nachmerowingische Zeit gehören die meisten Ortsnamen mit Endung -wil (unten), wie Anwil, Arboldswil, Bretzwil oder Reigoldswil. Sie stammen aus einer Phase des Landesausbaus, der mit der Zeit sogar über das Altsiedelland der Römerzeit hinausgriff. Ausnahmen könnten einige wenige, diesen gegenüber auffallend verkehrsgünstig gelegene -wil-Orte sein, wie Allschwil oder ein heute verschwundenes Bettwil bei Bad Bubendorf. Da der Namenstyp im fränkischen Raum früher in Mode kam, könnten diese wenigen, offenbar älteren Belege auf Verbindungen zum Frankenreich zurückgehen.

Erste Alamannen
Zierscheibe mit Elfenbeinring, Bärenzahn und Gehäuse einer Tigerschnecke: heidnische Amulette aus einem Frauengrab von Ormalingen-Buchs. Die Funde weisen auf alamannische Siedler, die sich in der Zeit um 600 bei Ormalingen niederliessen und im Ruinenfeld eines römischen Gutshofes ihre Toten bestatteten. Die sieben Zentimeter lange Schale der Tigerschnecke unten links stammt von einer Meeresschnecke aus dem Roten Meer oder dem Indischen Ozean.

entdeckt worden. Dieser war bei der Ankunft der neuen Siedler sicher längst zerfallen. Das dazugehörige Wirtschaftsland aber konnte wohl mit vergleichsweise geringem Aufwand wieder urbar gemacht werden. Der Name der neuen Siedlung könnte im nahen Flurnamen «Wolhusen» erhalten geblieben sein.

Der Andrang von Siedlergruppen aus dem alamannischen Kernland war damals offenbar nicht sehr gross. Zwar gibt es immer wieder vereinzelte Grabfunde mit möglichen Verbindungen zur Alamannia. Erst für die Zeit des ausgehenden 7. Jahrhunderts mehren sich jedoch die Belege.[32] Doch um 700 n. Chr., als das Christentum allmählich stärker Fuss fasste, erlosch die Sitte, die Toten mit Grabbeigaben zu versehen. Damit versiegte eine der wichtigsten Informationsquellen zu dieser Frage. Bis zum 8. Jahrhundert muss es in der Region aber zum Sprachwechsel gekommen sein. Das Romanische machte der germanischen Sprache Platz, aus der sich im 8. Jahrhundert das Althochdeutsche bildete.[33] Wie dieser Prozess im Einzelnen ablief, wissen wir nicht. Nach den archäologischen Funden scheint er jedoch eher von zugewanderten Siedlern aus dem Oberrheintal als aus dem Innern Alamanniens ausgelöst worden zu sein. Und das Oberrheintal stellte in dieser Zeit einen wahren Schmelztiegel mit wohl überwiegend germanischen Siedlern unterschiedlichster Provenienz dar.

Die Anfänge der Grundherrschaft

In den spätrömischen Provinzen bestand die ländliche Bevölkerung zum Teil aus freien Kleinbauern, angesiedelten Veteranen und Angehörigen der stationären Grenztruppen, vor allem jedoch aus abhängigen Kleinbauern, den Kolonen. Diese standen bei Grossgrundbesitzern in Pacht, hatten einen jährlichen Zins zu entrichten und mussten zusammen mit Sklaven in Fronarbeit die herrschaftlichen Güter bewirtschaften.[34] Der grösste Landbesitzer war der Kaiser, der in allen Provinzen zahlreiche, staatlich verwaltete Ländereien besass. Im Zuge der wirtschaftlichen Krisen und des zunehmenden Steuer-

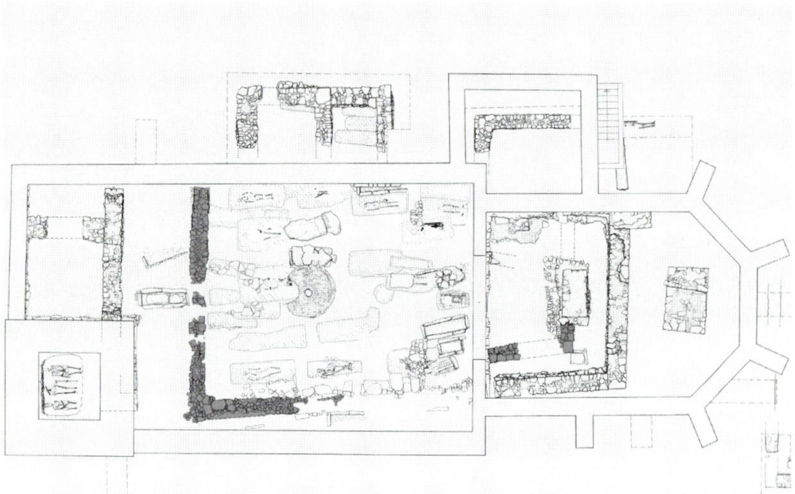

Die Kirche von Sissach
Im Plan der Ausgrabungen von 1965 sind die Fundamentreste der ersten, um 620/630 n. Chr. errichteten Kirche hervorgehoben. In ihrem Innern liegen zahlreiche Bestattungen.
Die kreisrunde Struktur in der Mittelachse des Schiffs stammt von einem Mörtelmischwerk.

drucks nahm die Abhängigkeit der Kolonen zu. Sie endete damit, dass sie ihr Pachtgrundstück nicht mehr verlassen durften und sich ihre Abhängigkeit automatisch auf die Erben übertrug.

Äussere Bedrohung und Steuerlast veranlassten auch immer mehr freie Kleinbauern zur Aufgabe ihrer Unabhängigkeit. Sie übereigneten ihren Besitz einem Grossgrundbesitzer – etwa einem hohen Offizier oder Beamten, einer Kirche oder einem Kloster –, der sie im Gegenzug vor Räuberbanden, plündernden Germanen und den staatlichen Steuereintreibern schützte. Auf diese Weise wuchs die Macht einiger grosser Grundherren, die zuweilen kleinstaatliche Formen annehmen konnte. Sie hatten eigene, bewaffnete Schutztruppen oder gar eine eigene Gerichtsbarkeit. Diese privaten, personengebundenen Schutzverhältnisse, *Patrocinium* genannt, ersetzten zuweilen die staatliche Ordnung.[35] Grundbesitz verwandelte sich so allmählich in Grundherrschaft. Der Grundstein zur mittelalterlichen Wirtschaftsform, in der mehrere Hofstellen rechtlich von einem Herren- oder Fronhof abhängig waren und diesem Dienstleistungen und Abgaben schuldeten, war gelegt.[36] Ein sehr bedeutender Herrenhof dieser Art dürfte in den ausgegrabenen Resten von Lausen-Bettenach zu sehen sein.

Parallel zu dieser Entwicklung veränderte sich auch die Struktur der Siedlungen. An die Stelle grosser römischer Gutshöfe traten mehrere kleinere Höfe und Weiler.[37] Über die zuweilen sehr bescheidene Grösse dieser Siedlungen geben bisher weniger archäologische Entdeckungen als ihre erhaltenen Namen Auskunft: die bereits besprochenen Ortsnamen des Landesausbaus. Viele haben in heutigen Dorfnamen überlebt. Andere hingegen sind nur noch als Flurnamen oder in alten Schriften erhalten; die zugehörige Siedlung ist im Laufe der Zeit verschwunden oder in einem benachbarten Ort aufgegangen. Vor allem das Verbreitungsbild der -ingen- und -ikon-Namen zeigt – auch wenn nicht alle gleichzeitig bestanden haben sollten –, wie dicht diese Orte nebeneinander lagen. Viele finden sich zudem in vergleichsweise engen Juratälern. Dort war eine solche Sied-

Späte Waffen in Gräbern
Im Laufe des 7. Jahrhunderts gingen immer mehr Menschen dazu über, ihre Verstorbenen ohne Beigaben zu bestatten. Wenn am Ende dieses Jahrhunderts in gewissen Gebieten wieder einzelne Waffen in Gräber gelegt wurden, so könnte dies ein Indiz für neu zugezogene Personengruppen sein. Hier kommen vor allem Alamannen in Betracht, da im alamannischen Raum die Waffenbeigabe länger in Mode blieb. Das Langschwert links stammt aus Eptingen, die beiden Lanzenspitzen aus Maisprach und Anwil. Das Schwert ist 75 Zentimeter lang.

Frühe Kirchen:
Grablegen und Eigenkirchen
Die kleine, frühmittelalterliche Grabkirche von Lausen-Bettenach war eine der ersten christlichen Sakralbauten im Hinterland von Kaiseraugst und Basel. Als Versammlungsort und Grablege war sie wohl einer vornehmen Familie vorbehalten. Auch spätere, grössere Kirchen, wie sie im 7. Jahrhundert entstanden, dienten zuerst vermutlich als Andachtsort einiger weniger Familien. Neben Landkirchen, die der Bischof in Auftrag gab, entstanden nämlich zahlreiche Eigenkirchen, die reiche Grundbesitzer auf ihren Gütern errichten liessen. Diese blieben der direkten Kontrolle des Bischofs entzogen – ein Zustand, der allerdings erst im 8./9. Jahrhundert prekär wurde, als man ein flächendeckendes Pfarrkirchennetz zu bilden suchte.[21]
Dass mit den frühmittelalterlichen Kirchen von Buus-St. Michael, Sissach-St. Jakob oder Oberwil-St. Peter und Paul Eigenkirchen vorliegen, lassen die in ihrem Innern entdeckten Gräber vermuten, die teilweise sehr kostbare Trachtteile und Waffen enthielten. In diesen Kirchen wurde sicherlich christlicher Gottesdienst gehalten. Darüber hinaus waren sie aber auch Separatfriedhöfe vornehmer Familien, vergleichbar denjenigen am Rande grosser Ortsfriedhöfe wie in Aesch-Steinacker. Eindrück-

Kleine Grabgruppen

Kleine, verstreut um die heutigen Dörfer liegende Gruppen von Gräbern sind im 8. oder früheren 9. Jahrhundert keine Seltenheit. Oft handelt es sich um Steinplattengräber wie in diesem Beispiel aus Maisprach. Solche Grabgruppen entstanden in einer Zeit sich ausbreitenden Christentums, obwohl in den zentralen Talschaften bereits erste Pfarrkirchen existierten. Ob man diese Toten nun in bewusster Ablehnung der christlichen Friedhöfe hier behalten hatte oder ob andere Umstände die Leute davon abhielten, sie zur zuständigen Talkirche zu bringen, wissen wir nicht. Klar ist jedoch, dass man diese kleinen Grabgruppen nicht im freien Feld anlegte, sondern in der Nähe zugehöriger Gehöfte.

lungsdichte nur möglich, wenn die Orte entsprechend klein waren. Man wird deshalb nicht fehlgehen, in ihnen kleine, abhängige Gehöfte oder Weiler zu sehen.

Noble Familien

Die Patrocinium-Bewegung der spätrömischen Zeit gab eine Entwicklung vor, die für das Mittelalter bestimmend wurde: Herrschaften wurden personengebunden. Man war nicht mehr einem Staat verpflichtet, der im Gegenzug seine Bürger schützte, sondern einer Person. Den Germanen war diese Art von Abhängigkeit vertraut, lange bevor sie mit dem römischen Rechtssystem in Kontakt kamen. Deshalb ist umstritten, ob das mittelalterliche Gefolgschaftswesen mehr auf antik-römische oder germanische Traditionen zurückgeht.[38]

In Zeiten, in denen eine staatliche Schutzgewalt kaum mehr existierte, brachte die personengebundene Herrschaft den lokalen Grundbesitzern eine grosse Machtfülle. Vielen Grossgrundbesitzern gelang es im Laufe des Frühmittelalters, diese Macht und damit verbundene Ämter zu behalten und auszubauen. Dass die mächtigsten Familien auch stets versuchten, das einmal Gewonnene zu vererben, also eigentliche Dynastien zu begründen, zeigt etwa die Geschichte der Herzöge des Elsass und Alamanniens, die in der Region neben dem König die grössten Grundbesitzer und dessen wichtigste Amtsträger waren.[39] So entstand im Mittelalter eine neue Gesellschaftsschicht: der Adel.

Die Frage, seit wann von einer Adelsschicht die Rede sein kann, wird unterschiedlich beantwortet, je nachdem, was man mit dem Adelsbegriff verbindet.[40] Spätestens seit der Bronzezeit gab es arme und reiche, mächtige und wehrlose Menschen.[41] Seit damals dürfte es eine Aristokratie gegeben haben, welche die Macht in ihren Händen hielt. Der Begriff «Adel» ist jedoch durch die hochmittelalterlichen Verhältnisse geprägt. Er bezeichnete eine von den übrigen Freien ausgeschiedene Personengruppe, die sich auch

lichstes Beispiel ist die frühmittelalterliche Kirche von Sissach, in deren Schiff von 11 mal 9,5 Meter mindestens 25 Gräber mit weit mehr Bestattungen angelegt worden waren. Die Kirche dürfte über mehrere Generationen hinweg die letzte Ruhestätte der Eignerfamilie gewesen sein. Grabbeigaben zeigen, dass die wohlhabende Familie intensive Beziehungen zum Oberrheingebiet pflegte. Eine Zeit lang wurden nur Frauen in Sissach bestattet; dies lässt auf grösseren Grundbesitz schliessen, auf dem die Familie irgendwo eine zweite «Männerkirche» besass.[22] Erst um 700 oder im 8. Jahrhundert gab man diese «Familiengruft» auf. Der Kirchenboden wurde etwas erhöht, ein Teil des Schiffs durch eine gemauerte Schranke dem Chorraum zugeschlagen. Laien- und Priesterteil waren danach klar getrennt. Auch in vielen anderen Kirchen nahm die Zahl der Innenbestattungen im Laufe des 8. Jahrhunderts stetig ab. Es scheint, dass die steten Ermahnungen oder gar Drohungen wichtiger Theologen der Zeit, die Kirchen nicht als Friedhöfe zu missbrauchen, mit der Zeit zu greifen begannen. Aus Eigenkirchen wurden allmählich Gemeindekirchen.

Ähnlich noble Grabgruppen entstanden am Rande grösserer Ortsfriedhöfe. Ein Beispiel konnte vor einigen Jahren im Steinacker bei Aesch ausgegraben werden.[23]

LAND UND LEUTE IM FRÜHMITTELALTER 201

Ein Prachtstück
Diese so genannte Filigranscheibenfibel verschloss vormals den wohl nicht minder prächtigen Mantel einer vornehmen Dame, die um 660/680 n. Chr. in einem «Adelsfriedhof» bei Aesch beigesetzt wurde. Die Vorderseite aus einer Gold-Silber-Legierung ist dicht mit Filigrandrähten und Einlagen aus Silber sowie rotem, grünem und blauem Glas belegt. Die Mitte zierte eine Gemme aus Glas. Vermutlich stellte ein Goldschmied aus der Westschweiz oder dem angrenzenden Burgund dieses Schmuckstück her. Der Durchmesser der Fibel beträgt acht Zentimeter.

Obwohl später gerade die reichsten Gräber ausgeräumt wurden, zeugen noch zahlreiche Beigaben vom Reichtum der Bestatteten: Gürtelschnallen mit kunstvollen Silber- und Messingeinlagen, prächtige Halsketten aus Glas- und Bernstein sowie Fibeln von aussergewöhnlicher Qualität, Gewandnadeln und Ohrringe. Eine der schönsten goldenen Scheibenfibeln des frühen Mittelalters stammt von hier. Leider sind vom nördlich angrenzenden, «minderen» Friedhofbereich bisher erst kleine Ausschnitte bekannt. Deren Funde sind wesentlich bescheidener. Auch im Grabbau hebt sich der Separatfriedhof ab: Unter anderem sind vier grosse Kreisgräben auszumachen, die ursprünglich Grabhügel von fünf bis sieben Meter Durchmesser einfassten. Unter diesen ruhten die Mächtigsten der Gemeinschaft. Deren Grabkammern wurden jedoch schon bald nach der Beisetzung wieder geleert. Vermutlich waren dabei nicht Grabräuber am Werk, wie dies sonst häufig beobachtet werden kann. Es scheint vielmehr, als hätten die Nachfahren der Toten ihre Angehörigen unter den «heidnischen» Grabhügeln hervorgeholt, um sie in geweihter Erde, vermutlich in oder bei einer Kirche zu bestatten. Eine christliche Grabkapelle, die neben der Grabhügelgruppe stand, blieb bei dieser Aktion jedenfalls unversehrt.

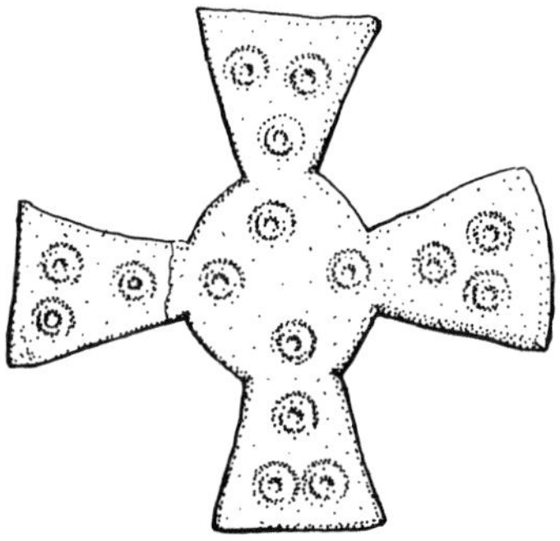

Zeichen des Christentums
Die kreuzförmige Fibel aus Bronze wurde im selben «Adelsfriedhof» bei Aesch gefunden wie die goldene Filigranscheibenfibel. Ihre Besitzerin, die damit ebenfalls den Mantel verschloss, trug sie als sichtbares Zeichen ihres christlichen Glaubens. Die Fibel ist in natürlicher Grösse abgebildet.

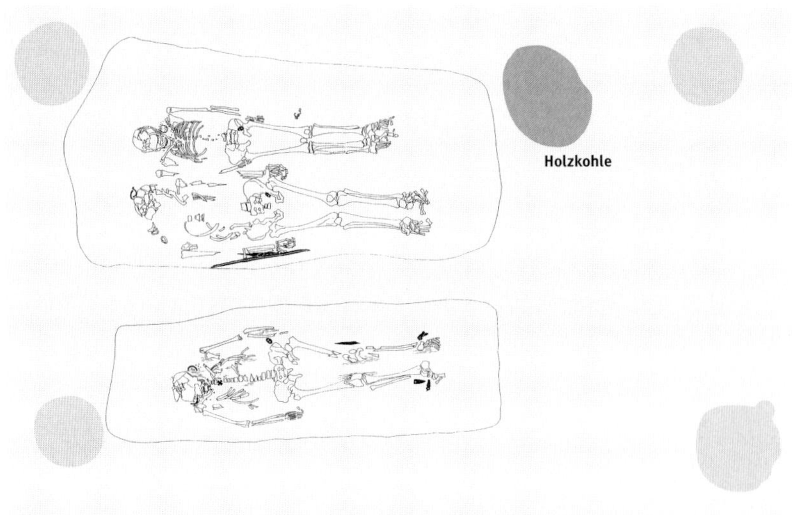

Eine Grabkapelle
Vom hölzernen Grabbau, aus dem die Kreuzfibel stammt, zeugten bei der Ausgrabung nur noch vier Gruben, in denen die Eckpfosten steckten. Im Innern der kleinen Kapelle von 4,5 mal 2,5 Metern waren zwei Gräber angelegt worden: Das eine barg die Frau mit der Kreuzfibel, im andern lagen ein Mann und eine weitere junge Frau, die am Ende des 7. Jahrhunderts starben. Eine grabfreie Zone im Osten bildete eine Art Chorraum. Eine mit Holzkohle oder vermodertem Holz durchsetzte Grube könnte dort den Standort eines kleinen Altars oder Gabentisches anzeigen, der bei Totengedenkfeiern benutzt wurde.

durch ihren Stand und eine besondere Rechtsstellung abhob. Im Frühmittelalter war dies noch nicht der Fall. Im 7. Jahrhundert begann sich diesbezüglich aber einiges zu ändern, wie archäologische Funde zeigen.

In dieser Zeit bildeten sich weit über unseren Raum hinaus so genannte Separatfriedhöfe: kleine Gruppen von Gräbern, in denen die Oberschicht ihre Toten beisetzte.

Eine Sonderform der frühmittelalterlichen Separatfriedhöfe bilden Kirchen.[42] Im Baselbiet entstanden die ersten Landkirchen nach der wahrscheinlichen Zweitgründung des Bistums Augst[43]. Um 620/630 wurde in Sissach eine erste Kirche in Stein errichtet. Nur wenig später folgte ein erster Bau in Buus, die einzige Holzkirche unseres Raums. Das älteste Gotteshaus von Oberwil entstand ungefähr um 660/670. Weitere Kirchen aus dieser Zeit sind in Liestal (Stadtkirche), Liestal-Munzach, Laufen und Oberdorf zu vermuten. All diese Bauten waren von vermögenden Familien, die darin ihre bedeutendsten Angehörigen bestatteten, in Auftrag gegeben worden. Es ist sogar möglich, dass diese frühen Kirchen ursprünglich nur privat genutzt wurden. Ungefähr von 700 an häufen sich die Gründungen von Landkirchen, eine Entwicklung, die bis ins 9. Jahrhundert anhält. Die Gotteshäuser von Bennwil, Diegten, Ettingen, Gelterkinden, Muttenz, Reigoldswil (Kilchli) und Wintersingen stammen nachweislich aus dieser Zeit. Gleichzeitig wurden in den bestehenden Kirchen von Sissach und Oberwil neue Böden eingezogen und die alten Grabordnungen im Kircheninnern aufgegeben. Dies könnte ein Hinweis sein, dass damals auch sie zu Gemeinde- und Pfarrkirchen umgebaut wurden. All diese Gründungen illustrieren die Ausbreitung des Pfarrkirchenwesens, die parallel zum Landesausbau verlief. Sie erweisen sich als sehr nachhaltig, denn viele Bauten blieben bis ins 11./12. Jahrhundert, einige sogar bis ins 16./17. Jahrhundert hinein praktisch unverändert bestehen. Erst durch die neue Volksfrömmigkeit des Spätmittelalters setzte im Kirchenbau wieder ein vergleichbarer Schub von Veränderungen ein.

Holzkohle

Lesetipps

Vergleiche die Tipps für Kapitel 5.

Für den Raum der Schweiz geben die verschiedenen Artikel in UFAS Band 6 (1979) nach wie vor den besten Überblick.

Speziell die archäologischen, schriftlichen und namenkundlichen Quellen der Nordwestschweiz und des Baselbiets untersucht der Verfasser in einer jüngst erschienenen Arbeit (Marti 2000). Dort finden sich auch zahlreiche weiterführende Literaturangaben zu spezielleren Themen.

Abbildungen

Österreichische Nationalbibliothek Wien: S. 177.
Kantonsarchäologie Baselland, Marcel Eckling: S. 179, 194, 198 oben und S. 201 rechts.
Kantonsmuseum Baselland, Grafische Sammlung: S. 180.
Anne Hoffmann Graphic Design: S. 181. Quelle Marti 2000, Abb. 158.
Anne Hoffmann Graphic Design: S. 182; Quelle Marti 2000, Abb. 154.
Jonas Battensweiler, Zug: S. 183.
Anne Hoffmann Graphic Design: S. 184 oben (Karte); Quelle Marti 2000, Abb. 149.
Römerstadt Augusta Raurica, Ursi Schild: S. 184 oben (Foto).
Reto Marti, Oberbipp: S. 184 unten.
Anne Hoffmann Graphic Design: S. 185 und S. 202 unten.
Kantonsarchäologie Baselland: S. 186, 187 (Fotos), 189, 195, 198 unten, 200 und S. 201 links.
Tauber, Jürg / Hartmann, Fanny: Fundort Schweiz, Bd. 5, Solothurn 1988, S. 37: S. 187 (Zeichnung).
Jonas Battensweiler, Zug (Zeichnung) / Andrea Leisinger, Zug (Aquarell): S. 191.
Kantonsarchäologie Baselland, Claudia Spiess: S. 190, 192, 199 und S. 202 oben.
Sophie Köhler, Basel: S. 193 oben.
Martin 1976, S. X: S. 193 unten.
Paulsen, Peter: Die Holzfunde aus dem Gräberfeld bei Oberflacht, Stuttgart 1992, Umschlag: S. 196.
Anne Hoffmann Graphic Design: S. 197; Quelle Marti 2000, Abb. 159, 169, 170, 176 und 177.

Anmerkungen

1 Duby 1981; Rösener 1986.
2 Maier 1968, S. 76ff.; Demandt 1998, S. 291ff.
3 Marti 2000, S. 319ff.; vgl. Kap. 5.
4 Schwärzel 1983; Claude 1985; Weidemann 1982, Bd. 2, S. 339ff.
5 Marti 2000, S. 315ff.; vgl. Kap. 5.
6 Drack/Fellmann 1988, S. 354ff.; Peter 2000.
7 Lotter 1979; vgl. Kap. 5.
8 Berger 1963, S. 97ff.; Berger 1998, S. 202ff.; vgl. Kap. 3.
9 Berger 1998, S. 212ff.; Marti 2000, S. 151ff.; vgl. Kap. 5.
10 Vgl. Kap. 5.
11 Marti 2000, S. 268f., Abb. 144,2 (Befund Kaiseraugst-Jakoblihaus).
12 Schmaedecke/Tauber 1992; Schmaedecke, M., in: Schmaedecke 1995, S. 17ff.; Marti 2000, S. 271ff.
13 Ewald u.a. 1997, bes. S. 12f., 15ff.; vgl. Kap. 3.
14 Vgl. Tauber, J., in: Schmaedecke 1995, S. 57–67, bes. S. 60.
15 Vgl. Kap. 7.
16 Vgl. den Überblick bei Damminger 1998.
17 Marti 2000, S. 156ff.
18 Gross 1987; Châtelet 1997, S. 264ff.
19 Vgl. Kap. 7.
20 Marti 1990; Marti 1999; Marti 2000, S. 278f.
21 Furter, Martin: Die Bauernhäuser der Kantone Basel-Landschaft und Basel-Stadt, Basel 1999 (Die Bauernhäuser der Schweiz 25), S. 22ff.; vgl. Rösener 1986; Fossier, Robert: Villages et villageois au Moyen Age, Paris 1995, S. 69ff.
22 Schmidt-Wiegand 1997; die Maximalausstattung eines Königshofes dokumentiert besonders das um 800 entstandene *capitulare de villis*: Franz 1967, S. 38ff.; LexMA Bd. 2, Sp. 1482f.
23 Furger 1978, S. 65ff.; Marti 2000, S. 328ff.
24 Vgl. Kap. 5.
25 Martin 1971; Werner 1979; Marti 2000, S. 103f., 337ff.
26 Martin 1976, S. 146ff. und S. 181ff.; Châtelet 1997, S. 304ff.
27 Vgl. Kap. 5.
28 Zum Elsass: Châtelet 1997, S. 254ff.; zur Nordwestschweiz: Marti 2000, S. 222ff.
29 Martin 1968, S. 140f.; Marti 2000, S. 326f.; allgemein Sonderegger 1979, S. 75ff.
30 Marti 2000, S. 358f.
31 Marti 2000, S. 284f., 349ff.; vgl. für die Nordostschweiz Windler 1994, S. 160ff.; Windler, R., in: Furger u.a. 1996, S. 146ff.
32 Marti 2000, S. 349ff. (zu Ormalingen S. 141f.).
33 Glatthard 1977, S. 79ff.; Sonderegger 1979, S. 82ff.
34 Demandt 1998, S. 297ff.
35 Demandt 1998, S. 302ff.
36 Rösener 1989; Artikel «Grundherrschaft», in: LexMA Bd. 4, Sp. 1739ff.; Kaiser 1993, S. 93ff.; vgl. Bd. 2, Kap. 8.
37 Zu den römischen Gutshöfen vgl. Kap. 3.
38 Althoff 1990; Kaiser 1993, S. 82ff.; vgl. Geuenich 1997, S. 108ff.
39 Vgl. Kap. 5.
40 Moosbrugger-Leu/Keller 1979; Kaiser 1993, S. 96ff.
41 Vgl. Kap. 2.
42 Vgl. den Überblick bei Böhme 1996.
43 Marti 2000, bes. S. 193ff.; zu Sissach vgl. Burnell 1998.

1 Geiger 1979; Windler, R. in: Furger u.a. 1996, S. 178f.
2 Martin 1991, S. 169ff.
3 Geiger 1979, S. 193ff.
4 Päffgen 1995, S. 96ff.; vgl. Küster 1998.
5 Weber 1984 (mit Literatur); LexMA Bd. 8, Sp. 398f.
6 Vgl. Kap. 7.
7 Ohler 1986.
8 Steiner 1995, S. 97ff., Abb. 14; zur Birstalroute vgl. Gerber 1997, bes. S. 59ff. (Strassenbaumassnahmen im 6.–9. Jh.).
9 Kap. 5.
10 Vgl. Berger 1998, bes. S. 13ff. (zu Augusta Raurica).
11 Claude 1997, S. 325f. und S. 333f.
12 Weidemann 1982, Bd. 2, S. 75f.
13 Gregor von Tours, Historiarum VIII,42; zu «more antiquorum»: Claude 1997, S. 333f.
14 Vgl. Kap. 2.
15 Hüster, H., in: Schmaedecke/Tauber 1992, S. 28ff., und weitere Mitteilungen von H. Hüster Plogmann und M. Veszeli; vgl. in grösserem Rahmen Benecke 1994; Gross, U., in: Wieczorek u.a. 1996, S. 668ff.; Kokabi, M., in: Fuchs u.a. 1997, S. 331ff.
16 Körber-Grohne 1988; Jacomet, S. und Favre, P., in: Schmaedecke/Tauber 1992, S. 32ff. und Bestimmungen M. Kühn; vgl. für jüngere Zeiten: Bd. 2, Kap. 4.
17 Bank-Burgess, Johanna, in: Fuchs u.a. 1997, S. 371ff.
18 Kokabi u.a. 1994.
19 Kaiseraugst: JbAK 17, 1996, S. 149–195, S. 158; Lausen: Schmaedecke 1995, 22, Abb. 11; Röserntal: Ewald/Tauber 1998, S. 246ff., Abb. 5, 8, 9.
20 Paulsen/Schach-Dörges 1972; Marti 1995, S. 105f., Wolf, Rotraut, in: Fuchs u.a. 1997, S. 379ff.
21 Hartmann 1982; Borgolte 1992, S. 98ff.
22 Borgolte 1985; zu den Baselbieter Beispielen: Burnell 1998; Marti 2000, bes. S. 188ff.
23 S. 478ff.; Marti 2000, S. 137ff., 353ff.

Herrschaftsbildung und früher Adel

HERRSCHAFTSBILDUNG UND FRÜHER ADEL

Bild zum Kapitelanfang
Der reitende Kaiser
Diese Herrschergestalt aus dem Domschatz der Kathedrale von Metz stellt einen karolingischen Kaiser dar. Einige wollen in den Gesichtszügen Karl den Grossen erkennen, den König der Franken (768 bis 814), der 800 n. Chr. in Rom zum Kaiser gekrönt wurde. Andere sehen mehr Übereinstimmungen mit Bildnissen Karls des Kahlen, der 840 bis 877 über die westliche Francia herrschte und 875 ebenfalls die Kaiserwürde erhielt. Die Reiterfigur selbst gilt klar als Schöpfung der Karolingerzeit. Das fein modellierte und elegant in Pose gesetzte Pferd hingegen ist schwieriger zu datieren. Vermutlich ist es – ganz im Sinne der «karolingischen Renaissance» – eine im 9. Jahrhundert hergestellte Kopie nach einem antiken Vorbild. Die knapp 24 Zentimeter hohe Statuette ist aus Bronze und trägt Spuren einer Vergoldung sowie von eingehämmerten Golddrähten. Starke Abnützungsspuren und verschiedene Reparaturen zeugen von einer bewegten Geschichte.

Die Wiedererrichtung des Bistums Basel

Über politische Geschichte und soziale Verhältnisse des Baselbiets im frühen und hohen Mittelalter, also etwa von der Zeit der karolingischen Herrscher bis zu den Salierkaisern, ist wenig bekannt. Immerhin lässt sich die Entwicklung der Herrschaftsverhältnisse grob skizzieren, denn im Zuge der Ereignisse geriet Basel hin und wieder ins Visier der damaligen Chronisten. Von grundlegender Bedeutung für unseren Raum war die Wiedererrichtung des Bistums Basel um 740/741 unter den karolingischen Hausmeiern Pippin dem Jüngeren und Karlmann. Der Bischof von Strassburg büsste dabei rund die Hälfte seiner Diözese ein. Dieser Vorgang steht vermutlich im Zusammenhang mit der Auflösung des etichonischen Herzogtums Elsass. Die fränkischen Machthaber ernannten nach dem kinderlosen Herzog Liutfrid, der letztmals 739 eine Urkunde ausstellte, keinen Nachfolger mehr.[1] Der kirchliche Wunsch nach einer gut funktionierenden, also engmaschigen Diözesanorganisation deckte sich mit der angestrebten Ausschaltung der mächtigen Herzöge des Elsass. Pippin der Jüngere seinerseits benötigte das Wohlwollen des Papstes, von dem er sich Billigung erhoffte beim geplanten Griff nach der Krone. Die Hausmeier ermöglichten und unterstützten die Arbeit des römischen Sendboten, Erzbischof Bonifatius, der im ostfränkischen Reichsteil neue Bistümer errichtete und sich um die Verbesserung der Kirchendisziplin von Geistlichen und Laien bemühte. Die Wiederherstellung des Bistums Basel ging dieser Entwicklung zeitlich etwas voran, und ein aktiver Anteil des Bonifatius ist dabei nicht erkennbar, sie entsprach jedoch völlig seinen Zielsetzungen.[2]

Anlässlich der Einsetzung von Bischof Walaus in Basel wahrscheinlich im Jahr 740/41 oder kurz danach wurde die Diözese Strassburg drastisch verkleinert. Basel erhielt nicht nur den nordwestlichen Jurabereich, sondern auch das südliche Elsass zugesprochen. Zur Diözese Basel kamen ferner die deutschsprachigen Gebiete zwischen Rhein, Aare und Reuss, nämlich das Leimental sowie der Sisgau, Frickgau und Buchsgau. Hingegen blieben die

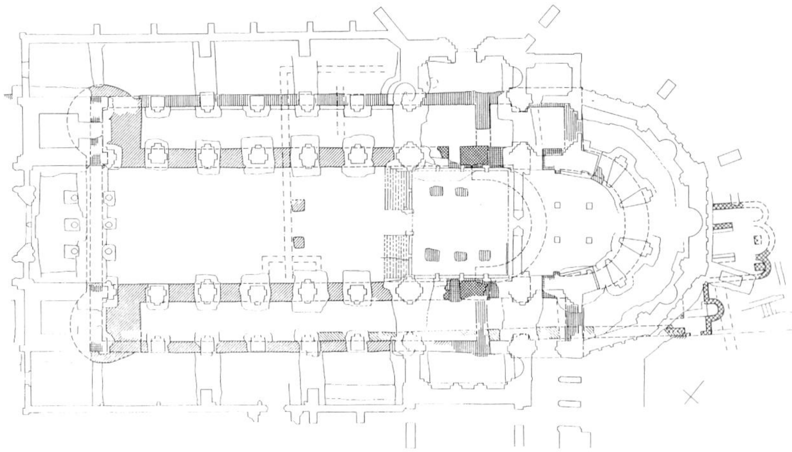

Das Münster des Bischofs Haito
Mit dem in den höchsten politischen Kreisen agierenden Haito erhielt das Basler Bistum einen mächtigen Herrn. Ausgrabungen in den 1960er und 1970er Jahren unter dem Basler Münster legten Fundamentzüge einer grossen Kirche frei, die in der Zeit seines Episkopats – zwischen 805 und 823 – errichtet worden sein dürfte. Gut zu erkennen sind die Grundrisse zweier mächtiger Rundtürme, welche die Westfassade flankierten. Der so genannte Haitobau ist die erste klar erkennbare Kirche an der Stelle des heutigen Münsters.

rechtsrheinischen Gebiete und die Regionen südlich der Aare einschliesslich des Berner Oberlands wie bisher bei der Diözese Konstanz.[3] Die älteste erhaltene Basler Bischofsliste aus dem 11. Jahrhundert nennt an erster Stelle den *Archiepiscopus* Walaus, wobei es sich offenbar um einen päpstlichen Ehrentitel für den Mann des Neuanfangs handelte. Als nächster Bischof wirkte seit 749 Baldobertus, der auch Abt des Klosters Murbach war.[4] Zwischen dessen Tod im Jahr 762 und der Ernennung Waldos vom Bodenseekloster Reichenau zum Amtsverweser in Basel gegen 800 klafft eine Lücke. Es ist vorgeschlagen worden, den *Archiepiscopus* Walaus mit einem Walachus, *vocatus episcopus* zu identifizieren.[5] Dieser Walachus erscheint 778 als Zeuge in einer Urkunde des Bischofs von Strassburg zusammen mit vier anderen Bischöfen, die nur über ihre Vornamen identifizierbar sind. Die Titulierung als «*episcopus vocatus*» bezeichnet einen gewählten, aber noch nicht geweihten Bischof. Einmal abgesehen vom Unterschied der beiden Titel sprechen die verschiedenen Namensformen und die in der Bischofsliste überlieferte Chronologie dagegen, dass es sich um ein und dieselbe Person handelt. Der Bezug des Walachus zur Diözese Basel bleibt deshalb höchst unsicher, und eine Umstellung innerhalb der überlieferten Bischofsliste erscheint nicht gerechtfertigt.

Der bereits erwähnte Bischofsverweser Waldo war zuerst als Abt in St. Gallen tätig. Nach seiner Übersiedlung ins Kloster Reichenau wurde er auch dort zum Abt erhoben, von wo er das Bistum Basel betreute. Seine Laufbahn in Dienste der karolingischen Reichskirche beendete er als Abt des altehrwürdigen Königsklosters St-Denis bei Paris. In der Abtei Reichenau folgte ihm sein Schüler Haito als Vorsteher nach. Kaiser Karl der Grosse schätzte auch Haito sehr und machte ihn 802 oder 805 zum Bischof von Basel. Wie sein Vorgänger war Haito hochgebildet; er erliess für seine Diözese eine Reihe von 25 grundlegenden Verhaltensmassregeln für Priester, die *Capitularia ecclesiastica*. Damit wollte er das kirchliche Leben, das vielleicht auch wegen der jahrzehntelangen Verwaisung des Bischofsstuhls

Die etichonischen Beronen – Frühe Grafen des Aaregaus

Der dritte Inhaber des Herzogtums Elsass in merowingischer Zeit hiess Chadalricus, er ist besser unter dem Kurznamen Eticho bekannt. Von Strassburg aus sollte der Herzog die Rheingrenze gegen Einfälle der Alamannen sichern. Eticho folgten sein Sohn Adalbert und dessen Sohn Liutfrid im Amt nach. In den südlich gelegenen Gebieten zwischen Rhein und Alpenrand übernahm vermutlich ein Vetter des Herzogs Liutfrid namens Boro oder Bero eine entsprechende Funktion. Für diese These sprechen archäologische Befunde aus Beromünster LU. In diesem Chorherrenstift hat man nämlich bei neueren Grabungen Fragmente eines Gotteshauses aus dem Frühmittelalter gefunden. Damit gewinnt die Lokalsage von Bero als Gründer dieses Klosters neu an Glaubwürdigkeit. Bero kann als Vorfahre jenes Ada(l)bero gelten, der zusammen mit seinem Sohn um das Jahr 800 als Zeugenführer in einer Gerichtsverhandlung in Munzach bei Liestal auftrat.[1] Dieser Sohn hiess ebenfalls Bero. Vielleicht ist er identisch mit jenem gleichnamigen Grafen, der mit einer Reihe anderer Adliger 811 das Testament des Kaisers Karl des Grossen bezeugte.[2] Wahrscheinlich handelt es sich bei den Beronen um frühe Grafen des Aaregaus, der damals

gelitten hatte, in geordnete Bahnen lenken. Haito bemühte sich in ununterbrochener Arbeit, seine Pflicht im «Schafstall Christi» zu erfüllen, wie der Reichenauer Mönch Walafried Strabo in seiner Dichtung *Visio Wettini* schildert. Ein greifbares Zeichen von Haitos Wirken bildete die neue Bischofskirche auf dem Münsterhügel in Basel. Bei archäologischen Untersuchungen kamen Fundamente einer stattlichen, offenbar dreiteiligen Kirche mit zwei runden Fronttürmen zum Vorschein. Es sind zeitgenössische Weiheinschriften überliefert, die Haito ausdrücklich als Erbauer des neuen Doms in Basel bezeugen und überdies als Stifter eines Altarbaldachins.[6]

Die Region als Durchgangsland

Wenn die karolingischen Herrscher gegen die Langobarden nach Oberitalien zogen oder zum Papst nach Rom reisten, überquerten sie die Alpenpässe. Auf ihrer Reise benutzten sie, je nach Route, auch die Juraübergänge.[7] Wegen der relativ geringen Höhe kamen dafür vor allem der Obere Hauenstein und der Weg über die Pierre Pertuis in Frage. Sowohl die erste Streckenvariante über Solothurn als auch die zweite über Biel hatten Basel zum Ausgangspunkt beziehungsweise zum Ziel. In der Bischofsstadt konnte der König mit seinen Begleitern Schiffe besteigen, die ihn stromabwärts bequem in die Zentren des fränkischen Reichs brachten. Diese Umstände lassen vermuten, dass der Herrscher Basel eher auf dem Rückweg von Italien besuchte. – Der Einzug des Kaisers oder Königs in eine Stadt begann mit dem «Adventus Regis». Diese zeremonielle Einholung des hohen Gastes war für die Bevölkerung ein grosses Erlebnis und für das Funktionieren der Herrschaft wichtig. Wenn der König vom Grossen St. Bernhard via Lausanne und Solothurn über die Jurakette nach Basel zog, musste er seinen Weg so einteilen, dass er mit seinem Gefolge noch bei Tageslicht und nicht völlig ermüdet in der Stadt ankam. Die Entfernung zwischen Solothurn und Basel beträgt über den Oberen Hauenstein 65 Kilometer, nach Abzug der schiffbaren Aarestrecke noch 54 Kilometer, eine Strecke, die ein Reiter gut zurück-

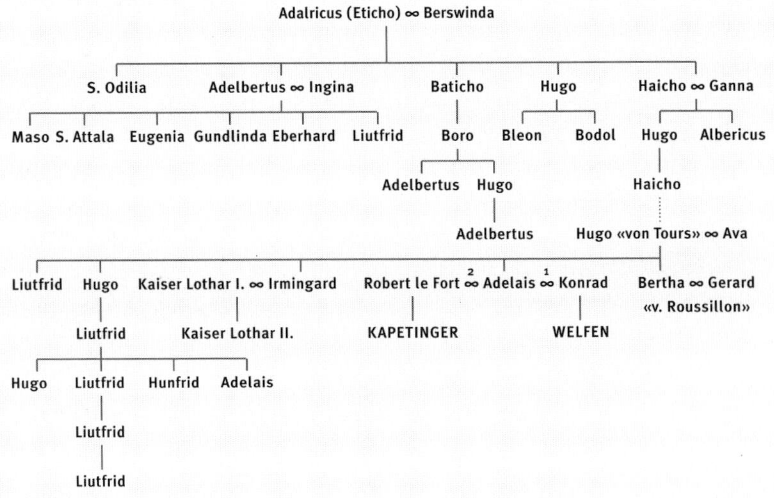

Herrscher aus dem Elsass
Die vereinfachte Grafik zeigt die Stammtafel der mächtigen Etichonen, die nach ihrem Stammvater, Herzog Adalricus (Eticho), benannt sind (nach Franz Vollmer).

Die Stadtkirche von Liestal

Die Kirche St. Martin steht inmitten eines Häusergevierts, das in seiner Anlage auf ein spätrömisches Strassenkastell zurückgehen dürfte (vgl. S. 166). Die spektakuläre Aufnahme Theodor Strübins stammt von 1969, als die südliche Häuserzeile für den Bau des Kirchgemeindehauses abgebrochen worden war.

auch die Innerschweiz, Teile des Kantons Bern sowie, wenigstens zeitweise, Gebiete nördlich der Jurakette umfasste. Letzteres geht hervor aus einer Urkunde des Jahres 891. Darin gab Kaiser Arnulf seinem Gefolgsmann Anno[3] sein bisheriges Lehen, nämlich die Kirche von Kaiseraugst und sieben Huben, zu eigen. Diese Güter lagen in der Grafschaft des Chadaloh, nämlich im Aargau.

Eine Verwandtschaft dieses Grafen mit den Beronen ist möglich, denn Chadaloh enthält nach Abzug der Aspiration den Namensbestandteil «adal». Kaum ein Zufall ist schliesslich das mehrfache Vorkommen des Namens Adalbero und der verwandten Form Adelpreth in Verbrüderungslisten des 9. Jahrhunderts aus der Region Basel, in denen man sich der gegenseitigen Gebetsfürbitte versicherte.[4]

Eine Tochter dieser mächtigen Familie heiratete offenbar Arnold von Schänis. Aus der Verbindung stammten die Lenzburger, welche von den Beronen anscheinend nicht nur reichen Grundbesitz erbten, sondern auch den Anspruch auf das Grafenamt. Als neue Träger des Reichslehens errichteten sie im 11. Jahrhundert die Lenzburg, nach der man sie fortan benannte.

legen könnte. Diese Reiseetappe wurde aber schon wegen der beachtlichen Höhendifferenz von rund 260 Metern und mit Rücksicht auf das erwähnte Einzugszeremoniell wahrscheinlich mindestens einmal unterbrochen.

Für eine Mittagsrast boten sich die Orte Oensingen oder Balsthal im heutigen Kanton Solothurn an, für das Nachtlager der Freihof Liestal. Dann konnten Herrscher und Gefolge ausgeruht gegen Mittag des nächsten Tages von Liestal nach dem noch 16 Kilometer entfernten Basel ziehen. Aus dem urspünglichen Martinspatrozinium der Kirche von Liestal, die wohl im 7. Jahrhundert gegründet wurde,[8] geht hervor, dass sich der Freihof in merowingischer Zeit im Besitz der Könige befand. Bischof Martin von Tours wurde von ihnen als Schutzheiliger des Reichs verehrt und regelmässig als Patron ihrer Gotteshäuser eingesetzt.[9] Nach einem Zwischenspiel, in dem Liestal und vielleicht auch Lausen-Bettenach unter dem Einfluss von irischen Mönchen aus dem Kloster Honau bei Strassburg standen (Patrozinien: Brida von Kildare und Eusebius von Vercelli), kam das Königsgut wahrscheinlich wieder zur Krone zurück. Dafür sprechen die in der Liestaler Patrozinienliste von 1507 unmittelbar danach angeführten Märtyrer Georg und Apollinaris. Von beiden Heiligen besass Kaiser Karl der Grosse nachweislich Reliquien, die er mit zahlreichen anderen in seiner Sammlung in der Pfalzkapelle von Aachen aufbewahrte. Überdies tauchen diese beiden Märtyrer in der Heiligenlitanei im Messbuch des Nachfolgers von Bischof Haito auf, was einen zuätzlichen Hinweis auf ihre frühe Verehrung in Liestal darstellt.[10]

Nach diesem Exkurs über die Liestaler Patrozinien als Anhaltspunkte für die dortigen Besitzverhältnisse werfen wir einen Blick auf die praktische Funktion dieser königlichen Villikation. Auf den gelegentlich als Reisequartier dienenden Gutshöfen gab es schon in der Karolingerzeit einen gewissen Komfort, obwohl es sich dabei keineswegs um ausgebaute Pfalzen wie etwa Aachen oder Regensburg handelte. Üblich waren Federkissen, Decken und Leintücher sowie eine dem Rang der Gäste angemessene Verpflegung. Die Gebäude zur Beherbergung des Königs und seiner Angehörigen hat man

Basel im Königreich Hochburgund
Die Silbermünze (Denar) wurde im Auftrag König Konrads von Burgund in der Stadt Basel geprägt.
Die Buchstaben auf der Vorderseite sind zu lesen als «Chuonradus Rex» (König Konrad), auf der Rückseite steht «Civi(ta)s Basilea» (Stadt Basel).
Abbildung in natürlicher Grösse.

Die Rudolfinger, Könige von Burgund
Rudolf I. verwaltete im Auftrag des karolingischen Herrschers mit dem Titel eines Markgrafen weite Gebiete der heutigen Westschweiz etwa bis zur Aaregrenze. Nach der Absetzung Kaiser Karls III. – des Dicken – schwang er sich 888 zum König seines bisherigen Amtsbereichs auf. Sein Sohn Rudolf II. von Hochburgund versuchte, in den Raum südlich des Rheins zu expandieren. 919 wurde sein Vormarsch jedoch durch den Herzog von Schwaben in der Schlacht bei Winterthur gestoppt. Zur Besiegelung des Friedens wurde 922 Berta, die Tochter des Schwabenherzogs, mit Rudolf vermählt. Sie ging als die gute Königin Berta in die Legende ein. Ihr machthungriger Gatte versuchte anschliessend mit Unterstützung seines Schwiegervaters die italienische Königskrone zu erringen, was in einem militärischen Desaster endete und den Schwabenherzog das Leben kostete.[5]

Als langfristig bedeutsamer erwies sich die Verheiratung von Rudolfs II. Tochter Adelheid mit dem italienischen Thronfolger, der allerdings sehr früh starb. Die junge Witwe wurde von ihren politischen Gegnern gefangen gesetzt. 951 konnte sie jedoch zum deutschen Herrscher Otto I. fliehen, der inzwischen in Pavia die Macht übernommen hatte. Die Heirat der beiden

sich jedoch sehr bescheiden vorzustellen. Mittelalterliche Herrscher reisen normalerweise mit zahlreicher Begleitung; das Gefolge umfasste schon in Friedenszeiten mehrere Dutzend bis mehrere Hundert Personen. Diese Leute begnügten sich je nach Umständen mit einem Schlafplatz im Zelt oder wurden in Gebäuden der umliegenden Siedlungen untergebracht. Für die Weiterreise mussten genügend frische Reit- und Lasttiere bereit gehalten werden. Im Falle von Liestal dürften die Bewohner von Lausen-Bettenach, Munzach, Bubendorf, Frenkendorf und Füllinsdorf diese logistischen Aufgaben erfüllt haben. – Eine ähnliche verkehrstechnische Funktion wie Liestal hat vielleicht auch der ebenfalls durch ein Martinspatrozinium als merowingischer Königsbesitz gekennzeichnete Gutshof von Laufen gehabt. Laufen liegt nämlich an der zweiten Fernroute über den Jura – von Genf über Biel, Pierre Pertuis und das Kloster Moutier-Grandval nach Basel – und weist mit gut 21 Kilometern eine ähnlich kurze Reitdistanz zu Basel auf.

Im Mittelalter reisten nicht nur die Könige mit ihrem Gefolge, auch Bischöfe, Nachrichtenkuriere geistlicher oder weltlicher Potentaten, Kaufleute und Pilger benutzten die öffentlichen Fernstrassen. Die frühmittelalterlichen Herrscher übernahmen im Wesentlichen das spätrömische Verkehrssystem mit Zollstationen und Versorgungseinrichtungen. Die königlichen Gutshöfe waren jedoch ausschliesslich dem Herrscher vorbehalten. Für die Verpflegung und Unterkunft der übrigen Reisenden hatten Leute freien Standes zu sorgen, die in anderen wegnahen Siedlungen wohnten. Wohlhabende Freie im Umland von Liestal sind in karolingischer Zeit durch Landschenkungen an Klöster nachgewiesen. Diese Besitzungen lagen beim Görbelhof bei Rheinfelden sowie in Füllinsdorf, Munzach und vielleicht in Muttenz.[11] – Vertreter kirchlicher Institutionen, aber auch andere Reisende konnten die Gastfreundschaft von Klöstern beanspruchen, wenn möglich nutzten geistliche Herren oder ihre Boten aber die Infrastruktur der eigenen Höfe ihres verstreuten Grundbesitzes. Der Strassburger Bischof besass beispielsweise die Kirche und Grundrechte in Muttenz. Den elsässischen

Die Kirche von Lausen

Das Gotteshaus von Lausen stand bis ins 20. Jahrhundert isoliert vom heutigen Dorf rechts der Ergolz, wie diese Aufnahme Theodor Strübins von 1953 noch zeigt. Erst die Ausgrabung der zugehörigen frühmittelalterlichen Siedlung machte klar, dass dies nicht immer so war. Einer Urkunde von 1329 lässt sich entnehmen, dass die bei der Kirche gelegene Siedlung Bettenach hiess.

noch im selben Jahr untermauerte den Anspruch König Ottos auf Italien.
Die burgundische Königsfamilie gründete auf Initiative Bertas in Payerne ein Cluniazenserpriorat, das auch von Otto I. mit Landschenkungen bedacht wurde. Nach dem Tod des Gatten und des Sohnes, Otto II., führte Adelheid zeitweilig für ihren unmündigen Enkel Otto III. die Regentschaft im Reich. Kaiserin Adelheid wurde später von der Kirche heilig gesprochen. Ihr Bruder, König Konrad von Hoch- und Niederburgund, erhielt von der Nachwelt den Beinamen «der Friedfertige». Dieser ehrenvolle Titel kann auch als Hinweis auf die politische Schwäche des Herrschers verstanden werden. Tatsächlich versagte Konrad bei der Abwehr der Sarazenen. Diese islamischen Gruppen griffen auf ihren Beutestreifzügen vom Mittelmeerraum nach Norden aus und lauerten in den Alpen hochgestellten Reisenden auf, um Lösegeld zu erpressen.
Offene Kritik an seiner Regierung erntete Konrads Sohn und Nachfolger, Rudolf III., den man schlicht «den Faulen» genannt hat. Dieser letzte König von Burgund konnte sich gegenüber den mächtigen Adligen seines Reiches kaum noch durchsetzen. Rudolf III. stützte sich deshalb auf die Bischöfe. Er übertrug einigen von ihnen die Grafengewalt, um so die Kontrolle

Klöstern Murbach und Hohenburg gehörten im Baselbiet ganze Villikationen oder wenigstens ein grösserer Hof, sodass ihre Gesandten bei Bedarf in Onoldswil (heute Ober- und Niederdorf) sowie Prattelen, Augst und Möhlin beziehungsweise in Arlesheim über Nacht absteigen oder sich mit Proviant versorgen konnten.[12]

Verkehrswege von regionaler Bedeutung gab es auch im Ergolztal, bedingt durch die naturräumliche Gliederung. Über das heutige Dorf Wisen SO und das Erlimoos führte vor Erschliessung des Unteren Hauensteins ein steiler Pfad nach Trimbach und Olten hinunter. Über Oltingen gelangte man auf die Schafmatt und von dort zu den Siedlungen Ober- und Niedererlinsbach beziehungsweise Suhr. Aarau existierte damals noch nicht. Überhaupt gab es zwischen Solothurn, Zürich und Basel bis ins hohe Mittelalter keine Orte, welche die Bezeichnung Stadt auch nur annähernd verdient hätten. Im Baselbiet ist unter den ländlichen Siedlungen Sissach hervorzuheben. Hier befand sich nämlich seit karolingischer Zeit der Hauptsitz der Sisgauer Grafen, die den abwesenden König als Gerichtsherren und Militärführer vertraten.

Basel und sein Hinterland im Spannungsfeld der Mächte

Die Umgestaltung des karolingischen Grossreichs und sein endgültiger Zerfall am Anfang des 10. Jahrhunderts hatten auch weitreichende Folgen für die Bischofsstadt und ihr Umland. Die oberrheinische Tiefebene und die anstossenden Gebiete bildeten aufgrund der geografischen Situation das Spannungsfeld rivalisierender Machtgruppen. Im Vertrag von Verdun 843 teilten die Enkel Karls des Grossen das ganz West- und Mitteleuropa umfassende Reich untereinander auf. Basel und die Westschweiz fielen an Kaiser Lothar I., dessen Herrschaftsgebiet, das so genannte Mittelreich, sich von Holland über Lothringen bis nach Italien erstreckte. Diese Abmachungen wurden 870 im Vertrag von Mersen revidiert. Das Gebiet südlich des Rheinknies, nun Baselgau genannt, wurde zusammen mit der Bischofsstadt

über die wichtigsten Städte und Verkehrsrouten seines Kerngebietes zwischen Genfersee und Rheinknie zu behalten. Diesen politischen Lösungsversuch übernahm er von seinen ottonischen Verwandten im Reich. Auf die deutschen Kaiser stützte er sich auch sonst und setzte den letzten Ottonen, Kaiser Heinrich II., zum Erben seines Königreichs ein.

Die Liutfride, Herren im Elsass
Die Liutfride haben ihren Leitnamen von Herzog Liutfrid, dem Enkel Etichos übernommen, ohne jedoch in direkter Linie von Liutfrid abzustammen. Sie sind Abkömmlinge des Hugo von Tours, der wahrscheinlich ein Urenkel von Etichos jüngstem Sohn Haicho war. Die hohe gesellschaftliche Stellung Hugos von Tours wird dadurch deutlich, dass Kaiser Lothar I. dessen Tochter zur Gattin nahm. Abgesehen von ihrem Kerngebiet im Elsass waren die Liutfride auch in der Ortenau, also um Offenburg am Rhein begütert, wovon schliesslich das Kloster St. Trudbert profitierte.[6] Ein Vertreter dieses Adels-

dem ostfränkischen Reich zugeschlagen, wie überdies auch das Elsass.[13] Von Kämpfen in dieser Grenzzone ist nichts überliefert.

Als die karolingische Gesamtherrschaft im Jahre 887 mit der Absetzung Kaiser Karls III. endete, bildete sich in unserem Raum ein Machtvakuum. Der Welfe Rudolf, bisher Markgraf in der Westschweiz, liess sich in der Abtei St-Maurice im Wallis zum König ausrufen. Noch im selben Jahr zog er über den Jura nach Nordwesten, um in der lothringischen Stadt Toul sein Krönungsfest zu feiern. Mit dieser symbolischen Handlung erhob der «Aufsteiger», der über seine Mutter von den westfränkischen Karolingern abstammte, Anspruch auf das ehemalige Mittelreich. Das erregte den Zorn König Arnulfs von Bayern, eines Neffen Karls III. Arnulf regierte ungeachtet seiner illegitimen Geburt den östlichen Reichsteil, kontrollierte weite Teile des Mittelreiches und führte seit 896 auch den Kaisertitel. König Rudolf I. war Arnulfs militärischem und politischem Druck nicht gewachsen und musste sich in sein Kerngebiet Hochburgund zurückziehen. Die politischen Spannungen wurden auch in der Region Basel spürbar und schlugen sich in zwei Urkunden Arnulfs für einen seiner Getreuen namens Anno nieder.[14] Anno erhielt 891 sein bisheriges Lehen, nämlich die Kirche von Kaiseraugst AG und sieben Huben, in der Grafschaft Aargau gelegen, als Eigentum übertragen. Diese Schenkung geschah unter Vorbehalt der geistlichen Rechte und Einkünfte des Basler Bischofs Iring. Da sich diese Diözese in das Herrschaftsgebiet sowohl Rudolfs I. als auch Arnulfs erstreckte, befand sich der Bischof in einer politisch unangenehmen Lage. Ein Jahr später entschied er sich für den König von Hochburgund. Arnulf antwortete damit, dass er 894 einen Gütertausch des bereits genannten Anno mit dem Kloster St. Gallen betreffend Augst billigte. Nun wurden die Rechte Irings nicht mehr erwähnt, sie gingen an den Abt, der gleichzeitig Bischof von Konstanz war. Dem Bischof von Basel blieb nach weiteren Massnahmen Arnulfs nichts anderes übrig, als sich dessen politischen Wünschen zu beugen. Arnulf regierte nicht sehr lange und hinterliess 899 nur einen legitimen, aber unmündigen Sohn,

Ein Steingebäude aus der Zeit Karls des Grossen

Diese Fundamentreste gehören zu einem Steinbau, der bei den archäologischen Ausgrabungen der Jahre 1985 bis 1992 rund 60 Meter östlich der Kirche von Lausen zum Vorschein kam (siehe S. 185).
Die Mauern datieren ins 9. Jahrhundert. Auch in dieser Zeit waren Steingebäude noch ein Privileg besonders wohlhabender Bevölkerungsschichten.

geschlechts, Liutfrid III., stellte sich 926 den Ungarn entgegen, die bereits zum dritten Mal Europa mit Mord und Brand überzogen. Er blieb zwar militärisch erfolglos, doch lässt sich an diesem persönlichen Einsatz der Führungsanspruch der Liutfride im Elsass ablesen. Sie waren Herren der burgundischen Abtei Lure und hatten auch die Kastvogtei über das Kloster Moutier-Grandval an der wichtigen Jurastrasse zwischen Biel und Basel inne.

962 machte König Konrad von Hoch- und Niederburgund ihrem übermächtigen Einfluss ein Ende und nahm das Kloster Moutier mit seinem reichen Streubesitz um Delémont und im Buchsgau ins Krongut zurück.[7] Sein Sohn, König Rudolf III., übergab die Abtei 999 im Einvernehmen mit Kaiser Otto III. dem Bischof Adalbero von Basel, der aufgrund seines Namens mit den etichonischen Beronen verwandt gewesen sein könnte. Schenkungen an eine kirchliche Institution hatten aber einen definitiven Charakter, sie kamen in die «Tote Hand». König Rudolf stellte also sicher, dass kein Adeliger mehr Erbansprüche auf die einträgliche Kastvogtei des Klosters erheben konnte.

Rudolf, Opfer der Heiden

Ein im Basler Münster aufbewahrter Steinsarkophag liefert den Hinweis, dass die Überfälle der Ungarn 917/918 auch die Stadt am Rheinknie trafen. Er trägt folgende lateinische Inschrift: «Rudolfus episcopus a paganis occisus XIII Kl Augusti.» Deutsch übersetzt heisst das: «Bischof Rudolf, von den Heiden erschlagen am 13. Tag vor Beginn des Monats August», also um 20. Juli.

Ludwig das Kind. Mit diesem Knaben starb 911 der letzte Karolinger im ostfränkischen Reich. Diese Gelegenheit nahm Rudolf I. wahr und brachte 912 kurz vor seinem eigenen Tod die Stadt Basel und ihr Hinterland in seine Gewalt.[15] Damit war die geschwächte ostfränkisch-deutsche Zentralmacht vor vollendete Tatsachen gestellt, die rund ein Jahrhundert lang Bestand haben sollten.

Unter seinem Sohn und Nachfolger, König Rudolf II., bis zu dessen Enkel Rudolf III., also von 912 bis 1033, gehörte das gesamte Gebiet zwischen Rhein und Jura zum Königreich Hochburgund. Ähnlich wie anderswo hatte die Bevölkerung am Rheinknie unter wiederholten Einfällen von Reiterhorden aus dem Raum des heutigen Ungarn zu leiden. 917/918 drangen sie in das noch nicht von Mauern geschützte Basel ein, setzten es in Brand und erschlugen viele Bewohner, darunter auch den Bischof.[16] Ein Teil der Domherren soll sich damals ins Kloster Moutier-Grandval geflüchtet haben. Anzunehmen ist, dass auch die ländlichen Gebiete von den Überfällen der Ungarn heimgesucht wurden. Vielleicht diente die im 10. Jahrhundert erbaute Wehranlage Burghalde nördlich von Liestal in diesen unruhigen Jahrzehnten hin und wieder als Fluchtburg, ebenso wie die wohl erheblich älteren Befestigungen oberhalb von Sissach (Burgenrain und Fluh). Die grosse ummauerte Fläche der Vorburg von Burghalde sowie die für Reiter schwer zugängliche Lage aller drei Anlagen auf den felsigen Anhöhen über wichtigen Siedlungen sprechen für eine solche Nutzung. 926 hatten sich Ungarn in grosser Zahl im südlichen Schwarzwald festgesetzt; eine ihrer Abteilungen stiess in der Rheinschlaufe bei Säckingen auf Widerstand von Männern aus dem Fricktal und musste sich geschlagen zurückziehen. Im selben Jahr setzte die Hauptmasse der Ungarn über den Rhein und drang ins Elsass vor. Hier stellte sich ihnen Liutfrid III., ein Nachfahre Herzog Etichos, mit einem militärischen Aufgebot entgegen. Die Schlacht endete jedoch mit einer vernichtenden Niederlage Liutfrids. Die Ungarn verbreiteten im Elsass Angst und Schrecken und zogen weiter bis nach Besançon.[17]

Die Grafen von Rheinfelden

Der spätere Herzog Rudolf von Rheinfelden stammte väterlicherseits von einem Grossonkel des letzten Burgunderkönigs Rudolf III. ab. Sein Grossvater Kuno hatte am burgundischen Königshof immerhin das Amt des Pfalzgrafen bekleidet. Es ist möglich, dass Rudolfs Vater Kuno mit dem 1052 belegten gleichnamigen Grafen des Sundgaus identisch war.[8] Rudolf selbst hatte offenbar die Grafschaftswürde im Sisgau und im Buchsgau inne, vielleicht auch im Frickgau und nördlich des Rheins im Albgau. Dort förderte er das kleine Kloster St. Blasien, das er zur Grablege für seine Familienangehörigen wählte. Zudem kontrollierte Rudolf die Jurapässe und damit den Zugang zum Grossen St. Bernhard und nach Italien. Strategisch wichtig war seine fast uneinnehmbare Burg, der «Stein» auf einer Flussinsel beim späteren Rheinfelden.

Rudolfs erste Frau war wahrscheinlich eine Hombergerin. Seine zweite Frau Mathilde, eine Tochter Kaiser Heinrichs III., starb 1060 nur wenige Monate nach ihrer Hochzeit. Zur dritten Frau erwählte Rudolf Adelheid von Turin, die Schwester der Gemahlin König Heinrichs IV.; Heinrich und Rudolf waren also wieder miteinander verschwägert und der Herzog blieb in Königsnähe. In der italienischen Heimat der

HERRSCHAFTSBILDUNG UND FRÜHER ADEL

Eine frühe Grafenburg

Die «Burghalde», ein markant ins Ergolztal vorspringender Bergsporn nordwestlich von Liestal, war 1965 und 1978 Ziel archäologischer Sondierungen. Geschützt durch eine mächtige Wallmauer mit zwei vorgelagerten Gräben fand sich eine ausgedehnte Burganlage, die wohl nur teilweise überbaut war. Der höchste Bereich unmittelbar hinter der Wallmauer war durch ein zusätzliches Mauergeviert abgetrennt.
In seiner Südwestecke lag eine kleine Kapelle mit halbrunder Apsis (unten). Funde datieren die Anlage ins 10. und 11. Jahrhundert, also in eine Zeit, in der wohl erst Angehörige des Hochadels Burgen dieses Ausmasses errichten konnten.

König Rudolf II. war ebenso machthungrig und ehrgeizig wie sein Vater. Von militärischen Aktionen gegen die Ungarn ist freilich nichts bekannt, hingegen von Vorstössen Rudolfs II. in das Herzogtum Schwaben, das sich damals politisch formierte. Nach ersten Erfolgen verlor der König 919 die Schlacht bei Winterthur; zur Bekräftigung des Friedens heiratete er wenige Jahre später die Tochter des Schwabenherzogs. Nach dem Scheitern seiner expansiven Italienpolitik reiste Rudolf Ende 926 nach Worms zu König Heinrich I., der das deutsche Reich regierte. Dort übergab er Heinrich die von diesem eingeforderte Heilige Lanze und anerkannte damit offenbar auch dessen Oberhoheit. In dieser Lanze soll eine wertvolle Reliquie, nämlich ein Nagel vom Kreuz Christi, eingearbeitet gewesen sein. Für König Heinrich sym-

beiden Schwestern stand damals das Reformkloster Fruttuaria in hoher Blüte. Rudolf führte 1072 mit Hilfe der Kaiserwitwe Agnes dessen Regeln im Kloster St. Blasien ein. Das stiess freilich zunächst auf das Missfallen des jungen Königs, der um seinen politischen Einfluss auf die Klöster fürchtete. Rudolf hatte seine Gattin Adelheid unter dem Vorwurf des Ehebruchs verstossen, nahm sie aber nach dem vermittelnden Eingreifen des Papstes 1070 wieder auf. Auch Heinrich IV. strebte vergeblich die Scheidung an, danach arrangierte er sich mit seiner Gattin.[9] Nach diesen Krisen gebaren beide Frauen ihren Ehemännern mehrere Kinder.

Der junge König Heinrich IV. ernannte 1065 Rudolfs Bruder Adalbero, zuvor Mönch in St. Gallen, zum Bischof von Worms, einer für die Salier wichtigen Stadt. Das Verhältnis zwischen den Schwägern war aber längerfristig von Misstrauen geprägt. Der Herzog wurde in die Machtprobe zwischen Heinrich IV. und Papst Gregor VII. hineingezogen. Schliesslich wurde er von der päpstlichen Partei als nächster Verwandter des mit dem Kirchenbann belegten deutschen Herrschers zum Gegenkönig ausgerufen. Nach mehreren Kriegsjahren mit wechselndem Schlachtenglück starb Rudolf 1080 nach der Schlacht an der Elster, in der ihm die Hand abgehauen wor-

bolisierte sie den Herrschaftsanspruch über das Gesamtreich, insbesondere Italien. Dafür war er bereit, Rudolf II. Teile des Herzogtums Schwaben abzutreten.[18] Diese formale Anerkennung von bereits erobertem Gebiet betraf höchstwahrscheinlich Basel und sein natürliches Hinterland, vielleicht auch noch die Region am Jurasüdfuss bis zu den Landmarken von Aare und Reuss.

Seit dieser Zeit standen die Herrscher von Burgund in gutem Einvernehmen mit den deutschen Königen. Heinrichs I. Sohn, Otto der Grosse, war sogar über seine erste Gattin mit dem burgundischen Königshaus verschwägert.[19] Nach dem Tod Rudolfs II. 937 nahm König Otto dessen unmündigen Sohn Konrad in Obhut, um ihn schliesslich 942 in Lausanne in sein Amt als König von Burgund einzusetzen. 951 heiratete Otto dann in zweiter Ehe Konrads Schwester Adelheid. Als Witwe des Königs von Italien verkörperte Adelheid Ansprüche auf das Langobardenreich. Das Interesse der deutschen Herrscher an Burgund war also nicht nur familiär bedingt, sondern entsprach auch strategischen Zielen. Die mit dem deutschen Reich verwandtschaftlich verbundenen Könige von Hoch- und Niederburgund schützten die westlichen Alpenpässe und die Provence vor dem Zugriff Frankreichs. Sie sicherten also den deutschen Herrschern und deren Untertanen wichtige Zugangswege nach Rom.

Über die konkrete Herrschaftsausübung der burgundischen Könige im Raum Basel ist ausser einer im Namen Konrads geprägten Münze[20] nichts bekannt. Auf die Funktion der Bischofsstadt als Knotenpunkt wichtiger Fernstrassen wurde bereits hingewiesen. Auch das Hinterland lässt sich als ein auf die öffentlichen Strassen und Juraübergänge bezogener Raum charakterisieren. Als solcher war das Gebiet von einiger Bedeutung sowohl für die burgundischen als auch die deutschen Herrscher. Rudolf I. und sein Sohn Rudolf II. reisten – soweit bekannt – je einmal, Rudolf III. sogar dreimal rheinabwärts zu politischen Verhandlungen ins Reich. Umgekehrt begaben sich Otto der Grosse und seine Gattin Adelheid mindestens je einmal persönlich nach Burgund. Dieser Sachverhalt lässt angesichts der verkehrsgeografi-

den war. Seine Gegner fanden es bezeichnend, dass es die Rechte war, mit der er einst seinem Schwager und Lehensherrn König Heinrich Treue geschworen hatte. Im Dom von Merseburg fand Rudolf seine letzte Ruhestätte. Später fragte man Heinrich IV., warum er denn das prächtige Grabmal des Erzfeindes dulde. Er soll gelassen geantwortet haben, er wünschte sich, dass alle seine Gegner so ehrenvoll bestattet lägen![10]

Der einzige überlebende Sohn Rudolfs von Rheinfelden und der Adelheid von Turin trug den Namen Berthold. Er wurde von der päpstlichen Partei 1077 zum Herzog von Schwaben ausgerufen. Der junge Mann konnte aber im Gegensatz zu seinem Schwager und politischen Kampfgenossen Berthold von Zähringen nicht wesentlich in den Gang der Ereignisse eingreifen. Der Zähringer, verheiratet mit Rudolfs Tochter Agnes, musste Berthold von Rheinfelden sogar militärisch zu Hilfe kommen, als ihn 1084 königstreue Truppen in seiner Festung Burgdorf BE (französisch: Château de Berthoud) belagerten.[11] Berthold von Rheinfelden starb am 10. April 1090. Er wurde, wie zuvor schon seine Mutter und sein Bruder Otto, im Kloster St. Blasien in der Nikolauskapelle beigesetzt.

schen Situation die vielbeklagte Kargheit der schriftlichen Überlieferung in einem etwas anderen Licht erscheinen. Es gibt für die Zeit bis zum Jahr 1000 nur sehr wenige Urkunden, die sich direkt auf Orte im heutigen Kanton Baselland beziehen.[21] Die Herrscher waren offensichtlich in strategisch wichtigen Räumen kaum zur Vergabe von Lehen oder zu Landschenkungen bereit. Ohne Handänderungen entstanden logischerweise auch keine schriftlichen Dokumente. Wenn Könige etwas aus der Hand gaben, geschah dies am ehesten zum Nutzen der kirchlichen Institutionen, deren Unterstützung und Treue sie sich sicher waren. Als Beispiel kann die Übergabe des Klosters Moutier-Grandval mit seinem reichen Streubesitz 999 von Rudolf III. an Adalbero, den Bischof von Basel, gelten. Damit fiel Letzterem auch die Aufgabe zu, die Passstrecke zwischen Biel und Basel zu kontrollieren.

König Rudolf III. war ein schwacher Herrscher. Er hatte Mühe, sich gegen den mächtigen Adel zu behaupten und fand schliesslich nur noch im Kern seines Herrschaftsraums Anerkennung. Das lag auch daran, dass er keinen legitimen Sohn hatte, der ihm auf den Thron hätte folgen können. In dieser schwierigen Situation lehnte sich der König noch enger ans Reich an als zuvor: Rudolf versprach 999 seinem Neffen, dem späteren Kaiser Heinrich II., die Krone Burgunds, falls er ohne männlichen Nachkommen sterben sollte. Als Sicherheit für die Einhaltung dieser Abmachung und als Ausgangspunkt für allfällige militärische Unternehmungen gegen den burgundischen Adel erhielt Heinrich 1006 die Stadt Basel.[22] Das Hinterland des Bischofssitzes verblieb im Wesentlichen direkt in den Händen Rudolfs III. oder stand wenigstens unter seiner Oberherrschaft.

Basel und die Angliederung Burgunds ans Reich

Bei den Bemühungen Heinrichs II., das burgundische Königreich zu übernehmen, spielte Bischof Adalbero von Basel eine zentrale Rolle. Wollte ihn jemand als verlässlichen Verbündeten gewinnen, so musste er das Bistum, das über wenig eigenen Grundbesitz verfügte, zunächst wirtschaftlich

Die Grafen von Homberg

Nach der Aussage eines königstreuen Zeitgenossen war Rudolf von Rheinfelden dreimal verheiratet. Zwei der Gattinnen, Mathilde und Adelheid, sind bekannt, den Namen der dritten Frau sucht man in den zeitgenössischen Quellentexten vergeblich. Aus zeitlichen und politischen Gründen wäre jene Verbindung als die erste anzusprechen: Als Rudolf im Frühjahr 1060 nach fast dreijähriger Verlobungszeit Mathilde heiratete, war er bereits zwischen 33 und 39 Jahre alt.[12] Angesichts der grossen gesundheitlichen Risiken, denen Frauen in vormoderner Zeit bei Schwangerschaften und Geburten ausgesetzt waren, erscheint ein früher Tod nicht nur von Mathilde, sondern auch jener ersten Gattin Rudolfs durchaus glaubhaft. Die Homberger, deren namengebende Burg auf der Jurahöhe westlich von Wittnau lag, verfügten vielleicht schon damals über jene Eisenerzgrube in Wölflinswil, die noch Jahrhunderte später in ihrem Besitz war.[13] Die Wahl einer adligen Frau aus dem Umland der Burg Rheinfelden war für Rudolf attraktiv, solang er Graf des Sisgaus war, jedoch kaum mehr nach seinem Aufstieg zum Herzog von Schwaben und Rektor von Burgund.

Wenn die Hombergerin Rudolf von Rheinfelden überhaupt einen Sohn gebar, so

Der Mantel Heinrichs II.
Der mit Adlern verzierte Mantel aus golddurchwirktem Stoff gehörte zu den Geschenken Heinrichs II. an Bischof Adalbero. Dieses wertvolle Gewand stammte wohl ursprünglich aus Byzanz. Der jeweilige Bischof trug es an besonders feierlichen Anlässen, bis man es anlässlich der Reformation verkaufte. Die Miniatur schmückt das Basler Lehensbuch und stellt den Bischof Johann Senn von Münsingen dar, wie er am 22. Januar 1361 Rudolf IV. von Österreich mit der Herrschaft Pfirt belehnt.

unterstützen. Heinrich II. erwies sich als ein geschickter, vorausschauender Politiker. Er erwarb sich, noch bevor er selbst 1002 die deutsche Krone gewann, die persönliche Freundschaft Adalberos. 1004 schenkte der Kaiser dem Bischof den nordwestlich an Basel angrenzenden elsässischen Hardwald als Jagdrevier. Als Rudolf III. 1006 die Stadt Basel Heinrich II. als Unterpfand für den Erbvertrag überliess, nahmen Kaiser und Bischof sofort ein grosses gemeinsames Projekt in Angriff. Die karolingische Bischofskirche war nach dem Ungarnsturm nur behelfsmässig wiederhergestellt worden. Nun konnte Adalbero mit kaiserlicher Hilfe ein neues Münster planen. Aus den Jahren 1006 und 1008 sind zu Gunsten der Basler Kirche und ihres Bauprojekts verschiedene Güterschenkungen überliefert (Haslach und Bellingen sowie Offingen im Breisgau und das Jagdrevier im Mooswald bei Freiburg im Breisgau). Dazu kamen wohl noch Pfeffingen BL sowie die Feste Breisach. Einiges spricht dafür, dass der Bischof damals vom Kaiser auch noch wichtige Rechte eines Stadtherrn erhielt, nämlich die hohe Gerichtsbarkeit sowie das Recht zur Münzprägung.[23] 1019 konnte das neue Münster in Gegenwart des kaiserlichen Gönners geweiht werden. Heinrich II. zeigte sich nochmals sehr freigiebig, indem er das neue Gotteshaus angemessen ausstattete. Er überreichte dem Bischof nicht nur zahlreiche wertvolle Reliquien, sondern auch eine goldene Altartafel, ein edelsteingeschmücktes Vortragekreuz, einen versilberten Leuchter in Kronenform, ein goldenes Weihrauchgefäss, eine Messbuchhülle aus Silber sowie ein kostbares liturgisches Gewand.[24]

Politisch zahlte sich diese Grosszügigkeit des Kaisers erst später aus. Heinrich II. starb schon 1024, also mehrere Jahre vor seinem Onkel Rudolf III. von Burgund, und hatte selbst auch keinen direkten Erben. Zum neuen deutschen Herrscher wurde der Salier Konrad II. gewählt. Konrads Gemahlin war eine Nichte Rudolfs III. Gestützt auf diese Verwandtschaft wollte der Kaiser den alten Erbvertrag erneuern, stiess damit aber auf den Widerstand des burgundischen Adels. Rudolf III. geriet in solche Bedrängnis, dass er von der

Das Kreuz Heinrichs II.
Das edelsteinbesetzte Vortragekreuz aus dem Domschatz gehörte zur Reihe von kostbaren Geschenken, die Kaiser Heinrich II. Bischof Adalbero von Basel 1019 anlässlich der Einweihung der neuen Kathedrale überreichte.
Originalgrösse 51 × 46 Zentimeter.

kann es sich nicht um jenen Mann handeln, der erstmals 1082 als Zeuge «Ru(o)dolf de Dierstein» eines Rechtsakts im habsburgischen Kloster Muri erwähnt wird. 1103 nannte sich der Homberger dann «Ro(u)dulfus de Honberc», und 1114 hiess er «Rodulfo de Fricca».[14] Wir wissen, dass der Sohn Rudolfs von Rheinfelden, Berthold, im Investiturstreit 1077 die Nachfolge seines Vaters als Herzog von Schwaben beanspruchte, ohne sich wirklich durchsetzen zu können. Wäre «Ru(o)dolf de Dierstein» ein älterer Sohn aus erster Ehe gewesen, hätte gewiss dieser die Rolle des politischen Erben übernommen. Er kann also höchstens ein Verwandter von Rudolfs erster Gemahlin gewesen sein, bei dessen Namenswahl man sich am einst mächtigen Herzog orientiert hatte. Hingegen könnte es sich bei Rudolf II. von Homberg, dem späteren Bischof von Basel, um einen Sohn des späteren Gegenkönigs Rudolf mit der Hombergerin gehandelt haben. Er und der obgenannte Rudolf I. von Homberg wären dann wohl als Vettern anzusehen. Sollte diese These zutreffen, so hätte Adelheid von Turin ihren Stiefsohn zu Gunsten ihrer eigenen Kinder Otto und Berthold bewusst in eine geistliche Karriere abgedrängt. Weil Rudolf von Rheinfelden 1077 in Reichsacht gesetzt und 1080 gestorben

HERRSCHAFTSBILDUNG UND FRÜHER ADEL 219

Rudolf von Rheinfelden
Die Grabplatte des 1080 als Gegenkönig gestorbenen Herzogs von Schwaben im Dom zu Merseburg in Sachsen-Anhalt. Die lateinische Inschrift in drei leoninischen Distichen lautet in freier Übersetzung:
Hier liegt König Rudolf,
gestorben für das Recht der Väter
Und wohl wert,
beweint zu werden, im Grab.
Es kam als König im Rat
und im Schwertstreich
Seit Karl [dem Grossen] keiner ihm gleich.
Oh hätt' er geherrscht
nur in friedlichen Zeiten.
In seinem Amt stürzte dieser
als heiliges Opfer des Krieges,
Im Leben war Tod ihm beschieden,
er fiel für die Kirche.

Verbindung mit dem Reich zurückzutreten versuchte. Nach dem Tode Bischof Adalberos 1025 zog Konrad II. nach Basel und setzte dort einen ihm genehmen Nachfolger ein. Mit militärischer Präsenz verdeutlichte er seinen Anspruch auf die Stadt und pochte auf die Einhaltung des Erbversprechens betreffend ganz Burgund.[25] Im Herbst 1027 fanden Verhandlungen zwischen dem Kaiser und König Rudolf III. bei Muttenz an der Grenze beider Reiche und anschliessend in der Stadt Basel statt. Dabei wurde festgelegt, dass Konrad die Herrschaft nach Rudolfs Tod übernehmen sollte, und zwar für den eigentlich blutsverwandten Erben, nämlich Konrads noch unmündigen Sohn Heinrich. Als dann 1032 König Rudolf III. starb, wurde dieser Plan trotz heftiger Gegenwehr verwirklicht. 1033 liess sich der deutsche Kaiser im Königskloster Payerne von einem Teil des burgundischen Adels als Regent des Landes huldigen. Noch im selben Jahr anerkannte auch Rudolfs Witwe in Zürich Konrads Herrschaft. Nach wechselvollen Kämpfen verlor der Anführer des burgundischen Widerstandes, der erbrechtlich gesehen ebenfalls anspruchsberechtigte Graf Odo von Blois, die entscheidende Schlacht und fand auf der Flucht den Tod. Als Sieger konnte der deutsche Kaiser nun die burgundischen Adligen 1038 nach Solothurn beordern. Dort übergab er in einem Festakt das Königreich seinem inzwischen 21-jährigen, also erwachsenen Sohn Heinrich. Alle Anwesenden huldigten diesem als neuem legitimem Herrscher.[26]

Der Herzog und Gegenkönig: Rudolf von Rheinfelden

Heinrich, der junge König von Burgund, erbte nur ein Jahr später von seinem Vater zusätzlich den deutschen Thron und bestieg diesen als Heinrich III. Diese Personalunion förderte die Integration des formell noch selbständigen Königreichs in das grössere Herrschaftssystem. Es gab aber auch gegenläufige Tendenzen, so dass nach dem plötzlichen Tod Kaiser Heinrichs im Jahr 1056 dessen Witwe Agnes als Reichsregentin sogar Aufstände in Burgund befürchtete. Um sich hier den Rücken freizuhalten, vergab sie 1057

war, wäre es dessen Sohn aus erster Ehe klüger erschienen, sich nach der Familie seiner Mutter zu nennen. Adlige Herkunft und politisches Geschick, das heisst die Nähe zum Herrscher, öffneten ihm jedenfalls die Tür zu hohen Kirchenämtern. Rudolf trat in Urkunden des Klosters St. Alban 1097 und 1103 als Propst des Domkapitels zu Basel auf. 1107 wurde er vom letzten Salier, Kaiser Heinrich V., auf den frei gewordenen Bischofsstuhl von Basel berufen. Zudem war Rudolf bis zu seinem Tod 1122 Propst des königlichen Chorherrenstiftes Grossmünster in Zürich.[15]

Die Vermutung, dass der erwähnte Basler Bischof ein Sohn Herzog Rudolfs von Rheinfelden war, wirft ein neues Licht auf den langjährigen Rechtsstreit zwischen den Bischöfen von Basel und der Abtei St. Blasien um deren Kastvogtei. Zweifellos hatte Rudolf von Rheinfelden bis 1077, wenn auch nicht *de jure*, so doch *de facto*, die Vogtei über dieses Kloster ausgeübt. Die Nikolauskapelle war schliesslich der Ort, wo seine Gemahlin und Söhne – also vielleicht Bischof Rudolfs Stiefmutter und Stiefbrüder – begraben lagen. In seiner Hand kumulierten sich bischöfliche und dynastische Ansprüche auf die Klostervogtei. Das erklärt vielleicht, weshalb nach seinem Tode im Jahr 1122 ein zähes Ringen um die Vogteirechte begann.[16]

das frei gewordene Herzogtum Schwaben dem mächtigsten Mann südlich des Rheins, Rudolf von Rheinfelden. Er ist 1048 als Graf des Sisgaus belegt und stammte väterlicherseits aus einer Nebenlinie des burgundischen Königshauses.[27] Die Kaiserinwitwe verlobte ihn mit Mathilde, einer ihrer Töchter. Obwohl diese Prinzessin bald nach dem Vollzug der Ehe im Mai 1060 starb, erwies sich Rudolf als loyale Stütze des salischen Herrscherhauses. Ohne sein aktives Mitwirken hätte der Reichstag im Jahr 1061 kaum in Basel stattgefunden. Herzog Rudolf heiratete in dieser Zeit aus politischen Erwägungen eine Schwester der Verlobten und späteren Gemahlin des jungen Heinrich IV., so dass er der Herrscherfamilie verschwägert blieb.

Als jedoch Heinrich IV., der Sohn Heinrichs III., mündig geworden war und selbst die Herrschaft ausübte, kam es zwischen beiden Männern wiederholt zu Spannungen. Der König wollte unter anderem dem mächtigen Herzog einen Teil der Mitgift seiner verstorbenen Schwester Mathilde wieder abnehmen. Es ging dabei um eine Reihe von Gotteshäusern mit Nikolauspatrozinium, die zu Gunsten Mathildes von königlichen Villikationen abgetrennt worden waren. Während diese Güter nach deutschem Recht beim Witwer verblieben, war ein solcher Fall im burgundischen Erbrecht nicht vorgesehen. Rudolf konnte sein Gesicht wahren, indem er die umstrittenen Besitzungen im burgundischen Reichsteil an verschiedene Klöster und Kirchen schenkte. Damit erhielt sie der König als Oberherr aller kirchlichen Institute formal zurück, während Rudolf in seiner Funktion als Herzog und Königsvertreter ein indirektes Nutzungsrecht behielt. Dieser Zusammenhang kann glaubhaft gemacht werden für die Übergabe von Kirche und Dinghof Nieder-Erlinsbach SO im Jahr 1070 an das Kloster Einsiedeln. Ähnliches gilt mit grosser Wahrscheinlichkeit für Orte im ehemalig burgundischen Reichsteil mit einer Nikolauskirche wie Lausen beim Königsgut Liestal sowie für Niederbuchsiten, Welschenrohr und Feldbrunnen im Buchsgau im heutigen Kanton Solothurn. Unklar bleibt der Sachverhalt in Reinach und Ormalingen, wo sich eine hochmittelalterliche Bauphase der ebenfalls

1125 ging die Vogtei an den Herzog von Zähringen über, und 1141 wurde das Basler Bistum mit vier Gutshöfen aus dem Besitz des Klosters abgefunden. Es handelte sich dabei um Höfe im elsässischen Sierenz, in Laufen, Oltingen und Villnachern AG. Zwei von diesen, nämlich Laufen und Oltingen, lagen im Gebiet des heutigen Kantons Basel-Landschaft.

Der oben als Vetter des Bischofs angesprochene Graf Rudolf von Homberg/ Thierstein hatte sich der Seite der Sieger angeschlossen. Er konnte deshalb die Grafschaft Sisgau behalten, die er selber oder aber sein unbekannter Vater wohl 1057/59 zur Entlastung Herzog Rudolfs von Rheinfelden übernommen hatte.[17] Die karge Quellenlage lässt kaum Rückschlüsse über Politik und Schicksal der Homberger zu. Dies ändert sich erst für das 13. Jahrhundert, also zu Zeiten der Neu-Homberger. Der Ruhm dieser Adligen gründete in ihren Kriegstaten, es sei an den Heldentod des Grafen Ludwig I. 1289 bei der Eroberung der Stadt Bern erinnert. Am reichsten ist die Überlieferung zum Leben seines Sohnes Werner II., der als Hauptmann im Dienst König Heinrichs VII. stand. Auf seinen Tod wurde sogar ein Klagelied verfasst.[18] Trotz der vielen kriegerischen Einsätze fand Graf Werner Zeit, selbst zu dichten. Seine eher konventio-

Nikolaus geweihten Kirchen bisher nicht hat nachweisen lassen. Ins 10. oder 11. Jahrhundert wird hingegen das Gotteshaus von Oltingen datiert. Die Kirche ist ebenfalls dem Nikolaus von Myra geweiht, sie wurde von einem Mönch namens Hermann gegen 1100 an Einsiedeln übergeben.[28] Auch hier könnte das Patrozinium auf Rudolf von Rheinfelden beziehungsweise auf seine Gemahlin Mathilde zurückgehen. In Oltingen besassen nämlich die Habsburg-Laufenburger als Erben der Neu-Homberger Mitte des 14. Jahrhunderts Güter mit Twing und Bann sowie die Herberge.[29] Es handelte sich um Rechte, die wohl als Bestandteil der Grafschaft Sisgau von Rudolf an die Homberger gekommen waren. Zum Besitz derer von Homberg gehörte ferner nachweislich die Kirche von Herznach, die ebenfalls das Nikolauspatrozinium trägt.[30] Rudolf dürfte also während seiner Zeit als Herzog der mit ihm einst verschwägerten Familie diese beiden Kirchen aus der Mitgift Mathildes verliehen oder geschenkt haben.

Zwischen Heinrich IV. und dem Papst entwickelte sich ein tiefgreifender Konflikt um die Ernennung und Amtseinsetzung der Bischöfe, der so genannte Investiturstreit. Rom nahm Anstoss an der Praxis des Herrschers, das Reich vor allem mit Hilfe der Bischöfe zu regieren und deshalb für dieses kirchliche Amt nur Personen seines Vertrauens zuzulassen. Der Papst bestand auf einer freien Wahl der Bischöfe durch das jeweilige Domkapitel. Der Streit spitzte sich rasch zu. Als Papst Gregor VII. seinen Gegner Heinrich IV. 1076 mit dem Kirchenbann belegte, ergriff Herzog Rudolf von Rheinfelden zusammen mit anderen Partei für den Papst. Neben den kirchlichen Anliegen ging es diesen Hochadligen wohl auch um die Wahrung einer grösstmöglichen Eigenständigkeit gegenüber dem König. Am 15. März 1077 wurde Rudolf von seinen Verbündeten als nächster männlicher Verwandter des salischen Herrscherhauses zum Gegenkönig ausgerufen. Trotz der Unterstützung seiner Freunde, der Herzöge von Zähringen und von Bayern, konnte sich Rudolf politisch und militärisch im Südwesten des Reichs nicht behaupten. Er wich nach Sachsen aus, wo man König Heinrich aus anderen

Lied IV

Mich iamert us der mâsse.
nach der vil lieben frowen min.
got alle die ver wâsse.
dur die ich schúchen mus
ir wiplich zartes bilde.
ir múndel rot ir wengel schin /
sol mir das wesen wilde /
da bi ir frúntlich grus.
ir kinne ir kel / ir goltvar har /
ir hênde ir arme blanch.
ir lip ir nas ir ogen clar /
sol ich das lange miden /
so mus ich kumber liden
und wirt an froiden kranch.

nellen Verse sind typisch für das späte Minnesängertum. Der Inhalt des hier links abgedruckten Beispiels[19] aus acht erhaltenen Liedern ist auch ohne Kenntnisse des Mittelhochdeutschen verständlich.

Graf Werner von Homberg hatte neben den zwei relativ früh verstorbenen Brüdern Rudolf und Ludwig drei Schwestern. Von diesen überlebte Anna das Kindesalter nicht. Typisch für die damaligen weiblichen Rollenideale verlief das Leben der beiden anderen Schwestern. Cäcilia trat etwa 1310 ins hochadlige Dominikanerinnenkloster Oetenbach in der Stadt Zürich ein. Hier brachte sie es bis zur Priorin und leitete den Konvent nachweislich von 1317 bis 1336. Clara hingegen wurde verheiratet mit Egino IV. von Matsch, dem Vogt des Bistums Chur, und gebar ihm drei Kinder. Als dessen Onkel Clara wenig ehrenhaft behandelte, erschlug der gekränkte Ehemann den Übeltäter. Nach Werners erfolgreichem Eintreten für seinen zwangsexilierten Schwager Egino beim König im Jahr 1313 verlieren sich die Spuren von Claras weiterem Schicksal.[20]

Frühe Burgen

Nach der Beschäftigung mit einigen hervorragenden Vertretern der Adelsgeschlechter im Baselbiet stellt sich die Frage, wo und wie sie gewohnt haben.

Gründen feindlich gesinnt war. Schliesslich verlor der Gegenkönig 1080 in der Schlacht an der Elster die Schwurhand und starb einige Tage später an dieser Verletzung. – Weil Bischof Burckhard von Basel Partei für König Heinrich IV. nahm, wurde die Stadt und das weitere Umland in einen langjährigen Krieg hineingezogen. Über den Verlauf der Kämpfe in unserem Gebiet schweigen die Quellen völlig, doch entschädigte Heinrich den Bischof 1080 und 1084 mit dem Königsgutbezirk Härkingen SO und der elsässischen Herrschaft Rappoltstein für dessen hohe materielle Verluste.[31] Schliesslich ist bekannt, dass Bischof Burckhard seine Stadt mit einem Mauerring sicherte.[32] Heftig stritten die beiden Parteien auch um den Besitz der Stadt Zürich, die schliesslich in der Hand Herzog Bertholds von Zähringen blieb. Berthold heiratete 1079 Agnes, eine Tochter Rudolfs von Rheinfelden, und erbte damit faktisch dessen Herrschaft über Kleinburgund (Bern, Fribourg).

Die Homberger als Inhaber der Grafschaft Sisgau

Die Abstammung der seit dem späten 11. Jahrhundert im Fricktal fassbaren Herren von Homberg[33] lässt sich wegen des Fehlens früherer schriftlicher Quellen nicht befriedigend klären. Sie könnten mit den Lenzburgern verwandt sein, denn ein Vertreter dieses Geschlechts wirkte 1064 als Graf im Frickgau. Auf jeden Fall standen die Homberger in einer engen Beziehung zu Rudolf von Rheinfelden. Kontakte ergaben sich schon durch die räumliche Nähe zu dessen strategisch wichtiger Burg auf der Insel beim späteren Rheinfelden und durch dessen Amt als Graf im Sisgau. Ein wie auch immer geartetes Verhältnis lässt sich zudem wegen der Häufigkeit des Namens Rudolf bei den frühen Hombergern vermuten.[34] Wahrscheinlich hatte der insgesamt dreimal verheiratete Herzog und spätere Gegenkönig eine Tochter aus dieser Familie geehelicht. Diese Verbindung müsste vor seiner Verlobung mit der salischen Prinzessin Mathilde 1057 gelegen haben.[35] Realpolitischer Instinkt trieb das Geschlecht derer von Homberg im Investitur-

Füllinsdorf-Altenberg
Die Burganlage auf dem Altenberg ob Füllinsdorf wurde 1986/87 archäologisch untersucht. Beidseits durch ein Grabensystem geschützt, bestand sie aus einem grösseren, ummauerten Innenhof, der im Südosten von einem mächtigen Wohnturm abgeschlossen wurde. Mauerstärken von gegen zwei Metern und ein Hocheingang lassen auf ein mächtiges, mindestens drei- oder viergeschossiges Bauwerk schliessen (links). Südlich schloss eine mehrfach umgestaltete Toranlage an (oben). Zwei Abortschächte an der nördlichen Umfassungsmauer lassen vermuten, dass dort ein weiteres Gebäude, vielleicht eine Art Palas, an die Befestigung anlehnte. Im Hof fanden sich zudem ein Grubenhaus und ein im Boden eingetiefter Backofen. Funde datieren die Anlage ins 11. Jahrhundert.

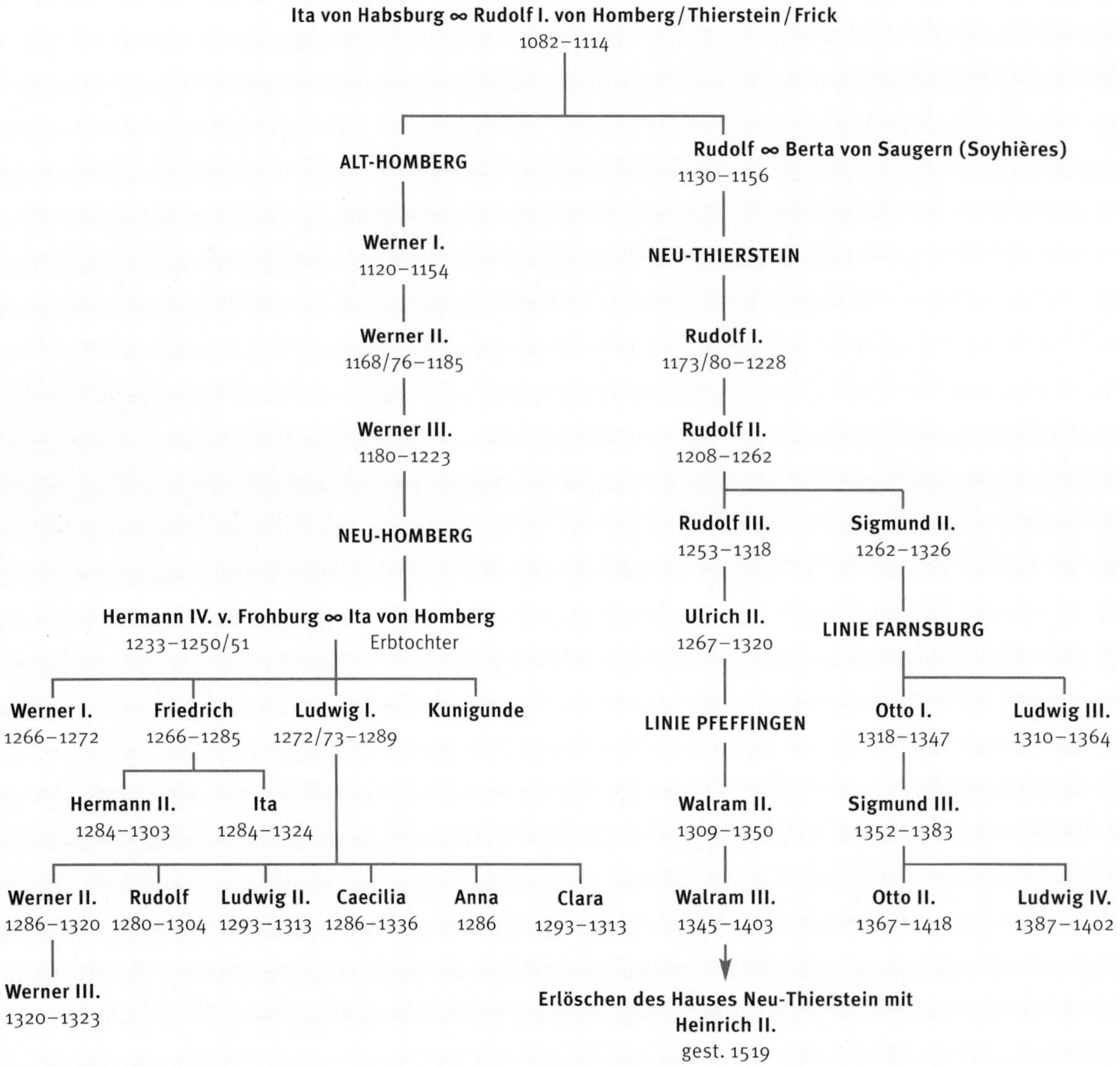

Ita von Habsburg ∞ Rudolf I. von Homberg / Thierstein / Frick
1082–1114

ALT-HOMBERG

Werner I.
1120–1154

Werner II.
1168/76–1185

Werner III.
1180–1223

NEU-HOMBERG

Hermann IV. v. Frohburg ∞ Ita von Homberg
1233–1250/51   Erbtochter

Werner I.   Friedrich   Ludwig I.   Kunigunde
1266–1272   1266–1285   1272/73–1289

Hermann II.   Ita
1284–1303   1284–1324

Werner II.   Rudolf   Ludwig II.   Caecilia   Anna   Clara
1286–1320   1280–1304 1293–1313   1286–1336   1286   1293–1313

Werner III.
1320–1323

Rudolf ∞ Berta von Saugern (Soyhières)
1130–1156

NEU-THIERSTEIN

Rudolf I.
1173/80–1228

Rudolf II.
1208–1262

Rudolf III.   Sigmund II.
1253–1318   1262–1326

Ulrich II.   **LINIE FARNSBURG**
1267–1320

                Otto I.   Ludwig III.
LINIE PFEFFINGEN   1318–1347   1310–1364

Walram II.   Sigmund III.
1309–1350   1352–1383

Walram III.   Otto II.   Ludwig IV.
1345–1403   1367–1418   1387–1402

↓

Erlöschen des Hauses Neu-Thierstein mit
Heinrich II.
gest. 1519

Die Grafen im Sisgau

Stammtafeln der Grafen von Alt- und Neu-Homberg sowie von Neu-Thierstein nach Jürg Schneider und Anton Egloff. Die Jahreszahlen sind nicht als absolute Lebensdaten der Personen zu verstehen. Sie beziehen sich auf deren Erwähnung in Urkunden und anderen Quellentexten.

Dies interessiert vor allem deshalb, weil dem Wohnort des Adels immer eine repräsentative und damit wiederum herrschaftliche Funktion zukam. Vor 1200 fliessen die schriftlichen Quellen nur spärlich; glücklicherweise kann die Geschichtsforschung hier auf die Ergebnisse der Archäologie zurückgreifen. Es sind im Baselbiet mehrere frühe Burgen bekannt, womit Befestigungsanlagen gemeint sind aus der Zeit vor dem 12. und 13. Jahrhundert, der eigentlichen Blüte der Burgenarchitektur. Die Baselbieter Burgruinen oder Burgstellen wurden freilich nicht alle mit derselben modernen wissenschaftlichen Methodik erforscht. Alte Grabungen betrafen beispielsweise die zwei frühen Festungen oberhalb von Sissach. In der prähistorischen Anlage Burgenrain ist das Nietfragment einer ins spätere 7. Jahrhundert gehörenden Schwertscheide zum Vorschein gekommen, was eine wie auch immer geartete Nutzung in merowingischer Zeit wahrscheinlich macht. Die Festung Sissacher Fluh hat man einzig aufgrund von bautypologischen Kriterien versuchsweise ins 10. Jahrhundert datiert.[21] Etwa zur selben Zeit muss auch der künstliche Burghügel des Zunzger Büchels am Ausgang des Diegtertals entstanden sein. Ins 10. Jahrhundert ist schliesslich die Festung Burghalde nördlich von Liestal zu datieren, die

streit jedoch auf die Seite König Heinrichs IV. Offensichtlich übernahmen sie mit Heinrichs Billigung Besitzungen aus dem Erbe des seit 1077 in Reichsacht stehenden Gegenkönigs.[36] Die Grafschaft im Sisgau hatte ein Homberger entweder seit 1057 inne – als der Rheinfeldener mit der Herzogswürde belehnt wurde – oder nach dessen politischem Sturz 1077. In dieser hohen Stellung blieben die Herren von Alt-Homberg völlig unangefochten bis zu ihrem Aussterben im Mannesstamm um 1223.

Nach neuen Forschungserkenntnissen war es im 11. Jahrhundert die Krone – nicht der Bischof von Basel –, welche die Grafschaft im Sisgau als Lehen vergab. Kaiser Heinrich III. hat dem Hochstift 1041 zur Linderung von dessen Armut nur die Einnahmen des Reichsgutsbezirks Augst, gelegen in den Grafschaften Augstgau und Sisgau, geschenkt.[37] Rudolf von Homberg/Thierstein übte neben dem Amt des Grafen auch dasjenige des Hochvogts im Bistum aus. Ein gleichnamiger Verwandter machte unterdessen als Geistlicher Karriere und amtete seit 1107 selbst als Bischof in Basel.[38] Die Vertreter der nachfolgenden drei Generationen sind in den Quellen hauptsächlich als Zeugen bei königlichen Schenkungen an Kirchen und Klöster und ähnlichen Rechtsgeschäften fassbar. Als Brüderpaare verwalteten sie offenbar gemeinsam die Grafschaft des Sisgaus. Ein wichtiges Amt war zudem dasjenige des Hochvogts im Bistum Basel, das sich in der Familie der Alt-Homberger vererbte. Dieses Amt übten sie aber offenbar nur innerhalb ihres gräflichen Machtbereichs aus. Rudolf I. von Homberg war zudem Kastvogt des Klosters St. Alban für dessen linksrheinischen Besitz; auch dieses Amt wurde bei den Hombergern erblich.[39] Der Kern ihres Eigenguts lag allerdings nicht im Sisgau, sondern im angrenzenden Teil des Frickgaus. Die Grafen Werner II., Friedrich und Werner III. stifteten zu ihrem Seelenheil jeweils eine jährliche Messe auf ihren Todestag. Diese so genannte Jahrzeit mussten die Priester der Kirchen mit hombergischem Patronatsrecht (Frick, Herznach, Oeschgen, Wittnau und Wölflinswil) gemeinsam in der Kirche St. Peter und Paul zu Frick feiern.[40]

Wertvolle Funde

Unter den Funden aus der Burgruine Füllinsdorf-Altenberg befinden sich einige ausserordentliche Stücke wie diese vergoldeten Bronzeobjekte: ein Schildbeschlag (oben), ein Beschlag unbekannter Verwendung (Mitte) und eine kleine Schnalle, die vermutlich zum Reitgeschirr gehörte. Die Funde bekräftigen, was schon die frühe Burganlage nahelegt: In dieser Frühzeit des Burgenbaus ist am ehesten mit einer königlichen oder doch zumindest hochadeligen Bauherrschaft zu rechnen; einfachere edelfreie Geschlechter kommen in dieser Zeit allenfalls als Ausführende, kaum jedoch als Auftraggeber in Frage. Der Schildbeschlag misst 7,2 Zentimeter im Durchmesser, Beschlag und Schnalle haben eine Länge von 3,7 beziehungsweise 2,7 Zentimetern.

zusammen mit ihrer Vorburg eine auffallend grosse Fläche umfasste. Vermutlich wurde diese Anlage im Auftrag der Könige von Burgund erstellt, um die wichtige Strasse zwischen Rhein und Oberem Hauenstein zu überwachen. Sie übernahmen auch die Festung vorderer Wartenberg oberhalb von Muttenz, die aus spätkarolingischer Zeit stammte.[22] Bei Muttenz traf sich nämlich 1027 König Rudolf III. von Burgund mit Kaiser Konrad II. zur Regelung seiner Erbfolge. Diese vordere Burg auf dem Wartenberg geriet wahrscheinlich während der Kämpfe des Investiturstreits in den Besitz des königstreuen Bischofs von Strassburg. Von ihm hatten die Neu-Homberger im späten 13. Jahrhundert die drei Festen auf dem Wartenberg zu Lehen und verliehen eine davon wiederum an ihren Ministerialen Hermann Marschalk.[23]

Umstritten ist in der Forschung, wer die Burg Altenberg im Büchlehau bei Füllinsdorf errichtet hat. Leider fehlt jeder schriftliche Hinweis auf den Namen des Erbauers. Deshalb kann die These, es handle sich um einen frühen Vertreter der Herren von Schauenburg, weder bewiesen noch verworfen werden.[24] Die Anlage wurde nach Auskunft von datierbaren Keramikscherben und dem Zeugnis dreier Münzen im frühen 11. Jahrhundert errichtet, aber

Graf Werner II. von Neu-Homberg
Die obere Szene einer Illumination aus dem Codex Balduini Treverensis zeigt Graf Werner II. von Neu-Homberg als Kämpfer während des Aufstandsversuchs der Stadt Mailand 1311 gegen König Heinrich (VII.). Der Graf ist zu erkennen an seinem Wappen, dem schwarzen Doppeladler, auf Waffenrock, Schild und Pferdedecke. Die untere Bildhälfte thematisiert den Urteilsspruch König Heinrichs gegen das widerspenstige Mailand, dessen Türme er niederreissen liess.

Rudolf III., der Bruder von Werner I. von Homberg, heiratete die Tochter des Grafen von Soyhières (Saugern). Sein Sohn Rudolf (I.) baute auf dem ihm von seiner Mutter zugekommenen Land bei Büsserach SO die Feste Neu-Thierstein.[41] Der Bischof von Basel belehnte ihn mit der Burg Pfeffingen und zusätzlich mit der Hälfte von Burg Angenstein. Die andere Hälfte dieser Feste fiel durch die Heirat seines Enkels Rudolf III. mit Beatrix von Pfirt an die Grafenfamilie Neu-Thierstein. Dieses Adelsgeschlecht kontrollierte den Zugang zum oberen Birstal und damit die Passroute Richtung Moutier-Grandval und Biel.[42] Im Sisgau hatte der Thiersteiner Familienzweig der Homberger offenbar bis ins Spätmittelalter beträchtlichen Grundbesitz inne. Ob und wieweit sie auch Anteil an der Landgrafschaft hatten, bleibt unklar. Erst als die Herren von Neu-Homberg 1323 ausstarben, meldeten die Thiersteiner diesbezügliche Erbansprüche an.

Die Neu-Homberger und die Teilung der Grafschaft

Das letzte Mal wurde Graf Werner III. von Alt-Homberg in einer Urkunde erwähnt am 25. Mai 1223. Vermutlich starb er im Juli 1227 an einer Seuche, der viele Ritter des in Italien versammelten Kreuzzugsheeres zum Opfer fielen. Es gibt Anhaltspunkte, wonach er einen allerdings früh verstorbenen Sohn namens Johann hatte. Als gesichert kann gelten, dass Werner III. eine Tochter hinterliess. Ihr Name Ita ist uns im Liestaler Jahrzeitenbuch überliefert.[43] Ita von Homberg erbte das Eigengut der Familie und heiratete wahrscheinlich zwischen 1240 und 1250 Hermann IV. von Frohburg. Diese den Grafentitel führende Familie hatte im 12. Jahrhundert mindestens einen, vielleicht auch mehrere der Basler Bischöfe gestellt.[44] – Hermann IV. war also Vertreter einer mächtigen Sippe. Trotzdem übernahm er die Grafschaft Sisgau kaum ohne die formale Zustimmung des Kaisers. Hermann nannte sich fortan zur Unterscheidung von seinen frohburgischen Verwandten meistens von Homberg. Durch Ausbrechen eines Felsentors oberhalb von Horwen (später Dorf Hauenstein SO) wurde ein neuer Weg über den Unteren Hauen-

bereits vor 1100 wieder aufgegeben. Damit ist der Zeitraum umrissen, in dem um die politische Angliederung Basels und seines Hinterlands ans deutsche Reich gerungen wurde. Es ist klar, dass es sich bei den Bauherren um Adlige von hohem Rang gehandelt haben muss. Darauf deutet schon die exponierte Lage in Sichtweite zwischen den bereits bestehenden Festungen vorderer Wartenberg und Burghalde. Unter den Fundobjekten fallen vergoldete Zierstücke aus Bronze ins Auge. Sie vermitteln eine Ahnung von der prächtigen Kleidung und Bewaffnung der ehemaligen Burgbewohner.

Es muss festgehalten werden, dass die adligen Dynastien sich erst etwa seit der Wende vom 11. zum 12. Jahrhundert nach ihren Burgen zu nennen pflegten. Wichtig für unseren Raum waren die Frohburger, deren namengebende Festung beim Erlimoos oberhalb von Trimbach lag. Die ältesten Teile dieser Anlage datieren in die Mitte des 9. Jahrhunderts, also noch in karolingische Zeit.[25] Auch Schloss Bipp, die Erlinsburg und die Alte Bechburg lagen im Einflussbereich der Frohburger. Sie haben offenbar auch die beiden Festen Gerstelfluh und Waldenburg über dem Tal der Vorderen Frenke im Sisgau erbaut. Mindestens ein Zweig der Grafenfamilie

HERRSCHAFTSBILDUNG UND FRÜHER ADEL   227

· Bellum ibi Gwido de Turri euasit ·

· Rex sed; in iudicio turres destruxit in Melant ·

BAND EINS / KAPITEL 7

Kloster Schöntal
Die frühe Farbfotografie aus der Zeit um 1950 zeigt die Westfassade der romanischen Klosterkirche mit dem Portal und einem später hinzugekommenen Dachreitertürmchen. Das Kloster wurde um die Mitte des 12. Jahrhunderts von den Grafen von Frohburg gegründet.

stein Richtung Trimbach und Olten angelegt. Diese Massnahme ist nur im Zusammenhang mit der Erschliessung der Gotthardroute zwischen 1200 und 1230 und dem Bau der ersten Rheinbrücke in Basel 1225 zu verstehen.[45] Bei Läufelfingen errichtete Graf Hermann die Burg Neu-Homberg, von wo man die neue, dem Fernhandel dienende Passstrasse leicht überwachen konnte.

In Hermanns Amtszeit fällt auch der Ausbau vom Dorf («vicus») Liestal zum befestigten Flecken («burgus»). Um diesen in den Quellen schlecht belegten Vorgang zu verstehen, ist eine Rückblende nötig. Die Wirren um die Thronfolge im Reich zwischen 1197 und 1215 ermöglichten es wohl den Hombergern, sich den königlichen Freihof in Liestal anzueignen.[46] Sie hatten das Gehöft und die inzwischen darumgewachsene dörfliche Siedlung wahrscheinlich schon vorher als Lehen innegehabt. Diese Vermutung stützt sich darauf, dass sich Kaiser Friedrich I. Barbarossa für die Verkehrswege über die Jurakette kaum mehr interessierte. Südlich derselben hatten sich nämlich inzwischen die Zähringer als Rektoren – als Vizekönige Kleinburgunds – festgesetzt, mit denen das Verhältnis zeitweilig gespannt war. Als der neue Herrscher, Friedrich II. von Staufen, 1215 von Italien nach Deutschland zog, reiste er bezeichnenderweise via Chur und Konstanz nach Basel.

Im Dorf Liestal besass das von den Frohburgern 1145 bis 1152 im Wald am Oberen Hauenstein gegründete Kloster Schöntal gemäss einer Besitzbestätigung von 1226 eine Schuppose mit Grundstück und Ackerland. Das lässt auf eine Schenkung der Homberger schliessen.[47] Diese waren mit den Frohburgern durch die bereits erwähnte Ehe verbunden. Die Heirat war damals wohl schon beschlossen, hatte aber wegen des kindlichen Alters der Braut Ita noch nicht stattgefunden. Ihre Söhne Werner I. und Friedrich waren nämlich erst gegen 1266 mündig, also 16 Jahre alt. – Das nach der Besitzbestätigung von 1226 ebenfalls dem Kloster Schöntal gehörende steinerne Haus in Sissach war, zusammen mit einer Schuppose in Wintersingen, eine Schenkung des «Grafen Hermann» (IV.). Dieser ist offenbar nicht identisch mit dem im selben Text dreimal erwähnten «edlen Herrn Graf Her-

wohnte bis um die Mitte des 13. Jahrhunderts in der ungewöhnlich grossen Frohburg und verzichtete darauf, in seinen Städten Zofingen oder Olten einen neuen Herrschaftssitz zu errichten.

Betrachten wir nun weiter die Verhältnisse im Baselbiet und in dem angrenzenden aargauischen Fricktal. Bekanntlich erhielten die Grafen des Sisgaus ihren Beinamen von der heute zerstörten Burg Alt-Homberg oberhalb von Wittnau, die gemäss archäologischem Befund um die Mitte des 11. Jahrhunderts erbaut wurde. Bezeichnenderweise nannte sich Rudolf von Homberg, der erste bekannte Vertreter dieses Geschlechts, manchmal auch nach der Burg Alt-Thierstein, deren Ruine heute noch auf dem benachbarten Juraausläufer zu sehen ist. Überdies begegnet er zweimal in Urkunden als Rudolf, Graf von Frick. Die hochadligen Homberger hielten sich also, wie viele ihrer Standesgenossen, abwechselnd an verschiedenen Wohnsitzen auf. Die aargauischen Burgen Alt-Homberg und Alt-Thierstein interessieren hier nur am Rande, die Ödenburg oberhalb von Wenslingen hingegen steht im Baselbiet.[26] Ihre Erbauung wird von den Archäologen aufgrund der ältesten Keramikfunde ins mittlere 11. Jahrhundert datiert. Es handelt sich dabei um eine Anlage mit einer ummauerten Fläche von rund 1700 Quadrat-

HERRSCHAFTSBILDUNG UND FRÜHER ADEL

mann» (III.), der ein Onkel Hermanns IV. war. Die von Letzterem dem Konvent gestifteten Güter liegen denn auch alle südlich der Jurakette, also im angestammten Herrschaftsbereich der Frohburger. Die Schenkung des Hauses in Sissach ist wohl damit zu erklären, dass schon Graf Werner III. von Homberg oder aber Graf Hermann IV. als zukünftiger Schwiegersohn den Wohnsitz der Familie in das zentraler gelegene Liestal verlegt hatte. Weil Graf Hermann IV. das repräsentative Gebäude in Sissach nicht mehr benötigte, überliess er es dem von seinen eigenen Vorfahren gegründeten Kloster.

Im Friedensvertrag mit Heinrich von Kienberg von 1241 wird Hermann IV. als Graf von Frohburg bezeichnet und Besitzer der Burg Alt-Homberg genannt. Das bedeutet, dass er als Vertreter der Interessen seiner Frau über den Kienberger Gericht hielt, der in unbefugter Weise die Erzlagerstätten von Wölflinswil im Fricktal[48] ausgebeutet hatte. Diese Übergriffe eines Lehensmannes der Grafenfamilie können als Folge der langen Verlobungszeit von Hermann und Ita gedeutet werden: Solange diese Ehe nicht wirklich geschlossen war, hatte Heinrich von Kienberg in einem quasi rechtsfreien Raum vermutlich nach eigenem Gutdünken und Vorteil gehandelt. Vorher hatte er die Burg Alt-Homberg als Lehen genutzt, nun musste er sie aufgeben und wurde mit der Schleifung seiner eigenen Feste hart bestraft. Der Kienberger sah sich gezwungen, als Sicherheit für die Einhaltung der Bedingungen Geiseln zu stellen, der «Burgus» Liestal wurde zu ihrem Aufenthaltsort bestimmt. Dieser Begriff beweist, dass Hermann von Homberg inzwischen Liestal zum befestigten Ort ausgebaut hatte.

In dieser Zeit wurde der am Zusammenfluss von Frenke und Ergolz liegende «Alte Markt» in die werdende Stadt versetzt. 1266 erwähnte Graf Hartmann von Frohburg, der Bruder des verstorbenen Grafen Hermann IV., Liestal als *Munitio*, also als Festung, die er den inzwischen seiner Vormundschaft entwachsenen Neffen, den Grafen Werner I. und Friedrich von Homberg, übergeben habe.[49] Die nächstgelegenen Siedlungen Bettenach und Munzach wurden im Verlauf des 13. Jahrhunderts aufgegeben, während die

Eine Stammburg der Thiersteiner
Die altertümlich anmutende, verschachtelte Burganlage Alt-Thierstein oberhalb Gipf-Oberfrick im Kanton Aargau wurde den Funden zufolge bereits im frühen 11. Jahrhundert erbaut. Sie war – nach Alt-Homberg – vermutlich der zweite Sitz der Grafen von Homberg-Thierstein.

metern. Der beanspruchte Raum war also wesentlich grösser als bei den etwas jüngeren typischen Turmburgen des ritterlichen Kleinadels. Neben dem repräsentativen Torturm gehörten drei oder vier weitere Steinbauten zur Ödenburg. Die übrigen an die Ringmauer angebauten Häuser bestanden aus Holz. In einem davon war in der rückwärtigen Mauer ein Cheminée eingebaut; in einem anderen Haus hat man die Reste eines Kachelofens gefunden. Diese Einrichtungen machten die Festung auch im Winter bewohnbar. Die Keramikscherben stammen von Kochtöpfen, was ebenfalls gegen eine Funktion der Ödenburg ausschliesslich als Zufluchtsort bei akuter Gefahr spricht. Auch die zahlreichen Hufnägel und Fragmente von Hufeisen auf dem steilen Weg zum Zugangstor zeugen von einem regen Betrieb, vom Kommen und Gehen der Reiter, das heisst der Adligen und ihres Gefolges. Die Ödenburg wurde gemäss den datierbaren Keramikscherben gegen 1200 als ständiger Wohnort aufgegeben. Die Burgruine befand sich um 1325 im Besitz des Hauses Habsburg-Laufenburg, die sie mit den daranhängenden Gütern und Einkünften den Herren von Küttigen verlieh. Die Laufenburger hatten die Ödenburg aufgrund ihrer Erbvereinbarung mit Graf Wernli (III.), dem letzten Neu-Homberger,

BAND EINS / KAPITEL 7

Gräfliche Siegel
Mit diesen Zeichen beglaubigten die Grafen von Neu-Homberg ihre Urkunden. Das obere Siegel gehörte dem Grafen Ludwig I. Er wird in Dokumenten zwischen 1272/73 und 1289 erwähnt. Das untere gehörte Graf Hermann II., der in Dokumenten zwischen 1284 und 1303 auftaucht. Die Siegel haben einen Durchmesser von 7 beziehungsweise 7,5 Zentimetern.

Gotteshäuser stehen blieben und weiter benützt wurden. Diejenigen Bewohner von Bettenach, die nicht in die Stadt zogen, verlegten ihre Behausungen auf die andere Seite der Ergolz; das neue Dorf erhielt den Namen Lausen. Zu Beginn des 13. Jahrhunderts entstand bei den Festungen Gerstelfluh und Waldenburg das Städtchen Waldenburg.[50] Diese Gründung der Frohburger spiegelte ebenso wie diejenigen im Buchsgau den allgemeinen wirtschaftlichen Aufschwung, von dem die herrschenden Familien zu profitieren wussten. Als Inhaber der Landgrafschaft konnten sie Marktabgaben verlangen und Zollstellen einrichten. Diese lagen im 13. Jahrhundert in Augst, Liestal und Frick sowie – was den Machtbereich der Frohburger betrifft – in Waldenburg und in Trimbach beziehungsweise Horwen (Hauenstein).

Aus der Verbindung Graf Hermanns IV. von Frohburg mit Ita von Alt-Homberg gingen drei Söhne hervor. Werner I., Friedrich und Ludwig I. Die erstgenannten Männer lebten offenbar zu kurz, um grössere Bedeutung zu gewinnen. Graf Ludwig hingegen heiratete Elisabeth, die Erbtochter der Grafen von Rapperswil. Damit kamen dem Haus Neu-Homberg Landbesitz und Ansprüche auf wichtige Ämter zu. Genau dies aber brachte Ludwig in Gegensatz zu König Rudolf von Habsburg, der ihm die einträgliche Kastvogtei Einsiedeln und die Reichsvogtei Urseren nicht zugestehen wollte und beide seinen eigenen Söhnen übertrug. Graf Ludwig musste alles auf eine Karte setzen, um die für ihn zentrale Gunst des Königs zu gewinnen. Er beteiligte sich an der mehrfachen Belagerung der abtrünnigen Stadt Bern und fand Ende April 1289 den Tod im Kampfgetümmel. Sein heldenhaftes Vorpreschen in die Reihen der speerbewehrten Berner verschaffte dem die Aktion leitenden Habsburger Eingang in die feindliche Stadt. Der verstorbene Homberger wurde auf Kosten des besiegten Bern im Zisterzienserkloster Wettingen beerdigt, einer Gründung des Hauses Rapperswil, der Familie seiner Gattin Elisabeth und seiner Grosstante Anna.[51]

Die Tapferkeit Ludwigs nützte Elisabeth nicht viel, der König gewährte ihr nur einen Teil der von ihr beanspruchten Güter. Die Witwe musste Besitz

erhalten. Dieses Geschlecht wiederum hatte seine Besitzungen von den Alt-Hombergern geerbt, denen die Ödenburg also einst gehört haben muss.[27]

Die Ödenburg, aber auch die Festen Alt-Homberg und Alt-Thierstein im westlichen Fricktal wurden rund zwei bis drei Jahrzehnte vor der Ersterwähnung des Grafen Rudolf I. von Homberg erbaut. Das Recht, Wehrbauten zu errichten, war bis ins 12. Jahrhundert hinein wenigstens theoretisch dem König vorbehalten. Deshalb können diese drei Burgen nicht ohne die Billigung beziehungsweise den Auftrag des Königsvertreters entstanden sein. Dieser mächtige Herr hiess ebenfalls Rudolf und ist in einer Urkunde von 1048 als Graf des Sisgaus erwähnt.[28] Er muss mit dem späteren Herzog Rudolf von Rheinfelden identifiziert werden. Der Herzog wurde in den Annalen des Klosters Einsiedeln ausdrücklich als 15. Inhaber der Grafschaft bezeichnet, wobei das Gebiet Rheinfelden damals zum Sisgau gehörte.[29] Das ungefähr gleichzeitige Entstehen von drei grösseren Burgen im Hinterland von Rheinfelden, Alt-Thierstein, Alt-Homberg und Ödenburg, kann man durchaus im Sinne der Herrschaftsbildung[30] deuten, wobei hier die Verankerung in der Region wohl mehr zu betonen ist als der selbstverständliche Machtanspruch der mit dem

verkaufen, um sich und ihren sechs Kindern weiterhin ein standesgemässes Leben zu ermöglichen. Schliesslich heiratete sie den Grafen Rudolf III. von Habsburg-Laufenburg. Die hombergischen Güter im Baselbiet verwaltete inzwischen Graf Hermann II., der Sohn des kurz erwähnten Friedrich. Auch Hermann litt offenbar unter Geldmangel; es handelte sich dabei um ein typisches Problem des spätmittelalterlichen Adels, dessen Reichtum hauptsächlich auf Landbesitz beruhte. Um sich flüssige Mittel zu verschaffen, verlieh der Graf im Jahr 1300 die Untere Feldmühle bei Liestal sowie einen Teil des städtischen Zollertrags für 30 Mark Silber an den Kämmerer des Basler Bischofs. Graf Werner II. von Neu-Homberg hingegen, Elisabeths ältester Sohn, vergab 1301 die vordere und die mittlere Burg Wartenberg, den Dinghof Muttenz sowie den Hardwald für 300 Mark Silber als Erblehen an zwei Basler Bürger.[52]

Zu dieser Zeit waren auch die Frohburger der Linie Waldenburg an der Landgrafschaft Sisgau mitbeteiligt. Wegen der spärlichen Überlieferung ist jedoch nicht klar, ob dieser Anspruch auf genealogische Verbindungen[53] oder einfach auf reale Machtverhältnisse zurückzuführen ist. Abgesehen von der Vormundschaft Graf Hartmanns für seine Neffen, Werner I., Friedrich und Ludwig von Neu-Homberg, in den Jahren 1259 bis gegen 1266, hinterliess das Kondominat der beiden Familien[54] keine schriftlichen Spuren. Andererseits beanspruchten die Frohburger bis 1245 die beiden Birseckburgen, sie verfügten über Eigengüter in Arlesheim und Arisdorf sowie beträchtlichen Besitz im Waldenburgertal.[55] 1295 musste Graf Volmar IV. für die Städte Waldenburg und Olten ein Lehensverhältnis mit dem mächtigen Basler Bischof eingehen.[56] Was Liestal betrifft, so erklärte sich Volmar von Frohburg 1302 damit einverstanden, dass sein Vetter Hermann II. den Zoll zwei Basler Bürgern verlieh, die dafür 80 Mark Silber bezahlten.[57] Dazu kamen in dieser ursprünglich hombergischen Region noch der Besitz Ludwigs von Frohburg-Waldenburg von fünf Schupposen in Lausen bis 1275[58] sowie von Dorf und Bann Füllinsdorf bis 1356.[59]

Erste Grabungen auf der Ödenburg
Bereits 1941/42 erfolgten erste archäologische Sondierungen auf der Ödenburg ob Wenslingen. Die phantasievolle, auf Packpapier festgehaltene Skizze Fritz Pümpins zeigt einen Rekonstruktionsversuch der damals ganz am Schluss der Grabungen entdeckten Toranlage (siehe S. 232).

Als Hermann II. von Neu-Homberg starb, gelang es dem Basler Bischof als Käufer des gräflichen Erbes König Albrecht von Habsburg zuvorzukommen. Dieser hätte seine an Aare und Rhein liegenden Territorien gerne durch einen Landkorridor entlang der Ergolz und dem Unteren Hauenstein verbunden, einem Weg, der überdies wegen des zunehmenden Handelsverkehrs auf der Gotthardroute interessant war. Der Nachlass des kinderlosen Grafen Hermann II. ging zunächst an dessen Schwester Ita, Gattin des Friedrich von Toggenburg. Das Ehepaar entschied sich für den Bischof als Käufer. Dieser konnte, gestützt auf die Finanzkraft der Stadt Basel, die hohe Summe von 2100 Mark Silber bar zahlen, während der König nur vage Versprechungen anzubieten hatte.[60] Friedrich trat im Namen seiner Frau in einer Urkunde vom 17. Dezember 1305 die Stadt Liestal, die Herrschaft um die Burg Neu-Homberg mit den Dörfern Läufelfingen, Buckten, Rümlingen, Wittinsburg, Känerkinden, Häfelfingen und Thürnen sowie den Hof Ellweiler im Elsass mit den jeweils dazugehörenden Gütern und Rechten an das Hochstift Basel ab. Ausgenommen von diesem Verkauf der Erbschaft Itas blieben der Zoll zu Frick und die Erzgruben bei Wölflinswil.

Werner II. von Neu-Homberg erbte von seinem Vater Ludwig neben Landgütern auch dessen Anteil an der Grafschaft Sisgau.[61] Bis 1299 wurde sie vormundschaftlich von seinem Vetter Hermann II. verwaltet. Nachher musste Graf Werner seine Rechte noch einige Jahre mit seinen jüngeren Brüdern Rudolf (gestorben 1304/05) und Ludwig II. (gestorben 1314) teilen. Allerdings war die finanzielle und verkehrspolitische Bedeutung des hombergischen Besitzes nach den erwähnten Verkäufen empfindlich geschmälert. Werner interessierte sich nicht für die Verwaltung des angestammten Gutes, er suchte Abenteuer und Kampf. Als Kreuzritter beteiligte er sich an der Ausbreitung des Deutschen Ordens in Preussen. Nach seiner Rückkehr in die Heimat erhielt Werner vom neuen Herrscher, Heinrich VII., das Amt eines Landvogts in den Waldstätten, dem Urserental und der Leventina. Seine Aufgabe bestand in der Friedenssicherung in den Tälern am Gotthard.

Wenslingen-Ödenburg

Das am eindrucksvollsten erhaltene Bauwerk der Ödenburg ist die Toranlage, die erst 1968 vollständig freigelegt und konserviert werden konnte. Der wohl als Torturm konzipierte Eingang dürfte ursprünglich über eine Zugbrücke erreicht worden sein. Der durch meterdicke Mauern führende Durchgang ins Innere war zumindest teilweise überwölbt.

Dieser hatte sich inzwischen zum wichtigsten Pass im mittleren Teil des Alpenbogens entwickelt. Der König wollte diese sensible Route in zuverlässigen Händen wissen. Als Heinrich VII. 1310 nach Italien zog, folgte ihm der Homberger dorthin. Der Herrscher ernannte Werner zum Generalhauptmann für die Lombardei, wo dieser ihm während des Romzugs den Rücken frei hielt. Zur Belohnung für die treuen Kriegsdienste bekam der Graf von Heinrich nach dessen Krönung zum Kaiser den Zoll zu Flüelen als Pfandlehen zugesprochen. Nach dem Tod des Generalhauptmanns 1320 fiel diese lukrative Einnahmequelle gemäss Erbvereinbarung an seinen Stiefbruder Johannes von Habsburg-Laufenburg.

Graf Werner II. heiratete 1315/16 Maria von Oettingen, die Witwe seines verstorbenen Stiefvaters Rudolf III. von Habsburg-Laufenburg. Sie gebar ihrem zweiten Gatten einen Sohn, den man nach dem Vater wiederum Werner (III.) taufte. Das Kind starb aber nur wenige Jahre später, mit ihm erlosch 1325 die Grafendynastie von Neu-Homberg. Nach dem Tod Wernlis folgten erbrechtliche Auseinandersetzungen, insbesondere um die Grafschaftsrechte im Sisgau zwischen dem Haus Habsburg-Laufenburg einerseits und den Grafen von Frohburg und von Thierstein andererseits, die sich bis 1359 hinzogen.[62] Die Grafen von Thierstein-Farnsburg verfügten spätestens seit 1372/76[63] im Sisgau nicht nur über reichen Grundbesitz, sondern sie hatten auch – von einigen Ausnahmen abgesehen – flächendeckend die Landeshoheit inne, die dann im 15. Jahrhundert an die Stadt Basel übergehen sollte.[64]

Die Innenbebauung der Ödenburg
Den grosszügigen Innenhof der Ödenburg säumten vor allem Holzbauten, die anhand zahlreicher Pfostengruben nachweisbar waren. An die zwei Meter dicke Schildmauer im Südosten der Anlage lehnte ein Holzgebäude mit Cheminée, das nischenartig in die Mauer eingelassen war. Vor dem Kamin lag eine stark brandgerötete Lehmplatte.

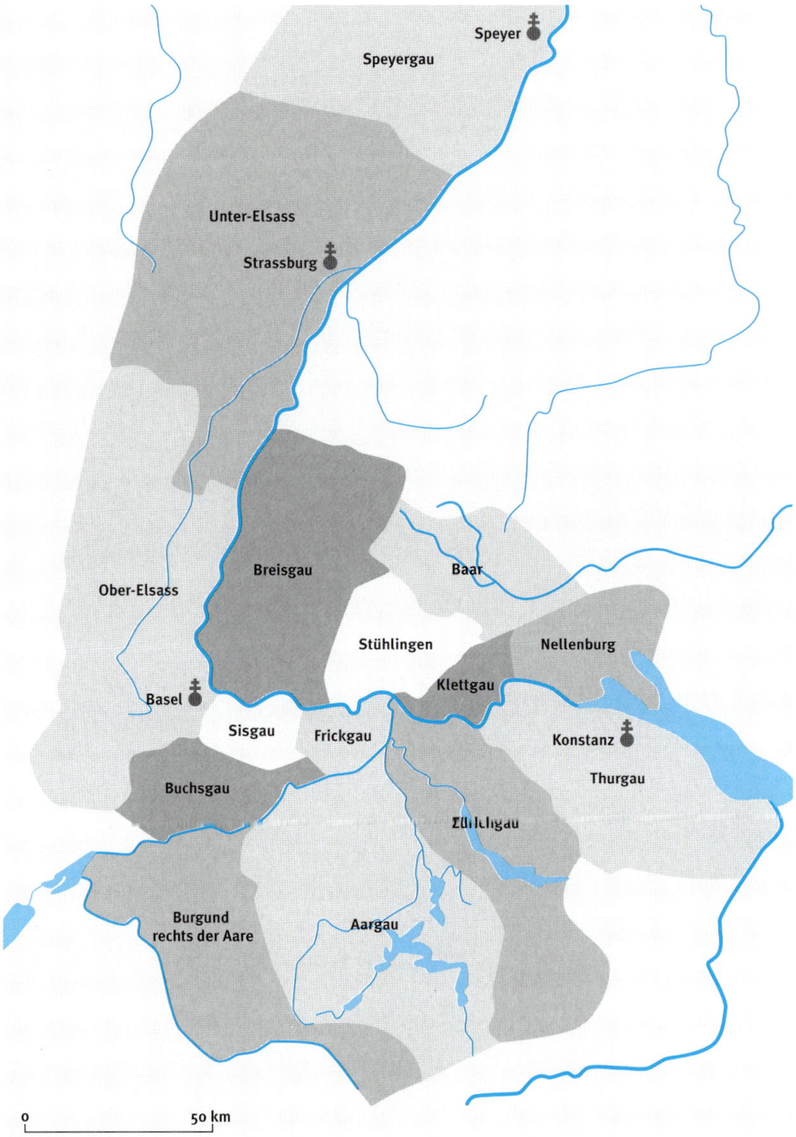

Die Landgrafschaften am Ober- und Hochrhein

Die Karte zeigt in vereinfachter Form die administrative Einteilung im Südwesten des Reichs, zu dem die Schweiz im späteren Mittelalter noch gehörte. Gut erkennbar ist die strategisch bedeutsame Lage des Sisgaus zwischen den Territorien der Habsburger im Aargau, Frickgau und dem Ober-Elsass (nach einer Darstellung von Meinrad Schaab).

Kostbare Zier

Der vergoldete, vierpassförmige Beschlag aus Buntmetall ist mit einem heraldischen Löwen geschmückt. Die 3,4 Zentimeter hohe, auf der Ödenburg gefundene Applike könnte auf einem Kleidungsstück aufgenäht gewesen sein.

burgundischen Königshaus nahe verwandten Rheinfelder. Die Homberger hatten diese Festungen vom Grafen des Sisgaus und späteren Herzog wahrscheinlich zunächst als Lehen inne. Nach Rudolfs Sturz und der damit verbundenen Enteignung durch König Heinrich IV. 1077 konnten die königstreu gebliebenen Homberger dank ihrer entfernten Verwandtschaft einen Erbanspruch auf rheinfeldische Güter erheben.[31] So gerieten wohl auch die drei Burgen in ihr Eigentum.

Nicht auszuschliessen ist aber auch, dass die Burgen kurz nach 1057/59 von einem Ahnen Rudolfs I. von Alt-Homberg gebaut wurden. Dieser übernahm wohl damals die Grafschaft im Sisgau, um den zum Herzog ernannten Rudolf von Rheinfelden zu entlasten. Da ihm als Graf die Herzogsburg bei Rheinfelden nicht zur Verfügung stand, drängte sich die Errichtung von neuen repräsentativen Herrschaftszentren im Hinterland der Inselfeste auf. Denkbar ist zudem, dass beide Erklärungsmöglichkeiten zutreffen, dass also Rudolf von Rheinfelden in seiner Zeit als Graf die eine, der Ahnherr der Homberger jedoch etwas später als Amtsnachfolger die anderen Burgen erbaut hätte. Leider ergaben die archäologischen Forschungen bisher keine Hinweise auf eine noch genauere Datierung, die dieses Rätsel lösen könnte.

Lesetipps

Flüssig liest sich die in vielem nicht überholte Darstellung der mittelalterlichen Verhältnisse in der Kantonsgeschichte von Gauss *1932. Aus der Fachliteratur verdienen einige für den Baselbieter Raum grundlegende Untersuchungen Erwähnung. Dort findet der Leser weitere Quellenbelege, die hier aus Platzgründen weggelassen werden mussten.*

Chronologisch gesehen am Anfang steht der Aufsatz von Borgolte *(1983) über die Grafengewalt im Elsass, der die Region Basel mitberücksichtigt.*

Pfaff (1963) beschreibt die Beziehungen zwischen Kaiser Heinrich II. und Basel. Die Vorgänge beim Anschluss Burgunds ans Reich durch Konrad II. zeichnet Kahl *(1969) genau nach.*

Wichtig bleiben Massinis *Untersuchung von 1946 über das Bistum Basel im Investiturstreit sowie die Dissertation von* Schneider *(1977) über die Grafen von Homberg. Zu letzterem Thema bietet* Egloff *(1980) genealogische Ergänzungen.*

Neue Impulse erhält die Geschichtsforschung dankenswerterweise von den Grabungen, welche die Baselbieter Archäologen an Burgstellen und Burgruinen durchgeführt haben. Der Vorsteher der Kantonsarchäologie, J. Tauber, *hat 1998 seine Sicht von Siedlungsgeschichte und Herrschaftsbildung allgemein verständlich dargelegt. Die Verfasserin wurde von ihm damit beauftragt, die alten Schriftquellen zur Siedlungsregion Liestal neu zu interpretieren. Neben ersten 1995 vorgebrachten Hypothesen zur Deutung ausgewählter Quellenfragmente liegt seit 1998 eine grössere Studie vor, deren Druck in Vorbereitung ist.*

Abbildungen

Musée du Louvre, © Photo RMN, J.G. Berizzi, Paris: S. 205.
Büro Sennhauser, Zurzach: S. 206.
Anne Hoffmann Graphic Design: S. 208, 224 und S. 234 oben.
Kantonsarchäologie Baselland: S. 209, 213, 215, 223, 231, 232, 233 und S. 234 unten.
Peter Heman, Basel: S. 210.
Kantonsmuseum Baselland, Nachlass Theodor Strübin: S. 211 und S. 228.
Basler Denkmalpflege, Hermann Ochs, 1939: S. 214 oben.
Baer, Casimir Hermann: Die Kunstdenkmäler des Kantons Basel-Stadt 1, Basel 1932 (Die Kunstdenkmäler der Schweiz 3), Abb. 38: S. 214 unten.
Staatliche Museen zu Berlin und Preussischer Kulturbesitz, Kunstgewerbemuseum, Foto Bartsch: S. 218.
Generallandesarchiv Karlsruhe: S. 219.
Klaus Rossa, Berlin: S. 220.
Kantonsarchäologie Baselland, Marcel Eckling: S. 225.
Schneider 1977, Abb. 2. 3.: S. 227.
Kantonsarchäologie Aargau/ Patrick Nagy, Zürich: S. 229.
Schneider 1977, Farbtafel S. 16: S. 230.

Anmerkungen

1 Vgl. Büttner 1939, S. 77ff.
2 Vgl. aber Borgolte 1983, S. 15, mit Anm. 80.
3 Büttner 1939, S. 77ff.
4 Zum Stand der Forschung Bruckner et al. 1972, S. 127f. und 163ff.
5 Vgl. Wilsdorf 1965, S. 133–136, der auf die Titulatur überhaupt nicht eingeht.
6 Bruckner et al. 1972, S. 165. Vgl. Sennhauser 1983, S. 80f.
7 Vgl. zum Folgenden Wittmer-Butsch 1998, S. 54ff.
8 Marti 2000, S. 180ff.; vgl. Kap. 5. Zur Patrozinienforschung vgl. Feurstein 1949, S. 36f.
9 Vgl. Kap. 4.
10 Vgl. dazu Wittmer-Butsch 1998, S. 78ff. und 87.
11 Boos, Nr. 2: Corberio im Augstgau, Nr. 3: Methimise, Nr. 4: Firinisvilla et Muncacio.
12 Zu den Besitzungen der kirchlichen Institute vgl. Büttner 1939, S. 69ff.
13 Trouillat, Bd. 1, Nr. 63.
14 Boos, Nr. 8 und 9. Die Interpretation nach Borgolte 1983, S. 42f.
15 Borgolte 1983, S. 46f. mit Anm. 314.
16 Trouillat, Bd. 1, Nr. 75; vgl. auch Bruckner et al. 1972, S. 167.
17 Vgl. Schneider 1977, S. 202 mit Anm. 1 u. 3; Borgolte 1983, S. 49 mit Anm. 333.
18 Hlawitschka 1980, S. 448 mit Anm. 9.
19 Hlawitschka 1980, S. 451.
20 Sennhauser 1983, S. 83.
21 Eine knappe Zusammenfassung bei Tauber 1998, S. 489f.
22 Pfaff 1963, S. 18ff.
23 Landschenkungen Pfaff 1963, S. 16ff. Hoheitsrechte Massini 1946, S. 11ff.
24 Pfaff 1963, S. 36ff.
25 Vgl. Kahl 1969, S. 43 und Massini 1946, S. 18; anders Pfaff 1963, S. 23.
26 Kahl 1969, S. 93ff.
27 Hlawitschka 1991, S. 215ff.
28 Für die Belege zu Oltingen vgl. Wittmer-Butsch 1998, S. 4f. und 31f.
29 Boos, Nr. 125; vgl. die Bemerkungen in SUB II, Nr. 393 und Schneider 1977, S. 203f. Die Fälschung beruht auf dem Lehensbrief von 1337, ed. bei Boos, Nr. 304.
30 Vgl. Schneider 1977, Kirchenpatronat: S. 227, Ministerialen: S. 292.
31 Trouillat, Bd. 1, Nr. 136 und 137.
32 Massini 1946, S. 135f.
33 Zur Frage der Abstammung vgl. Schneider 1977, S. 20f. mit älterer Literatur; vgl. Bd. 2, Kap. 1 und 6.
34 Vgl. auch Tauber 1998, S. 505f.
35 Vgl. Hlawitschka 1991, S. 181 mit Anm. 22 und Wittmer-Butsch 1998, S. 37f.
36 Vgl. das Güterverzeichnis bei Schneider 1977, S. 289ff.
37 Vgl. Hoffmann 1990, S. 383ff. Urkundentext ed. in Boos Nr. 12.
38 Brüder bei Schneider 1977, S. 23 und 256. Vgl. Rück 1963, S. 54ff. und in diesem Beitrag das Unterkapitel: Die Homberger.
39 Vgl. Schneider 1977, Stiftsvogtei: S. 40f. und 46, Kastvogtei: S. 22 und 47f.
40 Zu den Stiftungen vgl. Schneider 1977, S. 44 und 49 und Egloff 1980, S. 68 und 71.
41 Schneider 1977, S. 36f.
42 Gauss u.a. 1932, Bd. 1, S. 181.
43 Vgl. Egloff 1980: Werner III.: S. 61, Ita: S. 64–66, Johann: S. 71f.
44 Zur Identifizierung von Adalbero und Ortlieb vgl. Rippmann 1975, S. 6f.
45 Rippmann 1975, S. 56, weist auf das Fehlen von schriftlichen Belegen hin.
46 Vgl. Wittmer-Butsch 1998, S. 64ff.
47 SUB I, Nr. 331. Vgl. Rippmann 1975, Anhang I, Schenkung der Frohburger.
48 SUB I, Nr. 403. Vgl. Schneider 1977, S. 56 und Rippmann 1991, S. 37f.
49 SUB II 233; vgl. Schneider 1977, S. 59.
50 Zu den frühen Siedlungen vgl. Rippmann 1991, S. 46ff. und 38ff.
51 Schneider 1977, S. 72–83 und 233–238; vgl. auch Egloff 1980, S. 71ff.
52 Boos, Nr. 199 und Nr. 200.
53 Boos, Nr. 53: Ludwig III. von Frohburg nennt 1245 Rudolf von Thierstein seinen «consanguineus».
54 Schneider 1977, S. 186 mit Anm. 15. Nicht thematisiert bei Rippmann 1975.
55 Rippmann 1975, S. 49ff.
56 Trouillat, Bd. 2, Nr. 220.
57 Boos Nr. 204. Schneider 1977, S. 200.
58 Boos, Nr. 118. Tausch mit Kloster Schöntal gegen Land in Losdorf.
59 Vgl. aber Rippmann 1975, S. 62f. mit Anm. 340.
60 Boos Nr. 217 und 219. Vgl. Schneider 1977, S. 94ff.
61 Vgl. zum Folgenden Schneider 1977, bes. S. 99, 132, 145f.
62 Vgl. dazu Bd. 2, Kap. 1.
63 Schneider 1977, S. 186f.
64 Vgl. dazu Bd. 2, Kap. 6.

1 Wittmer-Butsch 1995, S. 45–50.
2 Wittmer-Butsch 1998, S. 104ff.
3 Boos, Nr. 8 und 9.
4 Wittmer-Butsch 1995, S. 48.
5 Borgolte 1983, S. 47.
6 Borgolte 1983, S. 45f.
7 Borgolte 1983, S. 50.
8 Hlawitschka 1991, S. 202.
9 Hlawitschka 1991, S. 191f.
10 Struve 1991, S. 473, Anm. 88.
11 Hlawitschka 1991, S. 205.
12 Hlawitschka 1991, S. 181.
13 Boos Nr. 217 und 219.
14 Belege für diese Namensvarianten bei Schneider 1977, S. 259.
15 Rück 1966, Bd. 1, S. 54–61.
16 Vgl. dazu Jakobs 1996, S. 15ff. und 32f.
17 Wittmer-Butsch 1998, S. 116.
18 Schneider 1977, S. 164–170.
19 Text nach Schneider 1977, S. 243. Zum Stil dieser Verse ebenda, S. 106f.
20 Schneider 1977, S. 268f. und 140.
21 Tauber 1995, S. 59 mit Anm. 13–15; vgl. aber auch Tauber 1998, S. 487.
22 Alle Datierungen nach Tauber 1995, S. 64f.
23 Rippmann 1975, S. 60.
24 These von Werner Meyer, vgl. Tauber 1998, S. 503f. mit Gegenargumenten.
25 Vgl. zum Folgenden Meyer 1989, bes. S. 92 und 134ff.
26 Zum Folgenden vgl. Tauber 1991, bes. S. 134f. und 145.
27 Tauber 1991, S. 147.
28 Dieser Ansicht ist Tauber 1995, S. 65f.; vgl. auch Tauber 1998, S. 502 und 505.
29 Wittmer-Butsch 1998, S. 122f.; zur Grenzbildung vgl. Schneider 1977, S. 204f.
30 Tauber 1991, S. 148f.
31 Tauber 1998, S. 506f.

Anhang

Glossar

Adel Im Früh- und Hochmittelalter stützten die Mächtigen ihre Herrschaft hauptsächlich auf Grossgrundbesitz sowie auf hohe Ämter im Dienst des Königtums. Bei der Zuteilung von weltlichen und geistlichen Ämtern bildete die Abstammung von ranghohen Vorfahren väterlicher- oder auch mütterlicherseits ein wichtiges Kriterium, trotzdem gab es wohl noch keinen streng abgeschlossenen Geburtsadel.

Alamannen Sammelbegriff für verschiedene westgermanische Stämme, die sich in der Völkerwanderungszeit (3. bis 5. Jahrhundert) vom Elbe- und Donauraum aus im heutigen Südwestdeutschland niederliessen. Im Gegensatz zu Franken und Burgundern gelang es den Alamannen nie richtig, im ehemaligen Römischen Reich Fuss zu fassen. In der Deutschschweiz liessen sie sich erst ab dem 7. Jahrhundert nieder.

Anthropologie Wissenschaft vom Menschen, Menschenkunde. Die physische (somatische) Anthropologie untersucht die ausgegrabenen menschlichen Skelette.

Antike Zeit des klassischen Altertums. Die Antike beginnt im Raum nördlich der Alpen mit den Römern und endet mit dem Beginn des Mittelalters (etwa 1. bis 5. Jahrhundert n. Chr.).

Artefakt Vom Menschen hergestellter Gegenstand, in den Steinzeiten zum Beispiel Gerät oder Abfallstück aus Feuerstein oder Knochen.

Burgunder Ostgermanischer Stamm aus dem nördlichen Oder-Weichsel-Gebiet, der nach 400 im Raum zwischen nördlichem Oberrhein, unterem Main und Neckar ein eigenes Reich gründete, das 436 im Kampf gegen Römer und Hunnen unterging (Nibelungenlied, Reich um Worms). 443 Umsiedlung in die Westschweiz und ins Rhonetal, wo die Burgunder rasch romanisiert wurden. Nach der Eroberung durch die Franken 534 erlebte das Königreich als fränkisches Teilreich Burgund nochmals eine grosse Blüte.

Castellum Kleineres Militärlager in spätrömischer Zeit.

Castrum Befestigte Siedlung oder gar Stadt mit nicht nur militärischem Charakter. Das *Castrum Rauracense*, die Festung Kaiseraugst, ist von höchst seltener Grösse für ein spätrömisches Castrum.

Dendrochronologie Datierung von Hölzern mit der Jahrringmethode. Dabei werden die je nach Jahresklima unterschiedlich dicken Jahrringe gemessen und in Vergleichskurven umgerechnet. Für einzelne Hölzer – etwa Eiche – existieren von heute bis in die Jungsteinzeit zurückgehende Vergleichskurven, in welche die Proben eingepasst werden können. Ist die Waldkante eines Holzes noch erhalten, so kann sein Fälldatum auf das Jahr genau bestimmt werden.

Fibel Gewandschliesse, die auf dem Prinzip unserer Sicherheitsnadel beruht. Von der Eisenzeit bis ins Mittelalter dienten Fibeln nicht nur als Kleiderverschluss. Sie waren auch wichtige Schmuck- und Informationsträger, die etwa über soziale und kulturelle Stellung Auskunft geben konnten. Da die Mode sich stets wandelte, sind Fibeln zudem wichtige Datierungshilfsmittel.

Franken Sammelbegriff für verschiedene westgermanische Stämme, die im 5. Jahrhundert vom Mittel- und Niederrhein nach Gallien eindrangen. Indem sie die noch vorhandenen Verwaltungseinrichtungen des Römerreichs übernahmen, gelang es ihren Königen, den Merowingern, innert Jahrzehnten ein riesiges Reich aufzubauen, das in seiner grössten Blüte von Mitteldeutschland und Bayern bis an die französische Atlantikküste und von den Niederlanden bis nach Südfrankreich reichte.

Gallien Der von Kelten beziehungsweise Galliern besiedelte Raum zwischen Pyrenäen, Alpen, Rhein und Atlantik.

Gallorömer Wissenschaftliche Bezeichnung für die romanisierte, keltische Bevölkerung Galliens während der Römerzeit. Ihre frühmittelalterlichen, spätlateinisch sprechenden Nachfahren werden Galloromanen oder Romanen genannt.

Gau (lateinisch: pagus) In karolingischer Zeit Amtsbezirk eines Grafen, später nur noch Landschaftsbezeichnung.

Germanen Sammelbezeichnung für indogermanische Stammesgruppen, die im Laufe der Eisenzeit im Ostseebecken fassbar werden. In Völkerwanderungszeit und Frühmittelalter (3. bis 7. Jahrhundert) breiteten sich Germanen bis nach Gallien, Italien und in den Schwarzmeerraum aus. Zu den Germanen gehören die Alamannen, Franken, Goten, Langobarden und Burgunder.

Grundherrschaft Herrschaft über Grund und Boden sowie die darauf ansässigen Leute. Grundherrschaft begründet nicht nur ein rein sachenrechtliches Leiheverhältnis; es schliesst auch die Verpflichtung des Herrn zu Schutz und Schirm ein. Aus der adligen Herrengewalt ist auch die grundherrschaftliche Gerichtsbarkeit (Hofrecht, Hofgericht, später niedere Gerichtsbarkeit) abgeleitet. Den in der Grundherrschaft ansässigen Grundholden oder Hörigen wird eine Wirtschaftsfläche oder Hofstelle zugewiesen und deren Nutzungsrecht durch einen Leihevertrag zugestanden. Sie sind verpflichtet, dem Herrn Dienste und fixe Abgaben zu leisten und die so genannte Grundrente (in Form von Naturalabgaben oder Geld) zu zahlen.

Hallstatt Name eines wichtigen Fundorts in Österreich. Das dortige Salzbergwerk gibt der ganzen Epoche der Endbronzezeit und der frühen Stufe der Eisenzeit (etwa 800 bis 450 v. Chr.) ihren Namen.

Hube Siehe Band 2.

Karolinger Fränkisches Hausmeier- und seit 751 Königsgeschlecht, das die Merowinger verdrängte und mit Karl dem Grossen im Jahre 800 die Kaiserwürde

erlangte. Im ostfränkischen Reich starb die Dynastie 911 mit Ludwig dem Kind aus, im westlichen Frankenreich wurde sie 987 von den Kapetingern verdrängt.
Kastvogtei Siehe Band 2.

Landgraf/Landgrafschaft Siehe Band 2.
Latène Name einer Fundstelle am Ufer des Neuenburgersees bei Neuchâtel. Der Fundplatz gab den späteren Stufen der jüngeren Eisenzeit (etwa 450 bis 15 v. Chr.) den Namen.
Lehen Überlassen eines Landgutes mit den darauf sitzenden Leuten gegen persönliche Huldigung und Leistungen wie Kriegs- und Hofdienst sowie Beherbergung. Seit dem 13. Jahrhundert wurden Lehen mit Zustimmung des Lehensoberen an reiche Bürger verpachtet oder verkauft. Der Dienstgedanke verschwand allmählich ganz.
Lignit (auch Xylit) Holzige Varietät der Braunkohle, in urgeschichtlicher Zeit zur Herstellung von Schmuckstücken verwendet.

Merowinger Erstes wichtiges Königsgeschlecht der Franken. Unter dem Merowingerkönig Chlodwig wurde das Frankenreich um 500 geeint. Reichsteilungen liessen diese Einheit jedoch wiederholt auseinander brechen. Im Laufe des 7. Jahrhunderts sank die Macht der Merowinger, im 8. Jahrhundert verloren sie sie schliesslich an die Dynastie der Karolinger.
Mikrolithen Kleine Feuersteingeräte in Dreiecks-, Kreissegment-, Trapez- oder Rechteckform. Sie dienten als Spitzen, Widerhaken und Schneiden, die in Waffen und Geräte aus organischem Material (z.B. Pfeilschäfte aus Holz) eingesetzt waren.
Ministeriale Angehöriger der seit dem 11. Jahrhundert aufsteigenden Schicht der Dienstleute mit zunächst unfreiem Rechtsstatus. Daraus bildete sich der niedere Adel des Spätmittelalters.
Mollusken Weichtiere (z.B. Muscheln, Schnecken); ihre Schalen wurden von urgeschichtlichen Menschen zu Schmuck verarbeitet.

Patronatsrecht Das Eigentumsrecht des Grundherrn an den auf seinem Boden gebauten Kirchen wurde seit dem 12. Jahrhundert eingeschränkt. Dem Patronatsherrn blieb das Recht, dem Bischof den jeweils neu einzusetzenden Geistlichen vorzuschlagen. Patronatsrechte waren erblich; deshalb konnten Laien weiterhin ihren Anteil an den Kirchenzehnten beanspruchen, sie mussten aber auch für den baulichen Unterhalt der Gotteshäuser aufkommen.

Quarzit Hartes, grobkörniges Gestein, das sich gut für die Herstellung von Steinwerkzeugen und auch für Schlagsteine zur Bearbeitung von Feuerstein eignet.

Rennofen Aus Steinen und Lehm aufgebauter Eisenschmelzofen, in welchem mineralisches Erzgestein geschmolzen und chemisch reduziert wird. Als Abfallprodukt aus dem Verhüttungsprozess entstehen die so genannten Schlacken. Bis ins Spätmittelalter wurde die Rennofen-Technik zur Produktion von schmiedbarem Eisen (so genannter Eisenschwamm) angewandt; sie wird später abgelöst durch die Hochofentechnik.

Schuppose Siehe Band 2.
Silex Feuerstein, auch Flint oder Hornstein genannt. Ein gut spaltbares, in berechenbarer Weise charakteristisch springendes Gestein (meist aus Siliziumoxid bestehend), das in Knollen oder in Platten besonders in kalkigen Ablagerungen vorkommt. Aus Silex wurden in den Steinzeiten Geräte hergestellt.

Terra Sigillata Eigentlich «versiegelte (Ton-) Erde»; mit feinster Tonschlämmung überzogene (nicht glasierte), rötlich-braune römische Luxuskeramik, die in der Regel anhand der Formen, Macharten, Zierelemente und Töpferstempel örtlich und zeitlich genau eingeordnet werden kann.

Vicus Geschlossene Siedlung provinzialen Rechts. Sie kann ebenso städtisch sein und wirken wie eine *colonia*. Viele *vici* besassen eine Infrastruktur wie Städte (Theater usw.), waren aber der Bevölkerung und der Fläche nach kaum grösser als Dörfer. Vici in unserem Lande (alphabetisch nach den heutigen Ortsnamen):
Arbon/*Arbor felix*,
Baden/*Aquae Helveticae*,
Basel/*Basilia*,
Bern-Enge/*Brenodurum (?)*,
Eschenz/*Tasgaetium*,
Frick,
Genf/*Genava*,
Holderbank,
Kempraten ZH,
Lausanne-Vidy/*Lousonna/Leusonna*,
Lenzburg/*Lentia (?)*,
Moudon/*Minnodunum*,
Oberwinterthur/*Vitudurum*,
Olten,
Schleitheim SH/*Juliomagus*,
Solothurn/*Salodurum*,
Studen BE/*Petinesca*,
Sursee,
Windisch/*Vindonissa* (Zivilsiedlung neben dem Legionslager),
Yverdon/*Eburodunum*,
Zürich/*Turicum*,
Zurzach/*Tenedo*.
Villikation Grundherrschaften waren als Hofverbände organisiert. Die idealtypische Villikation war zweistufig. Der Herren- beziehungsweise Fronhof wurde im Auftrag des Besitzers vom Meier verwaltet und von unfreien Knechten bewirtschaftet. Um dieses Zentrum lagen Einzelhöfe (Huben), auf denen abgabe- und frondienstpflichtige Hörige sassen. Reiche Klöster, aber auch der König organisierten ihre Grundherrschaft mehrstufig, das heisst, eine Reihe von Fronhöfen unterstand jeweils einem Oberhof.
Vita Lebensbeschreibung einer heiligen Person oder eines Herrschers; im Mittelalter beliebte literarische Gattung.

Wüstung Aufgegebene, verlassene Siedlung.

Abkürzungen

AM = Archäologie und Museum, Liestal
AS = Archäologie der Schweiz, Basel
BBU = Basler Beiträge zur Ur- und Frühgeschichte
BHB = Baselbieter Heimatbuch, Liestal
BHbl = Baselbieter Heimatblätter, Liestal
HS = Helvetia Sacra, Basel/Frankfurt am Main
JbAK = Jahresberichte aus Augst und Kaiseraugst, Augst
JbSGUF = Jahrbuch der Schweizerischen Gesellschaft für Ur- und Frühgeschichte, Basel
LexMA = Lexikon des Mittelalters, München/Zürich
QF = Quellen und Forschungen zur Geschichte und Landeskunde des Kantons Basel-Landschaft, Liestal
SPM I = Die Schweiz vom Paläolithikum bis zum frühen Mittelalter: Paläolithikum und Mesolithikum, Basel 1993
SPM II = Die Schweiz vom Paläolithikum bis zum frühen Mittelalter: Neolithikum, Basel 1995
SPM III = Die Schweiz vom Paläolithikum bis zum frühen Mittelalter: Bronzezeit, Basel 1998
SPM IV = Die Schweiz vom Paläolithikum bis zum frühen Mittelalter: Eisenzeit, Basel 1999
SUB = Solothurner Urkundenbuch, Solothurn 1952–1981
TNGBL = Tätigkeitsbericht der Naturforschenden Gesellschaft Baselland
UFAS = Drack, Walter (Red.), Ur- und frühgeschichtliche Archäologie der Schweiz, Basel
ZGO = Zeitschrift für die Geschichte des Oberrheins, Stuttgart

Literatur
inklusive gedruckter Quellen

• ALTHOFF, GERD: Verwandte, Freunde und Getreue. Zum politischen Stellenwert der Gruppenbindungen im früheren Mittelalter, Darmstadt 1990.
• AMMANN, BRIGITTA: Flora und Vegetation im Paläolithikum und Mesolithikum der Schweiz, in: SPM I, S. 66–84.
• ARNOLD, BÉAT: Cortaillod-Est et les villages du lac de Neuchâtel au Bronze final. Structure de l'habitat et proto-urbanisme, St-Blaise 1990 (Archéologie neuchâteloise 6, Cortaillod-Est 6).
• AUSBÜTTEL, FRANK M.: Die Verwaltung des römischen Kaiserreiches, Darmstadt 1998.

• BANDI, HANS-GEORG (Hg.): Birsmatten-Basisgrotte, eine mittelsteinzeitliche Fundstelle im unteren Birstal, Bern 1963 (Acta Bernensia 1).
• BECK, HEINRICH/STEUER, HEIKO (Hg.): Haus und Hof in ur- und frühgeschichtlicher Zeit, Göttingen 1997 (Abhandlungen der Akademie der Wissenschaften in Göttingen, Phil.-hist. Klasse, 3. Folge, 218).
• BENECKE, NORBERT: Archäozoologische Studien zur Entwicklung der Haustierhaltung in Mitteleuropa und Südskandinavien von den Anfängen bis zum ausgehenden Mittelalter, Berlin 1994 (Schriften zur Ur- und Frühgeschichte 46).
• BERGER, LUDWIG: Die Ausgrabungen am Petersberg in Basel. Ein Beitrag zur Frühgeschichte Basels, Basel 1963. • BERGER, LUDWIG: Führer durch Augusta Raurica, Augst 1998 (6. Auflage). • BERGER, LUDWIG/MÜLLER, FELIX: Sondierungen auf der Gerstelflue bei Waldenburg BL 1968 und 1974, in: BHB 14, 1981, S. 9–91.
• BERNATZKY-GOETZE, MONIKA: Mörigen. Die spätbronzezeitlichen Funde, Basel 1987 (Antiqua 16).
• BIEL, JÖRG: Der Keltenfürst von Hochdorf, Stuttgart 1995.
• BÖHME, HORST WOLFGANG: Adel und Kirche bei den Alamannen der Merowingerzeit, in: Germania 74, 1996, S. 477–507.

• BOESCH, BRUNO: Das Frühmittelalter im Ortsnamenbild der Basler Region, in: Onoma 20, 1976, S. 164–193.
• BOOS, HEINRICH: Urkundenbuch der Landschaft Basel, 2 Teile, Basel 1881–1883.
• BORGOLTE, MICHAEL: Die Geschichte der Grafengewalt im Elsass von Dagobert I. bis Otto dem Grossen, in: ZGO 131 (NF 92), 1983, S. 3–54. • BORGOLTE, MICHAEL: Stiftergrab und Eigenkirche, ein Begriffspaar der Mittelalterarchäologie in historischer Kritik, in: Zeitschrift für Archäologie des Mittelalters 13, 1985, S. 27–38. • BORGOLTE, MICHAEL: Die mittelalterliche Kirche, München 1992 (Enzyklopädie deutscher Geschichte 17).
• BOSINSKI, GERHARD: Die Kunst der Eiszeit in Deutschland und in der Schweiz, Bonn 1982 (Kataloge Vor- und Frühgeschichtlicher Altertümer 20).
• BRUCKNER, ALBERT (Red.): Das alte Bistum Basel, in: HS, Abt. I/Bd. 1, Bern 1972, S. 127–222.
• BURGA, CONRADIN A./PERRET, ROGER: Vegetation und Klima der Schweiz seit dem jüngeren Eiszeitalter, Thun 1998.
• BURNELL, SIMON: Die reformierte Kirche von Sissach BL. Mittelalterliche Kirchenbauten und merowingerzeitliche «Stiftergräber», Liestal 1998 (AM 38).
• BÜTTNER, HEINRICH: Die Landschaft um Basel von der Einwanderung der Alamannen bis zur Mitte des 8. Jahrhunderts, in: Vom Jura zum Schwarzwald NF 14, 1939, S. 59–78.

• CAESAR, CAIUS IULIUS: Commentarii de bello gallico.
• CAHN, HERBERT/KAUFMANN-HEINIMANN, ANNEMARIE (Red.): Der spätrömische Silberschatz von Kaiseraugst, Derendingen 1984 (BBU 9).
• CERAM, C. W.: Götter, Gräber und Gelehrte, Hamburg 1949.
• CHÂTELET, MADELEINE: La céramique du haut Moyen Age (6e–10e s.) du sud de la vallée du rhin supérieur. Technologie, typologie, chronologie, économie et culture, Paris 1997 (Dissertation Paris I/Sorbonne).

- CLAUDE, DIETRICH: Aspekte des Binnenhandels im Merowingerreich aufgrund der Schriftquellen, in: Düwel, Klaus u.a. (Hg.): Untersuchungen zu Handel und Verkehr der vor- und frühgeschichtlichen Zeit in Mittel- und Nordeuropa, Teil III, Göttingen 1985, S. 9–99 (Abhandlungen der Akademie der Wissenschaften in Göttingen, Phil.-hist. Klasse, 3. Folge, 150). • CLAUDE, DIETRICH: Haus und Hof im Merowingerreich nach den erzählenden und urkundlichen Quellen, in: Beck/Steuer 1997, S. 321–334.

- DAMMINGER, FOLKE: Dwellings, settlements and settlement patterns in merovingian southwest Germany and adjacent areas, in: Wood, Ian: Franks and Alamanni in the merovingian period, an ethnographic perspective, Woodbridge 1998, S. 33–106 (Studies in historical archaeo-ethnology 3).
- DEMANDT, ALEXANDER: Geschichte der Spätantike. Das Römische Reich von Diocletian bis Justinian 284–565 n. Chr., München 1998.
- DESCHLER-ERB, ECKHARD/PETER, MARKUS/DESCHLER-ERB, SABINE: Das frühkaiserzeitliche Militärlager in der Kaiseraugster Unterstadt, Augst 1991 (Forschungen in Augst 12).
- DESCHLER-ERB, SABINE: Römische Beinartefakte aus Augusta Raurica, Augst 1998 (Forschungen in Augst 27/1).
- DIRLMEIER, CAMILLA/SPRIGADE, KLAUS: Quellen zur Geschichte der Alamannen von Marius von Avenches bis Paulus Diaconus, Sigmaringen 1979 (Quellen zur Geschichte der Alamannen 3).
- DRACK, WALTER: Die spätrömische Grenzwehr am Hochrhein, Basel 1980 (Archäologische Führer der Schweiz 13). • DRACK, WALTER/FELLMANN, RUDOLF: Die Römer in der Schweiz, Stuttgart/Jona 1988.
- DUBY, GEORGES: Krieger und Bauern. Die Entwicklung von Wirtschaft und Gesellschaft im frühen Mittelalter, Frankfurt a. M. 1981.

- DURLIAT, JEAN: Les finances publiques de Dioclétien aux Carolingiens (284–884), Sigmaringen 1990 (Beihefte der Francia 21). • DURLIAT, JEAN: Les Francs et les Romains devant la loi salique, in: Les dossiers d'archéologie 223, 1997, S. 20–23.

- EGLOFF, ANTON: Die Erbtochter Ita von Homberg, in: Vom Jura zum Schwarzwald NF 54, 1980, S. 61–75.
- ERNY-RODMANN, CHRISTIANE (et al.): Früher «human impact» und Ackerbau im Übergangsbereich Spätmesolithikum-Frühneolithikum im schweizerischen Mittelland, in: JbSGUF 80, 1997, S. 27–56.
- EWALD, JÜRG (et al.): Die römische Wasserleitung von Liestal nach Augst, Liestal 1997 (AM 36). • EWALD, JÜRG/TAUBER, JÜRG (Hg.): Tatort Vergangenheit. Ergebnisse aus der Archäologie heute, Basel 1998.
- EWALD, KLAUS C.: Der Landschaftswandel. Zur Veränderung schweizerischer Kulturlandschaften im 20. Jahrhundert, Liestal 1978.
- EWIG, EUGEN: Spätantikes und fränkisches Gallien, in: Gesammelte Schriften (1952–1973), München 1976, 2 Bde. (Beihefte der Francia, Hg. H. Atsma). • EWIG, EUGEN: Die Merowinger und das Frankenreich, Stuttgart/Berlin/Köln/Mainz 1988 (Urban-Taschenbücher 392).

- FAVROD, JUSTIN: Histoire politique du Royaume Burgonde (443–534), Lausanne 1997 (Bibliothèque historique vaudoise 113).
- FEURSTEIN, HEINRICH: Zur ältesten Missions- und Patrozinienkunde im alemannischen Raum. Ihre Wechselwirkung zur Siedlungsgeschichte und Rechtssymbolik, in: ZGO 97, 1949, S. 1–55.
- FINLEY, MOSES I.: Quellen und Modelle in der Alten Geschichte, Frankfurt 1987.
- FINLEY, MOSES I.: Die Antike Wirtschaft, München 1993 (3. erw. Auflage).
- FISCHER, CALISTA/KAUFMANN, BRUNO: Bronze, Bernstein und Keramik. Urnengräber der Spätbronzezeit in Reinach BL, Liestal 1994 (AM 30).

- FRANZ, GÜNTHER: Quellen zur Geschichte des deutschen Bauernstandes im Mittelalter, Darmstadt 1967 (Freiherr vom Stein-Gedächtnisausgabe 31).
- FREULER, CHRISTINE: Die bronzezeitliche Keramik vom Wartenberg BL, Basel 1969 (unpublizierte Lizentiatsarbeit der Universität Basel).
- FREY, MAX/HORAND, JAKOB/PÜMPIN, FRITZ: Die ersten Grabungen auf der Höhensiedlung Burgenrain bei Sissach 1933/34, in: TNGBL 10, 1933–1935, S. 42–69. • FREY, MAX/HORAND, JAKOB/PÜMPIN, FRITZ: Der Burgenrain bei Sissach, in: BHbl 4, 1974, S. 485–503.
- FUCHS, KARLHEINZ (et al., Red.): Die Alamannen, Stuttgart 1997 (Ausstellungskatalog).
- FURGER, ALEX R.: Die ur- und frühgeschichtlichen Funde von Reinach BL (Neolithikum bis Hochmittelalter), Derendingen/Solothurn 1978 (BBU 3). • FURGER, ALEX R. (et al.): Out of Rome. Augusta Raurica–Aquincum. Das Leben in zwei römischen Provinzstädten, Basel 1997.
- FURGER, ANDRES (et al.): Die Schweiz zwischen Antike und Mittelalter, Zürich 1996.

- GALLUSSER, WERNER A.: Studien zur Bevölkerungs- und Wirtschaftsgeographie des Laufener Juras, Laufen 1961.
- GAUSS, KARL (et al.): Geschichte der Landschaft Basel und des Kantons Basel-Landschaft, Bd. 1, Liestal 1932.
- GEIGER, HANS-ULRICH: Münzwesen, Wirtschaft und Handel, UFAS 6, Basel 1979, S. 185–202.
- GERBER, CHRISTOPHE: La route romaine transjurane de Pierre Pertuis, Bern 1997.
- GEUENICH, DIETER: Geschichte der Alemannen, Stuttgart/Berlin/Köln 1997 (Urban-Taschenbücher 575).
- GLATTHARD, PETER: Ortsnamen zwischen Aare und Saane, Bern/Stuttgart 1977 (Sprache und Dichtung 22).
- GOY, KARIN: Die Flurnamen der Gemeinde Rothenfluh, Basel/Frankfurt a. M. 1993 (Namen in der Regio Basiliensis 1).

- Gregor von Tours: Historiarum libri decem (Zehn Bücher Geschichte), hg. von Rudolf Buchner, Darmstadt 1986 (Ausgewählte Quellen zur deutschen Geschichte des Mittelalters 2).
- Greppin, Jean-Baptiste: Drei neue Stationen des Steinalters in der Umgebung von Basel, in: Archiv für Anthropologie 8, 1875, S. 139–141.
- Gross, Uwe: Beobachtungen zur Verbreitung frühmittelalterlicher Keramikgruppen in Südwestdeutschland, in: Archäologische Informationen 10, 1987, S. 194–202.
- Gutzwiller, Paul: Fundbericht «Hofstetten-Flüh/Hutmatt», in: Archäologie und Denkmalpflege im Kanton Solothurn 2, 1997, S. 72–76. • Gutzwiller, Paul: Stein- und bronzezeitliche Funde aus Augst und Kaiseraugst, in: Mille fiori. Festschrift für Ludwig Berger, Augst 1998, S. 51–59 (Forschungen in Augst 25). • Gutzwiller, Paul: Fundbericht «Balsthal/Langacker», in: Archäologie und Denkmalpflege im Kanton Solothurn 4, 1999, S. 45–47.
- Gygi, Reinhart Adolf: Versteinerungen der weiteren Umgebung von Basel, Basel 1982 (Veröffentlichungen aus dem Naturhistorischen Museum Basel 11).

- Hartmann, Wilfried: Der rechtliche Zustand der Kirchen auf dem Lande – Die Eigenkirche in der fränkischen Gesetzgebung des 7. bis 9. Jahrhunderts, Spoleto 1982, S. 397–441 (Settimane di Studi sull'Alto Medioevo 28,1).
- Hecht, Yolanda: Das Hinterland von Augusta Raurica, Typoscript, Forschungsstelle Baselbieter Geschichte 1997.
- Hecht, Yolanda/Jud, Peter/Spichtig, Norbert: Der südliche Oberrhein in spätkeltischer Zeit. Beispiel einer frühgeschichtlichen Region, in: AS 14, 1991, S. 98–114. • Hecht, Yolanda/Tauber, Jürg: Das Hinterland von Augusta Raurica in Römischer Zeit, 50–400 n. Chr., in: Ewald/Tauber 1998, S. 429–456.
- Hlawitschka, Eduard: Die Königsherrschaft der burgundischen Rudolfinger, in: Historisches Jahrbuch der Görres-Gesellschaft 100, 1980, S. 444–456. • Hlawitschka, Eduard: Zur Herkunft und zu den Seitenverwandten des Gegenkönigs Rudolfs von Rheinfelden, in: Weinfurter, Stefan (Hg.): Die Salier und das Reich, Bd. 1, Salier, Adel und Reichsverfassung, Sigmaringen 1991, S. 175–220.
- Hoffmann, Hartmut: Grafschaften in Bischofshand, in: Deutsches Archiv zur Erforschung des Mittelalters 46, 1990, S. 375–480.
- Holstein, Dieter/Müller, Felix (et al.): Mittelbronzezeitliche Keramik von der Siedlungsstelle Zeglingen-Neunbrunn BL, Liestal 1984, S. 5–13 (AM 1).
- Holstein, Dieter: Die bronzezeitlichen Funde aus dem Kanton Basel-Stadt, Basel 1991 (Materialhefte zur Archäologie in Basel 7). • Holstein, Dieter: Die prähistorischen Funde vom Areal der Burg Madeln bei Pratteln BL, Liestal 1993 (AM 27).

- Jacomet, Stefanie/Kreuz, Angela: Archäobotanik. Aufgaben, Methoden und Ergebnisse vegetations- und agrargeschichtlicher Forschung, Stuttgart 1999.
- Jakobs, Hermann: Die rechtliche Stellung St. Blasiens bis zur Berufung der Zähringer in die Vogtei (1125), in: Alemannisches Jahrbuch 1995/96, 1996, S. 9–38.
- Jud, Peter (Hg.): Die spätkeltische Zeit am südlichen Oberrhein. Le Rhin supérieur à la fin de l'époque celtique, Kolloquium Basel 17./18. Oktober 1991, Basel 1994.

- Kaegi, Werner: Historische Meditationen, Zürich 1942.
- Kahl, Hans-Dietrich: Die Angliederung Burgunds an das mittelalterliche Imperium. Zum geschichtlichen Hintergrund des Schatzfundes von Corcelles-près-Payerne, in: Schweizerische Numismatische Rundschau 48, 1969, S. 13–105.
- Kaiser, Reinhold: Steuer und Zoll in der Merowingerzeit, in: Francia 7, 1979, S. 1–17. • Kaiser, Reinhold: Bistumsgründungen im Merowingerreich im 6. Jahrhundert, in: Schieffer, Rudolf (Hg.): Beiträge zur Geschichte des Regnum Francorum, Sigmaringen 1990, S. 9–35 (Beihefte der Francia 22). • Kaiser, Reinhold: Das römische Erbe und das Merowingerreich, München 1993 (Enzyklopädie deutscher Geschichte 26).
- Keller, Hagen: Fränkische Herrschaft und alemannisches Herzogtum im 6. und 7. Jahrhundert, in: ZGO 124 (NF 85), 1976, S. 1–30.
- Keller, Hiltgart: Reclams Lexicon der Heiligen und der biblischen Gestalten. Legende und Darstellung in der bildenden Kunst, Stuttgart 1984 (5. Auflage).
- Kettiger, Johann Jakob: Landwirtschaftliche Zustände im Kanton Baselland, Liestal 1857 (2. Auflage, Sissach 1984).
- Klimaatlas Oberrhein Mitte Süd (REKLIP), hg. v. Trinationale Arbeitsgemeinschaft Regio-Klima-Projekt REKLIP, Zürich/Offenbach/Strassburg 1995, 2 Bde.
- Körber-Grohne, Udelgard: Nutzpflanzen in Deutschland, Stuttgart 1988.
- Kokabi, Mostefa (et al.): «Knochenarbeit» – Artefakte aus tierischen Rohstoffen im Wandel der Zeit, Stuttgart 1994 (Archäologische Informationen aus Baden-Württemberg 27).
- Krause, Rüdiger: Die endneolithischen und frühbronzezeitlichen Grabfunde auf der Nordstadtterrasse von Singen am Hohentwiel, Stuttgart 1988 (Forschungen und Berichte aus Baden-Württemberg 32).
- Küster, Hansjörg: Die Landschaft der Spätantike in Mitteleuropa aus vegetationsgeschichtlicher Sicht, in: Bridger, Clive/Gilles, Karl-Josef (Hg.): Spätrömische Befestigungsanlagen in den Rhein- und Donauprovinzen, Oxford 1998, S. 77–82 (British archaeological reports, International Series 704).

- LABHART, TONI PETER: Geologie der Schweiz, Bern 1983 (2. Auflage).
- LARTET, EDOUARD: Nouvelles recherches sur la coexistence de l'homme et des grands mammifères fossiles réputés caractéristiques de la dernière période géologique, in: Annales des sciences naturelles 15, Zoologie, 1861, S. 177–253.
- LEUTHARDT, FRANZ: Neue prähistorische und frühgeschichtliche Funde aus Baselland. 1. Das Scherbenlager auf dem Bruderholz bei Oberwil, in: TNGBL VIII, 1926–1930, S. 133–138.
- LEUTHARDT, FRANZ: Die Knochenreste auf dem Burgenrain bei Sissach, in: TNGBL 10, 1933–1935, S. 146–154.
- LEUTHARDT, FRANZ: Über das Naheliegende. Auswahl aus den Schriften von Franz Leuthardt 1861–1934, Naturforscher und Sammler, Konservator des Kantonsmuseums Baselland 1893–1934, Liestal 1984 (AM 2).
- LEUZINGER, URS: Die jungsteinzeitlichen Kupferfunde aus dem Kanton Thurgau, in: AS 2, 1997, S. 51–53.
- LOTTER, FRIEDRICH: Die historischen Daten zur Endphase römischer Präsenz in Ufernorikum, in: Werner, Joachim/Ewig, Eugen (Hg.): Von der Spätantike zum frühen Mittelalter, Sigmaringen 1979, S. 27–90 (Vorträge und Forschungen 25).
- LÜSCHER, GENEVIÈVE/MÜLLER, FELIX: Zwei spätbronzezeitliche Gräber aus Muttenz, Baselland, in: Das Markgräflerland 11, 1982, S. 42–49.
- LÜSCHER, GENEVIÈVE: Die Grabhügel in der Muttenzer und Prattler Hard bei Basel, eine Neubearbeitung, in: Basler Zeitschrift für Geschichte und Altertumskunde 85, 1985, S. 5–84.
- LÜSCHER, GENEVIÈVE: Allschwil-Vogelgärten. Eine hallstattzeitliche Talsiedlung, Liestal 1986 (AM 7).

- MAIER, FRANZ B.: Die urnenfelderzeitlichen Brandgräber von Möhlin-Niederburg AG, Grabungsbericht, in: JbSGUF 69, 1986, S. 105–119.
- MAIER, FRANZ GEORG: Die Verwandlung der Mittelmeerwelt, Frankfurt a. M. 1968 (Fischer Weltgeschichte 9).

- MARTI, RETO: Zwei frühmittelalterliche Gräber und ihre Bedeutung für die Frühgeschichte von Liestal, Liestal 1988, S. 29–59 (AM 11).
- MARTI, RETO: Bedeutende frühmittelalterliche Siedlungsreste in Reinach BL, in: AS 13, 1990, S. 136–153.
- MARTI, RETO: Das Grab eines wohlhabenden Alamannen in Altdorf UR, Pfarrkirche St. Martin, in: JbSGUF 78, 1995, S. 83–130.
- MARTI, RETO: Fundbericht «Reinach-Hauptstrasse», in: JbSGUF 82, 1999, S. 314.
- MARTI, RETO: Zwischen Römerzeit und Mittelalter. Forschungen zur frühmittelalterlichen Siedlungsgeschichte der Nordwestschweiz (4.–10. Jahrhundert), Liestal 2000 (AM 41 A und B).
- MARTIN, MAX: Eine Siedlung der frühen Urnenfelderzeit in Lausen/BL, in: Urgeschichte der Schweiz 4, 1963, S. 72–79; JbSGUF 50, 1963, S. 67–70.
- MARTIN, MAX/ROOST, ERICH/SCHMID, ELISABETH: Eine Frühlatènesiedlung bei Gelterkinden. Dem Andenken des Pioniers der Baselbieter Urgeschichtsforschung Fritz Pümpin, in: BHB 12, 1963, S. 169–213.
- MARTIN, MAX: Das Fortleben der spätrömisch-romanischen Bevölkerung von Kaiseraugst und Umgebung im Frühmittelalter aufgrund der Orts- und Flurnamen, in: Provincialia, Festschrift für Rudolf Laur-Belart, Basel/Stuttgart 1968, S. 133–150.
- MARTIN, MAX: Bemerkungen zu den frühmittelalterlichen Gürtelbeschlägen der Westschweiz, in: Zeitschrift für Schweizerische Archäologie und Kunstgeschichte 28, 1971, S. 29–57.
- MARTIN, MAX: Das fränkische Gräberfeld von Basel-Bernerring, Mainz 1976 (BBU 1).
- MARTIN, MAX: Die alten Kastellstädte und die germanische Besiedlung, in: UFAS 6, 1979, S. 97–132.
- MARTIN, MAX: Das spätrömisch-frühmittelalterliche Gräberfeld von Kaiseraugst, Kt. Aargau, Derendingen 1991 (BBU 5A, Textband).
- MARTIN, MAX: Zwischen den Fronten – Alamannen im römischen Heer, in: Fuchs 1997, S. 119–124.
- MARTIN, MAX: Alemannen im römischen Heer – eine verpasste Integration und ihre Folgen, in: Geuenich, Dieter (Hg.): Die Franken und die Alemannen bis zur «Schlacht bei Zülpich» (496/97), Berlin/New York 1998, S. 407–422 (Ergänzungsbände zum Reallexikon der Germanischen Altertumskunde 19).
- MARTIN-KILCHER, STEFANIE: Die römischen Amphoren aus Augst und Kaiseraugst, Augst 1987/1994 (Forschungen in Augst 7/1–3).
- MASSINI, RUDOLF: Das Bistum Basel zur Zeit des Investiturstreits, Diss. phil., Basel 1946 (Basler Beiträge zur Geschichtswissenschaft 24).
- MEYER, WERNER: Die Frohburg. Ausgrabungen 1973–1977, Zürich 1989 (Schweizer Beiträge zur Kulturgeschichte und Archäologie des Mittelalters 16).
- MOOSBRUGGER-LEU, RUDOLF/KELLER, HAGEN: Der Adel, in: UFAS 6, Basel 1979, S. 53–74.
- MÜLLER, FELIX: Die frühlatènezeitlichen Flachgräber der Kantone Baselstadt und Baselland, in: JbSGUF 64, 1981, S. 73–106.
- MÜLLER, FELIX: Ein mittelbronzezeitlicher Hortfund aus Allschwil BL, in: AS 5, 1982 S. 170–177.
- MÜLLER, FELIX (ET AL.): Die bronze- und eisenzeitlichen Funde aus den Höhlen Teufelsküche und Teufelsstube bei Wenslingen BL, Liestal 1984, S. 14–24 (AM 1).
- MÜLLER, FELIX: Ein keltisches Oppidum auf der Sissacher Fluh?, in: AS 8, 1985, S. 73–78.
- MÜLLER-VOGEL, VERENA: Die spätkeltische Töpfersiedlung von Sissach-Brühl, Liestal 1986 (AM 5).

- Natur aktuell, Lagebericht zur Situation der Natur im Kanton Basel-Landschaft im Jahr 1988, Liestal 1989.
- NOLL, RUDOLF: Eugippius, Das Leben des heiligen Severin, Berlin 1963 (Schriften und Quellen der Alten Welt 11).

- OHLER, NORBERT: Reisen im Mittelalter, München/Zürich 1986.

- Päffgen, Bernd: Merowingerzeitliche Siedlungsfunde im nördlichen Rheinland unter besonderer Berücksichtigung der Ergebnisse im Braunkohlenrevier, in: Schmaedecke, Michael (Bearb.): Ländliche Siedlungen zwischen Spätantike und Mittelalter, Liestal 1995, S. 89–109 (AM 33).
- Paulsen, Peter/Schach-Dörges, Helga: Holzhandwerk der Alamannen, Stuttgart 1972.
- Paunier, Daniel: Le cadre géographique et historique, in: Schucany, Caty (et al., Hg.): Römische Keramik in der Schweiz, Basel 1999, S. 7–20 (Antiqua 31).
- Peter, Markus: Untersuchungen zu den Fundmünzen aus Augst und Kaiseraugst, Berlin 2000 (Studien zu Fundmünzen der Antike, im Druck).
- Pfaff, Carl: Kaiser Heinrich II. Sein Nachleben und sein Kult im mittelalterlichen Basel, Basel/Stuttgart 1963 (Basler Beiträge zur Geschichtswissenschaft 89).
- Pfister, Christian: Klimageschichte der Schweiz 1525–1860. Das Klima der Schweiz von 1525–1860 und seine Bedeutung in der Geschichte von Bevölkerung und Landwirtschaft, Bern/Stuttgart 1984 (2. Auflage, 1988). • Pfister, Christian: Das 1950er-Syndrom: der Weg in die Konsumgesellschaft, Bern/Stuttgart 1995.

- Quellen zur Solothurnischen Geschichte, Solothurner Urkundenbuch, bearb. v. Ambros Kocher, Bd. 1–3, Solothurn 1952–1981.

- Rentzel, Philippe (et al.): Die spätglaziale Karstspaltenfüllung im Schachletetal bei Dittingen BL, in: AS 22, 1999, S. 8–12.
- Rippmann, Dorothee: Die Herrschaft der Grafen von Frohburg, Lizentiatsarbeit Universität Basel 1975, Typoskript im Staatsarchiv Liestal. • Rippmann, Dorothee: Zur Geschichte des Dorfs im Mittelalter am Beispiel des Kantons Baselland, in: Tauber, Jürg (Hg.): Methoden und Perspektiven der Archäologie des Mittelalters, Liestal 1991, S. 31–56 (AM 20).
- Rösener, Werner: Bauern im Mittelalter, München 1986. • Rösener, Werner (Hg.): Strukturen der Grundherrschaft im Frühen Mittelalter, Göttingen 1989.
- Rück, Peter: Die Urkunden der Bischöfe von Basel bis 1213, Basel 1966, 2 Bde. (Quellen und Forschungen zur Basler Geschichte 1).
- Rudin-Lalonde, Kurt: Pratteln BL-Meierhofweg. Eine Fundstelle der Mittelbronze- und der Spätlatènezeit, in: AS 8, 1985, S. 58–61.
- Ruoff, Ulrich: Zur Frage der Kontinuität zwischen Bronze- und Eisenzeit der Schweiz, Bern 1974.

- Sarasin, Fritz (et al.): Die steinzeitlichen Stationen des Birstales zwischen Basel und Delsberg, Basel/Genf/Lyon 1918 (Neue Denkschriften der Schweizerischen Naturforschenden Gesellschaft 54/2).
- Schaltenbrand, Vreni: Eine neue mittelbronzezeitliche Station bei Aesch BL, Liestal 1984, S. 25–31 (AM 1).
- Schenardi, Maruska: L'âge du Bronze dans le Canton du Jura. Bilan et synthèse, Porrentruy 1994 (Cahier d'archéologie jurassienne 5).
- Schibler, Jörg/Sedlmeier, Jürg: Die Schneehuhn- und Schneehasenknochen aus dem Abri Büttenloch (Ettingen BL, Schweiz). Ein Beitrag zur Kenntnis der Jagdbeutenutzung im Spätmagdalénien, in: Archäologisches Korrespondenzblatt 23, 1993, S. 15–35.
- Schibler, Jörg (et al.): Ökonomie und Ökologie neolithischer und bronzezeitlicher Ufersiedlungen am Zürichsee, Zürich/Egg 1997 (Monographien der Kantonsarchäologie Zürich 20).
- Schmaedecke, Michael/Tauber, Jürg: Ausgrabungen in Lausen-Bettenach, Liestal 1992 (AM 25). • Schmaedecke, Michael (Bearb.): Ländliche Siedlungen zwischen Spätantike und Mittelalter. Beiträge zum Kolloquium in Liestal 1995, Liestal 1995 (AM 33).
- Schmidt-Wiegand, Ruth: Haus und Hof in den leges barbarorum, in: Beck/Steuer 1997, S. 335–351.
- Schneider, Jürg: Die Grafen von Homberg, in: Argovia 89, 1977, S. 1–310.
- Schneider, Stefan: Die Flurnamen der Gemeinde Bubendorf BL, Liestal 1990 (QF 36).
- Schwärzel, Dagmar: Handel und Verkehr des Merowingerreiches nach den schriftlichen Quellen, Marburg 1983 (Kleine Schriften aus dem Vorgeschichtlichen Seminar Marburg 14).
- Sedlmeier, Jürg: Urgeschichte des Laufentals. Auf den Spuren steinzeitlicher Jäger und Sammler, Laufen 1990 (Laufentaler Museumsheft). • Sedlmeier, Jürg (1998a): Die Birsmatten-Basisgrotte (Gemeinde Nenzlingen) und die «älteste Schweizerin». Forschungen in einer bedeutenden mesolithischen Fundstelle, in: Ewald/Tauber 1998, S. 134–151. • Sedlmeier, Jürg (1998b): Ein «steinreiches» Gebiet – der Stälzler bei Lampenberg. Neolithische Silexgewinnung und Beilklingenherstellung im Baselbieter Tafeljura, in: Ewald/Tauber 1998, S. 152–163. • Sedlmeier, Jürg (1998c): Paläolithikum und Mesolithikum: Die Zeit der Jäger und Sammler, in: Ewald/Tauber 1998, S. 286–348. • Sedlmeier, Jürg (1998d): Das Neolithikum. Sesshaftigkeit, Getreideanbau, Haustierhaltung, in: Ewald/Tauber 1998, S. 349–378. • Sedlmeier, Jürg (1998e): Die endneolithische Silexdolchklinge vom Sternenfeld bei Birsfelden BL, in: Tauber, Jürg (Hg.): «Keine Kopie an niemand!», Festschrift Jürg Ewald, Liestal 1998, S. 11–18 (AM 39). • Sedlmeier, Jürg: Vier mittelpaläolithische Artefakte aus Quarzit vom Gempenplateau bei Basel, in: AS 22, 1999, S. 67–71.
- Senn-Luder, Marianne/Serneels, Vincent: Die Eisenverarbeitung in der Schweiz vor dem Hochofenverfahren, in: Minaria helvetica 13, 1993, S. 84–90.
- Sennhauser, Hans Rudolf: Das Münster des Bischofs Haito, in: Heman, Peter (Hg.): Bodenfunde aus Basels Ur- und Frühgeschichte, Basel 1983, S. 79–84. • Sennhauser, Hans-Rudolf: St. Ursen – St. Stephan – St. Peter. Die Kirchen von Solothurn

im Mittelalter, in: Solothurn – Beiträge zur Entwicklung der Stadt im Mittelalter, Zürich 1990, S. 83–220 (Veröffentlichungen des Instituts für Denkmalpflege an der Eidgenössischen Technischen Hochschule Zürich 9).
• SONDEREGGER, STEFAN: Die Ortsnamen, in: UFAS 6, Basel 1979, S. 75–96.
• STEINER, LUCIE: Le Bas-Empire et le Haut Moyen-Age, in: AS 18, 1995, S. 89–100.
• STODIEK, ULRICH: Zur Technologie der jungpaläolithischen Speerschleuder, Tübingen 1993 (Tübinger Monographien zur Urgeschichte 9).
• STODIEK, ULRICH / PAULSEN, HARM: «Mit dem Pfeil, dem Bogen ...». Technik der steinzeitlichen Jagd, Oldenburg 1996 (Archäologische Mitteilungen aus Nordwestdeutschland, Beiheft 16).
• STRUVE, TILMAN: Das Bild des Gegenkönigs Rudolf von Schwaben in der zeitgenössischen Historiographie, in: Herbers, Klaus et al. (Hg.): Ex ipsis rerum documentis, Beiträge zur Mediävistik: Festschrift für Harald Zimmermann, Sigmaringen 1991, S. 459–475.
• SUTER, PAUL: Zur Geschichte der Gotteshäuser des Baselbieter Hinterlandes (St. Hilar bei Reigoldswil), in: BHbl 37, 1972, S. 252–258. • SUTER, PAUL: Ausgewählte Schriften zur Namenforschung, Liestal 1989 (QF 34).

• TAUBER, JÜRG: Ein spätlatènezeitlicher Töpferofen in Muttenz BL, in: AS 8, 1985, S. 67–72. • TAUBER, JÜRG: Eine «Brandgrube» der Frühlatènezeit in Sissach BL. Ein Arbeitsbericht, in: AS 10, 1987, S. 102–111. • TAUBER, JÜRG: Die Ödenburg bei Wenslingen — eine Grafenburg des 11. und 12. Jahrhunderts, Derendingen / Solothurn 1991 (BBU 12). • TAUBER, JÜRG: Zum Stand der Eisenarchäologie im Kanton Basel-Landschaft, in: Minaria helvetica 12, 1992, S. 22–30. • TAUBER, JÜRG: Die Latènezeit im Baselbiet – eine Bestandesaufnahme, in: Die spätkeltische Zeit am südlichen Oberrhein / Le Rhin supérieur à la fin de l'époque celtique (Hg. Peter Jud), Basel 1994, S. 45–48. • TAUBER, JÜRG (1995A): Archäologie und Geschichte. Zur Frage der Rolle von Königtum und Hochadel in der mittelalterlichen Siedlungsgeschichte der Nordwestschweiz, in: Schmaedecke, Michael (Bearb.): Ländliche Siedlungen zwischen Spätantike und Mittelalter, Liestal 1995, S. 57–67 (AM 33). • TAUBER, JÜRG (Red.) (1995B): Archäologie und Kantonsmuseum Baselland. Jahresbericht 1993, Liestal 1995 (AM 31). • TAUBER, JÜRG: Das Mittelalter – Siedlungsgeschichte und Herrschaftsbildung, in: Ewald / Tauber 1998, S. 481–532.
• THIEME, HARTMUT: Altpaläolithische Wurfspeere aus Schöningen, Niedersachsen. Ein Vorbericht, in: Archäologisches Korrespondenzblatt 26, 1996, S. 377–393.
• THIESSING, J. B.: Neuer Höhlenfund im Jura, in: Mittheilungen der Naturforschenden Gesellschaft in Bern aus dem Jahre 1885, 1886, S. 128–130.
• THOMSEN, CHRISTIAN: Leitfaden zur Nordischen Alterthumskunde, hg. von der königlichen Gesellschaft für Nordische Alterthumskunde, Kopenhagen 1837.
• TROUILLAT, JOSEPH: Monuments de l'histoire de ancien évêché de Bâle, 5 vols, Porrentruy 1852–1867.

• UENZE, HANS PETER: Ein keltisches Jahrtausend? Kontinuität und Diskontinuität, in: Das keltische Jahrtausend, Mainz 1993, S. 1–14.
• UNZ, CHRISTOPH: Das spätbronzezeitliche Frauengrab von Binningen BL, in: AS 5, 1982, S. 194–202.

• VISCHER, WILHELM: Drei Grabhügel in der Hardt bei Basel, in: Mitteilungen der Antiquarischen Gesellschaft in Zürich 2, 1843, S. 1–16.

• WACKERNAGEL, RUDOLF: Geschichte der Stadt Basel, Bd. 1, Basel 1907.
• WEBER, EKKEHARD: Die Tabula Peutingeriana, in: Antike Welt 15, 1984, S. 3–8.

• WEIDEMANN, MARGARETHE: Kulturgeschichte der Merowingerzeit nach den Werken Gregors von Tours, Mainz 1982, 2 Bde. (Römisch-Germanisches Zentralmuseum, Monographien 3).
• WERNER, JOACHIM: Die romanische Trachtprovinz Nordburgund im 6. und 7. Jahrhundert, in: Werner, Joachim / Ewig, Eugen (Hg.): Von der Spätantike zum frühen Mittelalter, Sigmaringen 1979, S. 447–465 (Vorträge und Forschungen 25).
• WIECZOREK, ALFRIED et al. (Hg.): Die Franken, Wegbereiter Europas, Mannheim / Mainz 1996, 2 Bde. (Ausstellungskatalog).
• WILSDORF, CHRISTIAN: Remarques à propos de Walaus, évêque de Bâle, in: Basler Zeitschrift für Geschichte und Altertumskunde 65, 1965, S. 133–136.
• WINDLER, RENATA: Das Gräberfeld von Elgg und die Besiedlung der Nordostschweiz im 5.–7. Jahrhundert, Zürich / Egg 1994 (Zürcher Denkmalpflege, Archäologische Monographien 13).
• WITTMER-BUTSCH, MARIA: Hypothesen zur Deutung ausgewählter Quellenfragmente, in: Schmaedecke, Michael (Bearb.): Ländliche Siedlungen zwischen Spätantike und Mittelalter, Liestal 1995, S. 45–56 (AM 33). • WITTMER-BUTSCH, MARIA: Untersuchungen zur Kleinregion Liestal im Früh- und Hochmittelalter (Bestandteil des Nationalfondsprojekts 12-37391.03: Lausen-Bettenach – ein früh- und hochmittelalterlicher Herrenhof und seine historische Einbindung im ehemaligen Hinterland einer römischen Grosstadt. Studien zur genetischen Siedlungsforschung), Typoskript, Kantonsarchäologie Liestal 1998 (Publikation in der Reihe AM vorgesehen).
• WOLFRAM, HERWIG: Die Goten, München (3. Auflage) 1990.

Personenregister

ADALBERO: S. 209, 213, 217f., 220
ADALBERT: S. 207
ADELHEID VON BURGUND: S. 210f., 216
ADELHEID VON TURIN: S. 214, 217f.
ADELPRETH: S. 209
AETIUS: S. 160
ALBRECHT VON HABSBURG: S. 232
ALEXANDER DER GROSSE: S. 65
AMERBACH, BASILIUS: S. 86
AMMIANUS MARCELLINUS: S. 122, 148ff.
ANDECAMULUS, TIBERIUS CLAUDIUS: S. 87, 113
ANNO: S. 209, 213
APOLLONIOS VON RHODOS: S. 54 Anm. 4
ARBOGAST: S. 172
ARNOLD VON SCHÄNIS: S. 209
ARNULF VON BAYERN: S. 209, 213
AUGUSTUS: S. 96, 102, 104
BALDOBERTUS: S. 207
BANDI, HANS-GEORG: S. 32
BEPPOLENUS: S. 187
BERGER, NIKLAUS: S. 106
BERO: S. 207
BERTA: S. 210f.
BERTHOLD VON RHEINFELDEN: S. 216, 218
BERTHOLD VON ZÄHRINGEN: S. 216, 223
BOBOLENUS: S. 171
BONIFATIUS: S. 206
BOUCHER DE PERTHES, JACQUES: S. 28
BOURCART, CHARLES: S. 106
BRIDA VON KILDARE: S. 210
BRUCKNER, DANIEL: S. 86, 172
BÜCHEL, EMANUEL: S. 155f.
BURCKHARD VON BASEL: S. 223
BURCKHARDT, JACOB: S. 156
BURCKHARDT-BIEDERMANN, THEOPHIL: S. 86f.
CAESAR, GAIUS JULIUS: S. 54ff., 61, 67, 82, 91, 94ff., 101f., 148
CHADALOH: S. 209
CHILPERICH: S. 170
CHLODWIG: S. 152, 163
CHLOTHAR II.: S. 167
CLAUDIANUS: S. 156
COLUMBANUS: S. 169, 174
CONSTANS: S. 121, 156
CONSTANTINUS I., DER GROSSE: S. 158, 173, 179
CONSTANTINUS II.: S. 122, 158f.
CONSTANTIUS CHLORUS: S. 121

DAGOBERT I.: S. 167, 170
DETTWILER, HERMANN: S. 65
DIOCLETIANUS: S. 95, 121, 158
DIODOROS VON AGYRION: S. 54f.
DIVICO: S. 56, 94, 148
EGLIN, JAKOB: S. 55
ETICHO: S. 169, 207f., 212, 214
EUGIPPIUS: S. 161ff.
EUSEBIUS VON VERCELLI: S. 210
EWALD, JÜRG: S. 56, 153
FABRI, FELIX: S. 87
FREY, MAX: S. 53, 55, 73
FRIDIBURGA: S. 170
FRIEDRICH I. BARBAROSSA: S. 228
FRIEDRICH VON NEU-HOMBERG: S. 225, 228ff.
FRIEDRICH II. VON STAUFEN: S. 228
FROHBURG, GRAFEN VON: S. 226, 228f., 233
GALBA: S. 104
GALERIUS: S. 121
GALLUS: S. 169
GAUSS, KARL: S. 87f.
GERMANUS: S. 169ff.
GERSTER, ALBAN: S. 87
GOTFRIED: S. 170
GREGOR VII.: S. 215, 222
GREGOR VON TOURS: S. 170
GUNDOIN: S. 170f.
GUNZO: S. 169f.
HABSBURG, GRAFEN VON: S. 234
HAITO: S. 206ff., 210
HARTMANN VON FROHBURG: S. 231
HAUSER, CHRISTOPH: S. 33
HEINRICH I.: S. 215f.
HEINRICH II.: S. 212, 217f., 235
HEINRICH III.: S. 214, 220f., 225
HEINRICH IV.: S. 214ff., 221ff., 225, 234
HEINRICH V.: S. 220
HEINRICH VII.: S. 221, 226, 232f.
HEINRICH VON KIENBERG: S. 229
HEKATAIOS VON MILET: S. 54 Anm. 4
HERMANN IV. VON FROHBURG: S. 226, 228ff.
HERMANN II. VON NEU-HOMBERG: S. 230ff.
HERODOT: S. 54 Anm. 4
HILARIUS VON POITIERS: S. 151, 172, 175
HOMBERG, GRAFEN VON: S. 217ff., 228ff., 234f.
HORAND, JAKOB: S. 55
HUBER, JAKOB: S. 106
HUGO VON TOURS: S. 212

IRING: S. 213
ITA VON HOMBERG: S. 226, 228ff.
IUSTINIANUS: S. 174, 182
JAUSLIN, KARL: S. 148, 180
JOHANNES VON HABSBURG-LAUFENBURG: S. 233
JOHANNES VON KONSTANZ: S. 169
JULIANUS: S. 122, 149
KARL DER DICKE: S. 210, 213
KARL DER GROSSE: S. 206f., 210, 212f.
KARL DER KAHLE: S. 206
KARL MARTELL: S. 175
KARLMANN: S. 206
KETTIGER, JOHANNES: S. 135
KONRAD II.: S. 218, 220, 225, 235
KONRAD VON BURGUND: S. 210f., 216
KULL, ERNST: S. 55
KUNO, PFALZGRAF: S. 214
LAROCHE-FRÖHLICH, FRITZ: S. 87, 98
LAROCHE-GAUSS, FRITZ: S. 87
LARTET, EDOUARD: S. 28
LAUR-BELART, RUDOLF: S. 86f., 89, 108
LENZBURG, HERREN VON: S. 223
LEUTHARDT, FRANZ: S. 32f.
LIUTFRID: S. 206f., 212
LIUTFRID III.: S. 213f.
LIVIUS, TITUS: S. 54 Anm. 4
LOTHAR I.: S. 212
LÜDIN, CARL: S. 30ff., 40, 55
LUDWIG DAS KIND: S. 179, 214
LUDWIG VON FROHBURG-WALDENBURG: S. 231
LUDWIG I. VON NEU-HOMBERG: S. 230f.
LUDWIG II. VON NEU-HOMBERG: S. 221, 232
LUSSER, JOSEF MARTIN: S. 88
MAGNENTIUS: S. 121, 156, 158f., 183
MAMERTINUS VON TRIER: S. 166
MARIA VON OETTINGEN: S. 233
MARTIN-KILCHER, STEFANIE: S. 120
MARTIN VON TOURS: S. 150ff., 166, 175, 210
MATHILDE, GEMAHLIN RUDOLFS VON RHEINFELDEN: S. 214, 217, 221ff.
MAXIMIANUS: S. 121
MAYOR, FRANÇOIS: S. 28
MERK, KONRAD: S. 28
MEYER, GEORG FRIEDRICH: S. 88, 151
NERO: S. 172
NERVA: S. 149
NEU-HOMBERG, GRAFEN VON: S. 226, 229f.
NEU-THIERSTEIN, GRAFEN VON: S. 226

OCTAVIUS, LUCIUS: S. 102, 104f.
ODO VON BLOIS: S. 220
ODOAKER: S. 160
OTTO I.: S. 210f., 216
OTTO II.: S. 211
OTTO III.: S. 211, 213
PANTALUS: S. 171, 174
PAULUS (Apostel): S. 55 Anm. 5
PHILIPP II. VON MAKEDONIEN: S. 65
PICTOR, QUINTUS FABIUS: S. 54 Anm. 4
PIPPIN DER JÜNGERE: S. 170, 206
PLANCUS, LUCIUS MUNATIUS: S. 94, 96, 101
PLATON: S. 54 Anm. 4
PLINIUS SECUNDUS, GAIUS: S. 54 Anm. 4, 56 Anm. 6
POLYBIOS: S. 54 Anm. 4
POSEIDONIOS: S. 54 Anm. 4, 55
PTOLEMAIOS: S. 56 Anm. 6
PÜMPIN, FRITZ: S. 53, 55, 59, 76, 88, 231
RAGNACHARIUS: S. 174f.
RAPPERSWIL, GRAFEN VON: S. 230
ROOST, ERICH: S. 56 Anm. 6
RUDIN, KURT: S. 56 Anm. 6
RUDOLF I. VON BURGUND: S. 172, 210, 213f., 216
RUDOLF II. VON BURGUND: S. 210, 214ff.
RUDOLF III. VON BURGUND: S. 211, 213f., 216ff., 220, 225
RUDOLF VON HABSBURG: S. 230
RUDOLF III. VON HABSBURG-LAUFENBURG: S. 231, 233
RUDOLF I. VON HOMBERG/THIERSTEIN: S. 218, 221, 225, 228, 230, 234
RUDOLF II. VON HOMBERG: S. 214, 218
RUDOLF IV. VON ÖSTERREICH: S. 218
RUDOLF VON RHEINFELDEN: S. 214ff., 220ff., 225, 230, 234
RYFF, ANDREAS: S. 86, 88
SARASIN, FRITZ: S. 29ff., 39, 40, 55
SARASIN, PAUL: S. 29ff., 55
SARTORIUS-PREISWERK, FRITZ: S. 55
SCHAUENBURG, HERREN VON: S. 225
SCHLIEMANN, HEINRICH: S. 54
SCHMID, ELISABETH: S. 118
SCHMID-LEUENBERGER, MARIE: S. 106, 108
SENN VON MÜNSINGEN, JOHANN: S. 218
SEVERINUS: S. 160f.
SIGIBERT III.: S. 170
SOYHIÈRES, GRAFEN VON: S. 226
SPEISER, FELIX: S. 31

STEHLIN, FELIX: S. 89
STEHLIN, HANS GEORG: S. 31
STEHLIN, KARL: S. 88f.
STILICHO: S. 122, 161
STOLZ, KURT: S. 56 Anm. 6
STRABON: S. 54 Anm. 4, 55
STRÜBIN, THEODOR: S. 56, 89, 99, 104f., 153, 156, 168, 209, 211
SUTER, PAUL: S. 89
TACITUS, PUBLIUS CORNELIUS: S. 54 Anm. 4, 149
THEODERICH DER GROSSE: S. 163
THEODOSIUS: S. 173
THEUDEBERT I.: S. 179
THIERSTEIN, GRAFEN VON: S. 224, 233
THIESSING, J. B.: S. 30
VALENS: S. 149
VALENTINIANUS I.: S. 122, 157, 179
VERCINGETORIX: S. 96
VISCHER-BILFINGER, WILHELM: S. 55, 88f.
VOGT, EMIL: S. 31, 53, 74, 86
VOLMAR IV. VON FROHBURG: S. 231
WALAFRIED STRABO: S. 208
WALAUS: S. 206f.
WALDEBERTUS: S. 170f.
WALDO: S. 207
WERNER I. VON HOMBERG: S. 226
WERNER III. VON HOMBERG: S. 226
WERNER I. VON NEU-HOMBERG: S. 228ff.
WERNER II. VON NEU-HOMBERG: S. 221f., 225f., 231ff.
WERNER III. VON NEU-HOMBERG: S. 225, 229, 233
WURSTISEN, CHRISTIAN: S. 89

Ortsregister

Aachen: S. 210
Aarau: S. 212
Aare, Aaregau: S. 206f., 209, 213, 216, 232, 234
Aesch: S. 42, 47, 53, 56, 59, 63, 98, 115, 166, 187, 192f., 199ff.
Aisne: S. 193
Albgau: S. 214
Allschwil: S. 42f., 45, 48f., 53, 62f., 88, 98, 100, 112, 127, 134, 179, 197
Alpen: S. 45, 52, 54, 60, 95, 104, 126, 134ff., 158, 161, 171f., 178, 207f., 211, 216, 233
Alt-Homberg: S. 217, 228ff.
Alt-Thierstein: S. 228ff.
Angenstein: S. 226
Angers: S. 187
Antakya: S. 149
Anwil: S. 197, 199
Aquileia: S. 95
Arboldswil: S. 48f., 70 Anm. 13, 71 Anm. 15, 83, 197
Arbon: S. 153 Anm. 3, 169
Arezzo: S. 97, 101
Arisdorf: S. 42f., 231
Arlesheim: S. 30f., 39, 40f., 44, 47f., 71 Anm. 15, 102, 172, 192, 212, 231
Augst: S. 55, 86ff., 94, 96ff., 101ff., 114ff., 120, 167, 169, 172, 174, 178ff., 182, 185, 202, 212, 225, 230
Augstgau: S. 225
Augusta Raurica: s. Augst
Autun: S. 158
Avenches: S. 90, 92, 153 Anm. 3, 167, 179
Aventicum: s. Avenches
Balsthal: S. 54, 210
Barbégal: S. 98
Basel: S. 30, 44ff., 56, 61, 64, 66, 69ff., 73f., 77, 79f., 83, 86ff., 91f., 94f., 97f., 102, 108, 127, 137, 149f., 153, 160f., 163ff., 169, 171ff., 175, 180ff., 184, 192f., 195, 199, 206ff., 216ff., 220, 225f., 228, 231ff., 235
Baselgau: S. 212
Basel-Landschaft, Kanton: S. 33f., 37, 42, 44f., 47ff., 55, 63, 80, 86, 98, 109, 118, 125, 135, 217, 221
Batavis: s. Passau
Baux-de-Provence, Les: S. 98
Bellerive: S. 52 Anm. 2
Bellingen: S. 218

248　ORTSREGISTER

Bennwil: S. 42 Anm. 13, 87, 98, 112, 151, 153, 202
Bern: S. 223, 230
Beromünster: S. 207
Besançon: S. 157f., 161, 214
Bettenach: S. 158, 181f., 184f., 187f., 190ff., 199, 210f., 229f.
Bettwil: S. 197
Bibracte: S. 56, 95f.
Biel: S. 208, 211, 213, 217, 226
Binningen: S. 59 Anm. 7, 112, 197
Birs, Birstal: S. 28ff., 33f., 45f., 48, 55, 80, 98, 108, 134, 150, 171, 180, 185, 191, 194, 226
Birseck: S. 140
Birsfelden: S. 44f., 158
Böckten: S. 54
Boiotro: s. Passau
Bottmingen: S. 42f., 48f., 71 Anm. 15, 197
Bregenz: S. 169
Breisach: S. 67, 91f., 218
Breisgau: S. 194
Bretzwil: S. 197
Brislach: S. 38f., 152
Bubendorf: S. 96, 98, 100, 112, 118, 184, 197, 211
Buchsgau: S. 206, 213f., 221, 230
Buckten: S. 232
Burgdorf: S. 216
Burgund: S. 162f., 169, 172, 192f., 210, 215, 217, 220, 225, 235
Büsserach: S. 226
Buus: S. 167, 199, 202
Byzanz: S. 218
Castrum Rauracense: s. Kaiseraugst
Chur: S. 167, 222, 228
Colmar: S. 92
Corcelles-près-Payerne: S. 185
Delphi: S. 54
Delsberg, Delsberger Becken: S. 54, 194, 213
Diegten: S. 70 Anm. 13, 83, 102, 202
Diepflingen: S. 71 Anm. 15
Dittingen: S. 33
Donau, Donauraum: S. 36, 55, 60, 71, 90, 160ff., 180, 196
Dornach: S. 152, 181
Duggingen: S. 197
Einsiedeln: S. 221f., 230
Elsass: S. 76, 156, 166, 169f., 172, 175, 187, 192ff., 200, 206, 212ff., 232, 234f.
Emporion: S. 65

Eptingen: S. 34, 37, 102, 192, 197, 199
Ergolz, Ergolztal: S. 33, 45f., 78, 80, 82f., 90, 107, 108, 134, 137, 140, 150, 180, 185, 212, 215, 229f., 232
Ergolzheim: S. 192
Erlinsbach: S. 212, 221
Erschwil: S. 33
Ettingen: S. 31, 202
Faltenjura: S. 46ff., 134, 140
Favianis: s. Mautern
Feldbrunnen: S. 221
Flüelen: S. 233
Freiburg i.Br.: S. 218
Freiburg i.Ü.: S. 223
Frenke: S. 134, 150, 229
Frenkendorf: S. 97f., 211
Frick: S. 225, 230, 232
Frickgau: S. 206, 214, 223, 225, 234
Fricktal: S. 194, 223, 228ff.
Frohburg: S. 226, 228
Füllinsdorf: S. 42f., 90, 134, 192, 211, 223, 225, 231
Gaëta: S. 101
Gallien: S. 67, 90f., 94, 100, 110, 112, 117, 121, 156ff., 164, 172, 182, 191
Gelterkinden: S. 55, 64f., 70, 71 Anm. 14 und 15, 82, 88, 98, 192f., 202
Gempen: S. 195
Genf: S. 28, 182, 211
Giebenach: S. 34, 42f., 97
Gipf: S. 172, 229
Graufesenque, La: S. 101
Grellingen: S. 32, 38f.
Gruonach: S. 151
Häfelfingen: S. 232
Härkingen: S. 223
Haslach: S. 218
Hauenstein, Oberer: S. 45, 82, 90ff., 99, 180, 185, 208, 228
Hauenstein, Unterer: S. 92, 212, 226, 232
Hemmiken: S. 197
Herznach: S. 222, 225
Himmelried: S. 45
Hochdorf: S. 66
Hochrhein: S. 140, 158, 161, 179, 180, 196, 234
Hofstetten: S. 54, 80
Hohenburg: S. 212
Holderbank: S. 92
Hölstein: S. 85ff., 92, 99, 112ff., 118
Hundersingen: S. 71 Anm. 14

Ikten: S. 151
Ile-de-France: S. 193
Jura: S. 37, 59, 80, 82f., 91f., 95, 98, 126f., 135, 137, 140, 156, 168, 171f., 175, 179, 185, 199, 206, 208f., 211, 213f., 216f., 228f.
Kaiseraugst: S. 59 Anm. 7, 97, 102ff., 111, 117, 122, 149, 156ff., 161, 166, 171, 173, 175, 180ff., 193, 195, 199, 209, 213
Kaltbrunnental: S. 30, 32
Känerkinden: S. 232
Kembs: S. 179
Kettenjura: S. 126, 134, 175
Kilchberg: S. 153
Köln: S. 171, 174, 180
Konstanz: S. 167ff., 175, 207, 213, 228
Lampenberg: S. 42, 87
Langenbruck: S. 45, 52, 92
Langres: S. 161
Largitzen: S. 179
Läufelfingen: S. 34, 92f., 102, 228, 232
Laufen: S. 27f., 42, 45, 47, 87, 98, 100, 112, 121, 134, 153, 175, 202, 211, 221
Lauriacum: s. Lorch
Lausanne: S. 208
Lausen: S. 33, 36, 45, 54, 71 Anm. 15, 82, 112, 151, 181f., 184ff., 190ff., 199, 210f., 213, 221, 230f.
Leimental: S. 134, 194, 206
Lenzburg: S. 209
Lezoux: S. 101
Liesberg: S. 30
Liestal: S. 32, 87ff., 96, 98, 100, 104, 112f., 115ff., 134, 150, 152f., 155f., 158, 166ff., 179ff., 184, 187, 193, 202, 207, 209ff., 214f., 221, 224, 228ff., 235
Lorch: S. 160
Lothringen: S. 212
Ludwigsburg: S. 83
Luxeuil: S. 171, 174
Lyon: S. 96f., 101, 134, 182
Mailand: S. 226
Maisprach: S. 112, 199f.
Manching: S. 67
Mandeure: S. 179
Marseille: S. 60, 65f., 91
Mautern: S. 160
Maxima Sequanorum, Provinz: S. 121, 157f., 162ff., 168, 182, 184
Merseburg: S. 216, 220
Mersen: S. 212
Metz: S. 170, 179

Mittelmeer: S. 36, 52, 54f., 60f., 90f., 95, 98, 110, 112, 121, 148, 187, 190, 192
Möhlin: S. 77, 134, 140, 172, 212
Mörigen: S. 52 Anm. 2
Moutier-Grandval: S. 169ff., 175, 185, 211, 213f., 226
Mulhouse: S. 76
Münchenstein: S. 31, 38f., 59 Anm. 7, 192
Munzach: S. 92, 96, 98, 100, 104, 105, 112ff., 117f., 150, 152, 167f., 181, 202, 207, 211, 229
Murbach: S. 207, 212
Muttenz: S. 29, 38f., 45, 49, 53ff., 58, 59 (mit Anm. 7), 64, 73ff., 77ff., 82, 86f., 102f., 108, 112, 140, 152, 158f., 172, 181, 202, 211, 220, 225, 231
Mykene: S. 54
Neapoli: S. 101
Nenzlingen: S. 30, 32, 40
Neu-Homberg: S. 232
Neu-Thierstein: S. 226
Niederbuchsiten: S. 221
Niederdorf: S. 212
Noricum: S. 160f., 163
Nuglar: S. 195
Nunningen: S. 67
Nyon: S. 96
Oberdorf: S. 172, 202, 212
Oberrhein, Oberrheintal: S. 58, 76, 80, 126, 140, 161, 163, 166, 184, 191ff., 198, 234
Oberwil: S. 73, 106, 153, 167, 194, 199, 202
Ödenburg: S. 228ff.
Oensingen: S. 37, 210
Oeschgen: S. 225
Offenburg: S. 212
Offingen: S. 218
Olten: S. 34, 46, 80, 153 Anm. 3, 212, 228, 231
Oltingen: S. 34, 212, 221f.
Onoldswil: s. Oberdorf
Ormalingen: S. 87, 98f., 112, 196, 198, 221
Paris: S. 207
Passau: S. 160
Pavia: S. 210
Payerne: S. 211, 220
Pergamon: S. 54
Petinesca: S. 179

Pfeffingen: S. 31, 47, 49, 53, 71 (mit Anm. 15), 153, 218, 226
Pisa: S. 101
Pleigne: S. 45, 48
Poitiers: S. 175
Pratteln: S. 33f., 44, 46, 56, 70 Anm. 13, 74f., 78ff., 82, 86, 98, 100, 108, 112, 114, 121, 152, 172, 181, 212
Rappoltstein: S. 223
Regensburg: S. 210
Reichenau: S. 207
Reigoldswil: S. 89, 172, 174f., 193, 197, 202
Reinach: S. 31, 42f., 48f., 56, 59 Anm. 7, 63f., 67f., 71 Anm. 15, 77, 98, 122, 152, 166, 179, 182, 188, 190f., 194, 221
Reuss: S. 206, 216
Rheinfelden: S. 211, 214, 217, 223, 230, 234
Riehen: S. 59 Anm. 7
Riesbürg: S. 68
Roggenburg: S. 33, 45, 48
Rom: S. 54, 94, 96, 110f., 121, 148ff., 159, 178, 208, 216
Rümlingen: S. 232
Säckingen: S. 44ff., 149, 214
St. Blasien: S. 214ff., 220
St. Gallen: S. 150, 207, 213, 215
St-Maurice: S. 187, 213
St-Ursanne: S. 127
Sasbach: S. 91
Schöntal, Kloster: S. 228
Schupfart: S. 172
Schwarzwald: S. 52, 126, 135, 179, 214
Schwörstadt: S. 47
Seitingen-Oberflacht: S. 196
Sierenz: S. 221
Singen: S. 76
Sisgau: S. 206, 212, 214, 217, 221, 223ff., 230ff.
Sissach: S. 49, 53ff., 59, 61, 64, 66f., 70 Anm. 13, 71 (mit Anm. 15), 73f., 76, 82f., 91, 127, 149, 151f., 167, 181, 193, 198ff., 202, 212, 214, 224, 228f.
Sitten: S. 187
Soissons: S. 170
Solothurn: S. 163, 179, 208, 212, 220
Spiez: S. 170
Strassburg: S. 170, 172, 175, 179, 206, 207, 210f., 225
Suhr: S. 212
Sundgauer Hügelland: S. 134

Tafeljura: S. 30, 33f., 44, 46ff., 126, 134, 140
Tecknau: S. 38f.
Tenniken: S. 197
Thayngen: S. 28, 55
Therwil: S. 56, 64, 69, 166, 192ff.
Thürnen: S. 232
Toul: S. 213
Trier: S. 100, 171
Trimbach: S. 212, 226, 228, 230
Troja: S. 54
Tuggen: S. 169
Überlingen: S. 170
Ufernoricum: s. Noricum
Ulm: S. 87
Urseren: S. 230
Venedig: S. 95
Verdun: S. 212
Vesontio: s. Besançon
Veyrier: S. 28
Vienne: S. 187
Villnachern: S. 221
Vindonissa: s. Windisch
Vogesen: S. 52, 126, 135
Waldenburg: S. 54, 56, 70 Anm. 13, 71 Anm. 15, 82f., 91f., 94, 180, 226, 230f.
Wangen a.d.A.: S. 169
Welschenrohr: S. 221
Wenslingen: S. 38f., 228
Wettingen: S. 230
Windisch: S. 88, 97, 104, 153 Anm. 3, 167f., 179
Wintersingen: S. 202, 228
Winterthur: S. 210, 215
Wissen: S. 212
Wittinsburg: S. 232
Wittnau: S. 80, 172, 217, 225, 228
Wölflinswil: S. 217, 225, 229, 232
Worms: S. 163, 215
Ziefen: S. 152
Zofingen: S. 228
Zunzgen: S. 224
Zürich: S. 52 Anm. 2, 53, 87, 168, 169, 212, 220, 222f.
Zurzach: S. 76, 97

Sachregister

Abfall, Abfallgrube: S. 63, 70, 104, 117, 148, 188, 192
Abri: S. 30ff., 37, 45ff., 48, 55
Abt: S. 160, 169, 171, 185, 207, 213
Adel: S. 60, 153, 173, 175, 185, 200ff., 205, 211f., 215, 217f., 220ff., 224ff., 228f., 231
Akkulturation: S. 32, 110f.
Alamannen, alamannisch: S. 122, 148f., 156, 158ff., 163f., 166ff., 172, 176, 179f., 188, 196, 198f., 207
Alamannia, Alamannien: S. 150, 163, 167ff., 186
Alltag: S. 52, 74, 86, 111, 118, 148, 178f.
Altertümerkommission: S. 56
Althochdeutsch: S. 198
Altmetall: S. 53, 105, 115
Amphitheater: S. 105
Amphoren: S. 61, 71, 74, 82, 91, 95, 112, 115, 117, 120f., 159
Amulett: S. 72, 118, 148, 160, 196, 198
Anthropologie: S. 40, 72, 76
Aquädukt: S. 98
Arbeit: S. 52, 67f., 116, 145, 173, 190, 198
Archäobiologie: S. 190
Archäobotanik: S. 30, 69
Archäologie: S. 28, 30, 55ff., 62, 80, 87ff., 91, 95, 106, 152ff., 162, 171f., 176, 180, 182, 190, 196, 208, 215, 223f., 228, 231, 234f.
Archäozoologie: S. 30, 32
Archiv: S. 149, 152
Aristokratie: s. Oberschicht
Armee: S. 86, 90f., 96ff., 102ff., 106f., 149, 152, 156ff., 167ff., 172, 178ff., 184, 186, 198, 216, 226
Arretina: S. 98, 103
Assimilation: S. 98, 110f.
Aurignacien: S. 35
Austrasien: S. 168, 170
Bad: S. 86, 92, 98, 104, 112f., 118, 160, 173, 180, 186
Bandkeramik: S. 31f., 37, 42, 48f.
Bann: S. 215, 222, 231
Baptisterium: S. 173
Bär: S. 116, 135, 191, 196, 198
Bauer: S. 32f., 42, 47ff., 52, 57ff., 61, 67f., 74, 98, 105, 116, 161, 178, 184, 188, 198f.
Baumwolle: S. 192
Befestigung: S. 78f., 90f., 104, 106, 153, 161, 180, 182, 214, 224
Beil: S. 34, 42, 45, 52, 62f., 67, 76, 167f.

Bein: S. 117
Bemalung: S. 39f., 58, 61, 63, 74, 77, 92
Bernstein: S. 57f., 67, 69, 179, 196, 201
Besiedlung: S. 44, 46f., 56, 80, 83, 94, 97, 108, 137, 152f., 159, 180f., 183, 195, 197
Bestattung: s. Grab
Bibel: S. 125
Bischof: S. 152, 169, 171ff., 182f., 187, 199, 206ff., 220, 222f., 225f., 231f.
Bistum: S. 167, 168ff., 183, 202, 206f., 217, 222, 225, 235
Botanik: s. Archäobotanik
Brandgrab: S. 76ff., 121f.
Bronze: S. 52ff., 68, 88, 103, 105, 114f., 169, 178, 225f.
Bronzegiesser: S. 53ff., 57ff., 63, 117, 192
Brücke: S. 82, 228, 232
Brunnen: S. 109, 114f.
Burg: S. 55, 61, 175, 185, 214f., 217, 222ff., 228ff., 235
Burgund, Burgundia: S. 153, 162, 167, 170, 172, 176
Burgunder, burgundisch: S. 161, 163f., 166ff., 171f., 174
Burgus: S. 104, 122, 158, 159, 228, 229
Castrum: s. Kastell
Christentum: S. 149, 156, 161, 171ff., 176, 192, 198, 199ff.
Chronologie: S. 30, 42, 62, 72, 88, 101, 102, 152, 207, 234
Curia: S. 103
Datierung: s. Chronologie
Decumanus: S. 103
Dekor: s. Verzierung
Dekumatenland: S. 104
Delphin: S. 114f.
Dendrochronologie: S. 30, 62, 103
Depot: S. 53, 58, 62f., 94, 102
Dinkel: S. 69, 191
Diözese: S. 121, 158, 206f., 213
Dolch: S. 42, 44f., 52, 76, 78f.
Dolmengrab: S. 28, 42, 45, 47
Dorf: S. 52, 57, 59, 63, 65ff., 82, 86, 88, 137, 152, 173, 184ff., 188, 196, 199f., 211f., 226, 228, 230f.
Dynastie: S. 170, 200, 220
Eigenkirche: S. 199f.
Eisen: S. 52, 54, 78, 171
Eisenbahn: S. 28, 30, 89, 102
Eisenerz: S. 54, 57, 59, 80, 83, 116, 175, 217, 229, 232

Eisenverarbeitung: S. 54, 59, 80, 104, 171
Eiszeit: S. 28f., 39, 45, 125f., 134ff., 141, 146
Elefant: S. 135
Elfenbein: S. 192, 196, 198
Erbse: S. 69, 113, 191
Erdbeben: S. 106, 126, 149
Erholung: S. 145
Essen: S. 41, 45
Exodus: S. 92, 163
Export: S. 71, 101, 117
Fabrik: S. 96, 98, 102
Fachwerk: S. 67, 181, 183f., 186, 190
Familie: S. 57f., 60, 76, 79, 114, 149, 160, 166f., 170ff., 199f., 202, 209, 211, 220, 222f., 225f., 229ff., 233
Faustkeil: S. 33f., 44, 46, 125
Fernhandel: S. 65, 179, 228
Feuerstelle: S. 63, 66, 70, 74
Fibel: S. 53, 74, 78f., 95, 117, 148, 160, 162, 169, 187, 192, 201f.
Fisch: S. 41, 109, 116, 118, 120, 127, 136, 170, 190f.
Flachs: S. 69, 71, 190
Fliehburg, Fluchtburg: s. Burg
Flurname: S. 150, 152, 154
Forschung: S. 28ff., 32ff., 55f., 80, 82, 86, 88, 106, 109, 120, 123, 152ff., 156, 225, 235
Forum: S. 103f.
Fossilien: S. 126f.
Franken, fränkisch: S. 148, 150ff., 156, 161, 163f., 166ff., 174ff., 179, 187, 191ff., 206, 208, 213f.
Frau: S. 40, 45, 70ff., 76ff., 160, 192, 196, 198, 200f., 215, 222
Frauenstatuette: S. 37
Freilandstation: S. 30, 32ff., 44ff., 65
Friedhof: s. Gräberfeld
Fronarbeit: S. 198
Fronhof: S. 199
Fundus: S. 110
Gagat: S. 74, 79
Gallien: S. 91, 96, 100f., 108ff., 112, 117f., 148f., 152, 156ff., 164, 168, 172, 178, 182, 186f., 191
Gallier, gallisch: S. 54f., 67, 92, 94, 100, 113, 121, 169
Galloromanen, Gallorömer: S. 94, 101, 151f., 156, 161, 163, 167, 181f., 185, 194, 196
Gemse: S. 48, 191

Garten: S. 68, 113f., 136, 180
Gegenkönig: S. 215, 220, 225
Gehöft: S. 59, 65f., 68, 82f., 92, 97, 100f., 109, 137, 188, 190f., 199, 200, 211f., 221, 228
Geologie: S. 30, 32, 126f., 134, 136, 144, 146
Germanen, germanisch: S. 95, 156, 160ff., 166, 170, 178f., 181f., 192, 194, 198ff.
Germanisierung: S. 110, 156, 195
Gerste: S. 69, 136, 191
Gesellschaft: S. 33, 74, 79, 114, 125, 148
Gesetz: s. Recht
Gesundheit: S. 144, 148
Getreide: S. 31ff., 42, 69f., 95, 157, 181, 191
Gewürz: S. 115, 118, 179, 190
Glas: S. 74, 114, 117, 122, 153, 159, 169, 175, 192f., 196, 201
Gletscher: S. 29f., 45, 134ff.
Glockenbecherkultur: S. 33, 37, 42, 44f., 47, 49
Gold: S. 58, 59 Anm. 7, 65f., 78, 117, 152, 163, 169, 171, 173, 175, 178f., 192, 201, 206, 218, 225f., 234
Goten: S. 164, 166
Gottheit, Götter: S. 53, 88, 94, 96, 99
Grab: S. 28, 32, 35, 40ff., 44ff., 49, 58, 60, 62ff., 67, 70, 72, 74, 76ff., 82f., 98, 101, 118, 121f., 148, 152f., 156, 159, 162, 164, 166, 168, 173ff., 180, 186ff., 191f., 195f., 198ff., 216, 220
Grabbeigabe: S. 41, 45, 64, 67, 72ff., 121, 148, 153, 164, 168f., 173, 191, 194, 196, 198ff.
Gräberfeld: S. 45, 64, 68, 71, 73, 77, 79f., 89, 112, 121, 137, 164, 166, 169, 175, 184, 190, 192ff., 200ff.
Grabhügel: S. 55, 60, 64, 74, 76, 78ff., 82, 201
Grabsitten: S. 111, 148, 188, 194, 199
Grabstein: S. 88, 149, 156
Graf, Grafschaft: S. 169, 207, 209ff., 217, 221ff., 228ff.
Grenze: S. 104, 107, 121f., 149, 156, 158, 160ff., 166ff., 179f., 183f., 207, 210, 213, 220
Griechen, griechisch: S. 54, 65f., 148
Grossgrundbesitz: S. 101, 114, 116, 152, 162, 186, 198ff.
Grubenhaus: S. 65, 78, 144, 185, 188, 190, 223

Gründer, Gründung: S. 102, 160, 167f., 172, 175, 185, 192, 197, 202, 230
Grundherrschaft: S. 173, 187, 193f., 198f.
Gürtel: S. 69, 79, 148, 152f., 192f., 196, 201
Gussform: S. 52ff.
Gutshof: s. Villa
Hafer: S. 69, 191
Hakenpflug: S. 70
Hallstattzeit: S. 54, 59f., 62, 64, 71ff., 78ff., 82f.
Handel, Händler: S. 36, 53, 57f., 60f., 65, 67, 71, 76, 80, 83, 99, 110, 114, 118, 121, 137, 153, 158, 162, 179, 183, 188, 232
Handwerk, Handwerker: S. 52f., 57, 61, 67, 69, 71, 80, 83, 100, 112, 114, 116ff., 148, 153, 160, 182, 187f., 190, 192f., 196
Hanf: S. 71, 190f.
Hase: S. 69, 115, 118
Haus: S. 28, 31f., 52, 63, 65ff., 70, 74, 77, 108, 114
Hausmeier: S. 170, 172, 206
Heer: s. Armee
Heiden, heidnisch: S. 161, 196, 198, 201, 214
Heiliger: S. 148, 150f., 153f., 160f., 167, 170ff., 175, 210
Heiligtum: S. 67, 77, 80, 82, 87, 94, 96ff., 103, 112, 156, 173
Heimatforscher: S. 54f., 86
Helvetier: S. 56, 68, 92, 94ff., 110, 148
Herzog, Herzogtum: S. 150, 168ff., 175, 187, 200, 206ff., 210, 212, 214ff., 220ff., 225, 230, 234
Hinterland: S. 54, 60, 71, 83, 86, 89, 91, 95ff., 104, 107ff., 114, 117f., 123, 172, 175, 180, 182, 185, 199, 212, 214, 216f., 226, 234
Hirsch: S. 33, 40f., 45, 48, 115f., 191f.
Hochburgund: S. 172, 210f., 213f., 216
Hockergrab: S. 41, 44f., 76
Hof: s. Gehöft
Höhensiedlung: S. 58ff., 63ff., 71, 73, 76, 78, 80, 82f.
Höhle: S. 28, 30ff., 37, 39ff., 44ff., 55, 80, 136, 144
Holz: S. 28, 30, 35ff., 39, 42, 62, 66f., 69, 71, 76, 79f., 95, 97, 100, 103, 116, 137, 159, 180f., 183ff., 188, 190, 193, 196, 202, 233
Homo erectus: S. 34
Horgener Kultur: S. 37, 42, 44, 47ff., 78
Hortfund: s. Depot

Hube: S. 213
Hufeisen: S. 229
Huhn: S. 70, 71 (mit Anm. 14), 115, 118, 159, 190
Hund: S. 70, 115, 190
Hunnen: S. 171, 174
Import: S. 71, 74, 78, 82, 91, 98, 111, 120, 158ff., 162, 193f.
Industrie: S. 101, 104
Inflation: S. 121
Inschrift: s. Schrift
Insula: S. 102, 106, 117
Investiturstreit: S. 218, 222f., 225, 235
Itinerar: S. 178
Jäger, Jagd: S. 29f., 32ff., 36f., 45, 48, 136, 190, 218
Jenseits: S. 74, 118, 148, 194
Kaiser: S. 88, 102ff., 107, 117, 121ff., 149, 156ff., 164, 170, 172f., 178f., 183, 198, 206ff., 215, 217f., 220f., 225f., 228, 233, 235
Kantonsarchäologie: S. 33f., 56f., 62 Anm. 8, 89
Kapelle: s. Kirche
Karolinger: S. 150f., 170, 172, 174, 206, 208, 210ff., 214, 218, 225f.
Kastell: S. 104, 106f., 122, 153, 156, 158f., 161f., 166f., 171, 173f., 180, 182f., 209
Kastvogtei: S. 213, 220ff., 225, 230, 232
Katze: S. 115, 190
Kelten, keltisch: S. 54f., 60f., 65, 70, 79f., 82, 87, 92, 102, 112ff., 121, 148, 150, 156, 161, 181
Keramik: S. 37, 41f., 44, 48f., 54, 56ff., 72ff., 77f., 88, 92, 95f., 101, 120f., 175, 187f., 192ff., 196, 225, 228f.
Kind: S. 42, 45, 52, 68, 71ff., 76f., 173f., 206, 222, 228, 231
Kirche: S. 87, 104, 113, 149ff., 156, 158, 160ff., 166f., 169, 171ff., 182ff., 192f., 198ff., 206ff., 215ff., 220ff., 225, 228
Kirsche: S. 191
Kleidung: S. 28, 35, 53, 69, 71, 76ff., 111, 148, 153, 192ff., 199f., 266
Klima: S. 29, 63, 80, 82, 125, 127, 134ff., 140f., 144f., 190
Kloster: S. 149f., 160, 169ff., 174ff., 185, 192, 199, 207, 210ff., 220ff., 225, 228ff.
Knochen: S. 30f., 35ff., 39, 42, 62, 77, 89, 115f., 118, 188, 190, 192
Kollektivgrab: S. 42

SACHREGISTER

Kolonen: S. 178, 198f.
Kolonie: S. 60, 65, 88, 90, 94, 96f., 101f., 105, 108, 110, 112, 116, 182
König: S. 151ff., 162f., 166ff., 172, 175f., 179, 183f., 187, 200, 206, 208, 210ff., 220ff., 225f., 228, 230, 232ff.
Kontinuität: S. 54, 78f., 156, 163, 180f.
Kreuzritter, Kreuzzug: S. 226, 232
Krieg: S. 54f., 67, 91f., 94, 102, 106, 110, 116, 148, 156ff., 163, 169, 170, 172, 179, 183, 187, 220f., 223, 233
Kult: S. 161, 173, 175
Kultur, Kulturgruppe: S. 37, 39, 42, 44, 48, 54f., 58, 61, 74, 76, 80, 92, 101, 110f., 113, 125, 135, 152, 156, 169, 174, 187f., 191, 196
Kulturpflanzen: S. 32
Kunst: S. 37, 39, 54, 117f.
Kupfer: S. 33, 42, 45, 52, 63, 76, 102, 178f.
Landesausbau: S. 137, 195ff., 199, 202
Landgraf, Landgrafschaft: S. 226, 230f., 234
Landnahme: S. 156
Landsiedlung, ländliche Siedlung: S. 34, 42, 49, 68, 98, 100f., 109, 111, 212
Landwirtschaft: S. 57, 63, 67, 69, 80, 94, 98ff., 109f., 112ff., 116, 118, 135, 137, 178f., 181
Langobarden: S. 164, 216
Lanze: S. 52f., 62f., 164, 199
Latènezeit: S. 54f., 60, 63ff., 70f., 74, 78ff., 83, 90, 92, 96ff., 100
Legion, Legionär: S. 95, 102, 104, 107, 112, 184
Legionslager: S. 104
Lehen: S. 213, 225, 229, 233f.
Levallois-Abschlag, Levallois-Technik: S. 34f., 37, 39, 45
Lignit: S. 74, 79
Limes: S. 104, 107
Lingonen: S. 66
Luxus: S. 60, 78, 91, 109, 112, 114ff., 118, 186, 193
Magdalénien: S. 35ff., 45f.
Mammut: S. 45, 135
Mann: S. 41, 72, 76, 78, 100, 152, 164, 192, 200, 216, 225
Markt: S. 52, 71, 74, 80, 96, 101, 109f., 114, 116ff., 121, 182, 187, 229f.
Marmor: S. 114
Meilenstein: S. 88

Merowinger: S. 150f., 156, 166f., 170, 175f., 179, 224
Mikrolithen: S. 40f.
Milch: S. 113, 115, 190
Militär: s. Armee
Militärlager: S. 97f., 103f.
Ministeriale: S. 225
Mission: S. 153, 169, 175
Möbel: S. 118, 148, 193
Mollusken: S. 35f., 39, 180
Monokultur: S. 116
Moor: S. 28, 41, 134
Mörtelmischwerk: S. 187, 198
Mosaik: S. 56, 86, 105, 109, 112f., 117f., 149, 186
Mühle: S. 69, 98, 173f., 231
Mühlstein: S. 42, 70, 173f.
Münster: S. 82, 150, 206, 214, 218
Münze, Münzwesen: S. 61, 65ff., 71, 74, 80, 83, 88, 95, 99, 102, 106, 121, 156, 158, 163f., 178ff., 187, 210, 216, 218, 225
Murus Gallicus: S. 74, 79f., 82
Nadel: S. 37, 52 (mit Anm. 2), 67, 69, 71, 76ff., 118, 160, 190, 192, 201
Nahrungsmittel: s. Speise
Namen: S. 88, 111ff., 150ff., 156f., 164, 198f., 209, 218, 223
Nashorn: S. 45, 135
Natur: S. 125, 135, 137, 144, 146
Naturwissenschaft: S. 30, 32, 149
Neandertaler: S. 31, 44f.
Nekropole: s. Gräberfeld
Nuncupator: S. 102
Oberschicht: S. 61, 74, 76ff., 82, 91f., 98, 108, 114ff., 121, 149, 162f., 173, 175, 191, 200
Obst: S. 113, 140, 190
Öl: S. 112, 115, 118, 120, 162, 179
Opfer: S. 53, 72, 99, 152
Oppidum: S. 61, 64, 67, 79f., 82f., 95
Ortsname: S. 122, 150ff., 154, 178, 180f., 195, 197, 199
Ostgoten: S. 163, 164
Paläontologie: S. 30ff.
Papst: S. 206, 208, 215f., 222
Parzelle: S. 88, 184
Pass: S. 37, 45, 60, 82, 91f., 94, 171, 185, 208, 214, 216f., 226, 228, 233
Patronatsrecht: S. 225
Patrozinium: S. 150, 172, 187, 199f., 210f., 221f.
Pfarrkirche: S. 175, 199f., 202

Pferd: S. 30, 39, 45, 48, 57, 66, 69f., 78, 95, 115, 118, 148, 183, 190f., 206, 226
Pfosten, Pfostengrube: S. 63ff., 70, 74, 77, 82, 185, 188, 190, 233
Pilger: S. 183, 211
Pollen: S. 134, 180
Portikus: S. 98, 186
Privilegierte: s. Oberschicht
Produktion: S. 99f., 102, 113f., 117, 135, 178
Propaganda: S. 148, 173
Provinz: S. 86, 94f., 105, 121, 157f., 160ff., 168ff., 176, 178, 182, 184, 198
Rationalisierung: S. 100
Rauracher, Rauriker: S. 56, 92, 95f., 102, 113, 148, 174, 178, 182
Recht: S. 80, 166f., 173, 178, 190, 199f., 202, 218, 220f., 225
Reh: S. 48, 115, 191
Reibschüssel: S. 98, 190
Reichsteilung: S. 164, 167, 169
Reichtum: S. 57f., 110, 114, 116, 157, 159, 231
Reise: S. 98, 172, 178, 183, 208, 210f., 216
Religion: S. 37, 39, 153, 158, 161, 173
Reliquiar, Reliquie: S. 171, 210, 215, 218
Rentier: S. 29f., 35, 37, 39, 45, 48, 135
Rind: S. 31, 39, 69f., 115, 190
Rodung: S. 31, 102, 137, 181
Romanen: S. 160f., 163, 167, 186, 195, 198
Romanisierung: S. 98, 101, 110f.
Römer, römisch: S. 54f., 65f., 86ff., 137, 148ff., 152f., 156, 158ff., 166ff., 173, 183ff., 190f., 194ff., 200, 206
Römisches Reich: S. 56, 95, 101, 106, 116, 122, 149, 158, 161ff., 174, 176, 178, 180f., 196
Salier: S. 218, 220ff., 223
Salz: S. 57, 127
Sammler, Sammeln: S. 30, 32, 34, 37, 45, 54f., 71, 136
Sarazenen: S. 211
Schaf: S. 31, 70f., 115, 190f.
Schatzfund: S. 55, 67, 102, 105ff., 117, 122, 152, 156ff.
Schiff: S. 95f., 107, 208
Schlacht: S. 55f., 95f., 148, 169, 175, 210, 214f., 220, 223
Schmied, Schmiede: S. 54, 57, 117, 192, 201
Schmuck: S. 35f., 45, 52f., 57f., 63, 74, 79, 117, 148

Schnurkeramik: S. 37, 44, 47, 49
Schrift: S. 55, 86ff., 94, 102, 104f., 112, 148f., 208, 214, 220
Schriftquellen: S. 86, 148f., 161f., 167, 175, 180, 193, 235
Schriftsteller: S. 55f., 86, 164, 166
Schuppose: S. 228
Schwein: S. 64, 69f., 115, 159, 190
Schwert: S. 52f., 77, 79, 152, 156, 164, 196, 198, 220, 224
Seeufersiedlung: S. 28, 52, 62, 66
Seide: S. 179, 192
Sequaner: S. 66, 68
Siedlung: S. 31f., 47, 49, 55, 58, 60f., 63f., 66, 70f., 73f., 77ff., 82f., 90ff., 95f., 98, 100f., 103, 108, 122, 136f., 148, 150, 158f., 172, 178, 180ff., 184ff., 188, 190ff., 199, 211f., 228f.
Siedlungsgebiet, Siedlungsraum: S. 47, 49, 55, 61
Siedlungsgeschichte: s. Besiedlung
Silber: S. 65f., 102, 105ff., 111, 117, 122, 152, 156f., 159, 178ff., 192f., 201, 210, 218, 231f.
Silex: S. 31, 33ff., 48, 52, 57
Sippe: s. Familie
Sklave: S. 61, 101, 116, 198
Soldat, Söldner: S. 55, 65, 102, 159, 167
Sozialstruktur: S. 61, 94, 102, 107, 153
Speer: S. 29f., 36f., 41
Speerschleuder: S. 29f., 36
Speicher: S. 66f., 70, 190
Speise: S. 45, 48, 64, 69, 74, 77, 95, 98, 113, 116, 121, 188
Spezialist, Spezialistentum: S. 33, 73, 117, 159, 192f.
Spiel: 118
Spinnwirtel: S. 42, 71, 77, 190, 192
Stadt: S. 60f., 65, 67, 79f., 82f., 86, 90, 95ff., 100ff., 112, 114, 116ff., 121, 152, 157ff., 162, 164, 166, 168, 171f., 174f., 178, 180ff., 184f., 187, 208, 210f., 214ff., 220, 222f., 226, 228ff.
Stall: S. 66ff., 70, 112, 152, 190
Stamm: S. 80, 92, 148, 164, 166ff., 169, 178f.
Statthalter: S. 101, 163
Statuette, Statue: S. 92, 94, 104f., 156, 206
Stein: S. 28, 33, 35, 42, 52, 57, 71, 78ff., 86, 88, 101, 103f., 112, 114, 116f., 126, 175, 185f., 188, 214
Steinartefakt: S. 28, 30f., 34, 39, 42

Steinbau: S. 101, 159, 173, 181, 183ff., 213
Steinkiste, Steinplattengrab: S. 77, 153, 173, 200
Steuern: S. 98, 121, 162, 166, 169f., 179, 198f.
Strasse: S. 57f., 80, 82, 88, 90, 92, 95f., 99, 103, 106, 108, 121, 158, 166, 171, 175, 178f., 183ff., 209, 211, 213, 216, 228, 232
Tabula Peutingeriana: S. 178, 183
Tausch: S. 57, 121, 213
Tempel: s. Heiligtum
Terra Sigillata: S. 97, 100f., 103, 118
Textil: S. 42, 71, 178, 190, 192
Theater: S. 86, 88, 97, 102ff., 186
Thermen: S. 103f., 186
Thüringer: S. 166, 192
Tod: S. 40, 74, 76, 78, 118, 173, 211, 217, 220f., 225, 230
Töpferofen, Töpferei: S. 53, 59, 64, 69f., 72f., 83, 101, 104, 120, 158, 180, 193ff.
Töpferscheibe: S. 41, 61, 63, 67, 72ff., 188
Tor: S. 74, 79, 82, 121, 223, 226, 229, 231f.
Torf: S. 180
Totenwagen: S. 78
Tourismus: S. 98f.
Tracht, Trachtbestandteil: s. Kleidung
Transport: S. 57, 61, 91, 95f., 107, 137, 183, 186
Tundra: S. 135
Typologie: S. 72
Überschuss: S. 162
Umwelt: S. 30, 125, 136f., 144ff.
Ungarn: S. 214f., 218
Urne, Urnengrab: S. 63f., 67ff., 77f., 121f., 156
Urnenfelderzeit: S. 63, 67, 77
Verkehr, Verkehrsweg: S. 57f., 67, 80, 99, 107, 110, 137, 158, 166, 171, 178, 184f., 211f., 228, 232
Vertrag: S. 163
Verwaltung: S. 80, 82f., 90, 98, 105, 122f., 137, 149, 153, 158, 160ff., 166ff., 172, 178f., 182f., 186, 232
Verzierung: S. 44, 48f., 52, 54, 56ff., 62f., 72, 77, 79, 193f.
Veteranen: S. 102, 163, 198
Vicus: S. 97, 110, 116, 137, 228
Vieh, Viehzucht: S. 42, 47ff., 115, 162, 190
Viereckschanze: S. 92 Anm. 6
Villa: S. 86f., 89, 92, 96ff., 105, 108ff., 116ff., 121f., 137, 150, 156, 167f., 181, 184, 196, 198f., 210f.

Villikation: S. 210f., 221
Vita: S. 148, 160f., 163, 169, 176
Vogel: S. 66, 69, 118
Vogt, Vogtei: s. Kastvogtei
Volk: s. Stamm
Vorrat, Vorratsgrube: S. 62, 64, 66, 68ff., 72
Wachtturm: s. Burgus
Waffen: S. 37, 45, 52, 58, 77ff., 106, 148, 164, 168f., 178, 192, 194, 199, 226
Wagen: S. 58, 95, 118, 183
Wald: S. 29, 31, 45, 48, 67, 69, 110, 135ff., 144, 180f., 195, 228
Wall, Wallanlage: S. 58, 65, 74, 77f., 80, 82, 104, 106
Wanderung: S. 80, 134, 164, 169, 194, 196
Wandmalerei: S. 39, 105, 112f., 117f., 186
Wasserleitung: S. 88, 90f., 123, 185
Wasserweg, Wasserstrasse: S. 90, 95f., 98, 104, 107f., 162, 183
Weberei: S. 117
Webgewicht: S. 42, 71, 77, 190, 192
Webstuhl: S. 71, 190
Weg: s. Strasse
Weide: S. 31, 69, 137, 180f.
Weiler: S. 199f.
Wein: S. 60f., 71, 74, 82, 91, 115, 117f., 120, 140, 159, 162, 179, 191
Weizen: S. 69, 95, 136, 191
Werkstatt: S. 66, 117
Werkzeug: S. 33ff., 52, 57, 69, 144, 192f.
Westgoten: S. 161
Wiese: S. 67, 69, 110
Wild, Wildtiere: S. 30, 36, 39, 52, 115, 191
Wildpflanzen: S. 30, 33, 136
Wildschwein: S. 48, 115
Wolle: S. 71
Wulsttechnik: S. 72, 188
Zaun: S. 65
Zentrum: S. 61, 71, 78, 80, 82f., 96, 98, 104f., 137, 152f., 168, 182, 184, 208, 234
Zerstörung: S. 39, 106, 122, 156, 158, 161, 180, 183f.
Ziege: S. 31, 70, 115, 190
Ziegel: S. 88, 102f., 180f., 183f.
Ziegelschrotmörtel: S. 114
Zinn: S. 52, 68
Zivilisation: S. 125
Zoll: S. 166, 211, 230ff.
Zoologie: s. Archäozoologie
Zuflucht: S. 82
Zwangsstaat: S. 178

CHRONOLOGIE

vor Christi Geburt

450–0	Jüngere Eisenzeit (Latènezeit). Erste Berichte von griechischen und römischen Schriftstellern über die Kelten. Stark südländisch geprägter Kunststil. Stadtähnliche Siedlungen in Basel und Sissach, Töpferdorf bei Sissach. Flachgräber um Basel und im Ergolztal (Körperbestattungen). Rauriker versuchen mit Helvetiern zusammen auszuwandern, werden aber von Caesar bei Bibracte geschlagen und zurückgeschickt –58. Gründung einer Kolonie im Gebiet der Rauriker durch Lucius Munatius Plancus –44. Mit dem Alpenfeldzug des Drusus und des Tiberius wird das Gebiet der Schweiz praktisch römisch –15.
800–450	Ältere Eisenzeit (Hallstattzeit). Eisen verdrängt die Bronze in den Bereich der Schmuckherstellung. Höhensiedlungen (Sissach-Burgenrain) und Talsiedlungen. Reich mit Beigaben versehene Brand- und Körperbestattungen in Grabhügeln, Grabhügelfelder bei Muttenz und Pratteln. Feinkeramik mit Bemalung, Aufkommen von auf der Fusstöpferscheibe hergestellter Keramik (Drehscheibenware). Herausbildung einer Oberschicht; übergeordnetes Verwaltungssystem vermutet. Kulturträger waren die Kelten.
1350–800	Spätbronzezeit. Befestigte Höhensiedlungen und offene Talsiedlungen (im Mittelland Blütezeit von Seeufersiedlungen). Mildes Klima fördert den Ackerbau. Klimasturz mit Hochwasser- und Kältephasen (führt unter anderem zur Aufgabe der Seeufersiedlungen) Ende des 9. Jahrhunderts. Urnenbestattungen in Flachgräbern, kleinere Gräberfelder. Metallhorte aus Aesch und Basel. Aufkommen der Gefässbemalung.
1600–1350	Mittelbronzezeit. Im Mittelland Aufgabe der Seeufersiedlungen am Ende der Frühbronzezeit. Siedlungszunahme im Jura, Täler und Passübergänge werden erschlossen, dichte Besiedlung im Birs- und Ergolztal; Höhen und Talsiedlungen. Hochentwickelte Bronzetechnologie, Bronzeguss anhand von Gussabfällen im Depot von Allschwil nachgewiesen.
2200–1600	Frühbronzezeit. Bronze wird wegen ihrer Giessbarkeit und Recyclingsmöglichkeit zum gefragten Werkstoff. Siedlungen an den Seen des Mittellands und in der ausgehenden Frühbronzezeit entlang des Rheins (Wartenberg), wohl zur Sicherung des Metallhandels. Gräber bei uns keine bekannt.
5850–2200	Neolithikum. Letzter Abschnitt der Steinzeit. Ackerbauern und Viehzüchter mit vorwiegend produzierender Wirtschaftsform und sesshafter Lebensweise. Erste Eingriffe in die Natur durch Roden des Waldes. Bau von festen Häusern. Siedlungen vor allem auf Anhöhen entlang von Tälern und auf Hochflächen des Tafeljuras. Unterschiedliche Kulturen mit unterschiedlichem Bestattungsbrauchtum. Neue Gebrauchsgegenstände aus geschliffenem Felsgestein, Silex, Keramik, Holz, Textilien usw. Silexgewinnung bei Lampenberg. Verarbeitung von Kupfer ab 4000.
9250–5850	Mesolithikum. Nacheiszeit. Bessere Klimaverhältnisse mit Laubwaldvegetation. Weiterhin nomadische und wildbeuterische Lebensweise des *Homo sapiens sapiens*. Temporäre Aufenthalte in Höhlen, unter Abris und im offenen Gelände bis 850 Meter über Meer. Jagd mit Pfeil und Bogen auf Rothirsch und Wildschwein. Gegen Ende des Mesolithikums erste Nutzung von Getreide und anderen Kulturpflanzen. Mikrolithen sind typische Silexgeräte. Bestattung einer Frau in Birsmatten-Basisgrotte.
33 000–9250	Jung- und Spätpaläolithikum. Späte Phase der Würm-Eiszeit. Auftreten des *Homo sapiens sapiens*. Fundlücke in der Schweiz 33 000–14 000. Später Wiederbewaldung und viele Nachweise des Magdalénien (spätes Jungpaläolithikum) ab etwa 10 600. Nomadische und wildbeuterische Lebensweise. Temporäre Aufenthalte in Höhlen, Abris und im offenen Gelände. Im Magdalénien Jagd mit Speer und Speerschleuder auf Rentier und Wildpferd, später mit Pfeil und Bogen auf Rothirsch und Reh. Im Magdalénien gut entwickelte Technik zur Herstellung von Silexklingen, breites Gerätespektrum, künstlerische Erzeugnisse.
ca. 120 000 –33 000	Mittelpaläolithikum. Letzte Warmzeit (Eem), frühe und mittlere Phase der letzten Kaltzeit (Würm). Auftreten des Neandertalers mit nomadischer und wildbeuterischer Lebensweise. Kurzfristige Aufenthalte in Höhlen und in offenem Gelände bis 710 Meter über Meer. Jagd mit hölzernen Stosslanzen und Wurfspeeren auf grosse Säugetiere. Bei den Steingeräten Weiterentwicklung der Abschlag-Herstellung in Levallois-Technik. Silexgewinnung bei Roggenburg und Pleigne JU. Ausserhalb der Schweiz erste Bestattungen.
ca. 2 400 000 –120 000	Ur-Paläolithikum und Altpaläolithikum. Entstehung erster Menschen in Afrika. Herausbildung und Ausbreitung menschlicher Gesellschaftsformen. Nomadische und wildbeuterische Lebensweise. Erste primitive Steinwerkzeuge. Im Altpaläolithikum bereits spezialisierte Steinwerkzeuge aus Abschlägen und so genannte Kerngeräte wie der Faustkeil. Gebrauch des Feuers. In der Schweiz nur wenige grob datierbare altpaläolithische Einzelfunde. Faustkeil von Pratteln ältestes Werkzeug der Schweiz (Alter mindestens 300 000–120 000 Jahre).

CHRONOLOGIE

nach Christi Geburt

900–1000	König Rudolf I. bringt Basel und das Gebiet zwischen Jura und Rhein in seine Gewalt 912.
Das Kloster Moutier-Grandval kommt als Geschenk an den Bischof von Basel; Begründung einer neuen Machtbasis des Bistums im Jura 999.
Die Eingliederung ins Reich erfolgt rund 100 Jahre später 1033.

800–900	Der Niedergang der karolingischen Macht führt zur Gründung des Königreichs Hochburgund durch Rudolf I. 888.
Der Landesausbau erreicht im Baselbiet ein erstes Mal marginale Böden 8./9. Jahrhundert.

700–800	Fortschreitende Ausdehnung der besiedelten Fläche. Zweite Erneuerung des Bistums, Sitz nun sicher in Basel 740er Jahre.
Nach Abdankung des letzten Merowingers ergreift Pippin der Jüngere als erster Karolinger die Königskrone 751.
Es mehren sich Anzeichen für die Herausbildung eines Netzes von Pfarr- beziehungsweise Eigenkirchen.

600–700	Zeit der Bevölkerungszunahme und des Landesausbaus. Die Siedlungsausdehnung der römischen Blütezeit wird wieder erreicht. Unter Bischof Ragnachar vermutlich Wiederherstellung des Bistums der Rauriker um 615/630.
In Sissach, Buus und Oberwil erste Landkirchen archäologisch nachweisbar, weitere in Liestal und Munzach bei Liestal zu vermuten. Gründung des Klosters Moutier-Grandval offenbart das Interesse elsässischer Grosser am Basler Hinterland, worauf auch archäologische Funde hindeuten 640.

500–600	Franken erobern unter König Chlodwig das alamannische Gebiet rechts des Rheins 496–507.
Wenig später wird auch das Gebiet der nordalpinen Schweiz ins fränkische Reich eingegliedert 534/537.
Erste fränkische Grabfunde im Baselbiet ab dieser Zeit. Später Neuschaffung eines fränkischen Teilreichs Burgund, zu dem vermutlich auch die Nordwestschweiz wieder gehörte 561.

400–500	Abzug römischer Truppen vom Rhein, Kleingeldzufuhr versiegt 401/402. Ansiedlung der Burgunder in Westschweiz und Rhonetal, die Region am Rheinknie wohl Bestandteil ihres Königreichs 443. Tod des Heermeisters Aetius beendet wohl die militärisch gestützte römische Herrschaft am Rhein 454. Ungefähr gleichzeitig Rückgang von Importen aus anderen Regionen des Römerreichs. Niederlassung von Alamannen rechts des Rheins gegenüber den Kastellstädten Kaiseraugst und Basel, Alamanneneinfälle in Richtung Burgunderpforte 450/480. Absetzung des letzten weströmischen Kaisers durch Odoaker 476.

300–400	Reorganisation von Armee und Verwaltung unter Diokletian 284–305. Höchstpreiserlass für Konsumgüter und Dienstleistungen versucht Preise zu stabilisieren 301. Erbauung des Kastells Kaiseraugst. Christentum durch Konstantin den Grossen offiziell anerkannt 313. Erwähnung eines frühen Bischofs der Rauriker (Justinian) 342/346. Bürgerkrieg in Gallien nach Usurpation des Magnentius; Alamanneneinfälle, Zerstörungen, Kaiseraugster Silberschatz wird vergraben 350–353. Reorganisation und massive Neubefestigung der Rheingrenze unter Kaiser Valentinian I. 369–375. Christentum wird alleinige Staatsreligion 380.

200–300	Grösste Ausdehnung und wohl auch höchste Einwohnerzahl in der prosperierenden Römerstadt Augusta Raurica 210/220. Alle freien Einwohner des Römischen Reiches erhalten das Bürgerrecht 212. Ein Erdbeben verursacht in Augusta Raurica Zerstörungen und Feuer 250. Bildung des Gallischen Sonderreichs führt zu Bürgerkrieg und Verwüstungen, auch in Augusta Raurica 260–275. Ganze Landstriche erholen sich nicht mehr, viele Villen auf dem Land werden aufgegeben. Reformen und Neueinteilung des Reiches in zwölf Diözesen, Einrichtung der Provinz Maxima Sequanorum mit Hauptstadt Besançon 297.

100–200	Abzug der letzten, der 11. Legion aus Vindonissa 101. Zeit relativen Friedens in der Region und damit auch vermehrter Prosperität 130–180. Der obergermanisch-raetische Limes wird für rund 100 Jahre auf seine definitive Linie vorverlegt 160.

0–100	Tod des Augustus 14. Augusta Raurica erhält in feierlichem Akt einen neuen Namen −10/+10.
Bau des Legionslagers Vindonissa beim Zusammenfluss von Aare, Limmat und Rhein 17.
Mit den Eroberungskriegen ins rechtsrheinische Dekumatenland kommt die Gegend um Augusta Raurica aus der «Schusslinie» als Grenzland und wird entmilitarisiertes Hinterland 37–68.
Kaiser Vespasian erhebt Avenches (Aventicum) zur Koloniestadt 69.